JN434173

古代歌謠研究

古代歌謠研究

金 榮 洙

단국대학교출판부

머리말

이 책은 필자의 세 번째 저서이다. 첫 번째 『朝鮮初期詩歌論研究』(일지사, 1989)는 필자의 박사학위논문을 책으로 펴낸 것이다. 그런 면에서 두 번째 『朝鮮詩歌研究』(새문사, 2004)는 실제적으로는 필자의 첫 번째 저서가 되는 셈이다. 두 책 모두 필자의 연구결과로서 이루어진 것임에도 불구하고 항상 부끄러운 마음을 지니고 있다. 그 이유는 많은 부분을 남의 견해에 기대어 논의를 전개했거나, 나의 이론체계가 매우 엉성했다는 자괴감 때문이었다. 이른바 외형은 그럴 듯했으나, 충실지수가 미약했다는 고백이었다. 세월이 흐르면서 작품을 보는 안목이나 이론체계가 나름대로 틀이 잡히고, 공부하는 재미가 쏠쏠하기도 했지만 좀더 일찍 공부에 집중하지 못한 나 자신의 게으름을 탓하기도 했다. 이번에 내는 『古代歌謠研究』(단국대출판부, 2007)는 여러 면에서 필자의 감회가 남다른 저서이다.

필자는 박사학위논문을 작성할 무렵 劉勰의 『文心雕龍』을 접하고 그 깊이와 논리에 압도당했다. 고전문학은 배경적인 이론이 취약하다는 종래의 선입견을 일거에 불식시켜준 논저였기 때문이다. 논리정연한 문학의 이론과 장르의 연원을 고찰한 『文心雕龍』을 접하면서 우리 고전문학의 이론체계도 탄탄하게 정립할 수 있다는 생각을 한 것이다. 특히, 서양의 문학이론과 달리 天地人 三才의 원리와 文史哲의 통합적 배경론은 우리 고전문학이 가지고 있는 장점이라고 확신한다. 함축적이고, 은미한 『文心雕龍』을 번역하면서 韓國漢文學의 이론계발에 앞장 서셨던 故 崔信浩 교수님의 선구적인 안목에 경의를 표할 뿐이다. 배재중·고교 시절 한문을 가르쳐 주셨던 최교수님은 언젠가 단국대학교 교정에서 필자에게 "天台山人(金台俊)이 좀더 오래 사셨더라면 내가 이 고생을 덜 했을 것"이라는 말씀을 하신 적이 있다. 그만큼 선구자의 길은 험난하고 외로운 것이라고 필자는 생각한다.

그후 필자의 관심은 禮樂思想과 祭祀에 집중되었다. 예악사상은 나라를 다스리는 요체이면서 동시에 동양문화의 기본 틀이었다. 고전문학의 배경이론을 천착하다 보면 반드시 궁극에 닿는 것이 예악사상이었다. 『禮記集說』이나 『春秋左氏傳』, 『春秋繁露』, 『白虎通義』 등은 필자가 강독을 들으면서 禮樂이나 祀典, 文物制度 등을 익힌 중요한 서적이었다. 우리의 고전작품이나 작가를 연구하다 보면 궁극적으로 부딪치는 문제는 작품이나 작가를 둘러싸고 있는 역사·사회문화적인 배경, 곧 문물제도의 틀을 이해하지 못하면 수박겉핥기식의 감상에 지나지 못한다는 사실을 깨닫게 된다는 점이다. 역설적인 이야기지만 역사·문화적인 배경을 이해하고 나면 오히려 작품이나 작가는 선명하게 부각되는 결과를 경험한다는 사실이다.

그 이후 필자는 고대인의 삶과 문물제도, 그리고 사물인식에 주안을 두게 되었다. 이른바, 고대가요에 관심을 기울이게 된 것이다. 고대가요가 아득한 시대의 기록이며, 重層으로 기술되어 있고, 신비롭게 묘사되어 있다고 해서 神話로 해석하는 것에 대해 필자는 반대한다. 따라서 고대인의 사물인식을 중심으로 기록을 합리적으로 해석하고 현실을 바탕으로 논지를 전개하면서 고대가요에 접근하게 되었다. 공부의 순서가 뒤바뀐 감은 있으나 그 始原을 찾는다는 관점에서 고대가요의 배경과 전승과정에 관심을 가지게 된 것이다.

<公無渡河歌>연구는 호리병(바가지, 壺)이 渡江의 도구였을 것이라는 관점에서 시작되었고, <龜卜歌>(龜旨歌)연구는 『史記』 龜策列傳을 읽으면서 거북점을 치는 과정에서 불려진 노래일 것이라는 관점에서 시작된 것이며, <黃鳥歌>연구는 군주는 失戀의 대상이 될 수 없다는 관점에서 시작된 것이었다. 이 같은 관점에서 관련서적을 뒤지고 증거를 확보하면서 점차 고대가요는 신화로 해석할 것이 아니라, 역사이며, 현실의 필요에 의해 이루어진 것이라는 결론에 도달한 것이다. 몇 편 안되는 영성한 작품이지만 그 속에는 고대인들의 슬기와 사물인식, 그리고 은미한 암호가 숨겨져 있음을 필자는 확인한 셈이다. 고고학자처럼 파편조각을 맞추면서 문제를 풀어나갈 때는 희열을 느끼기도 했고, 몇 줄 안 되는 문헌기록을 발견하고는 흥분하던 때가 있었다. 그러는 가운데 어느덧 내 전공분야가 광범하게 확대되는 것을 보면서 때로는 표류하는 느낌을 가진 적도 많았다.

필자가 문학을 보는 관점은 통합론적인 입장을 견지해야 한다는 것이다. 文史哲의 통합론적인 인식은 물론이고, 작품이나 사물을 해석하는 방편이 통합적이어야 한다는 견해를 유지하고 있다. 특히 고대가요를 연구하는 입장에서는 가요의 原型에 대한 탐구가 선행되어야 하기 때문이다. 문물제도나 사고의 원형이 어디로부터 시작하여 어떻게 변화해 갔는가를 연구하는 것은 흥미롭기도 하지만 매우 어려운 과제이기도 하다. 광범한 문헌의 섭렵과 통합론적인 해석방법이 뒷받침되어야 하기 때문이다. 한문해독

능력이 미약하여 번역본을 참고하거나, 한문학자에게 여쭈어 문제를 해결하는 필자의 처지를 돌아보면서 학문을 한다는 것이 얼마나 역부족인가를 절감하고 있다.

이 책이 나오는 데에는 여러분들의 도움이 있었다. 많은 분들의 훌륭한 저서와 논문이 필자를 이끌어 주었음에 우선 감사드린다. 그분들의 노고를 내가 너무도 쉽게 차용한 것이 아닌가 죄스럽기도 하다. 또한 모교에서 공부하도록 이끌어주신 張忠植 전 이사장님과 朴錫武 이사장님, 그리고 공부에 전념하도록 배려해 주신 權奇洪 총장님께 감사의 말씀을 드린다. 또한 항상 묵묵히 지켜봐 주시고, 무한한 격려와 끊임없는 도전 자세로 이끌어주신 黃淏江·林仙默 은사님께 고개 숙여 감사의 말씀을 드린다. 건강하시고, 제자가 좀더 넓은 안목을 가질 수 있도록 격려해주시기를 기원한다.

항상 옆에서 격려와 조언을 아끼지 않는 金相洪·姜在哲 교수께 감사드린다. 필자의 부족한 한문을 깨우쳐 주신 동방사상연구회의 重山 許鎬九·勉窩 李海權·一愚 李忠九·怡齋 金在烈 선생께 감사드린다. 또한 졸저를 거두어주신 姜在哲 출판부장과 鄭鎭炯 주임, 成斗鉉·李於眞 선생에게 고마움을 전한다.

금년은 필자에게 여러모로 기억될 만한 해라고 생각한다. 모교에서 교편을 잡은 지 오랜만에 연구년(07.09-08.08)을 맞이하게 되어 나를 돌아볼 기회를 얻었고, 黃淏江·姜在哲 教授에 이어 고전문학부 학생들에게 10년간 해오던 三國遺事 강독도 尹勝俊 교수에게 인계하였다. 이 책의 원고를 넘긴 후, 36년간 정들었던 한남동캠퍼스를 떠나 죽전캠퍼스로 이사했다. 연구실의 책을 싣고 죽전으로 향하면서 이제는 한남동에 올 기회가 별로 없을 것 같아 마음이 몹시 허전했다.

연구년 동안 필자는 건강을 체크하고, 斷章摘句식으로 책을 보던 관습을 지양하고 저자와 호흡하며 심독을 하고자 한다.

가정적으로는 큰 아들(翰飛)이 사회에 진출하고, 둘째 아들(斗飛)이 어학연수를 떠난 해이기도 하다. 언제나 이끌어주시고 지켜주시는 하느님의 은총에 감사드립니다. 그리고 세 개의 호미를 주마 하시며 우리 가족을 굽어보고 계시는 어머님의 한량없는 격려를 언제나 기억합니다. 항상 가족의 중심에서 울타리가 되어준 아내(孫美子)에게 따뜻한 마음을 전한다.

2007년 8월 13일 漢南洞 연구실(805호)을 바라보며 필자 씀.

古代歌謠研究

제1부 緖 論

제2부　背景論

제3부　禮樂論과 小謹·大義의 葛藤

제4부　作品論

제5부 結 論

제1부 緖 論

Ⅰ. 古代歌謠 研究의 前提

1. 問題 提起

고대가요를 연구하는 데 있어 어려움은 크게 세 가지를 들 수 있다. 첫째는 전해지는 고대문헌이 영성한 관계로 기록의 태부족이고, 둘째는 연구자의 漢文에 대한 소양 부족이며, 셋째는 신비하고 황당하기까지 한 문헌기록에 대한 종합적 해석능력을 갖추는 일이다. 이 중 둘째와 셋째를 극복하는 일은 결코 쉬운 일이 아니다.

첫째의 경우는 대부분 중국 측의 문헌을 원용하는 것으로 그 해결책을 찾고 있다. 우리의 고대 문헌은 『三國史記』(1145년)와 『三國遺事』(1281년?) 정도인데 각각 12-13세기의 산물이어서 고대의 습속을 기록함에 있어 전승과정의 와전이나 편찬자의 지나친 목적의식, 신비한 기록태도 등 문제점을 안고 있는 것이 사실이다. 둘째의 경우는 연구자의 해독능력에 관한 것으로, 한문을 원전 그대로 읽을 수 있는 실력과 경전류나 제자백가서 등을 해독할 수 있는 능력을 의미한다. 능력이 미치지 못하는 경우, 차선책이지만 중국이나 우리측의 번역본을 참고할 수 있다. 셋째의 경우는 고대의 제도나 예악, 제사, 천문지리, 전쟁 등과 같은 사회문화적 현상에 대한 지식을 바탕으로 기록을 종합적으로 해석하고 판단하는 능력을 의미한다. 비단 文史哲의 영역뿐만 아니라, 전반적인 문화현상을 종합적으로 판단할 수 있는 능력이 요구된다. 그런 면에서 神話는 현재의 우리에게 象徵과 隱喩로 남아 그 본원적인 의미해석을 요구하고 있는 것이다.[1)]

고대가요 연구는 이 같은 점을 전제하되, 전승 기록에 대해 일차적으로 논리적으로 가능한가 하는 의문을 제기하는 것이 중요하다고 본다. 현전 고대가요에 대한 기록은 대개가 수백 수천 년의 누적된 시공간적 거리를 한데 뭉뚱그린 형태로 전하는 것이기 때문에 논리적인 인과관계가 결여된 채 생략되거나 비약되어 시작과 끝만 강조하는 특징을 지니고 있다. 그리고 그 이면에는 기록자의 의도만이 어렴풋이 배경으로 숨겨져 있을 뿐이다.

고대가요를 연구함에 있어 신화적인 속성을 주목하는 것은 배경설화의 신비로운 묘사와 관련이 있다. 오래된 옛날의 이야기인데다가 그 묘사방법 또한 신비스러워 흔히 신화와 혼동하는 것이 관행처럼 여겨져 왔기 때문이다. 이 점에서 아래와 같은 프로프의 견해는 참고할 만하다.

> 신화는 형식적으로는 이야기와 구별되지 않는다. 이야기와 신화는 (특히 계층 분화단계 이하에 머물러 있는 민족들의 신화는) 때로 너무나 일치하여 민속문학이나 민속학에서는 이러한 신화들을 흔히 이야기라 부른다. - 그런데 이 신화들은 '변이체'들이 아니라, 경제적

1) 김열규 외, 『민담학개론』, 일조각, 1983, p.66.

> 발달의 가장 초기단계에 생산된 작품들로서, 아직 그 하부구조와의 연관을 잃지 않고 있다. 현대 유럽의 이야기에서는 전위된 것이 여기서는 그 처음의 형태대로 있다. 그러므로 때로 이런 신화들은 이야기의 이해에 단서를 제공한다.[2)]

이른바 우리의 배경설화(고대가요 및 향가 등)는 그 노래의 생성배경을 간직하고 있다는 점에서 중요하다. 그러나 이를 신화로 취급하는 것은 바람직하지 못하다. 따라서 신화로 접근할 것이 아니라 역사적인 실체로서 접근하는 것이 옳다고 본다. 실제로 짤막한 몇 줄의 기록 속에 수백 수천년 전의 사실을 순차적, 논리적으로 담을 수는 없는 것이다. 전승과정에서는 중요하거나 신비하다고 생각되는 것이 기록자에 의해 선별적으로 기록될 뿐, 인과관계를 논리적으로 제시하지 못하는 것이 현전 고대가요 기록의 실정이다.

여기서 잠시 『吳越春秋』에 전하는 고대가요인 <彈歌>의 예를 들어보기로 하자.

> 진음이 "신은 듣기를 노는 궁에서 나왔고 궁은 탄에서 나왔으며 탄은 옛날 효자로부터 시작되었다고 합니다."라고 하니, 월왕이 "효자의 탄이란 어떤 것인가?"라고 물었다. 진음이 답하기를, "옛날 백성들은 질박하여 배가 고프면 새와 짐승을 잡아먹고 목이 마르면 이슬을 마시며 살았다고 합니다. 사람이 죽으면 흰 띠풀로 시신을 싸서 들판에 던져 버렸습니다. 그런데 어느 효자 아들은 버려진 부모의 시신을 새와 짐승들이 먹는 것을 차마 볼 수가 없어 탄환을 만들어 이것으로 지켜서 새와 짐승의 해를 근절했다고 합니다. 그래서 노래에 이르

2) V.Y. 프로프 저, 최애리 역, 『민담의 역사적 기원』, 문학과 지성사, 1990, pp.49-50.

기를, '나무를 잘라 활을 만들고, 대나무로 화살을 만들며, 흙덩이를 날려 보내, 짐승의 해로움을 쫓았네.'라고 했던 것입니다."[3)]

이 짤막한 노래도 그 배경설화를 살피기 전에는 단순한 原始狩獵歌로 보이지만 배경설화의 의미를 확인하는 순간 이는 효자의 애틋한 정리가 느껴지는 감동적인 挽歌의 성격을 확인할 수 있다. 새와 짐승을 사냥하던 도구가 부모의 시체를 지키는 도구로 의미가 바뀌었던 것이다. 이 짤막한 노래는 부모에 대한 자식의 효성이 잘 드러난 작품으로 볼 수 있다.

2. 神話와 歷史의 意味

고대가요를 연구하다 보면 반드시 부딪치는 것이 神話의 문제이다. 그 이유는 고대가요와 신화의 경계가 모호하게 처리되는 경우가 대부분이기 때문이다. 이 같은 이유는 고대가요의 배경설화가 비현실적으로 신비롭게 묘사되어 있을 뿐 아니라, 시간의 순서대로 기록된 것이 아니라 응축되어 있기 때문에 인과관계를 살피기가 매우 어렵기 때문이다. 이 같은 현상에 대해 일찍이 袁珂는 중국신화의 특징으로 '신화와 역사가 서로 평행을 달리다가

3) 『吳越春秋』, 勾踐陰謀外傳 第九, "<陳>音曰 臣聞弩生於弓 弓生於彈 彈起古之孝子 越王曰 孝子彈者 奈何 陳音曰 古者 人民朴質 飢食鳥獸 渴飮霧露 死則裹以白茅 投於中野 孝子不忍見父母爲禽獸所食 故作彈以守之 絶鳥獸之害 故歌曰 "斷竹 續竹 飛土 逐害." 『古詩源』과 『太平御覽』에는 '逐' 字 대신 '肉' 字를 쓰기도 하였는데, 일종의 挽歌의 성격을 띠고 있는 노래이다. 『文心雕龍』에는 '竹彈之謠'라고 명명하고 있다.

한데 엉켜서 섞여 구별할 수 없게 되는 것'이라고 언급한 바 있다.[4)]

여기서 신화에 대한 연구자들의 견해를 잠시 살피기로 하자. 袁珂는 신화를 '환상적 과학'이라고 한 바 있다.[5)] 이는 비현실적이기는 하나 언젠가는 이루어질 인류의 꿈과 희망으로 본 것이다. 인류문명의 발전은 이 가설을 충실하게 증명하고 있다.

黃浿江은 "신화의 의미는 과거 이상으로, 현재와 미래와 맺어져 있다. 과거와 현재와 미래에 걸쳐서 인간의 생활을 양식화한 근원적 동기를 이해할 수 있게 하는 것이 신화의 기능이다."라고 하여 인간생활을 양식화한 근원적 동기를 신화에서 찾고 있다.[6)] 張籌根은 "신화는 민족의 정신적 요람이고, 꿈이며 이상정신의 발현이다."라고 하여 신화 속에 잠재한 인간의 꿈과 민족정신을 강조한 바 있다.[7)]

金烈圭는 "신화의 본원적인 속성의 하나는 그것이 신들에 의해 얘기되고 신들에 의해 전해진 모든 것의 원천에 관한 얘기라는 데에 있다."라고 하여 신화를 원천에 관한 이야기로 규정한 바 있다.[8)] 林在海는 "신화는 말 그대로 '신의 말씀'이라고 해도 좋을 만큼 신성한 이야기이며, 절대적 권위와 초월적 경이를 지닌 이야기이다."라고 하여 신화를 신성한 이야기로 규정하였다.[9)] 金戊

---

4) 袁珂 저, 전인초・김선자 역, 『중국신화전설』1, 민음사, 1992, p.119.
5) 상게서, p.81.
6) 黃浿江, 『韓國의 神話』, 단대출판부, 1988, p.7.
7) 張籌根, 『한국신화의 민속학적 연구』, 집문당, 1995, 머리말.
8) 金烈圭, 『한국신화와 무속연구』, 일조각, 1977, p.2.
9) 林在海, 『민족신화와 건국영웅들』, 천재교육, 1995, p.17. 임재해는 신화가 신성한 이유로 3가지를 들었는데, 첫째, 신화가 태초의 이야기라는 점, 둘째, 신이한 내용으로 이루어진 점, 셋째, 우리가 신화의 내용을 사실처럼 믿는 점을 든 바 있다. pp.18-19.

祚는 "신화는 문화의 초기, 철학이나 과학 이전에 여러 종족들은 자연계와 인문계에 허다한 제 사상에 대하여 경이를 품고, 그 어떤 초자연적, 초인간적인 영물의 존재·활동을 가상적으로 규정하여 이것을 해석하고 이야기하는 데서 발생하는 민간전승의 한 형태를 말하는 것이다."라고 하여 신화를 인간들의 모든 활동과 현상을 해석하고 이야기한 것으로 파악했다.10)

요컨대, 신화의 개념을 '신에 관한 이야기'라거나, '신성성을 간직한 이야기', 혹은 '인간의 이상을 담은 이야기', '태초의 근원적 사물에 대한 물음과 인식을 투영한 것'이라고 제시하고 있다. 이 같은 견해들은 얼핏 보면 부분적으로는 맞지만 비논리적이고 비현실적이다. 그 이유는 역사적인 사실을 설명하면서 비현실적이거나 환상적인 방법을 동원하고 있기 때문이다.

필자는 신화의 개념을 조금 다르게 규정하고자 한다. 초현실적이거나 비현실적인 것을 실제 역사와 혼동하여 논한다는 것 자체가 모순이기 때문이다. 필자는 신화의 개념을 '어떤 사물이나 사건의 인과관계를 논리적으로 설명하지 못한 채 시공간을 뛰어넘어 환상적, 상징적으로 기술된 것'이라고 본다. 예컨대, 원숭이가 진화해서 사람이 되었다는 가설은 신화가 분명하지만(있을 수 없는 일이지만 외형이 유사하기 때문), 단군으로부터 시작된 우리 민족의 전승은 신화가 아니라 역사(유전인자를 통해 계승되는 실재)인 것이다. 다만 고대의 사실을 전하는 기록이 훨씬 후대의 것이어서 신비스럽거나 모호하게 묘사되었을 뿐이다.

필자는 여기서 중국 문헌에 전하는 우리의 왜곡된 모습의 예

---

10) 金戊祚, 『한국신화의 원형』, 정음문화사, 1989, p.11. 김무조는 신화의 세 가지 유형으로 1) 신화는 신에 관한 이야기여야 한다. 2) 자연현상이나 인문현상의 기원과 질서가 교훈적으로 설명되어야 한다. 3) 神聖視되거나 異蹟視되는 이야기여야 한다고 말했다. p.12.

를 하나 들고자 한다. 우리의 기록이 영성하기 때문에 중국문헌에 의지할 수밖에 없는 것이 현실이지만 저들의 기록 또한 직접 보고들은 것이 아닌 傳聞에 의한 것이어서 오류가 있을 수 있는 것이다.

> 그 나라(마한: 필자)에는 일이 있거나 관가에서 성곽을 쌓게 할 때에는 나이 젊고 건장한 자들은 모두 등가죽을 뚫어 굵은 새끼줄로 꿰고 한 길쯤 되는 나무를 꽂는다. 하루 종일 환호하며 부지런히 일하면서도 고통스러워하지 않는데 이미 부지런히 일하면서 이를 또 건장하다고 한다.[11]

위의 기록은 청년들이 성곽을 수축하기 위해 '지게'를 지고 흙과 돌을 나르는 모습을 묘사한 것이다. 우리네 농기구인 지게를 본 적이 없는 사람이 傳聞에 의해 기록하다 보니 마치 등에 구멍을 뚫고 피를 흘리며 일을 하면서도 씩씩하고 건장하게 일하는 것 같은 비상식적인 모습을 보여주고 있다. 문면 그대로라면

11) 『三國志』 魏志 東夷傳. "(馬韓) 其國中有所爲 及官家使築城郭 諸年少勇健者 皆鑿脊皮以大繩貫之 又以丈許木鍤之 通日嚾呼作力 不以爲痛 旣以勸(勤)作 且以爲健 …" 이 부분의 오류에 대한 지적은 이미 朴贊洙에 의해 제기되었다. 번역의 오류뿐만 아니라 이 같은 모습을 우리나라 成人式의 흔적으로 기술하고 있는 한국교육사의 오류 또한 지적하고 있다. 「한국고대사회의 이른바 成年式 문제」, 『민족문화추진회보』 31호, 민족문화추진회, 1993년 가을, p.15. 「三國志 東夷傳에 나타난 韓·倭의 親緣性」, 『民族文化』 22, 민족문화추진회, 1999, pp.50-51. 박찬수는 중국측의 기록을 검토할 때 다음과 같은 4가지 점을 주의해야 한다고 했는데, 1) 기록의 성립배경을 잘 살필 것, 2) 모든 문장은 문맥을 통해 대의가 파악되어야 하고, 3) 모든 기록은 현실성을 중시해야 하며, 4) 傳聞에 의한 애매모호한 표현은 해당 국가의 습속에서 유형을 찾으면 답이 나올 수 있다고 했다. 「한국고대사회의 이른바 成年式 문제」, 『민족문화추진회보』 31호, 민족문화추진회, 1993년 가을, pp.13-15.

매우 자학적인 모습인데 실은 지게의 생김새와 용도를 모른 채 일하는 사람과 지게의 모습을 혼동한 것이다. 더구나, 위의 기록에 대한 면밀한 검토 없이 많은 연구자들에 의해 한국교육사에서 우리나라 고대 성인식의 한 예로 거듭 인용되어 기록하는 우를 범하게 된 것이다.

위의 기록과 함께 박찬수에 의해 소개된『萬葉集』의 "三伏一起一伏三起"의 묘사도 마찬가지이다. 일본인들이 이 문제를 풀지 못하다가 우리의 윷놀이 풍속을 보고서야 전자가 '도'이고 후자가 '걸'임을 알았다는 이야기는 시사하는 바가 많다.[12)]

3. 山海經의 檢討

필자는『山海經』을 읽으면서 그 속의 이야기 가운데 추상적이고 비현실적인 묘사이지만 그 기록이 어떤 현상을 의미하는지를 추측할 수 있는 단서를 찾아볼 수 있다고 생각한다.『山海經』의 성격에 대해서는 논란이 많으나, 그 가운데는 어떤 현상이나 질서를 묘사한 것이 엿보이기 때문이다.

우선 몇 가지 아래의 기록을 살펴보자.

(1) 다시 동쪽으로 300리를 가면 저산이라는 곳이 있는데, 물은 많지만 초목은 자라지 않는다. 이곳의 어떤 물고기는 생김새가 소 같은데 높은 언덕에 살고 있다. 뱀꼬리에 날개가 있으며, 그 깃은 겨드랑

---

12) 朴贊洙,「한국고대사회의 이른바 성년식 문제」,『민족문화추진회보』 31호, 민족문화추진회, 1993년 가을호, p.15.

이 밑에 있는데 소리는 유우와 같다. 이름을 육이라고 하며 <u>겨울이면 죽었다가 여름이 되면 살아나고</u> 이것을 먹으면 종기가 없어진다.[13)]

(2) 다시 서쪽으로 70리를 가면 유차산이라는 곳인데 … 이곳의 어떤 새는 생김새가 올빼미 같은데 사람과 같은 얼굴에 외다리이다. 이름을 탁비라고 하며 <u>겨울에 나타났다가 여름에는 숨어 산다</u>. 이것을 차면 천둥을 두려워하지 않게 된다.[14)]

(3) 다시 동쪽으로 150리를 가면 웅산이라는 곳이다. <u>이 곳에 곰의 굴이 있는데 늘 신인이 드나든다. 여름에는 열리고 겨울이면 닫히는데 이 굴이 겨울에 열리면 반드시 전쟁이 난다.</u> 산 위에서는 백옥이, 기슭에서는 백금이 많이 나며 나무로는 가죽나무와 버들이, 풀로는 구탈이 많이 자란다.[15)]

(1)의 밑줄친 현상(冬死而夏生)에 대해 郭璞도 『注山海經』에서 동면현상으로 해석한 바 있다. (2)의 밑줄친 경우(冬見夏蟄)는 철새의 이동현상으로 해석할 수 있다. 이것은 지금도 흔히 볼 수 있는 것으로 먹이나 기후변화에 따라 이동하는 것이다. (3)의 현상(夏啓而冬閉)은 곰의 冬眠으로 볼 수 있는 것이다. 특히 곰의 굴에 神人이 출입하는 것으로 나타나고 있어 곰 토템과 관련하여 주목되는 기록이다. 그러나 鄭在書의 역주본에도 이를

---

13) 鄭在書 역주, 『山海經』, 민음사, 1999, p.54. 南山經:<5> "又東三百里柢山 多水 無草木 有魚焉 其狀如牛 陵居 蛇尾有翼 其羽在脅下 其音如留牛 其名曰鯥 冬死而夏生 食之無腫疾."

14) 上揭書, p.75. 西山經, "又西七十里 曰羭次之山 … 有鳥焉 其狀如嚻(=夔) 人面而一足 曰槖𩇯 冬見夏蟄 服之不畏雷."

15) 上揭書, p.199. 中次九經, "又東一百五十里 曰熊山 有穴焉 熊之穴 恒出入神人 夏啓而冬閉 是穴也 冬啓乃必有兵 其上多白玉 其下多白金 其木多樗柳 其草多寇脫."

단지 문맥에 따라 번역하였을 뿐 곰의 동면현상으로 보지 못하고 있다.

또 다른 신이한 기록을 보기로 하자.

> (4) 관흉국이 그 동쪽에 있는데, 그 사람들은 가슴에 구멍이 나 있다. 혹은 질국의 동쪽에 있다고도 한다.[16)]

> (5) 구사야가 대종의 동쪽에 있는데 한 여인이 무릎을 꿇고 나무에 기대어 실을 토해 내고 있다.[17)]

(4)의 경우는 위에서 언급한 『三國志』 위지동이전 가운데 마한의 기록처럼 어떤 연장이나 공구를 사용하는 부족을 지칭하는 것으로 보인다. 가슴에 구멍이 나고서는 생존이 불가능하기에 가슴이나 몸에 장식한 것을 언급한 것이다. (5)의 경우는 郭璞이나 袁珂도 지적했듯이 누에 종류나 누에치는 부녀의 형상이 결합된 이야기로 본 바 있는데 개연성이 크다고 본다.

신화에 자주 등장하는 人魚이야기도 袁珂는 순수한 상상의 산물이 아니고 고래나 잉어 등 실존 동물에 대한 경험을 바탕으로 한 묘사물로 보고 있다. 이는 개연성이 매우 큰 것으로 이 같은 상상을 확대하면 四靈 가운데 鳳凰새는 孔雀의 모습을 확대 재생산한 것으로 보이며, 龍은 鰐魚의 실제 모습에 상상력을 가미해 이미지를 형성한 것으로 필자는 보고 있다.

---

16) 鄭在書 역주, 『山海經』, 민음사, 1999, p.231. 海外南經, "貫匈國在其東 其爲人匈有竅 一曰在载國東."
17) 上揭書, p.248. 海外北經, "歐絲之野在大踵東 一女子跪據樹歐絲."

4. 古代歌謠 作品 分析

필자는 고대가요를 연구함에 있어서 가능한 한 신화를 배제하고 있다. 설령 신화의 외피를 입고 있더라도 그 실상은 현실의 반영이거나 제도의 산물로 보고 연구를 진행하고 있다. 신화로 치부하게 되면 노래의 실상을 온전히 밝힐 수 없다는 것이 필자의 생각이기 때문이다.

따라서 고대가요는 신화가 아닌 현실의 반영이거나 고대 문화제도의 산물로 보고 고대의 모습을 재구하면서 연구를 진행시켜 온 것이다. 이제 세 노래를 중심으로 필자의 그간의 연구방향을 간략히 제시하고자 한다.

1) 公無渡河歌

필자가 이 노래에 대해서 의문을 품은 것은 바로 아래의 정병욱의 논의였다. 정병욱은 배경설화에 나오는 白首狂夫와 그의 被髮提壺의 형상에 대해 다음과 같은 추론을 내린 바 있다.

> 우선 이 人物의 모습은 머리털이 하얗게 센 노인이고, 게다가 미친 사람임은 말할 것도 없다. 그런데 이 노인은 아무런 두려움도 생각도 分別도 없이 마치 땅위를 걷는 것처럼 물속으로 걸어서 들어갔다고 되어 있다. 아무런 두려움도 없이 예사로운 생각으로 물 속으로 걸어 들어 간다는 것은 곧 生과 死를 구별하지 않는다는 뜻이 된다. 이같이 생과 사를 구별하지 않는 인물, 즉 死를 두려워하지 않는 인물은 生死를 초월한 존재임이 틀림없다. 생사를 초월한 존재란 곧 비인간

적인 존재, 즉 神을 의미한다고 보아 마땅하리라 생각한다.[18)]

위의 언급에서 가장 중요한 문제는 백수광부를 문자 그대로 머리가 하얗게 센 노인으로 본 것과 그를 미친 사람이라고 단정한 점이다. 또한 그가 물에 들어가는 이유가 설명되어 있지 않는데, 그 이유는 그를 神格으로 보고 있는 듯하다. 그렇다면 그의 아내는 무엇 때문에 그가 강을 건너려는 것을 막으려고 했는지가 의문으로 남는다. 즉, 아침부터 술을 먹고 강물에 뛰어드는 인물이라면 굳이 아내가 따라 죽는 殉愛譜的인 행위가 이어질 수 없다고 본다. 그러나 백수광부는 아내의 예견대로 불길한 최후를 맞이하는 필부의 모습으로 기록되어 있다. 정병욱이 백수광부를 신으로 본 것은 이른 새벽에 머리가 하얀 사내가 술병을 들고 머리를 풀어헤친 채 아내의 만류에도 불구하고 고집스럽게 강을 건너는 모습을 신비롭게 본 것에 지나지 않는 것이다.

오히려 배경설화에서 신비롭게 볼 수 있는 것은 아내가 남편이 죽은 후에 箜篌를 타며 노래를 부르는 장면에 있다. 곧 이어 투신하는 아내의 비장한 죽음에 앞서 연출되는 이 같은 낭만적인 배경이 오히려 예사롭지 않은 것이다. 그러나 이 같은 장면도 필자는 넋두리로 보고자 한다. 허망한 죽음에 대한 아내의 애처로운 넋두리의 장탄식이 목격자에 의해 낭만적으로 전승된 것이다. 우리는 가끔 장례식장에서 생전의 고인에게 이야기하듯이 애처롭게 사설을 읊조리며 넋두리를 하는 광경을 보게 되는데, 이 같은 현상이 구비전승되는 과정에서 낭만적으로 묘사된 것이다. 이는 배경설화가 오랜 세월 동안 첨삭되면서 전승되었기 때문에

18) 정병욱, 「공무도하가<공후인>」, 『한국문화사대계 5: 언어 · 문학사 하』, 고려대 민족문화연구소, 1967, pp.779-780.

당시의 모습을 그대로 재현한 것이라고 볼 수 없는 것이다.

또한, 고대시가의 배경설화를 살펴보면, 그 근저에는 백성들을 敎化하기 위한 수단으로 시가, 특히 배경설화를 강조하는 것을 볼 수 있다. 이 배경설화에서도 남편의 죽음을 따르는 烈婦의 행위를 목격담의 형식을 통해 감동적으로 서술하는 가운데 그 같은 의도를 드러내고 있다.

필자는 배경설화 속의 몇 가지 중요한 용어를 중심으로 그 의미를 재해석했다. 이제까지는 배경설화 속의 용어에 대해 그다지 주목을 하지 않고 상식적인 선에서 해석을 해 왔었다. 그 중 필자가 주목하는 것이 ① '亂流而渡'의 의미, ② '白首狂夫'의 의미, 그리고 ③ '被髮提壺'의 '被髮'의 의미와 ④ '壺'의 용도에 대한 것이다.

① '亂流而渡'의 意味

『漢語大詞典』에는 亂에 대하여 '橫渡' 라 설명한 후, <<詩・大雅・公劉>>: "涉渭爲亂 取厲取鍛(위수를 가로 질러 건너가서 숫돌과 쇠를 취해 오다)"라고 『詩經』을 인용한 후, 「孔穎達疏」를 인용하여 "水以流爲順 橫渡則絶其流 故爲亂(물은 흐름을 따르는 것이 순한 것이고, 가로 질러 건너는 것은 흐름을 끊는 것이니 고로 난이라 한다)"라고 했으며, 이어서 『朱熹集傳』을 인용하여 "亂 舟之截流橫渡者也"(난은 배가 흐름을 끊고 가로질러 가는 것이다)"라고 설명하고 있다. 결국 '亂流而渡'의 의미는 '橫渡江河'(강이나 내를 가로질러 건너는 것), 또는 '水流不循常道'(물의 흐름이 통상적인 길을 따르지 않는 것)를 의미하는 것으로 '거센 물결을 가로질러 건너가는 행동'을 의미한다. 백수광부의 행동이 무모하면서도 화를 자초하는 일임을 보여주는 용어라고 볼 수 있다.

② '白首狂夫'의 意味

'白首'는 머리가 허옇게 세다는 뜻이므로 노인이거나 선천적인 早白을 의미하는 것으로 설화의 문맥으로 보아서는 노인(세상 풍파를 다 겪은)이라는 의미가 더 어울린다고 볼 수 있다. 그런데 이 같은 상식적인 의미 외에도 『漢語大詞典』에는 '謂男女相愛誓愿白頭偕老'(남녀가 서로 사랑하여 백발이 될 때까지 함께 해로할 것을 맹서하여 기원하는 것을 이른다)' 라 하여, 부부간에 검은 머리가 파뿌리가 될 때까지 사랑을 맹서하는 의미도 포함되어 있다. 즉 부부간에 금슬이 좋은 상징으로 쓰이고 있는 것이다.

'狂夫'의 사전적인 의미는 '미친 사내'라는 뜻이지만, 한편 謙詞로도 사용되고 있음을 확인할 수 있다. 『漢語大詞典』에는 대략 6가지의 다양한 해석이 제시되어 있다. 즉, ① 無知妄爲的人(무지하고 망령된 사람), ② 放蕩不羈的人(방탕하여 얽매이지 않는 사람), ③ 指悖逆胡爲者(패역적인 야만인), ④ 古代婦人自稱其夫的謙詞(고대에 부인이 자신의 남편을 칭하는 겸손한 말), ⑤ 精神病患者(정신병환자), ⑥ 古代掌驅疫和墓葬時驅鬼的人(옛날에 질병을 물리치거나 장례시 귀신을 쫓던 사람)의 설명이 그것이다. 광부는 위의 예문처럼 대부분 부정적인 인간의 모습을 지칭하고 있다. 이 가운데 필자는 ④번의 '고대에 부인이 자신의 남편을 칭하는 겸손한 말'이라는 의미에 주목하고자 한다. 『大漢和辭典』이나 『中文大辭典』의 설명에도 ④번과 같은 의미를 들면서, '拙夫'라는 의미를 부연하고 있는데, 이 역시 남편에 대한 겸칭(애칭)의 표현인 것이다.

④번의 예, 즉 남편에 대한 겸칭의 예를 인용하기를, 漢 劉向의

『列女傳·楚野辨女: "대부가 가로되, '어찌하여 정나라로 가려는 나를 따르지 않는가? 하니, 대답하기를, '이미 남편 소씨(狂夫昭氏)가 안에 있습니다' 하니, 드디어 가버렸다"[19]라는 문장과 唐 李白 <擣衣篇>의 "고운 손 바느질그릇을 열고 긴 탄식하니, 남편(狂夫)은 아직도 교하의 북쪽에서 수자리 산다네"[20]라는 표현, 그리고 元 邊魯, <和西湖竹枝詞>의 "남편(狂夫)은 돌아올 소식 아직 없는데, 나비는 무리지어 성 위를 오르네"[21]와 같은 표현에서도 사랑하는 남편에 대한 겸칭으로 쓰고 있다. 이 겸칭은 또한, 신분이 낮은 평범한 남자라는 匹夫의 의미로 쓰이기도 한다.

狂夫라는 이미지는 부정적이나, 위의 예와 같이 겸칭, 또는 匹夫의 의미일 경우에는 무엇엔가 집착하는 사람이거나, 외골수적인 인물의 경우에도 흔히 쓰이는 말일 뿐 실제로 신체적, 또는 정신적인 장애자를 의미하지는 않는다. 전통적으로 동양에서는 남편과 아내, 또는 자식의 재주와 능력을 남에게 자랑하거나, 과시하는 것을 八不出로 여겼다는 것을 보아도 겸사는 동양적인 미덕의 하나로 여겨져 왔다. 謙讓과 避諱의 미덕은 동양에서 왕이 자신을 '孤家'나 '寡人', '不穀'이라고 칭하는 경우(이는 물론 최고 통치자만이 사용할 수 있는 겸사임), 그리고 일반인들이 자신을 '下愚'나 '愚下', '不才', '不肖' 등으로, 아내를 '寒荊', '山荊', '荊人' 등으로, 자식을 '劣子', '犬子', '豚兒' 등으로 부름으로써 남 앞에서 겸양을 드러내는 관습을 형성하고 있다.[22]

---

19) 漢 劉向『列女傳』·楚野辨女, "大夫曰 盍從我於鄭乎 對曰 旣有狂夫昭氏在內矣 遂去."

20) 唐 李白, 擣衣篇, "玉手開緘長嘆息 狂夫猶戍交河北."

21) 元 邊魯, 「和西湖竹枝詞」, "狂夫歸來未有信 蝴蝶作團飛上城."

22) 李中生 저, 林采佑 역, 『언어의 금기로 읽는 중국문화』, 동과서, 1999, pp.171-185. 이 책에서는 그러나 봉건시대 아버지와 남편은 자식과 아내의 중심이 된다는 점에서 비칭이 없다고 언급하고 있는데 이는 경대

물론 『漢語大詞典』에는 ⑤번의 정신질환자의 예로 <公無渡河歌>의 '백수광부'를 들기는 하였으나, 그 근거는 축자적이고 자의적인 해석에 불과한 인상이다. 白首의 경우는 나이가 많다는 일차적인 의미 이외에도 동양에서는 '세상물정에 달관한 사람'이라는 의미로도 종종 쓰이고 있음을 본다.

③ '被髮提壺'의 '被髮'의 의미

'被髮'이란 '머리를 풀어 헤치다'는 뜻이다. 이 같은 모습은 미친 사람을 연상시키는 용어이기 때문에 종래 연구자들은 의심의 여지없이 광부의 모습과 연관시켜서 해석해 왔다. 그러나 동양에서는 일반적으로 被髮은 禮를 갖추지 못한 차원에서 언급하는 경우가 많다. 『孟子』에, "지금 한 방안에 있던 사람들이 서로 싸운다면 이들을 말리는데, 비록 흐트러진 머리에 그냥 갓끈을 매고 가서 그들의 싸움을 말려도 괜찮을 것이다. 그러나 동리의 이웃에서 싸움이 났는데 머리를 흐트러뜨리고 갓끈을 미처 매지도 못하고 싸움을 말리려 달려 나간다면 이는 잘못이다. 비록 내 집 문을 닫고 들어앉아 있어도 괜찮다."[23]라는 언급에서 被髮을 예를 갖추지 못한 행동으로 보고 있는 것이다.

그러나 이 같은 보편적인 의미 외에 華夏중심의 중국민족이 주변 오랑캐들의 野蠻的인 風俗이나 그들의 無禮한 모습을 드러내는 용어로 곧잘 '被髮을 했다'거나, '文身을 했다'는 등의 용어를 자주 사용해 왔다. 피발은 때로는 귀신의 모습을 가리키는 대명사로 쓰이기도 했고, 또는 어진 이가 亂世를 피하기 위한 수단으로 거짓 미친 척하는 행동도 '被髮佯狂'이라고 했다.

부 이상의 신분사회에서의 일일뿐 庶人들의 경우와는 다르다고 본다.

23) 『孟子』, 離婁章句 下, "今有同室之人鬪者 救之 雖被髮纓冠而救之可也 鄉鄰有鬪者 被髮纓冠而往救之 則惑也 雖閉戶可也."

인간이 자신의 거주지의 주변 환경에 맞게 살아가는 것은 매우 자연스러운 모습이다. 특히, 물가에 사는 사람들이 머리를 풀어헤치고 생업에 종사하거나, 물고기의 모양으로 문신을 한다는 것은 물고기를 소중히 여겼을 뿐만 아니라, 물일을 보다 용이하게 하기 위한 평상시의 모습이기도 한 것이다.

④ '壺'의 용도

壺는 일반적으로 禮器, 酒器, 容器(음료를 담는 그릇), 禮儀, 물시계, 樂器 등의 용도로 두루 쓰였는데, 대개는 병, 또는 항아리의 뜻으로 쓰였다. 때문에 술을 담으면 술병이 되고, 장류를 담으면 간장병이 되는 것이다. 즉, 다양한 쓰임에 대비한 빈 용기에 불과한 것이다. 『漢語大詞典』에는 이 같은 의미 외에 '壺: … ⑥ 通 "瓠". 葫蘆(박<표주박>과 통한다. 호리병박이다)라고 한 후, <<詩·豳風 七月>>: "七月食瓜 八月斷壺."(칠월에는 참외를 따먹고, 팔월에는 박을 따네)의 시를 인용하고 주에 毛傳: "壺, 瓠也" 라 하여 壺를 '박(바가지)'의 뜻으로 풀이하고 있다. 필자가 본 논문에서 주장하는 핵심도 바로 여기에 있다.[24]

壺는 匏와 통하는데, 『詩經』에도 이미 강을 건너는 보조기구로 사용된 바 있다. 『詩經集傳』 권2, 邶風 <匏有苦葉>에 보면 匏(바가지)로도 강을 건넜던 것을 알 수 있다.

匏有苦葉	박에 쓴 잎이 있거늘
濟有深涉	건너는 곳에 깊은 물턱이 있도다
深則厲	깊으면 옷을 벗고 건너고
淺則揭	얕으면 옷을 걷고 건너야 하네

24) 金榮洙, 「公無渡河歌 新解釋」, 『한국시가연구』 3, 한국시가학회, 1998, p.21.

위 시의 註解에 보면, "比이다. 포는 박이니, 박이 쓴 것은 먹을 수가 없고, 다만, 허리에 차고서 물을 건널 뿐이다. 그러나 아직 잎이 달려 있다면, 또한 사용할 수 없는 때이다. 제는 물을 건너는 곳이다. 걸어서 물을 건너는 것을 섭이라 한다. 옷을 벗어 가지고 건너는 것을 여라 하고, 옷을 걷고 건너는 것을 게라 한다."25)라고 하여 匏의 용도를 언급한 바 있다.

중국 廣西 融縣 羅城에 살고 있는 요족의 전설에 의하면 하늘까지 차오르던 홍수가 지나가자 대지에 살던 인류는 모두 죽고 두 아이만 남았는데 호리박 속에서 살아남았다고 하여 이름을 伏羲라고 하였는데, 복희란 즉 葫蘆를 뜻한다고 했다. 이들이 바로 호리박 오빠, 호리박 누이라는 것이다. 홍수에서 살아남은 방법은 역시 호리박 덕분이었다.26)

『三國史記』에도 瓠公의 이야기를 통해 이미 박을 허리에 매어 가지고 바다를 건넜던 이야기가 있다. 즉, 新羅本紀 第一에, "38년 봄 2월에 호공을 마한에 사신 보내었다. … 호공이란 인물은 그 겨레와 성씨가 자세치 못하나, 본래는 왜인으로 처음에 박을 허리에 매달고 바다를 건너왔었기 때문에 호공이라고 불렀다"는 것이다.27) 이때는 B.C. 20년으로 박혁거세가 다스리던 시절임을 감안하면, 瓠가 渡江이나 渡海의 수단으로 오래전부터 이용되었음을 알 수 있다.

『鶡冠子』와 蘇東坡의 <東新橋> 시에 나타난 注에도 이 같은

---

25) 『詩經集傳』 권2, 邶風, "匏有苦葉 比也 匏 瓠也 匏之苦者 不可食 特可佩以渡水而已 然 今尙有葉 則亦未可用之時也 濟 渡處也 行渡水曰涉 以衣而涉曰厲 褰衣而涉曰揭."

26) 袁珂 저, 전인초·김선자 역, 『중국신화전설』1, 민음사, 1992, p.167.

27) 『三國史記』 新羅本紀 第一, "三十八年 春二月 遣瓠公聘於馬韓 … 瓠公者 未詳其族姓 本倭人 初以瓠繫腰 度海而來 故稱瓠公."

의미를 확인할 수 있다. 즉, “황하 가운데서 배를 잃으면 바가지 한 개는 천금이다”라는 구절과 陸佃의 주에 “壺<호리병>는 瓠<표주박, 바가지>이다. 이를 차면 가히 강을 건널 수 있으니, 남인들은 이를 腰舟<허리에 차는 배>라고 한다.”라는 표현과 소식의 시 <동신교>에서 “마치 배 잃었을 때 쓰는 박을 팔아먹은 것 같고, 다락을 오르던 사다리를 없앤 것 같네”라는[28] 설명이 그것이다.

그런데 필자는 『漢語大詞典』의 ‘利涉’이라는 항목에서 王叡의 다음과 같은 글을 통해 <公無渡河歌>의 전승경위의 일단을 확인하게 되었다. 그것은 晋 王叡 『炙轂子錄』·序樂府: “贈人利涉 則述公無渡河”라는 것이다. 필자가 이 논문을 구두 발표할 때(1997년 12월 6일, 한국시가학회 6차 학술대회: 배재대)는 문제의 『적곡자록』을 찾아보지 못한 상태였다. 따라서 『漢語大詞典』에 인용된 위의 것을 볼 수밖에 없었는데, 발표 후 주위의 도움으로 『說郛』 속에 전하는 『적곡자록』을 찾아보게 되었다.

그런데 『說郛』 속에 인용된 『炙轂子錄』은 ‘炙轂子雜錄 五卷’이며 唐 王獻(瑯琊人)이 저자인 것으로 기록하고 있다. 王叡가 아니라, 王獻으로 기록되어 있는데, 이는 아마도 叡자와 獻자의 유사함에서 비롯된 착오가 아닐까 한다. 그런데 흥미 있는 사실은 『漢語大詞典』의 인용과 약간의 차이가 있는데, 그것은 “贈人利涉 則述公無渡河”가 『설부』 속의 「적곡자잡록」에서는 “贈夫利涉 則述公無渡河”로 기록되어 있다는 점이다. 즉, 人이 夫로 되어 있는데, 의미상으로 보아서는 夫가 더 근사하다고 생각된다. 아래에 그 원문을 인용해 본다.

---

28) 『鶡冠子』·學問篇, “中河失船 一瓠千金.” 陸佃注: “壺 瓠也 佩之可以濟涉 南人謂之腰舟.”
宋 蘇軾, 「東新橋」詩: “似賣失船壺 如去登樓梯.”

서악 : 적곡자가 말하기를, '악부제해 서에 이르기를, 악부가 일어난 것은 한나라, 위나라로부터 시작되었다. 역대 문사들이 읊은 시편이 실로 번화한데, 혹자는 본장을 보지 못하고, 곧 제목만 따서 그 뜻을 취했다. 남편에게 강을 잘 건너라고 증언할 때에는 공무도하를 읊고, 그 다시 태어남을 경사스럽게 기다릴 때에는 오생팔구자를 인용하며, 치반을 읊는 자는, 다만 비단으로 수놓은 듯한 목의 아름다움을 찬미하는 것이며, 억가마라는 것은 말이 빨리 어지럽게 달리는 것을 서술한 것이니, 모두 이러한 것들은 다 기재할 수가 없다. 서로 번갈아 가면서 조술하고 답습하여 이것이 쌓여서 일정한 것이 되었으니, 후생들로 하여금 어떻게 바른 것을 취하게 할 수 있겠는가? 잠시 전기나 제가의 문집을 거칠게 섭렵하는 가운데, 매번 얻은 바를 즉시 기록하니, 세월이 쌓이고 깊어짐에 혹 권축을 이루게 되었다. 이로 인해 편차하여 제목을 고제해라 하니, 배움을 탐하는 군자들은 혹시라도 소홀히 하지 말기를 바란다.[29]

위의 왕예의 언급이 사실이라면 옛날부터 남에게 배를 선물할 때, 또는 남편에게 강을 잘 건너라고 기원할 때는 '公無渡河'를 읊었다는 것은 무엇을 의미하는 것일까? 아마도 그것은 배로 인해(배삯을 아끼기 위해 도강하다가, 또는 허름한 배를 타고 가다가) 수많은 목숨이 희생되었던 현실에서 죽은 영혼에 대한 鎭魂의 성격을 띤 애도의 노래이자, 안전한 귀환을 보장받으려는 축원가가 아닐까 한다.

필자는 이 노래의 의미를 다음과 같이 재해석해 보고자 한다.

---

29) 『說郛』 권43, 「炙轂子雜錄」五卷 唐 王叡(瑯琊人): "序樂: … 炙轂子曰 樂府題解序云 樂府之興 肇于漢魏 歷代文士篇詠實繁 或不覩本章 便斷題取義 贈夫利涉 則述公無渡河 慶待彼再誕 乃引烏生八九子 賦雉班者 但美繡頸錦 臆歌馬者 序馳驟亂踏 皆若玆不可勝載 遞相祖襲 積用爲常 欲令後生 何以取正 頃因涉閱傳記 兼諸家文集 每有所得輒以記之 歲月積深 或成卷軸 因以編次 目之爲古題解 耽學君子 無或忽之也."

公無渡河　님이여, (오늘은) 강을 건너지 마시구려
公竟渡河　님이여, 끝내 (제 말을 듣지 않고) 건느시다가
墮河而死　마침내 물에 빠져 휩쓸렸으니
當奈公何　님이여, (장차) 이 (허망한) 일을 어찌 하시렵니까

괄호안의 의미는 이 노래가 설화위주로 감정의 절제를 통해 이루어진 점을 감안하여 필자가 당시의 상황을 나름대로 재연하고자 임의로 삽입한 부분이다. 위 노래를 배경설화를 통해 재구성하면 다음과 같다.

백수광부에게 있어 강을 건너는 행위는 삶을 영위하기 위한 수단이면서 다른 사람들에게도 마찬가지 의미를 지니는 것이다. 강을 끼고 생활하는 사람들에게 배와 다리는 절대적인 생활수단이자, 교통수단이다. 그러나 배를 소유하거나, 자유롭게 이용할 수 있다는 것은 생활의 여유를 의미한다. 하층민들에게 있어 배(배삯)는 경제적인 부담일 수도 있다. 그렇다고 강을 건너지 않을 수는 없는 일이다. 이 배경설화에서 주목되는 것은 곽리자고이다. 곽리자고는 津卒이니, 배를 움직이거나 나루터를 관리하는 사람이다. 여기서 그는 목격자로 등장한다. 이른 새벽에 백수광부의 일을 목격한 것으로 보아 백수광부는 그보다 더 일찍이 강을 건너는 사람으로 추정된다. 백수광부는 배삯을 아끼기 위해 표주박을 허리에 차고 무리하게 도강하다가 화를 당한 것이 아닌가 한다. 주위에 津卒과 배가 있음에도 불구하고 백수광부가 익사했다는 사실이 슬픔을 극대화하고 있다.

이날도, 여느 때와 다름없이 백수광부는 이른 새벽 집을 나와 강을 건너기 시작한다. 배가 없던 그에게, 혹은 배삯을 아끼기 위한 방편에서 그는 평소에도 자주 이용했던, 보조기구인 호리병(표주박)을 낀 채 강을 건너기 시작한다. 그러나 이날은 여느 때

와 달리 물살이 거세게 흐르고 있었다. 생업을 위해 건너지 않을 수 없었던 그는 조심스럽게 물살을 헤치며 나아간다. 그러나, 壺(호리병)는 원래 강물이 잔잔한 곳에서 사용할 수 있는 補助 浮袋인 것이다.

이때, 그의 아내는 간밤의 꿈자리가 사나운 것과 이날의 풍랑이 거센 것을 보고는 불길한 예감이 들어 급히 달려와 남편의 위험한 渡江을 만류한다. 그러나 남편은 어느덧 저만치 가고 있었다. 급류의 와중으로 빨려들어 가는 남편의 모습은 그녀의 가슴에 엄청난 고통으로 아로새겨졌다. 그녀가 쫓아오면서 극구 말렸다는 배경설화로 미루어 이미 집을 나서기 전에도 한두 차례 만류는 있었던 듯이 보인다. 그러나 그는 고집이 세고, 우직한 사람이었던 듯하다. 우직한 성격, 일과 가정만을 위해 살았던 백수광부에게 아내의 만류는 이제까지 실패가 없었기 때문에 기우로 여겼던 것이다.

'白首'라는 표현은 노인을 의미하거나 세상 물정을 잘 아는 사람을 뜻하는 말이다. 문제는 '狂夫'라는 표현인데 이때의 광부라는 표현은 우직하고, 외골수적이며, 타산적이지 못한 성품의 벽창호를 뜻하는 겸칭으로 보고자 한다. 배경설화는 여기까지가 현실인 것이다.

필자는 위와 같은 가설을 전제로 기존의 견해를 비판하고 현실을 바탕으로 새로운 해석을 시도했다. 이 같은 발상전환이 어떻게 받아들여질까를 염려하지 않을 수 없었지만, 한편으로는 연구자들의 안이한 자세를 반성할 수 있다는 점에서 의미 있는 일이었다. 요컨대, 고대가요를 신화로 처리하지 않고 역사적인 실제 사실로 다루어야 한다는 관점을 제시한 것이다.

고대인의 사유체계를 설명할 때 우리는 흔히 신비스럽거나, 혹은 불가사의하게 묘사하는 경우가 많다. 미분화되고 전체적인 사고체계를 지닌 고대인들을 설명하면서 현대인들은 오히려 현학적으로, 또는 신비스럽게 묘사하는 것이다. 게다가 구비전승되는 과정에서 기록자의 자의적인 취사선택과 당대의 가치관이 덧입혀져서 확대 재생산되는 현상을 걷어내야 하는 이중고가 뒤따른다.

2) 龜卜歌

필자는 <龜旨歌>를 <龜卜歌>로 불러야 한다고 주장한 바 있다.[30] 필자는 왕의 즉위식인 封禪儀式과 거북점에 초점을 맞추어 논의를 전개한 것이다. 필자는 <구지가>를 기록하고 있는 「가락국기」를 접하면서 이것은 희미하나마 우리 선조들이 새로운 임금의 추대나 즉위식(封禪儀式)을 거행하면서 불려진 노래라고 추정했다. 단군신화나 동명왕신화 등 북방계열의 신화들이 한결같이 天孫下降型의 모습을 보여주면서 비현실적인 신화의 잔영을 보여주고 있는 데 반하여 가락국의 신화는 비교적 현실을 바탕으로 하면서도 토속적인 우리 고대의 모습을 보여주고 있다.

<龜卜歌>의 배경설화에서 주목되는 것은 두 가지이다. 첫째는 '須掘峯頂撮土'라는 기록이다. 국호와 군신의 칭호도 없는 상태에서 9개 부족의 추장들이 새로운 임금을 맞이하는 의식에서 하늘에서 '有如人音 隱其形而發其音曰' 하며 내린 말은 "하늘이 나에게 명하기를, '이곳에 나라를 새로 세우고, 임금이 되라'고 하였으

30) 金榮洙, 「龜旨歌의 新解釋」, 『東洋學』 28, 단국대 동양학연구소, 1998, p.159,

므로 일부러 여기에 내려온 것이니, 너희들은 모름지기 산봉우리 꼭대기의 흙을 파 모으면서 노래를 부르되, - <귀복가 : 생략> - 뛰면서 춤을 추어라, 그러면 곧 대왕을 맞이하여 기뻐 뛰놀게 될 것이다."[31]라는 말이었다. 封禪이란 새로 천명을 받은 임금이 흙을 쌓아 제단을 만들어 하늘에 제사지내고, 땅을 깨끗하게 고르고 땅귀신에 제사하는 것을 말한다.[32] 이 '掘峯頂撮土'의 의미를 가락을 맞추기 위한 노동요로 보거나, 남녀간의 성행위와 유사한 것으로 보는 것은 대왕을 맞이하는 신성한 행사의 과정에서는 어울리지 않는다.

다른 하나는 왕을 맞이하기 위한 중대사에서 吉凶을 점치기 위해 거북을 祭壇에 모셔놓고 거북점을 치는 것이며 이의 구체적인 형태가 <龜卜歌>로 나타났다고 보는 것이다.

封禪儀式이란 천자(임금)가 높은 산에 올라가 제단을 쌓고 하늘에 天命을 받았음을 고하여 정통을 과시하고(封), 그럼으로써 제후들에게 그 위엄을 알리는 것이고, 이어 낮은 산으로 내려와 땅에 제사를 지냄으로써(禪) 地神에게도 그 천자됨을 알리는 의식이다. 결국 封禪儀式이란, 지상에 존재하는 현실적인 통치방식을 하늘의 권위에 의해 제도화하는 것이며, 동시에 聖人帝王論과 맞물려 聖人이 配天의 德을 보증하는 受命을 祈求하는 의례였던 것이다.[33]

---

31) 『三國遺事』 卷2 紀異, 駕洛國記條, "又曰 皇天所以命我者 御是處 惟新家邦 爲君后 爲茲故降矣 爾等須掘峯頂撮土 歌之云 龜何龜何 首其現也 若不現也 燔灼而喫也 以之蹈舞 則是迎大王 歡喜踴躍之也."

32) 『史記正義』에 "此泰山上築土爲壇以祭天 報天之功 故曰封 此泰山下小山上除地 報地之功 故曰禪." 이라 했고, 『管子』의 封禪 제 50에 보면 封禪에 대한 세주에 "封 積土爲壇也 禪墠也 除地而祭曰禪."이라고 기록하고 있다.

33) 李成九, 『中國古代의 呪術的 思惟와 帝王統治』, 일조각, 1997, p.153.

필자가 주장하는 봉선의식이 왕을 추대(선출, 즉위식)하고 나서 천신과 지신에 대한 제사임을 감안한다면, 「가락국기」의 서사 문맥은 선후가 뒤바뀐 모순을 지닌다고 볼 수 있다. 그러나 이 같은 모순은 다음과 같은 두 가지 관점을 감안해야 한다. 첫째는 왕의 선출, 또는 맞이하는 의식 이전에 이미 왕은 현실적으로 존재해 왔었다는 사실이다. 다만, 기존의 질서는 추장이 다스리는 형태처럼 신성왕권에 대한 의식이 없었기에 이 같은 天命에 바탕한 의식을 봉선이란 제도로서 획득하고자 한 것이다. 둘째는 이 같은 의식은 始祖로부터 시작하여 매번 새로운 왕위 계승자가 똑같은 의식을 이어가는 패턴화된 양식으로 존재해 왔다는 점이다. 이 같은 관점은 후대로 내려오면서 국가가 혼란에 직면할수록 시조신의 신화를 중심으로 단결하는 양상으로 나타나고 있다. 「가락국기」의 신화에서 수로왕을 맞이하는 의식이 철저하게 하늘의 소리에 의해서 진행되는 것은 이 같은 패턴을 보여주는 것이다.

필자의 이 같은 견해는 김승찬에 의해 계발된 바가 크다. 그런데, 필자가 아쉬워한 것은 그가 <龜卜歌>로 보고 있으면서도 거북을 신격으로 다루지 않은 점(노래 해석에서)과 거북점의 절차나 그 필요성 등에 대해서는 거의 언급이 없다는 점이다.

거북은 그 생김새(둥근 반구형 등딱지와 편평한 배딱지)에 있어서 天地를 상징(天圓地方)한다는 동양적인 발상과 흡사하다.[34] 또한 장수하는 동물이라는 점에서 거북은 곧잘 비석을 떠받치고서 있는 모습[龜趺]을 보여줌으로써 역사의 산증인으로서의 역할을 충실히 수행하고 있다.

---

34) 사라 알란(Sarah Allan) 저, 오만종 역, 『거북의 비밀』, 예문서원, 2002, p.169.

국가의 대사를 놓고 蓍龜占을 치는 이유를 『白虎通』에서는 다음과 같이 언급하고 있다.

> 천자로부터 아래의 사에 이르기까지 모두 蓍龜(시초점과 거북점)를 가지는 것은 중대한 일의 의심난 점을 결정하되, 스스로 마음대로 하지 못해서이니, 상서에 이르기를, '네가 크게 의심나는 일이 있거든, 경사들에게 의논하기를 미치며, 서인들에게 의논하기를 미치며, 복과 서에게 의논함을 미치라.' 고 하였고, <주역 계사 상전에> '천하의 길흉을 시귀로 결정하며, 천하 사람들이 모두 자기 일에 힘쓰는 것을 이루는 것이 蓍龜보다 나은 것이 없다.'라고 했다. … 먼저 경과 사에게 의논해서 하는 까닭은 무엇 때문인가? 먼저 인사를 다하고, 생각해도 얻지 못하고, 생각해도 능히 알지 못한 연후에 시와 귀에게 묻는 것이다. 성인은 혼자 앞의 일을 보고 먼저 아는 것인데, 반드시 蓍龜에게 묻는 것은 무엇 때문인가? 스스로 마음대로 하지 못함을 보인 것이다. 혹자는 말하기를, '정밀하고 은미하여 단서가 없어서 성인도 미치는 바가 아니다. 성인도 또한 의혹하게 되니, 상서에 이르기를, '너에게 의심이 있다.'라고 하였으니, 이는 무왕을 이른 것이다. 마른 풀<시초>과 말린 뼈<거북>가 아주 많아서 하나뿐이 아닌데, 유독 시와 귀로 점을 치는 것은 무엇 때문인가? 이것은 천지사이의 오래 사는 물건이다. 그러므로 이 두 가지에 묻는 것이니, 귀의 뜻은 오래다이고, 시의 뜻은 늙은이이니, 오래 살았다는 뜻이다. 거북으로 점치는 것을 복이라 하고 시초로 하는 것을 서라고 하는 것은 무엇 때문인가? 복은 와서 마음에 닫는 것이니, 거북을 지져서 일의 조짐이 나타나는 것이고, 서라는 것은 믿는다는 뜻이니, 괘가 드러나는 것을 보고 믿는 것이다. 상서에 말하기를, '복을 하되, 세 거북에게 한다.'라고 하였고, 의례 사관례의 경문에 이르기를, '묘문 밖에서 시초점을 친다.'라고 하였다.[35)]

35) 『白虎通義』 卷七 蓍龜, "天子下至士 皆有蓍龜者 重事決疑 亦不自專

점을 치는 이유는 무엇보다 국가의 중대사를 결정하고 집행하는데 있어 神의 뜻(天命)을 따른다는 의미가 내포되어 있다. 聖人조차도 미래의 일에 대한 확신이 서지 않을 때 '盡人事待天命'의 자세로 점을 쳐 神託에 의지하는 것이다. 따라서 어차피 50%의 확률이지만 이의 성패는 왕의 권위와 수행하는 일에 대한 무한한 신뢰를 주고, 국가의 중요정책을 天命에 의해 수행한다는 신성성이 이면에 내재하고 있는 특수한 상황인 것이다.36)

필자가 <龜旨歌>를 <龜卜歌>로 불러야 한다고 주장하는 것은 <龜卜歌>의 배경이 군왕을 맞이하는 신성한 장소에서 베풀어진 봉선의식과 유사하다는 점과, 이 같은 국가의 중대사에 반드시 길흉을 점치는 귀복점이 행해졌을 것이라는 점, 그리고 '머리를 나타내어라'고 하는 주문은 바로 神格으로서의 거북에게 吉兆를 보여 달라는 간절한 주문이라고 보았기 때문이었다. 이 같은 생각을 하던 중에 『史記』의 「龜策列傳」을 읽어보다가 다음과 같은 대목에서 '首其現也'의 의미가 바로 길조를 드러내 보여 달라는

尙書曰 汝則有大疑 謀及卿士 謀及庶人 謀及卜筮 定天下之吉凶 成天下亹亹者 莫善乎著龜 … 所以先謀及卿士 何 先盡人事 念而不能得 思而不能知 然後 問于著龜 聖人獨見先睹 必問著龜 何 示不自專也 或曰 精微無端緒 非聖人所及 聖人亦疑之 尙書曰 女則有疑 謂武王也 乾草枯骨 衆多非一 獨以著龜 何 此 天地之間壽考之物 故問之也 龜之爲言 久也 著之爲言 耆也 久長意也 龜曰卜 著曰筮 何 卜 赴也 爆見兆也 筮也者 信也 見其卦也 尙書曰 卜三龜 禮士冠經曰 筮于廟門外."

36) 플라톤(Plato)과 키케로(Cicero)는 점복을 두 가지로 분류한 바 있다. 즉, 특이한 자연현상이나, 동물의 비정상적인 행위 등의 징조를 연구함으로써 귀납적 추리를 통해 길흉을 예고하는 예술(Art)의 형태와 신내림이나 황홀경 등 직관에 의존하여 미래를 예측하는 것으로 사제에 의해 이루어진 것으로 본 것이 그것이다. 이때에는 불가해한 언어를 사용한다고 보았다. 사라 알란(Sarah Allan)저, 오만종 역, 『거북의 비밀』, 예문서원, 2002, p.181.

願望의 表現이 아닐까 하는 생각이 든 것이다.

> 점을 침에 있어서는 우선 거북의 구멍을 뚫고서 태운다. 구멍이 뚫렸으면 다시 거북의 머리 부분을 구멍을 뚫고 태운다. 이와 같이 하기를 세 번 반복한다. 또 구멍을 뚫은 중앙 부분을 태우는 것을 정신(正身)이라 부르고, 머리 부분을 태우는 것을 정족(正足)이라고 한다. 이와 같은 일을 세 번 반복한다. 그리고 난 뒤에 거북을 가지고 세 번 아궁이를 돌리고서 다음과 같이 축원한다. '옥령부자에게 신령함을 빌리나이다! 부자께서는 신령하시니, 부자의 심장을 가시나무로 태워서, 그대로 하여금 미래의 일을 남보다 먼저 볼 수 있게 하려 합니다. 그대는 위로는 하늘을 날아다니고, 아래로는 깊은 못 속에서 헤엄치니, 허다한 신령의 점도 그대의 진실함을 능가하지 못합니다. 오늘은 좋은 날로서 한 번의 좋은 점을 치고자 합니다. 저는 이와 같은 점을 치고자 하니, 점괘를 잘 얻으면 기뻐할 것이요, 잘 얻지 못하면 후회할 것입니다. 점괘가 잘 얻어지면 저를 향하여 몸을 길고 크게 하여 주시고, 머리와 발을 거두어 들여서 위에 붙여 주기를 바랍니다. 그리고 점괘가 잘 얻어지지 아니하면, 저를 향하여 몸을 꺾고 안과 밖이 서로 응하지 아니하며, 머리와 발이 사라져 보이지 않게 하여 주십시오'.37)

필자가 위의 인용문에서 주목하는 것은 첫째, 犧牲인 거북을 '玉靈夫子'라고 호칭하는 부분이다. 희생으로 바쳐진 거북은 이미 神格의 의미를 지니기에 그에 대한 극존칭의 예를 보여주고 있다. 두 번째는 점괘가 좋으면 머리와 몸을 크게 뻗어서 호응을

37) 『史記』 권128, 龜策列傳, "卜先以造 灼鑽 鑽中已 又灼龜首 各三 又復灼所鑽中曰正身 灼首曰正足 各三 卽以造三周龜 祝曰 '假之玉靈夫子 夫子玉靈 荊灼而心 令而先知 而上行於天 下行於淵 諸靈數策 莫如汝信 今日良日 行一良貞 其<某>欲卜某 卽得而喜 不得而悔 卽得 發鄕我身長大 手足收人皆上偶 不得 發鄕我身挫折 中外不相應 手足滅去."

나타내라고 하는 점이다. 모든 동식물에게 있어 두려움과 공포는 움츠리는 것으로 표현된다. 주위 환경에 낯설거나, 두려움을 느끼면 바로 움츠리는 것이다. 거북의 경우 두려움이나 공포에 대한 반응은 목과 발을 움츠리는 것이고, 주위환경에 친숙하거나 두려움이 없을 때는 목과 발을 길게 빼면서 정상적인 활동을 하는 것이다. 위의 거북의 길조와 흉조에 대한 반응 또한 이 같은 상황과 일치함을 보여주고 있다. 어찌 보면 거북의 이 같은 반응은 본능적인 것이지만, 이에 대한 해석은 인간의 몫이라고 볼 수 있는 것이다. 다만, 거북을 이미 신격으로 인식한 경우에는 거북의 반응 하나하나가 신탁에 의한 것으로 인식하는 차이가 있을 뿐이다.

이 같은 관점에서 <龜卜歌>를 새롭게 풀이하면 다음과 같다.

龜何龜何　거북(신령)이시여, 거북(신령)이시여
首其現也　머리(길조)를 드러내어 주십시오
若不現也　만약 드러내지 않으신다면(길조를 보여주지 않으신다면)
燔灼而喫也　불에 구워서(계속해서 불로 지지는 고통을) 먹을 것(당할 것)입니다.

위와 같은 해석을 하는 근거를 필자는 논문에서 이미 언급한 바 있다.[38] 다만 여기서도 '燔灼而喫也'의 처리가 과제로 남는다. 문헌에 의하면 거북점의 형태는 둘로 추정할 수가 있다. 그 하나는 거북을 산 채로 점을 치는 경우와 국보로 전하는 거북의 껍데기(龜甲)에 불로 지지면서 균열을 살피는 경우가 그것이다. 이 두 가지 경우가 문헌에 따라 전해지고 있음을 확인할 수 있다. 앞의 두 구의 경우는 산 거북을 대상으로 점을 치는 자리에서

38) 金榮洙, 「龜旨歌의 新解釋」, 『東洋學』 28집, 단국대 동양학연구소, 1998.

길조를 보여 달라는 의미이고, 뒤의 두 구는 국보로 전해지는 거북의 등(龜甲)에 卜師가 불로 지져 균열을 살피면서 길조에 대한 반응을 기대하는 모습을 보여주고 있는 것이다. 이 두 가지 형태의 <龜卜歌>가 어느 시점에서 합쳐지면서 이 같은 모습을 지니고 전승된 것으로 보인다.

3) 黃鳥歌

필자가 <黃鳥歌>에 대해서 의문을 가졌던 것은 琉璃王의 失戀談이었다. 도대체 군주에게 失戀이 가당한 이야기인가? 요즘의 관점에서 보면 매우 낭만적인 이야기 같지만 이 배경설화는 분명히 고구려의 2대왕인 유리왕에 대한 이야기임을 간과해서는 안 된다. 필자는 유리왕이야말로 태자 수업의 과정이 없이 부왕의 권위에 힘입어 등극한 왕이며, 三倫을 저버린 고독한 군주였고, 이 같은 유리왕에 대한 警戒之詞가 바로 <黃鳥歌>라는 점에 주목했다.

안정복은 『東史綱目』에서 유리왕을 다음과 같이 비판하고 있다.

> 살피건대, 고구려가 개국한 지 이에 이르러 겨우 40여년이고, 또 천도한 지도 얼마 되지 않았으므로, 마땅히 바르게 닦아서 정교를 밝히고, 농사에 힘쓰고 백성을 휴양시켜 새 터전을 견고히 했어야 할 것인데, 도리어 들판에서 짐승을 쫓느라고 5일이나 돌아오지 않았으니, 그 잘못이 많다고 하겠다. 협보가 간한 것은 깊고도 간절하다고 하겠는데, 간언을 거절하고 따르지 않았으며, 어진 신하를 폄시하고 박대하여 선왕의 훈구지신을 스스로 보존하지 못하게 한 것은 무슨 까닭인가? 왕의 평생을 상고해 보건대, 실덕한 것이 매우 많다. 두 부인이 불화했으니, 이는 부부의 도가 무너진 것이요, 협보가 출분하

> 였으니, 이는 군신의 의가 이지러진 것이요, 해명을 칼에 엎드려 죽게 했으니, 이는 부자의 은이 끊어진 것이다. 그런데도 시호를 명왕이라고 한 것은 무슨 덕으로서 한 것일까? 예로부터 소위 밝은 임금들도 이 삼륜을 온전히 한 자가 적거늘, 어찌 유독 저 오랑캐의 소군을 탓할 것인가?[39)]

위의 비판의 핵심은 유리왕을 三倫(夫婦, 父子, 君臣간의 윤리)을 저버린 임금으로 지목하고 있다는 점이다. 뿐 아니라, 이 같은 임금에게 어떻게 '明王'이라는 시호를 주게 되었는지 의문시하고 있다. 혹독한 비판이 아닐 수 없다. 태자 都切이 부여와의 볼모교환을 두려워 가지 않으려고 하다가 죽은 것이나, 解明이 위나암성으로의 遷都를 반대하고 부왕의 명령을 따르지 않은 것은 부자간 갈등으로 보인다. 대무신왕이 尙武的인 태도와 용맹으로 왕위에 오른 것을 감안하면 매우 대조적인 모습이다.

결국 유리왕은 '修身齊家治國平天下'라는 제왕의 덕목 중에서 수신과 제가를 하지 못한 채 아버지의 후광으로 왕위에 올랐지만 근본이 없는 제왕의 자질 때문에 비판당하고 있는 것이다. 유리왕에게서는 주변국과의 마찰을 될 수 있으면 피하고 우호적인 정책을 펴며 공존을 꾀하는 소극적인 면을 볼 수 있다. 유리왕 당시의 사정이 정복국가시대라는 점을 감안한다면 이는 매우 이례적인 것으로 아마도 창졸간에 주어진 임금의 자리에 연연한 것이 아닌가 한다.

---

39)『東史綱目』第一上, 癸亥年(고구려 유리왕 22년 11월): "按高句麗開國至此終四十餘年 又遷都屬耳 正宜修明政敎 務農休民 鞏固新基之業 而乃反逐獸原野 五日不返 其失多矣 陜父之諫 可謂深切 而愎諫不從 貶薄賢臣 使先王勳舊 不能自存 何哉 考王平生 失德甚多 二姬不和而夫婦道壞 陜父出奔而君臣義虧 解明伏劒而父子恩絶 謚號明王 遵何德哉 自昔所謂明王 於此三倫 所全者少 奚獨責於夷裔之小君乎."

유리왕은 어려서부터 활쏘기를 좋아했고 또 잘 쏘았다. 부왕을 닮아 활쏘기의 명수였다. 그가 어렸을 때 물을 이고 가는 아낙네의 물동이를 활로 쏘아 깨뜨려서 욕을 먹은 후, 다시 진흙으로 메웠다는 이야기는 너무도 유명하다.[40] 유리왕의 재위기간 중에는 5번의 사냥기록이 나타나 있다(2년 9월, 3년 10월<7일간>, 21년 4월, 22년 12월<5일간>, 24년 9월 등). 특히, 부왕의 舊臣이었던 陜父는 유리왕이 국내의 위나암성으로 천도한 직후 두 달도 안 되어서 質山 북쪽으로 사냥을 가서 5일간이나 돌아오지 않자, 改過自新할 것을 간하다가 쫓겨나 남한으로 도망치는 일이 있었다.[41] 이 같은 상황을 감안해 보면 유리왕은 결국 두 繼妃를 다스리지 못하여 그 자신이 쟁총의 대상이 되었고, 자식들과의 갈등으로 태자의 책봉과정에서 권력투쟁의 양상을 보였으며, 그리고 신하들과의 갈등으로 인해 왕실 내부와 권력다툼 사이에서 갈등하는 고독한 임금으로 기록되고 있다. 이제 몇 가지 쟁점을 중심으로 구체적으로 검토하고자 한다.

① 娶二女繼室

유리왕의 이야기에는 모계사회의 흔적과 가부장제의 확립이라는 두 가지 관점이 혼재하고 있다. 유리왕은 왕비 송씨가 죽자, 두 여자(禾姬와 雉姬)를 동시에 繼妃로 맞이하는데 이는 매우 이례적이다. 그러나 두 여자를 동시에 맞이해야 하는 이유가 명시되어 있지 않다. 현실적으로는 두 명의 계비 몸에서 자식을 낳아 後嗣 문제를 원만히 해결하기 위해 이 같은 결정을 했을 수도

40) 『東國通鑑』 권1, 壬寅年(서기전 19년: 琉璃王 元年), "類利有奇節 喜彈丸 嘗出遊彈雀 誤中汲婦盆 婦罵曰 此兒無父 其頑如此 類利慙 復以泥丸彈塞之."

41) 『三國史記』, 高句麗本紀 琉璃王 22년 十二月條.

있으나, 치희(漢女)의 경우는 혼인동맹에 의한 정략적인 경우일 수도 있고,[42] 또는 媵妾의 경우라고 볼 수도 있는 것이다.

잉첩제도는 '나라를 중히 여기고 있는 후사를 넓히려고'(重國廣繼嗣) 하는 것이 근본 이유이다. 유리왕의 아들은 都切·解明·無恤(3대 대무신왕)·如津·解色朱(4대 민중왕)·再思 등 6인이다. 일찍 죽은 송씨가 大武神王과 閔中王의 어머니라는 기록에 대해 신빙하지 못하겠다는 견해가 제기되고 있는 것도 일리는 있으나, 고대의 잉첩제도에 의해 이어지는 핏줄(자매거나, 오빠의 딸이거나 같은 성씨임)임을 감안한다면 어느 정도 타당성이 있는 것으로 볼 수 있다. 기록에 의하면 고구려에서 두 명의 처를 둔 왕은 28왕 가운데 대개 7명의 왕이 있다.[43] 김원중은 잉첩제에 대해 다음과 같이 언급했다.

> 잉첩제는 원시사회의 족외혼이 대우혼으로 발전하는 과도기 형식이다. "옛날 딸을 시집보낼 때는 반드시 조카딸이 따라 갔는데, 이것을 잉(媵)이라 한다(古者嫁女必以侄娣從 謂之媵:儀禮,婚禮注: 필자)." 라고 했듯이, 잉첩제란 한 여자가 출가할 때 같은 성을 가진 여자 동생과 노비가 함께 시집가는 것을 말한다. 가령 맏딸과 결혼하는 남자는 그 여자의 일정한 나이가 찬 자매 또한 아내로 맞이할 권리가 있었다. 잉첩은 정실부인은 아니지만 지위는 첩에 비해서는 높았으니,

---

42) 李基白, 『韓國史新論: 개정판』, 일조각, 1976, p.35. 중국과 부여와의 관계는 밀접하였는데, 그 이유는 부여가 북쪽의 鮮卑와 동쪽 고구려와의 중간에 위치했으므로, 중국은 부여와 聯盟함으로써 그들을 견제할 수 있었기 때문이며, 실제로 後漢 末 公孫氏가 遼東에 웅거하여 동방의 王者로 임했을 때에는 부여와 혼인동맹을 맺기도 하였다.

43) 崔在錫, 『한국고대사회사 연구』, 일지사, 1987, p.189. 최재석은 기록을 토대로 2대 유리왕, 3대 대무신왕, 10대 산상왕, 11대 동천왕, 12대 중천왕, 25대 평원왕, 28대 보장왕이 모두 두 처를 취한 경우이며, 27대 영류왕도 두 처를 취했을 가능성이 높다고 하였다.

정부인과 첩의 중간층이었다.[44]

이 같은 잉첩제도는 유리왕의 경우 왕비 송씨가 1년 3개월간 살다 죽은 후에도 잉첩제도에 의해 송씨의 자매나 조카딸에 의해 송씨의 혈통이 이어진 것으로 간주할 수 있다. 필자의 생각으로는 유리왕이 주변 강국들과의 갈등 속에서 고구려를 유지하기 위한 방편에서 漢人의 딸인 雉姬를 정략적인 차원에서 받아들인 것으로 본다. 낙랑왕 崔理의 딸인 낙랑공주와 好童왕자와의 관계도 일종의 혼인동맹을 통한 나라 유지의 한 방편으로 이용한 흔적이 농후하게 보이기 때문이다.[45] 한편 호동의 죽음과 관련하여 호동의 모계(부여 갈사왕의 손녀, 조모는 송양의 딸임)가 또 다른 부여계이고, 결국 호동이 자살하는 이면에는 왕위 계승을 둘러싼 집단 내의 알력에 의한 것으로 보는 견해는[46] 유리왕이 정치적 입지강화를 위해 妻家(비류국 송양의 딸)의 도움을 상당히 받았을 가능성을 시사해 주고 있다.

잉첩제도는 고대 중국에서 堯임금이 자신의 두 딸인 娥皇과 女英을 舜임금에게 시집보낸 것을 始原으로 보기도 한다.[47] 또한 우리나라의 경우는 뚜렷하지 않지만 신라 48대 景文大王의 경우에 왕비인 寧花夫人의 동생을 次妃로 맞이했음을 보아서 잉첩제도의 잔존(어머니는 같은 성씨임)을 살필 수 있다고 본다.[48]

---

44) 김원중, 『중국의 풍속』, 을유문화사, 1997, p.142.
45) 『三國史記』 고구려본기 대무신왕 15년 3월조의 낙랑을 멸한 기사 다음에 細註로 "或云 欲滅樂浪遂請婚 娶其女 爲子妻 後使歸本國 壞其兵物."이라고 하여 기록자도 의심하고 있음을 볼 수 있다.
46) 李志映, 「삼국사기 소재 고구려초기 왕권설화 연구」, 『구비문학연구』 2, 한국구비문학회, 1995, p.104.
47) 김원중, 前揭書, p.142.
48) 『三國史記』 신라본기 景文大王 3년 11월조, "納寧花夫人弟爲次妃. 異

왕실의 결혼은 만백성의 어버이로서 모범을 보이는 것이기에 더욱 신중하고 신성시되는 것이다. 따라서, 왕과 왕비는 外治와 內治를 다스리는 상징적인 존재이기 때문에 本紀에 이 같은 이야기가 전해진다는 사실 자체가 우회적인 비판의 성격을 지니는 것이다. 즉, 영웅설화에 우연히 삽입된 노래의 배경설화가 아닌 것이다. 다만, 그 표현 방식은 유리왕을 정면으로 겨냥하지 않은 채 주변인물을 들어 우회적으로 비판하고 있다. 문헌에서 왕에 대한 언급은 항상 간접화법으로 이루어진다는 점을 염두에 두어야 한다. 그 이유는 왕의 신성한 권위를 존중하기 때문이다. 따라서 이 같은 기록태도는 자칫 유리왕의 낭만적인 失戀의 이야기로 오해할 수 있는 소지가 충분히 있는 것이다.

② 禾姬罵雉姬之無禮

이 배경설화의 또 다른 미스테리는 禾姬가 雉姬를 꾸짖은 내용이다. 상식적이라면 두 계비의 쟁총과정에서 그들이 내세울 수 있는 것은 자신들의 미모나, 상대방에 대한 험담, 친정의 배경 과시, 아니면 유리왕의 환심을 사기 위한 언행이어야 자연스럽다. 그런데 그 욕은 "네가 한인의 천한 계집으로서 어찌 무례함이 이토록 심한가?(汝漢家婢妾 何無禮之甚乎)"였다. 그런데 치희가 이를 듣고 노해서 도망갔다는 것은 이 욕이 그녀에게는 치명적인 것이었다고 보지 않을 수 없다. 이 꾸짖음에서 주목할 것은 신분에 대한 지적(漢家婢妾)과 禮가 없음을 강조한 점이다. 겉으로 봐서는 욕 같지 않은 이 내용이 치희에게 모욕을 주었다면 이것은 건드려서는 안 되는 개인이나 종족의 아킬레스건이라고 보아

日 王問興輪寺僧曰 師前所謂三益者 何也 對曰 當時王及王妃 喜其如意寵愛浸深 一也 因此得繼大位 二也 卒得娶嚮所求季女 三也 王大笑."

야 한다.

또한 이 꾸짖음 속에는 화희의 치희에 대한, 이민족에 대한 문화적 우월감이 은연중 내포되어 있다. 다시 말해 애초부터 정상적인 상황이라면 결혼의 상대로서는 나와 맞설 수 없다는 우월감이 자리하고 있다. '한가비첩'이라는 표현은 치희의 신분을 암시해주는 용어라고 본다. 치희는 漢族이기는 하지만 신분은 그리 높지 않은 듯하다. 한족으로서 주변적인 민족이거나, 정략적으로 이루어진 혼인상대임을 암시하고 있다. 이 같은 화희의 꾸짖음 속에는 민족차별적인 내용을 이면에 깔고 있어서 이민족에 대한 저항의식을 엿 볼 수 있다.

유리왕의 재위년간에 漢에 대한 기사는 31년조에 보인다. 漢의 王莽이 흉노를 정벌하기 위해 고구려 군사를 징발하려 했으나, 모두 塞外로 도망하여 漢의 郡縣을 侵寇하였다는 기사이다. 또 이 사건을 다스리기 위하여 嚴尤에게 명하여 고구려 장수 延丕를 목 베었으며, 왕망이 고구려 임금을 '下句麗侯'라 개칭하여 멸시하였다는 기사가 그것이다.[49] 유리왕의 말년에 이 같은 기사가 기록된 것으로 보아 한나라와의 관계는 여전히 고구려측에서는 어려웠던 상대였던 것으로 보인다.

權寧徹도 유리왕의 妻福에 대하여 정략결혼의 희생자라고 지적한 바 있다. 첫 번째의 송씨도 그랬고, 화희와 치희의 경우도 그랬다는 것이다. 다시 말해 相妬, 相爭하는 두 계비를 가차 없이 죽이질 못하고 오히려 동서 이궁을 지어 거주케 한 것은 二妃가 저마다 등지고 있는 친가부족의 세력 때문이었다고 언급한 것이다.[50] 한편, 金學成은 화희와 치희의 갈등은 고구려의 토착세력

49) 『三國史記』 고구려본기 유리왕 31년조.
50) 權寧徹, 「황조가 신연구」, 『국문학연구』1, 효성여대, 1968, pp.106-107.

과 이민족인 漢郡縣세력의 충돌이며, 한군현의 세력을 격퇴하려는 토착세력과 그것이 빌미가 되어 한나라의 막강한 군사력이 두려워 한군현에 화해와 회유책을 쓰려는 유리왕의 나약한 모습이 寓意的인 형태로 설화화된 것이라고 한 바 있다.[51]

만일 그렇다면 유리왕은 애초부터 두 계비를 다스리기에는 역부족이었을지 모른다. 그 이유는 각기 자기 종족을 대변하는 입장에서 전개되는 주도권 다툼의 성격을 지니고 있기 때문이다. 반면에 화희의 치희에 대한 꾸짖음은 유리왕의 입장을 대변하는 의미를 지니기도 한다. 결국, 화희의 입에서 나온 이 꾸짖음은 중간에서 확고한 태도를 취하지 못하는 유리왕의 줏대없음을 비판하는 양면성을 지니고 있다.

③ '王策馬追之'와 '雉姬怒不還'의 의미

치희가 유리왕의 '策馬追之'에도 불구하고 화가 나서 돌아오지 않았다는 것은 분명 있을 수 없는 일이다. 본문에는 다만 유리왕이 "말을 채찍질하여 뒤쫓았다."라고 기록되어 있을 뿐 그 이후 두 사람이 만났다는 이야기는 없다.[52] 그러나 '雉姬怒不還'의 의미로 보아서 어떤 형태로든 만난 것은 사실인 듯하다. 신하를 시켜 뒤쫓은 것도 아니고 왕이 직접 쫓았으며, 그 결과 참담하게 혼자 돌아온다는 것은 유리왕에게는 큰 상처가 아닐 수 없다.

군주가 궁궐을 비운 사이 허락 없이 친정으로 돌아간 것, 그것도 두 계비간의 다툼의 결과로 인한 것이라면 이는 보통 문제가 아니다. 왕권의 신성함이 여지없이 무너진 것이다. 치희가 이같이 행동할 수 있는 것은 바로 그녀의 친정의 막강한 배경이 아

51) 金學成, 『한국고시가의 거시적 탐구』, 집문당, 1997, p.31.
52) 李福休의 「海東樂府」에는 "王策馬追之 不及 息於樹下"로 되어 있어, 만나지 못한 것으로 기록하고 있다. 『해동악부집성』2, 여강출판사.

니고서는 불가능한 행위이다. 본시 애정으로 이루어진 것이 아닌데다가 친정의 약점을 들먹이며 대드는 화희에게 그녀가 할 수 있는 것은 친정을 배경으로 무력시위를 하는 것이다. 이 같은 상황을 중국측의 기록에서는 유리왕이 달려와 <涼谷歌>(황조가)를 부르자 치희가 기뻐하여 같이 돌아갔다고 하면서 다음과 같이 기록하고 있다.

> 처음에 유리왕이 한나라 여자에게 장가를 들었는데, 아름다워서 비를 삼았다. 그 후에 서로 사이가 좋지 못해서 이로 인해 동서에 궁을 짓고 살게 했다. 어느날 왕이 사냥을 나가자 왕후가 사람을 시켜서 비난하니, 비가 노하여 궁인을 이끌고 몰래 도망가 한나라로 돌아갔다. 왕이 이를 알고 스스로 뒤쫓아 양곡에 이르렀으나, 비가 돌아가기를 원치 않자 왕이 이로 인해 노래를 지으니, 비가 기뻐하여 곧 돌아왔다.[53]

위의 기록은 치희에 초점을 맞추어 기술하고 있다. 계비가 아닌 후비의 성격을 띠고 있고, 왕후가 치희의 미모에 샘을 내어 비방하는 것으로 되어 있다. 더구나 유리왕이 노래를 불러 달래서 데려오는 것으로 되어 있으니, 아전인수격의 中華的인 발상의 기록이다. 노래의 제목이 <涼谷歌>(동서 이궁을 세운 곳)로 되어 있으며, 왕이 이미 도망간 치희를 쫓아 양곡에 이르렀다는 표현도 앞뒤가 안 맞는 것이다.

---

53) 藍芳威, 「朝鮮詩選」. 朴現圭, 『중국 명말청초인 朝鮮詩選集 연구』, 태학사, 1998, p.2.
: 涼谷歌(高句麗 琉璃王) : "翩翩黃鳥 雌雄相依 念我之獨 誰與其歸 : 初琉璃王娶于漢女 而美立爲妃 其后 不相能也 因東西其宮居之 他日 王出獵 后使人誹 妃怒率宮人潛走歸漢 王知而自追之及涼谷 妃不肯還 王因作歌 妃悅乃還."

유리왕이 직접 황급히 말을 몰아 뒤쫓아 갔다는 것은 치희의 비중이 그만큼 크다는 의미도 있지만, 계비 하나 때문에 허둥대는 왕의 위엄을 깍아 내리는 史官의 春秋筆法일 수도 있다. 그런데, 이 부분에서 기록자(사관)는 애매한 모습을 취하고 있다. 뒤쫓아간 것만 묘사했지, 정작 만나서 설득하거나, 경솔한 행동을 꾸짖거나, 처가의 부모에게 따지거나 하는 절차가 생략된 채, 허망하게 돌아오는 유리왕의 모습을 먼발치서 외롭게 조명하듯이 묘사하고 있다.

이처럼 고독한 失戀의 주인공으로 그리고 있는 이유는 무엇일까? 분명 이 부분은 유리왕이 군주로서의 위엄을 되찾을 수 있는 절호의 기회임에도 불구하고 그를 비운의 주인공으로 묘사하고 있는 것은 무엇 때문인가? 필자는 이 부분을 유리왕에 대한 사관의 간접적인 비판이라고 생각한다. 통상적으로 사관의 기록태도는 直筆하는 것이 원칙이지만 군왕에 대한 비판은 우회적이고 완곡하게 묘사하는 것이 보편적이다.

기술상 괴리가 있는 듯이 묘사를 한 것은 유리왕의 체통에 관계되는 것(치희를 데리고 오지 못한 것)이기에 우회적이며 낭만적으로 묘사한 것이다. 계비를 다시 데려오지 못하는 군주는 이제 더 이상 군주가 아닌 것이다. 그리고 왕이 노래를 지어 스스로를 달래는 모습으로 기록한 것이다. 그러나 정작 유리왕의 불행은 이미 동서에 두 궁을 지어 각각 따로 살게 할 때부터 시작되고 있었다. 이 같은 왕실 주변의 상황은 이미 유리왕의 영향력을 벗어나고 있음을 보여주는 것이다. 동시에 유리왕의 입장에서는 두 사람의 갈등을 해소한다는 명분 아래 마음껏 淫奔의 행위를 취할 수 있는 명분을 만든 것이기도 하다. 따라서 이 부분은 사관의 기록임에도 불구하고 안타까운 失戀의 설화처럼 인식하게 만들고 있다. 더욱이 사관은 두 계비의 싸움 직전에 유리왕이 기산으로 사냥 나가 7일 동안이나 돌아오지 않은 일을 기록함으로써 이 같은 일이 필연적인 것임을 은연중 암시하고 있다.

④ '王嘗息樹下 見黃鳥飛集 乃感而歌曰'의 의미

일찍이 權寧徹은 <黃鳥歌>의 기록에 나타난 몇몇 용어에 대해 의견을 피력한 바 있다. 그는 본문 중의 '嘗'자의 의미를 '일찍이'의 뜻으로 보아 유리명왕 3년 이전 사실의 것을 『三國史記』의 기록자가 참고로 이를 기록한 것으로 보았다. 따라서 <黃鳥歌>의 제작 연대는 유리왕 원년(B.C. 19년)에서 동 2년(B.C. 18년) 사이에 되었을 것이고, 더 축약이 가능하다면 B.C 19년 9월(유리왕 즉위년월)부터 翌 B.C. 18년 7월(송씨를 왕비로 맞이한 연월) 이전의 작으로 추정한 바 있다. 또한 '歸'자의 의미 역시 '嫁: 얼다'의 뜻으로 해석하여 "쌍쌍이 맞잡고 얼(結婚)하겠는가?"라고 본 것이다.[54] 이런 점에서 '嘗'字를 '曾'字와 같은 것으로 보고 전후 인과관계에 의한 맥락이 아니라는 견해, 다시 말해 치희와 화희와의 관련에서 이루어진 것이 아니라는 견해는 일면 타당하다고 본다.[55]

필자 또한 이 '嘗'자에 관심을 갖고 있다. 결론부터 말한다면 통상적으로 이해하듯이 '일찍이'의 뜻으로 보아 무방하다는 것이다. 왜냐하면, <黃鳥歌>는 유리왕이 즉위한 이후, 국정을 수행하는 과정에서 통치자로서의 능력의 한계를 절감할 때마다 自嘆歌로 불려진 노래이며, 특히, 두 계비를 맞이하면서부터, 그리고 두 계비가 쟁총하면서부터는 더욱 절실하게 읊어진 유리왕의 歎息

---

54) 權寧徹, 「황조가 신연구」, 『국문학연구』1, 효성여대, 1968, pp.95-111.
55) 金琫永, 「황조가의 새로운 이해」,『국어국문학』3, 조선대, 1981. 윤영옥, 『한국의 고시가』, 문창사, 1995, p.38, 재인용.

歌로 여겨지기 때문이다.

유리왕은 정략적이든, 정상적이든 간에 계비들간의 암투에 골머리를 앓았던 인물이다. 따라서 유리왕의 뇌리에는 이 같은 상황을 벗어나고자 하는 생각이 잠재의식으로 남아 있었다고 본다. 따라서 이 노래는 유리왕의 뇌리에서 항상 탄식처럼 되뇌이던 하소연이었다. 평소 두 계비의 갈등을 보면서 탄식하던 것이 <黃鳥歌>의 배경이었다. 그러던 것이 계비간의 갈등이 표면화된 이후 그는 황조의 다정함에 빗대어서 자신의 처지를 탄식한 것이 <黃鳥歌>이다. 黃鳥는 『山海經』에 보면 이것을 잡아먹으면 질투하지 않게 된다는 이야기가 있는 것으로 보아 여자의 질투를 그치게 하는 것과 상관이 있지 않을까 하는 생각도 해보게 된다.[56)]

만백성의 어머니가 되어 화합으로 천하를 다스려야 할 계비들이 미물인 황조의 다정함에도 미치지 못하는 안타까운 현실을 탄식처럼 노래한 것이 <黃鳥歌>인 셈이다. 따라서 <黃鳥歌>는 치희가 친정으로 도망가는 사건 이전에도 둘 사이가 갈등을 빚을 때는 언제나 탄식처럼 되뇌이던 노래였다. 그 같은 유리왕의 심정이 결정적으로 표면화된 것이 치희의 환국이었고, 황조는 두 계비의 불화를 깨우치게 하기 위해 등장시킨 미물에 불과한 것이다.

결국 <황조가>는 두 계비를 다스리지 못한 유리왕의 탄식요이며, 이는 결국 자신의 통치능력의 한계를 드러낸 노래이기도 하

56) 『山海經』, 정재서 역주, 민음사, 1999, p.133. 北次三經, "又東北二百里曰軒轅之山 其上多銅 其下多竹 有鳥焉 其狀如梟而白首 其名曰黃鳥 其鳴自詨 食之不妒."(다시 동북쪽으로 2백리를 가면 헌원산이라는 곳인데, 산 위에서 구리가 많이 나고 기슭에서는 대나무가 많이 자란다. 이곳의 어떤 새는 생김새가 올빼미 같은데 머리가 희다. 이름을 황조라고 하며 그 울음은 제 이름 소리를 내는 것이고, 이것을 먹으면 질투하지 않게 된다).

다. 이 같은 유리왕의 총체적인 난맥상(계비·자식·신하들과의 갈등)을 사관은 유리왕의 <황조가>에 빗대어서 후대의 왕들에게 경계하기 위해 기록한 것이다. 이 <황조가>에는 유리왕의 고독한 처지가 배경으로 작용하고 있음을 부인할 수 없다. 이는 유리왕에게서 두드러지게 암시되는 바 상실과 고독이라는 이미지가 노래의 배경으로 자리한다는 견해와 궤를 같이 한다.[57]

이 같은 견해를 바탕으로 필자는 <황조가>를 다음과 같이 해석한다.

翩翩黃鳥　훨훨나는 저 꾀꼬리
雌雄相依　암수 서로 다정한데
念我之獨　나의 고독함을 생각하니
誰其與歸　뉘와 더불어 함께 할꼬

<황조가>는 유리왕이 외롭고 고독한 존재로 부각되어 있지만, 이면에는 자신의 통치능력의 한계를 자탄의 형식으로 드러내고 있는 양면성의 노래임을 보여준다. 특히, 맨 마지막 구의 '誰其與歸'는 일차적으로는 화희와 치희에 휘둘린 유리왕의 고독에 촛점을 맞춘 것이지만, 이 같은 독백은 유리왕의 처지를 잘 드러낸 자탄의 성격이 짙은 것이다. 주변에 그를 따르던 사람들이 별로 없었던 외로운 군주인 유리왕에게 있어서 이 같은 탄식은 좀더 폭을 넓히면 '아무도 돌아보지 않는 나에게 누가 歸附하겠는가?' 하는 백성들을 향한 군주의 호소일 수도 있는 것이다. 사관이 이 노래를 굳이 유리왕의 사실에 부가하여 기록한 것은 노래를 통해 그의 군왕으로서의 자세를 비판하고 후대의 왕들에게 귀감을

57) 金昌龍, 「黃鳥歌의 底邊」, 『우리 옛문학론』, 새문사, 1991, p.195.

삼게 하기 위한 警戒之詞로서의 의미를 강조하기 위한 것이다.

5. 結 論

필자의 고대가요(<公無渡河歌>, <龜卜歌>, <黃鳥歌>)에 대한 세 논문은 우리의 고대가요가 결코 신화로 치부될 수 없다는 점에 주안하여 이루어진 것이다. 신화로 치부하면 간단하지만 합리적인 설명이 불가능한 모순을 안게 된다. 비록 아득히 오랜 시대의 기록이고 영성한 문헌기록이라 하더라도 그것은 엄연히 역사시대의 산물로서 전승된 것이지 신화적인 모습이나 발상으로 전승되는 것이 아니라는 점에서 이의를 제기했던 것이다. 단지, 현재의 우리가 고대의 제도나 관습, 당대의 상황에 무지하다고 해서 오늘날의 상식적인 관점을 가지고 과거를 조명한다는 것은 매우 위험한 논리에 불과하다. 문헌에 重層으로 기록된 바를 합리적으로 해석할 줄 아는 안목이 필요한 분야가 바로 고대가요라고 할 수 있다.

그러나 이 같은 방법 또한 독단에 치우칠 우려가 없는 것은 아니나 현재의 상황에서 그나마 최선의 방법은 역사적인 실제사건으로 인식하고 당대의 관습이나 제도, 세계관, 기록자의 편찬의도 등을 감안하여 종합적인 판단을 내리는 것이 합리적이라고 보는 것이다. 이 같은 관점에서 필자는 그간 발표한 고대가요관계 세 작품의 쟁점을 중심으로 역사적이고 실제적인 방법을 통해 논증을 시도한 것이다.

Ⅱ. 三國의 不傳歌謠 研究

1. 問題 提起

문헌에 전하는 고대가요는 <公無渡河歌>(<箜篌引>), <龜卜歌>(<龜旨歌>), <黃鳥歌>가 있다. 이 세 노래는 배경설화와 함께 노래가 전하고 있어 작품의 성격에 대한 논의는 어느 정도 정립되고 있다는 느낌이다. 우리의 고대가요 유산이 매우 영성한 입장에서 그나마 이 세 노래는 그 독특한 성격으로 인해 많은 논란을 불어 일으키기도 하였다.

현재 고대가요라고 지칭하는 범주 속에는 대개 삼국시대 초기까지의 노래를 일컫는 것이 일반적이다. 즉, 향가의 출현 전까지 불려진 노래들을 통칭하여 고대가요라고 부르고 있다. 불완전하나마 향가가 독립된 장르로 존재하고 있기 때문에 그 이전의 시가양식을 일컬어 고대가요, 고시가, 상고시가, 원시가요 등으로 명명하고 있다.

고대가요 가운데에는 노래(가사)만 단편적으로 전해지는 경우와 배경설화만 전해지는 경우, 그리고 배경설화와 노래가 함께 전해지는 세 종류가 있다. 필자는 이 가운데 삼국시대 가요 중에서 배경설화만 전해지고 있는 노래들을 중심으로 그 제작 배경과 노래의 성격을 추론하고자 한다. 原歌가 전해지지 않는 상황에서 배경설화만으로 노래의 성격을 추정하는 것은 온전한 연구가 되기 어려운 한계를 지니고 있으나, 우리의 경우 배경설화는 노래의 성격을 규정짓는 절대적인 기준으로 작용하고 있다는 점에서 무의미한 일은 아니라고 본다.

한국문학사 기술 가운데 취약한 부분의 하나가 문학(시가)의 기원에 대한 설명이다. 노래와 함께 배경원리가 제시되어야 하지만 이 부분이 취약하여 서구의 문학원리로 대체하거나 일반론으로 얼버무리는 경향이 대부분이다. 이 같은 이유는 무엇보다 작품이 영성하다는 것과, 작품에 의해 도출된 문예이론이 빈약한 때문이기도 하다. 더군다나 우리의 문학은 독자적으로 형성되어 온 것이 아니라, 文史哲의 통합적인 관점에서 이루어져 왔기 때문에, 이 같은 경향은 동양문학(문화)의 한 특색이기도 하다. 특히, 歌唱 위주의 시가 장르에서 감상 중심의 장르로 성격이 전환되면서 정치한 문예이론의 천착은 자연스럽게 역사와 철학의 도움을 통해 이루어지는 전통을 형성해 온 것이 아닌가 추론해 본다.

본 연구는 삼국시대(통일신라 포함)로 시기를 한정하되, 漢譯(한시 제외)이나마 가사가 전하는 노래는 제외하고, 배경설화나 해제만 전하는 작품을 대상으로 했다. 그 이유는 가요에 대한 고대인의 인식과 기능을 엿볼 수 있다는 점과 우리 시가의 원천을 모색할 수 있다는 점에서이다. 이 작업에서 앞으로 제기되는 문제는 향가와 고대가요의 경계와 성격을 어떻게 정립하는가 하는 점이다. 그 이유는 두 장르의 시기가 겹치고, 집단적인 정서가 점차 개인정서로 옮아가는 시기이기 때문이다.

2. 詩歌의 起源

시가의 기원에 대한 문제는 대략 몇 가지 가설을 중심으로 전개되어 왔다. 가장 최초의 의미를 띄는 형태는 역시 실생활 속에서 이루어지는 현장음이 그 주조를 이루고 있는 것이다. 이른바 노동요로서 수렵이나 농사 등 실생활과 관련지어 나타나는 초보적인 단계를 의미한다. 두 번째 단계는 제의와 관련되어 나타나는 현상이다. 국가의 집단적인 행사(戰爭과 祭祀)를 통해 민족의식을 고취시키고, 여러 가지 의식을 수행하는 과정에서 이루어지는 것이라고 본다. 이른바, 집단적인 정서를 중시하는 시기이다. 세 번째 단계는 개인의 서정을 드러내거나 타인과의 관계를 형성하는 단계로서 이른바 윤리의식이나 미의식을 드러내는 경우이다.

물론 이 같은 세 가지 단계의 밑바탕에는 모방에 의한 충동설이 전제되어 있다. 이 같은 충동설이 예술에 대한 기본적인 형태라고 한다면, 일정한 시기를 지나 작가가 감수성을 바탕으로 인간의 추억이나 감각을 일정한 패턴으로 재배치하는 형태의 표현설로 예술적 장치를 갖추게 되는 것이다. 노동요와 관련된 기록은 『呂氏春秋』에 魏惠王과 翟翦의 대화 가운데 "앞에서 '영치기, 영차'하면서 노동요를 부르면 뒤에서도 이에 맞추어서 따라 부른다."[1]는 기록이 나온다. 시가의 기원설 가운데 가장 실제적이며

---

1) 『呂氏春秋』 審應覽, 淫辭, "翟翦對曰 今擧大木者 前呼輿謣 後亦應之."

효용적인 것은 노동기원설이다. 그 이유는 노동은 삶의 현장이며, 이를 효율적으로 수행하기 위한 방편에서 노래는 곧 노동의 박자로 이어지기 때문이다.

중국측의 기록 가운데 유독 우리 민족이 가무를 즐긴 것을 기록한 것에 대하여 그간 많은 연구자들이 고무적인 일로 치부해 왔으나, 김준영은 중국측의 입장에서 보면 이것은 미개민족이 가무를 즐긴다는 개념으로 보아야 한다는 점을 지적한 바 있는데 이는 적절한 언급으로 보인다. 이 같은 현상은 상고시대의 어느 민족에게나 일반적인 생활현상이라는 점을 감안해야 한다는 것이다.[2)]

원시예술의 기원에 대해서는 여러 가지 발생론, 즉 유희적이거나 미적 동기 등이 제기되고 있으나, 이 같은 견해보다도 가장 앞서는 절박한 문제는 실질적인 목적에 부응해서 발생된 점이라고 할 수 있다. 즉, 종교의식보다도 앞서는 것은 그들의 삶의 현장인 노동(농업, 수렵)에서 비롯한 것으로 보는 것이 순리라고 본다.[3)] 김승심은 상고시가의 내용으로 ① 노동가, ② 제사가, ③ 토템가, ④ 情歌를 들고, 상고시가의 특징으로 ① 詩·樂·舞의 삼위일체의 형식 결구, ② 현실성과 실용성, ③ 간결하고 소박한 언어표현을 든 바 있는데,[4)] 참고할 만 한 논의로 보인다. 다만, 정가의 경우는 그 내용과 시기에 다소 논란이 있을 수 있다.

金承璨은 시가의 발상에 대하여 다음과 같은 언급을 한 바 있다.

> 따라서 原詩歌(proto-song)는 구석기 시대의 동굴벽화와 같이 그들의 食物을 채집하거나 수렵함에 사용된 주술의 수단이었고, 이러한

---

2) 金俊榮, 『韓國古典文學史』, 형설출판사, 1992, p.10.
3) 이종출, 『한국고시가연구』, 태학사, 1989, p.10.
4) 金勝心, 「중국상고시가연구」, 『중어중문학』 22집, 한국중어중문학회, 1998, pp.253-266.

수단으로써 처음부터 끝까지 철저하게 실용적이고도 순전히 경제적인 목표와 직결된 기능을 가졌을 뿐이다. 물소춤(buffalo dance)의 목적이 물소의 유인과 포획에 있었고, 동굴 속의 사슴벽화가 사슴의 수렵을 위해 그려졌듯이 주술의 수단으로 사용된 원시가의 내용도 대상의 재현이자 대상 그 자체이며, 願望의 표현임과 동시에 원망의 달성이었다.[5)]

위의 지적처럼 시가의 기원은 일차적으로 실제적인 생활의 방편을 구현하는 가운데 이루어졌고, 模倣이나, 表現, 美學的 견해, 그리고 인륜도덕적인 의식은 후대에 더해진 것으로 보인다.

한편, 고대가요는 제의를 수행하는 가운데 불리어졌기 때문에 呪詞의 구성원리는 명령법을 주축으로 하는 부분과 이를 뒷받침하는 서술법의 對偶로 이루어졌다는 지적[6)]과 함께 구체적으로는 위협적인 命令·制壓·稱名의 어법 형태[7)]를 취한다고 보고 있다.

3. 古代歌謠의 樣式 問題

가사가 전하는 고대가요(<공무도하가>, <황조가>, <귀복가>)는 내용면에서는 매우 단순하고 소박한 느낌을 주고 있다. 이른바 배경설화가 없었다면 다양하게 해석될 여지가 충분히 있다는

---

5) 金承璨, 「詩歌의 발상과 전개」, 『한국문학연구입문』, 지식산업사, 1982, p.335.

6) 金烈圭, 「향가의 문학적 연구 일반」, 『향가의 어문학적 연구』, 서강대 인문과학연구소, 1972, p.5.

7) 李在銑, 「신라향가의 어법과 수사」, 『향가의 어문학적 연구』, 서강대 인문과학연구소, 1972, p.142.

말이다. 여기서 배경설화는 일종의 안내자나 상표와 같은 성격을 지니는데 이 배경설화의 성격과 의미를 구명하는 작업이 매우 중요하다. 그러나 노래보다 배경설화가 중시되는 것은 분명 주객이 전도된 상황이다. 그만큼 노래의 성격을 미리 규정짓는다는 것은 교화론적인 측면과도 일정한 관계가 있다. 이른바 통치의 한 방편으로서 가악이 중시되는 이유가 여기에 있다고 본다.

그러나 짧은 형태의 노래보다 생성배경이 중요하다는 것은 노래의 사연이 가지고 있는 眞實이 고대인들의 마음을 움직였기 때문이다. 향가를 운위할 때 흔히 언급되는 "感動天地鬼神"의 의미가 여기에 해당한다고 본다.

노동이나 수렵과 같은 실생활의 필요에서 시작된 단순한 리듬 위주의 노래(시가)는 집단을 중심으로 제의에서 신과 교통하던 수단으로 변모하고, 다시 인간의 정서를 드러내고 상호 교류하는 양식으로 변모하면서 발전한다. 이 같은 발전단계의 시작에서 고대가요는 그 기능을 충실히 수행해 왔다. 고대가요의 내용이 대개 단순한 인간의 願望의 달성이라는 측면에 머물러 있다는 점과 그 수사가 단순, 반복, 주술적이라는 점은 노래의 효능에 대한 고대인의 인식을 잘 보여주는 증거라고 하겠다.

유종국은 가요의 정형화 과정을 ① 1句體 歌謠(<智理多都波都波>: 『삼국유사』 권2,처용랑망해사조), <木子得國>: 『증보문헌비고』 권11, 동요, <萬壽山煙霧蔽>: 『증보문헌비고』 권11, 동요)→ ② 2句體 歌謠(<百濟同月輪 新羅如月新>: 『삼국사기』 백제본기 의자왕, <可憐完山兒 失父涕漣濡>: 『삼국유사』 권2, 견훤조, <誰許沒柯斧 我斫支天柱>: 『삼국유사』 권4, 원효불기조) → ③ 3句體 歌謠(독립형=<가보세 가보세 / 을미적 을미적 / 병신되면 못간다>: 김소운 편, 『조선구전민요집』 / 연속형=<청천 하늘엔 잔

별도 많고 / 이내 가슴엔 수심도 많다>: 강강수월래)→ ④ 4句體歌謠(4구 한시형태=우리시가의 기본형)로 보았는데,[8] 이 같은 관점은 다분히 진화론적인 입장을 취하면서도 집단의 감정에서 개인의 서정으로 옮아간 흔적을 추적하고 있다.

이어 유종국은 우리 고대시가의 양식적 특징을 다음과 같이 세 가지로 본 바 있다.

1) 우리 고대시가가 비교적 양식화되어 있다는 점(제의와 축제).
2) 우리 고대시가 텍스트들이 화용론적 문맥을 드러내고 있다는 점(산문서사).
3) 고대시가는 모두 부르는 노래로 가창되고 구전된 것.[9]

위의 지적은 대부분 연구자들이 이미 지적한 바이지만 가장 중요한 사실은 2)의 배경설화의 존재라고 할 수 있다. 김준영 역시 우리에게 엄격한 정형시가 없었던 이유를 우리의 문학 본위의 시는 주로 漢詩에 의존했고, 우리말의 시가는 음악(가창)이 주가 되었기 때문이라고 한 바 있다.[10]

4. 三國의 不傳歌謠 樣相

『高麗史』 樂志 서문에는 악지를 기술하게 된 이유와 음악에 대한 인식을 다음과 같이 드러내고 있다.

---

8) 柳鍾國, 『古詩歌樣式論』, 계명문화사, 1990, pp.76-89.
9) 上揭書, pp.52-56.
10) 金俊榮, 『韓國古典文學史』, 형설출판사, 1992, p.20.

> 대저 음악이라는 것은 그것으로 풍속과 교화를 수립하고 조종의 공훈과 은덕을 형상하는 것이다. 고려는 태조가 대업을 초창하였고 성종이 교사를 세우고 체협을 직접 거행하였다. 그 후부터 문물제도가 비로소 갖추어졌으나 당시의 전적이 보존되어 있지 않아서 그 규모를 알아볼 길이 없다. 예종조에 송나라에서 신악을 하사하였고 또 대성악을 사하였다. 공민왕 때 명태조 황제가 특별히 아악을 사하여 마침내 그 아악을 조정과 종묘에 사용하였고 또 당악 및 삼국과 당시의 속악을 섞어 썼다. 그러나 병란으로 말미암아 종, 경 등 악기가 흩어져 없어졌다. 속악은 그 말이 대부분 비속하여서 그중 심한 것은 다만 그 노래의 이름과 노래를 지은 뜻을 기록하기로 한다. 아악, 당악, 속악으로 분류해서 악지를 만든다.[11]

또한 삼국 속악조에는 "신라·백제 및 고구려의 음악을 고려에서 다 사용하고 그것을 악보에 편입했다. 그래서 여기에 부록한다. 가사는 다 이어(俚語)다."[12]라고 하여 고려시대에는 삼국의 음악을 사용했으며, 가사는 모두 俚語라고 언급하고 있다.

그동안 부전가요에 대한 연구는 간헐적으로 이어져 왔다. 고전시가를 전공하는 사람들이 향가를 논의하면서 앞 시대의 가요를 다루는 경우와 국문학개론이나 국문학사 등을 기술하면서 시가의 기원을 설명하는 과정에서 부분적으로 언급된 것들이다. 다행히 최근에는 우리도 중국처럼 斷代文學史를 기술한 저서들이 간

---

11) 『高麗史』 樂志, "夫樂者 所以樹風化象功德者也 高麗太祖草創大業 而成宗立郊社躬禘祫 自後文物始備 而典籍不存未有所考也 睿宗朝宋賜新樂 又賜大晟樂 恭愍時 太祖皇帝特賜雅樂 遂用之于朝廟 又雜用唐樂及三國與當時俗樂 然因兵亂鍾磬散失 俗樂則語多鄙俚 其甚者 但記其歌名與作歌之意 類分雅樂唐樂俗樂 作樂志."

12) 『高麗史』 樂志, 三國俗樂條, "新羅百濟高句麗之樂 高麗並用之 編之樂譜 故附著于此 詞皆俚語."

행되고 있어서[13] 영성한 자료나마 깊은 연구가 진행되고 있다는 점에서 고무적이다. 또한 고대가요의 장르적인 성격이나 부전가요 전반에 대한 고찰 및 고대 시가의 가악론에 대한 연구도 이 방면 연구에 많은 도움을 주고 있다.[14]

부전가요에 대한 전반적인 논의를 전개한 사람은 尹榮玉이었다. 그는 고대가요를 집단가요와 개인창작 서정시가로 분류하고, 집단가요를 다시 儀式歌와 民謠, 宴樂歌, 讚歌로 하위 분류하여 논한 바 있다.[15]

필자는 고대가요 가운데 가사가 전하지 않고 배경설화만 전하는 삼국의 노래를 중심으로 노래의 제작 경위와 목적, 그리고 기록 의도를 살피고자 한다. 이 같은 결과는 비록 추론에 불과하지만 고대인의 가악의 기능에 대한 인식과 통치양상을 살피는 데 좋은 참고자료가 된다고 본다.

---

13) 尹榮玉, 『신라시가의 연구』, 형설출판사, 1982.
安東柱, 『백제문학사론』, 국학자료원, 1997.
金昌龍, 『고구려문학을 찾아서』, 박이정, 2002.

14) 金承璨, 『한국상고문학론』, 새문社, 1987.
이종출, 「한국고시가 연구」, 태학사, 1989.
유종국, 「고시가양식론」, 계명문화사, 1990.
呂基鉉, 『新羅音樂相과 詞腦歌』, 월인, 1999.

15) 尹榮玉, 『新羅詩歌의 硏究』, 형설출판사, 1982, pp.249-298. 윤영옥은 이 책에서 집단가요 중에서 儀式歌謠로 <兜率歌>, <鵄述嶺曲>, <怛忉曲>, <鼻荊郎詞>, <志鬼詞>, <海歌>, <利見臺歌>, <身空詞腦歌>, <散花歌> 등 9수를 들었고, 民謠로 <會蘇曲>, <長漢城>, <無导歌>, <方等山>, <都波謠> 등 5수, 宴樂歌로 <東京>, <安康歌>, <繁花曲>, <余那山> 등 4수, 讚歌로는 <奚論歌>, <陽山歌> 2수를 들었다. 개인창작 서정시가로는 <勿稽子歌>, <憂息曲>, <實兮歌>, <天官怨詞>, <溟州歌>, <鸚鵡歌>, <玄琴抱曲>・<大道曲>・<問群曲>, <木州>, <亡國哀歌> 등 9(11)수를 든 바 있다.

1) 高句麗

『高麗史』 樂志에는 고구려의 俗樂으로 <來遠城>, <延陽>, <溟州> 등 세 곡의 해제만이 전하고 있다.

① **溟州歌** : 세상에 다음과 같이 전한다. 한 서생이 유학하여 명주에 이르렀다. 한 양가의 여자를 보았는데, 자색이 아름답고 자못 글을 아는지라, 서생은 매번 시를 써서 그녀를 유혹하였다. 그녀는 말하기를, "여자는 함부로 남자를 따르지 않습니다. 그대가 과거에 급제하고 부모님의 명이 있다면 일이 이루어질 수 있습니다." 하였다. 서생은 곧 서울로 돌아가 과거공부를 했다. 그녀의 집에서 장차 사위를 맞으려 하자, 그녀는 평소 연못의 물고기를 길렀는데 물고기는 그녀의 기침소리를 들으면 반드시 다가와 먹이를 먹곤 하였다. 그녀는 물고기에게 먹이를 주며 말하기를, "내가 너희를 키운 지 오래이니 의당 나의 뜻을 알겠지." 하고는 비단깁에 쓴 서신을 던지니 큰 물고기 한 마리가 펄쩍 뛰어올라 서신을 물고는 유유히 가버렸다. 서생이 서울에서 하루는 부모의 찬거리를 장만하기 위해 물고기를 사 가지고 집에 돌아왔다. 배를 가르자 비단깁 서신이 나오매 놀라고 기이하게 여겼다. 그는 즉시 그 비단깁 서신과 아버지의 서찰을 가지고 지름길로 그녀의 집에 갔다. 사위는 이미 그녀의 집 문에 당도해 있었다. 서생은 그 편지들을 그녀의 가족들에게 보여주고는 마침내 이 곡을 노래하니, 그녀 부모는 이 일을 기이하게 여기며 말하기를, "이는 정성에 감응된 일이지 사람의 힘으로 능히 할 수 있는 바가 아니다." 하고는 그 사위를 돌려보내고 서생을 맞이해 들였다.[16)]

---

16)『高麗史』樂志, 卷71, 樂2, "溟州 世傳 書生遊學至溟州 見一良家女 美姿色 頗知書 生每以詩挑之 女曰 婦人不妄從人 待生擢第 父母有命 則事可諧矣 生卽歸京師 習擧業 女家將納壻 女平日臨池養魚 魚聞謦咳聲 必

위 노래에 대해서는 그간 몇 가지 큰 쟁점이 있어 왔다. 지명의 유래 및 科擧제도와 관련하여 신라 혹은 고려의 악이라고 하는 견해와 이 노래가 가지고 있는 진실성(此精誠所感 非人力所能爲也)에 대한 문제, 그리고 현대소설에까지 계승된 설화의 문학적 수용[17]에 관한 부분이다. 첫 번째 쟁점은 『증보문헌비고』에 다음과 같이 언급되어 있다.

> 신이 삼가 여지고를 살펴보니 그 주에 이르기를, "명주는 곧 고구려가 망한 뒤, 통일신라 때에 설치한 곳이니, 이 곡은 당연히 신라의 악부에 속하게 해야 한다."고 했습니다. 또 상고해 보건대 고구려 시대에는 과거제도가 없었는데, 과거급제나 과거공부라는 등의 말이 있으니, 이는 아마도 고구려 때의 일이 아니고 고려 음악이 아닌가 합니다.[18]

한편, 이 노래를 사실에 결부시켜 無月郞이 美婦人을 취하기

來就食 女食魚謂曰 吾養汝久 宜知我意 將帛書投之 有一大魚 跳躍含書悠然而逝 生在京師 一日爲父母具饌 市魚而歸 剝之得帛書驚異 卽持帛書及父書 徑詣女家 壻已及門矣 生以書示女家 遂歌此曲 父母異之曰 此精誠所感 非人力所能爲也 遣其壻而納生焉".

17) 黃順元 作, 「비늘」, 『현대문학』 106호. 李鍾出과 金昌龍은 명주가 배경설화의 전반적인 구성이 흡사 후대의 춘향전의 그것과 은근한 연상을 불러 일으킴도 또한 우연이 아닐 수 없다고 한 바 있다(이종출, 『한국고시가연구』, 태학사, 1989, pp.77-78 / 김창룡, 『고구려문학을 찾아서』, 박이정, 2002, p.17). 일찍이 柳得恭은 「二十一都懷古詩」 명주조에서 疆界志를 고증하여 명주곡이 신라왕의 아우 無月郞(惟正=金周元의 父)과 蓮花夫人(朴氏=貞懿王后)의 연애담으로 인해 나온 신라악으로 본 바 있다(金善豊, 「한국시가의 민속학적 연구」, 형설출판사, 1977, p.143).

18) 『增補文獻備考』 樂考 17, 俗部樂, "臣按輿地考註云 溟州乃高句麗亡後新羅時所置 此曲當屬新羅樂府云 而謹按 高句麗時 初無科目 則擢第學業等說 恐非高句麗時事 疑是高麗樂."

위해 부른 求愛의 노래이며, 따라서 그가 中侍職에 재직(경덕왕 3년 1월-4년 5월까지)했던 것으로 보아 경덕왕대 이전의 작품으로 보아야 한다는 견해가 제시된 바 있다.[19] 이 노래가 지니고 있는 또 한 가지 특색은 잉어를 매개로 극적인 혼인이 이루어지는 배경에 있다. 以心傳心으로 마음이 통할 뿐 아니라, 노래를 통해 마음이 진실로 확인되는 순간 여자의 부모가 한 말, 곧 "此精誠所感 非人力所能爲也."라는 말은 바로 노래가 지니고 있는 진실함에 대한 하늘의 감응을 나타낸 것이라고 할 수 있다. 이는 물론 시련을 극복하고 사랑을 성취한 설화이며, 사랑노래[20]임에 틀림없지만 중요한 것은 두 남녀의 태도가 바르고, 효성스러웠기에 가능했다는 점에 있다고 본다. 바로 이 점이 이 노래를 널리 전파시킨 가장 큰 이유였을 것으로 본다.

② **來遠城歌** : 내원성은 정주에 있으니, 곧 물 가운데 있는 땅이다. 북쪽 오랑캐가 투항해 오면 여기에 두었으므로, 성 이름을 내원성이라 하였는데, 노래하여 이것을 기념한 것이다.[21]

이종출은 이 노래가 어느 정도 화평을 누릴 즈음에 지어진 것으로 보고, 제작 연대를 고국천왕시대(서기 197년: 고국천왕 19년)에 비정한 후, 신라 유리왕의 <도솔가>와 매우 흡사하다고 지적했다. 또한 시가의 성격도 감격적이요, 환희적인 내용의 민요적 성격을 띤 노래라고 보았다.[22] 김창룡은 내원성의 위치를 압

19) 尹榮玉, 『신라시가의 연구』, 형설출판사, 1982, p.292.
20) 조동일, 『한국문학통사1』, 지식산업사, 1982, p.115.
21) 『高麗史』 樂志, 卷71, 樂2, "來遠城 在靜州 卽水中之地 狄人來投 置之於此 名其城曰來遠 歌以紀之."
22) 이종출, 『한국고시가 연구』, 태학사, 1989, pp.67-71.

록강 하류 정주 경내에 있었던 黔同島로 비정하고, 노래의 성격은 북방의 오랑캐가 투항, 또는 망명해 올 정도로 나라의 기반이 굳건해졌다는 자부심을 바탕으로 만족과 기쁨에 젖은 노래로 지적한 바 있다.[23)]

결국 이 노래는 먼 곳의 오랑캐를 德으로써 포용하는 임금의 德治를 드러낸 것으로 이 같은 사실을 노래로써 기념하는 형태를 취하고 있다. 덕 있는 군주야말로 만백성의 어버이가 될 수 있고, 하늘의 뜻을 받들어 백성들에게 시혜할 수 있다고 믿은 것이다.

다음의 파사니사금의 언급은 임금의 덕과 위엄이 얼마나 중요한 것인가를 보여주는 예라 할 수 있다.

> 8년 가을 7월에 명령을 내리기를, "짐이 부덕한 사람으로 나라를 다스리어 서쪽으로는 백제와 인접하고 남쪽으로는 가야와 접하였으나, 덕은 능히 인민을 편안케 하지 못하고, 위엄은 족히 원방을 두렵게 하지 못하니 마땅히 성루를 수리하여 적의 침입에 대비하라."고 하였다. 이 달에 가소·마두의 두 성을 쌓았다.[24)]

이 노래가 지니고 있는 중요한 의미는 바로 임금의 懷德에 있다. 먼 데 있는 오랑캐도 능히 품고 보듬을 수 있는 임금의 德化를 강조한 것이다. 고대 국가에서 임금에게 요구된 가장 중요한 덕목은 바로 德과 威嚴이었다. 중국이 주변의 四夷에게 예악을 베풀어 귀의하게 하듯이 고구려 또한 이 같은 모습을 통해 狄人

23) 金昌龍, 『고구려문학을 찾아서』, 박이정, 2002, p.369.
24) 『三國史記』 卷1 新羅本紀1 婆娑尼師今條, "八年 秋七月 下令曰 朕以不德 有此國家 西隣百濟 南接加耶 德不能綏 威不足畏 宜繕葺城壘 以待侵軼 是月 築加召·馬頭二城."

이 來投하는 것을 받아들이고 있는 것이다. 아래의 예문을 통해 예악의 교화가 四夷에 미치는 것을 살필 수 있다.

> 누가 이적의 음악을 제정하였는가? 생각하건대, 고대의 성왕이 만든 것이니, 선왕이 도덕을 미루어 시행하고, 음양을 조화롭게 해서 그 은덕이 이적에까지 덮여 나간 것이다. 그러므로 이적이 안락하게 여기고 중국에 조회하니, 이에 음악을 지어서 그들을 즐겁게 한 것이다. 南의 의미는 맡긴다는 뜻이니, 맡아서 만물을 기른다는 뜻이고, 味의 의미는 매이니, 매라는 것은 만물이 쇠하고 늙어서 어둡고 밝지 못한 뜻을 취한 것이고, 禁이라는 것은 만물의 성장을 그치게 해서 저장한다는 뜻이고, 朝離라는 것은 만물이 시초에 땅에 붙어서 난다는 뜻이다. 일설에는 동방에서의 음악은 모라는 창을 잡고, 남방의 음악에서는 노래하고, 서방의 음악에서는 도끼를 잡고, 북방의 음악에서는 금을 친다고 했으니, 이적의 질박함이 중국의 문화와 같지 않은 것이니, 그러므로 단지 그 물건을 따라서 명명한 것이다. 때문에 모든 왕들이 사이의 음악을 바꾸지 않은 것이라고 하였다.[25)]

이민족의 歸附를 위해 그들의 음악을 제정하고 받아들이는 것은 고대 국가에서도 임금이 덕과 은덕을 베푸는 상징적인 행위를 통해 이루어지고 있음을 확인할 수 있다.

③ **延陽歌** : 연양에 어떤 사람에게 거두어 쓰여진 사람이 있었는데, 그 사람은 죽기를 무릅쓰고 열심히 일했다. 자기를 나무에 비유해서 말

---

25)『白虎通義』卷3 禮樂, "誰制夷狄之樂 以爲先聖王也 先王 推行道德 調和陰陽 覆被夷狄 故夷狄 安樂 來朝中國 於是 作樂樂之 南之爲言 任也 任養萬物 味之爲言 昧也 昧者 萬物衰老 取晦昧之義也 禁者 言萬物禁藏 朝離者 萬物微離地而生 一說 東方持矛 南方歌 西方戚 北方擊金 夷狄質不如中國文 但隨物名之耳 故百王不易."

하기를, "나무가 불을 돋우려면 반드시 자기 몸을 해치는 화를 초래하지만, 그러나 쓰이는 것을 다행으로 생각하고 비록 재가 되어 다 타 버려도 사양하지 않는다."라고 했다.[26]

이 노래에 대하여 이종출은 다음과 같이 주목할 만한 주장을 편 바 있다.

그리고 여기서 한 가지 주목을 요하는 것은 연양가의 기록은 다른 실전가요의 경우와는 달리, 단순한 제작 동기나 또는 그 노래에 수반하는 설화적 이야기(歌話)라기 보다 연양가 그 자체의 가사(歌詞) 내용을 한문으로 풀이 내지는 설명한 것이 아닌가 하는 점이다. - 그러므로 연양가는 완전한 실전가요가 아니라는 반론이 성립되며 나아가선 전기한 "木之資火 …" 이하의 한문을 다시 우리말의 시가로 반역하면 어쩌면 연양가 본래의 가요적 면모를 재구해 볼 수도 있을 법한 일이다. - 그러면 이 같은 사실을 바탕으로 하여 노래의 내용에 해당한다고 볼 수 있는 한문을 시가적 입장을 떠나서 우리말로 옮겨보면 다음과 같다.

나무가 불을 의지하면(木之資火)
반드시 장적의 화가 있지만(必有戕賊之禍)
收用되는 것만도 깊이 다행하니(然深以收用爲幸)
비록 灰燼한들 사양하지 않으리(雖至於灰燼所不辭也)[27]

---

26)『高麗史』樂志, 卷71, 樂2, 延陽, "延陽有爲人所收用者 以死自效 比之於木曰 木之資火 必有戕賊之禍 然深以收用爲幸 雖至於灰爐 所不辭也". 이 노래는『增補文獻備考』권106 속부악에는 고려악으로 취급했으나, 同書 권246 附 歌曲類에서는 <내원성가> 및 <명주가>와 함께 '延陽曲一篇'이라고 명기한 후 세주에 "詳見樂考而作高麗歌曲" 이라 했으니, 고려와 고구려를 혼동한 것으로 보인다.

27) 이종출,『한국고시가 연구』, 태학사, 1989, pp.71-73.

이종출은 위와 같이 시가를 재구하고 나서, 이 같은 노래는 후세의 <丹心歌>나 戀主之詞를 연상케 하는 바도 없지 않다고 언급하고 이 같은 誠과 忠을 읊은 <연양가>의 국문학사적 가치를 높이 평가하고 있다.[28] 위의 언급에서 중요한 것은 바로 배경설화만 전하는 노래 가운데 위와 같이 그 원 가사의 내용을 재구할 수 있는 가능성을 제시한 점이다. 반면, 원래의 노래의 변용을 지적한 경우도 있다. 김창룡은 이 노래의 原話는 혹 신세한탄과 같은 자조의 내용이었지만, 충효개념과 같은 정책적 변용이 이루어졌을 추론조차 없지 않다고 한 것이다.[29] 이 같은 견해는 속요에 대한 유학자들의 변개를 통해서도 이미 확인된 것[30]이기에 그 개연성 또한 인정될 수 있다고 본다.

고구려의 세 노래는 그 내용이 忠孝烈의 윤리에서 벗어나지 않는 특징을 지니고 있다. <명주가>에 나타난 孝와 烈의 개념, <내원성가>에 나타난 임금의 德化와 이에 대한 讚美, <연양가>에 나타난 忠誠과 志節의 의미는 고대 국가에서 강조되었던 덕목이자, 국가유지를 위한 효율적인 이념이었다.

2) 百 濟

『高麗史』樂志 삼국 속악조에는 백제 노래로 <禪雲山>, <無等山>, <方等山>, <井邑>, <智異山> 등 5가지 노래의 해제만이

28) 이종출, 『한국고시가 연구』, 태학사, 1989, p.73.

29) 金昌龍, 『고구려문학을 찾아서』, 박이정, 2002, p.18. 조동일도 "노래말이 원래는 비꼬는 뜻을 지녔던 것을 나타난 그대로 이해하고 마는 개변이 일어났을 수도 있다."고 한 바 있다(조동일, 『한국문학통사1』, 지식산업사, 1982, p.114).

30) 『高麗史』樂志의 <濟危寶>의 해설과 李齊賢의 악부시의 내용의 상충이 이를 잘 말해준다.

전하고 있다. 이 가운데 <정읍사>는『악학궤범』에 가사가 전하고 있어 제외하고 4곡을 대상으로 살피고자 한다.

① **禪雲山** : 장사 사람이 부역을 나갔는데, 기한이 지났는데도 돌아오지 않았다. 그의 아내가 그리워하여 선운산에 올라가 바라보며 부른 것이다.[31]

이 노래는 <정읍사>와 매우 흡사하다. 행상과 부역이란 公私의 차이가 있을 뿐이고, "望而歌之"했다는 점에서는 <치술령곡>과도 흡사하다. 남편을 걱정하며 높은 산에 올라가 그리워하는 모습에서 열녀의 모습을 연상케 한다. 문제는 선운산이라는 곳에 올라가 그리워하며 바라보고 노래했다는 것으로 봐서 선운산은 단순한 산이 아닌 듯하다. 이른바 남편의 무사안녕을 빌 수 있는 대상(산신 혹은 부처, 사당)이 있는 산일 것이다.

金東旭은 名山大川의 祭典에 대하여 다음과 같이 언급한 적이 있다.

> 명산대천에 대한 제전은 우리나라에도 고유한 것이며, 이를 중국적 陰陽思想에 의하여 배치한데 불과할 것이다. 이런 것이 이조에 내려오기까지 근 천년 동안 제향된 곳도 있으며, 신라의 원초적 신앙으로 해서는 西述의 西述山神母, 五岳의 五岳神君(三國遺事, 感通), 吐含山의 東岳神이 脫解王의 人格神임을 보면(三國遺事 紀異) 각기 산천에 巫俗에 의한 山神說話가 존재했을 것이다. … 이렇게 신라의 山川祭享은 그 제도가 중국의 영향이라 하더라도 그 神格은 그대로 山川으로서 巫覡의 존숭을 받아왔으니, 이는 중국식의 예제로 개편하기 전

31)『高麗史』樂志, 卷71, 樂2, "長沙人征役 過期不至 其妻思之 登禪雲山望而歌之."

에 무속에 의한 山神祭를 행하던 곳이거나, 중국식의 예제로 개편된 뒤에도 그 제향은 무속에 의한 것임을 말하는 것으로 이해하여야 할 것이다.[32]

산은 하늘에 가장 가까운 곳으로서, 높고 웅장한 면모, 변치 않는 항구성, 사계절의 순환으로 인해 인간의 숭앙을 받았을 것이며, 그런 곳에서의 간절한 노래는 곧 기도와 염원의 의미를 지닌 것으로 볼 수 있다. 안동주는 이 노래에 대하여 "삼국시대 征役에 따른 부녀의 恨을 기록한 유일하고도 대표적인 경우가 바로 이 禪雲山女로 볼 수 있겠는데 그 만큼 백제적 비극의 모습을 결부시킬 수 있는 것이다."라고 한 후 "오늘날 한국시문학의 한 전통의 흐름으로써 비극적 한의 맥을 <井邑歌>와 함께 <禪雲山歌>에서 짚어볼 수도 있을 것 같다."[33]고 한 바 있다. 요컨대, 남편을 향한 아낙네의 정성이 미칠 수 있는 높은 곳에서 神을 상대로 願望을 드러내고 있다는 점에서 신성한 의미를 더하고 있다고 본다.

② **無等山** : 무등산은 광주의 진산이며, 광주는 전라도의 큰 고을이다. 이 산에 성을 쌓아서, 백성들이 의지하며 편안하게 여겼으니 이를 기뻐하여 노래한 것이다.[34]

---

32) 金東旭, 「新羅의 祭典」, 『新羅民俗의 新硏究』(신라문화제학술발표회 논문집 제4집), 신라문화선양회, 1983, p.30.

33) 安東柱, 『百濟文學史論』, 국학자료원, 1997, pp.139-140. 金昌龍도 <鵄述嶺曲>·<井邑詞>와 함께 이 같은 노래의 형태를 삼국시대의 한 이야기 유형이었던 것으로 본 바 있다(金昌龍, 『고구려문학을 찾아서』, 박이정, 2002, pp.19-20).

34) 『高麗史』 樂志, 卷71, 樂2, "無等山 光州之鎭 州在全羅爲巨邑 城此山 民賴而安 樂而歌之."

이 노래는 고구려의 <내원성가>와 유사하다. 내원성이 狄人을 수용하기 위해 섬에 성을 쌓은 것이라면 무등산성은 自國 백성들의 안전을 위해 쌓은 점이 다르다. 백성들이 성 쌓은 것을 편안히 여기고 기뻐하여 노래를 지었다는 것으로 보아 외적의 침입이 잦았거나, 도적이 들끓었다고 추정할 수 있다. 이점은 <방등산가>의 배경설화에 미루어 짐작할 수 있다.

김창룡은 현전하는 6-7편의 백제의 노래문예가 공교롭게 모두 男女相悅과 관계있는데 유독 이 작품이 예외로 존재한다고 언급한 바 있다.[35] 趙載勳은 무등산(무돌산, 무당산)의 山名의 유래를 통해 무가적 성격의 경쾌한 2음보격의 노래로 추정한 바 있다.[36] 안동주는 배경설화 중 백성들이 편안하게 여기고 기뻐하여 지었다는 점을 중시하여 敍事的 太平歌리고 추정한 바 있나.[37] 이 노래는 전쟁과 외적의 침입으로부터 벗어나 태평성대를 희구하는 백성들의 염원을 나타낸 노래로 보아야 한다. 노래에 나타난 기쁨과 편안함 뒤에는 백성들의 고통이 얼룩져 있기 때문이다. 겉으로는 성을 쌓아준 은덕을 찬미한 듯이 보이지만 이면에는 무수한 고통을 감내한 흔적이 엿보이기 때문이다.

③ 方等山 : 방등산은 나주의 속현이며 장성의 경계에 있다. 신라 말에 도적떼가 크게 일어나서 이 산을 근거지로 삼았다. 양가의 자녀들이 납치되어 끌려 온 바가 많았는데 장일현에 사는 여자가 이 노래를 지어 그 남편이 즉시 와서 구해주지 않음을 풍자한 것이다.[38]

---

35) 金昌龍, 『고구려문학을 찾아서』, 박이정, 2002, p.20.
36) 趙載勳, 「무등산가 소고」, 『백제문화』 12, 공주사대 백제문화연구소, 1979, p.122.
37) 안동주, 『백제문학사론』, 국학자료원, 1997, p.144.
38) 『高麗史』 樂志, 卷71, 樂2, "方等山 在羅州屬縣長城之境 新羅末 盜賊大起 據此山 良家子女 多被擄掠 長日縣之女 作此歌 以諷其夫不卽來求

『增補文獻備考』 樂考에는 <半登山曲>(음의 유사성으로 인한 와전인 듯)이라 하여 신라의 노래로 수용되어 있다. 또한 『고려사』 악지에는 나주와 장성의 경계라 했고, 『증보문헌비고』에는 고창이라 한 점이 다르다.[39] 윤영옥은 이 노래의 배경설화 가운데 "新羅末盜賊大起"라는 문구에 근거하여 백제멸망 후의 사건으로 보고 신라의 노래로 취급하고 있다.[40] 이어서 배경설화는 단지 그 남편이 일찍 구출하지 않음을 풍자했다고 했지만 이는 당시 혼란한 사회상에 대한 풍자이고, 도적에 핍박받고 있는 양민을 구제하지 못하는 治者에 대한 諷刺의 노래(風謠)로 보았다. 이렇게 볼 경우 배경설화는 당시의 혼란상을 축소 은폐한 혐의를 벗어나기 힘드는데, 이는 남편의 무능과 국가통치의 문제에 대한 풍자의 범위를 벗어나지는 않지만, 기록자의 은미한 풍자일 가능성도 배제할 수 없다.

④ **智異山** : 구례현 사람의 딸이 얼굴이 고왔고 지리산에 살았는데 집은 가난했으나 부녀자의 도리를 다했다. 백제왕이 그 미모를 듣고는 거두어 들이고자 하였으나 여자가 이 노래를 지어 죽기를 맹세하고 따르지 않았다.[41]

이 노래는 안동주가 언급한 바 '三國以來 열녀설화에서 왕명을 거역한 노래가 나타난 예가 없는 만큼 <지리산가>는 지리산에

也."

39) 『東國輿地勝覽』에서는 長日縣을 長城으로 추정하고 있다.

40) 尹榮玉, 『신라시가의 연구』, 형설출판사, 1982, p.275. 金昌龍 역시 이 노래를 통일신라의 노래로 추정하고 있다(金昌龍, 『고구려문학을 찾아서』, 박이정, 2002, p.21).

41) 『高麗史』 樂志, 卷71, 樂2, "求禮縣人之女 有姿色 居智異山 家貧盡婦道 百濟王聞其美 欲內之 女作是歌 誓死不從."

결부된 독특한 풍류와 저항을 겸하였을 것'[42]이라는 지적은 일견 타당하다. 또한 이 노래의 지리산녀는 일찍부터 춘향의 원형으로 지적된 바 있다.[43]

이 노래의 특징은 왕의 好色을 부녀자의 도리로 물리친 점에 있다. 왕의 호색에 대하여 고대의 문헌에는 직접적으로 드러내는 경우가 드문데(완곡어법 사용) 반하여 이 노래에서 직접 거론한 것은 당대에 널리 알려진 노래라는 점과 후대에 교훈을 삼을 만한 귀감의 노래이기 때문이다. 즉 후대 왕들에게 교훈을 삼게 하기 위한 노래라는 점이다.

백제의 노래는 부녀자와 관련된 노래가 많은 것이 특색인데, 주로 정절을 강조하거나, 교화를 강조하고 있다는 점에서 역시 忠孝烈의 범주를 벗어나지 않고 있다고 본다.

⑤ 山有花歌 : 산유화가 한 편은 남녀상열지사인데, 음조가 처량하여 옥수후정화와 짝을 이룰만하다고 했다(이상은 백제가곡인데 아마도 지금 많이 전해지지 않는 것이 아닌가 한다).[44]

---

42) 安東柱, 『백제문학사론』, 국학자료원, 1997, pp.157-158. 안동주는 이 책에서 『日本書紀』의 기록을 그대로 받아들인다면 개루왕대의 무리한 供進政策과 관련한 지리산 지역 여인들의 집단적 항거의지를 대변하여 이후 대대로 전승되었을 노래라고 한 바 있다(p.162).

43) 이병기・백철, 『국문학전사』, 신구문화사, 1980, pp.161-162. 김동욱(『춘향전 연구』, 연대출판부, 1965), 이재수(『한국소설 연구』, 형설출판사, 1969), 김기동(『이조시대소설론』, 삼우사, 1955). 이병기는 『춘향전』의 기원설화로 지리산녀와 도미의 처를 들고 지리산녀를 도미의 처로 비정하였다. 그렇게 본다면 『고려사』 악지에 나타난 백제왕은 결국 개루왕이 되는 셈이다.

44) 『增補文獻備考』 卷246, 百濟歌曲, "山有花歌一篇 男女相悅之辭 音調凄惋 如伴侶玉樹云."(以上百濟歌曲 而今恐多不傳)

위 배경설화에는 몇 가지 이해하기 어려운 부분이 있다. 남녀상열지사라고 하면서 그 음조가 처량하다는 점이 하나이고, <玉樹後庭花>와 짝을 이룰 만하다고 언급한 점이다. 상열지사가 성격상 남녀가 즐기고 사랑하는 내용이라면 이 노래에 대한 평가는 비극적인 결말에 초점이 맞추어진 듯하다. 흔히 전해지는 香娘의 고사에 따른 <山有花>는 백제시대 부여지방의 민요로 백제 망국의 한을 노래한 것이었다.[45] 이것이 오갈 데 없는 자신의 비극적인 처지를 담은 노래로 유전하여 <산유화>로 전해지는 것이다.[46] <옥수후정화>는 남북조시대 陳나라의 마지막 임금인 陳後主의 처세에 얽힌 노래이다. 張貴妃 등과 사치와 향락 끝에 隋나라에 멸망당한 비운의 임금이었다. 아래에 그 기록을 옮겨 이해를 돕고자 한다.

> 후주의 장귀비는 이름이 여화이며, 병가의 딸이다. 집이 가난하여 부모 형제가 자리를 짜는 것으로 일을 삼았다. 후주가 태자가 되자, 뽑혀서 궁중에 들어갔다. 이때 공귀빈이 양제가 되었고, 귀비는 나이가 10세로서 (공귀빈의) 급사가 되었는데, 후주가 보고 좋아하였다. 이로 인해 사랑을 얻어 드디어 임신하여 태자 심을 낳았다. 후주가 즉위하자 귀비를 제수받았다. (장귀비는) 천성이 총명스럽고 지혜로와 매우 큰 은총을 입었다. 후주가 매번 귀비와 빈객들을 불러 잔치를 베풀고 놀 적에, 귀비는 여러 궁녀들을 천거하여 참여하게 하니, 후궁들이 모두 이를 덕스럽게 여겨서 귀비의 훌륭함을 다투어 후주에게 말하였다. 이로 말미암아 총애가 후궁을 기울였다. 또한 厭魅의

45) 鄭昌權, 『향랑, 산유화로 지다』, 도서출판 풀빛, 2004, p.202.
46) 徐信惠 편역, 『열녀 향랑을 말하다』, 보고사, 2004, p.29. 趙龜祥의 『猶賢集』에 실린 <산유화곡>은 "天何高遠 地何曠邈 天地雖大 一身靡託 寧投江水 葬於魚腹" 으로 되어 있다. 망국의 한을 노래한 것이나, 버림받은 자신의 처지를 노래한 것은 심상이 매우 유사함을 느낄 수 있다.

술법을 좋아하여 귀신에 대한 술수를 빌어 후주를 미혹하게 하여, 궁중에 음사를 두고 뭇 요사스런 무당들을 모아 춤추게 하였다. 이어서 민간인에게 바깥 일을 물어서 한 마디 말과 한 가지 일을 귀비가 반드시 먼저 알고 후주에게 알리니, 이로 말미암아 더욱 귀비를 중히 여겼다. (귀비가) 내외의 종족들을 많이 끌어 등용하였다. 수나라 군대가 대성을 함락시키자, 비와 후주는 함께 우물 속으로 들어갔는데 수나라 군사가 끌어내었다. 진왕 광이 귀비를 참수하여 청계 중교에 방을 붙이도록 명하였다. …… 후주는 임춘각에 거하고, 장귀비는 결기각에 거하며, 공씨와 공씨 두 귀빈은 망선각에 거했다. 복도를 나란히 하여 서로 왕래하였고, 또 왕씨와 이씨 두 미인과 장씨와 설씨 두 숙원과 원소의·하첩여·강수용 등 일곱 명이 나란히 총애를 받아 교대하여 그 각 위에서 놀았다. 궁인 가운데 문학하는 원대사 등이 여학사가 되었는데, 후주가 매번 빈객을 초대하여 귀비 등을 상대하여 잔치를 즐길 적이면 여러 귀인들 및 여학사로 하여금 손님들과 함께 무람하게 어울리며 함께 새로운 시를 짓고 서로 주고받았다. 그 가운데 더욱 아름다운 것을 뽑아서 곡의 가사로 삼아, 새 노래로 관현에 올렸다. 궁녀 가운데 자색이 있는 자 수백 명을 뽑아서 그들에게 (이 노래를) 익혀서 노래하게 하고, 부로 나누어 번갈아 나오게 하여 서로 즐기니, 그 곡조에 옥수후정화와 임춘악 등이 있다. 그 대강의 뜻은 모두 장귀비와 공귀빈의 용색을 찬미하는 것이었다.47)

---

47) 『陳書』 列傳 第一, 後主沈皇后 張貴妃, "後主張貴妃 名麗華 兵家女也 家貧 父兄以織席爲事 後主爲太子 以選入宮 是時 龔貴嬪爲良娣 貴妃年十歲爲之給使 後主見而說焉 因得幸遂有娠 生太子深 後主卽位 拜爲貴妃 性聰惠 甚被寵遇 後主每引貴妃與賓客遊宴 貴妃薦諸宮女預焉 後宮等咸德之 競言貴妃之善 由是 愛傾後宮 又好厭魅之術 假鬼道以惑後主 置淫祀於宮中 聚諸妖巫 使之鼓舞 因參訪外事人間 有一言一事 妃必先知之 以白後主 由是 益重妃 內外宗族多被引用 及隋軍陷臺城 妃與後主俱入于井 隋軍出之 晉王廣命斬貴妃 牓於靑溪中橋 … 後主自居臨春閣 張貴妃居結綺閣 龔孔二貴嬪居望仙閣 竝複道交相往來 又有王李二美人 張薛二淑媛 袁昭儀何婕妤江脩容等七人 竝有寵 遞代以遊其上 以宮人有

위 기록에 의하면 장귀비의 처신이 매우 뛰어났던 것을 알 수 있다. 왕의 총애를 바탕으로 수많은 종족들을 등용시킨 점이나, 완벽하게 임금의 눈과 귀를 가린 점 등은 망국으로 치닫기에 족한 말기적 모습이었다. 현전하는 <옥수후정화>의 가사 내용도 여인들의 교태와 傾國之色을 읊은 것으로 망국지음의 대표적인 노래라 할 수 있다.

3) 新 羅

『高麗史』樂志 삼국 속악조에는 신라 노래로 <東京>, <東京>, <木州>, <余那山>, <長漢城>, <利見臺> 등 6가지 노래의 해제만이 전하고 있다. 그러나 작품에 따라서는 통일신라와 시대구분이 모호한 작품이 포함되어 있다. 『고려사』 악지에 기록된 신라의 속악들이 어째서 『삼국사기』의 악지에는 기록이 없는가라는 점에 대해 呂基鉉은 이들 악곡이 신라의 궁중에서 연행된 속악이 아니라, 신라 당대에는 지방의 民歌였던 것이 고려사회에 들어와 춤과 악기의 반주가 있는 樂으로 상승하였고, 어느 시기엔가 궁중으로 편입, 연행되어 고려의 속악이 되었다고 언급한 바 있다.[48] 즉, 신라 당대에는 지방의 民歌로 본 것이다.

① **東京(1)** : 동경(곧 계림부이다). 신라는 승평한 세월이 오래 계속되고 정치와 교화가 순수하고 아름다워 신령스런 상서가

文學者袁大捨等爲女學士 後主每引賓客 對貴妃等遊宴 則使諸貴人及女學士 與狎客共賦新詩 互相贈答 採其尤豔麗者 以爲曲詞 被以新聲 選宮女有容色者 以千百數 令習而哥之 分部迭 進持以相樂 其曲有玉樹後庭花臨春樂等大指 所歸皆美張貴妃孔貴嬪之容色也."

48) 呂基鉉, 『新羅音樂相과 詞腦歌』, 月印, 1999, p.54.

누차 나타나고 봉황새가 날아와 울었다. 나라 사람들이 이 노래를 지어서 그것을 찬미했다. 이 노래에 나오는 월정교와 백운도는 모두 왕궁 근처의 지명이다. 세상에 전하기를 봉생암이 있었다고 한다.[49]

이 <東京歌>(동일 제목이라 편의상 (1)·(2)로 구분)는 『高麗史』 樂志에 같은 제목의 두 노래가 있다. 두 번째의 <동경가>(頌禱之歌)는 같은 제목을 피하여 <安康曲>(『大東韻府群玉』) 또는 <安康歌>(『增補文獻備考』 卷 246 예문고)라고 했고, 『增補文獻備考』 樂考에서는 두 곡을 함께 통합하여 <동경곡>으로 설명하고 있다. 가사 가운데 나타난 월정교는 『三國史記』 경덕왕조에도 나타나 있다.[50]

태평성대를 찬미하는 이 노래는 성인의 출현이나 태평시대에 출현하는 봉황새를 통하여 임금의 훌륭한 德治를 간접적으로 찬미하는 형식이다. 노래 제목을 수도 이름(東京)으로 하고 있다는 점과 두 노래의 내용이 비슷한 점, 그리고 나라와 서울을 동일시하고 있다는 점에서 매우 큰 긍지를 드러내고 있는데, 이는 어쩌면 삼국통일의 기상을 드러내고, 태평성대를 구가한 노래가 아닐까 추정해 본다.

② **東京(2)** : 동경은 송축하는 노래이다. 신하와 아들이 임금과 아비에게, 비천한 자와 젊은이가 존귀한 이와 연장자에게, 아

---

49) 『高麗史』 樂志, 卷71, 樂2, "東京<卽雞林府> 新羅 昇平日久 政化醇美 靈瑞屢見 鳳鳥來鳴 國人作此歌以美之 其所謂月精橋白雲渡 皆王宮近地 世傳有鳳生巖."

50) 『三國史記』 景德王 19년 2월조, "宮中穿大池 又於宮南蚊川之上 起月淨春陽二橋." 이 같은 기록에 착안하여 윤영옥은 이 노래를 경덕왕 19년 이후의 頌禱之歌로 보고 있다.

내가 남편에게 모든 경우에 통하는 노래다. 이 노래에 나오는 안강은 곧 계림부의 속현으로 역시 동경이라고도 부르는데 큰 지명에 통합되어 불리어진 것이다.[51]

이 노래는 <安康歌>(안강곡)라고도 하는 것으로, 두 가지 특징을 지니고 있다. 첫째는 민간의 노래가 궁중에 수용되는 원리를 보여 준 것으로 忠·孝·烈의 자연스런 전이과정을 보여주고 있다. 특히 송축의 노래이기 때문에 더욱 그러하다. 두 번째는 신라가 삼국을 통일하면서 자연스럽게 지명이 큰 곳으로 흡수 통합되면서 각 지역과 민심을 자연스럽게 수용하는 모습을 보여주고 있다.

이 노래는 이 같은 두 가지 특징을 잘 보여주는 노래라고 할 수 있다. 제목이나 내용이 비슷한 것도 따지고 보면 두 가지가 하나로 통합되는 과정을 자연스럽게 보여주고 있는 것이 아닌가 한다. 윤영옥은 <동경가>가 원래는 그 실체가 하나였는지도 모른다고 조심스럽게 추정한 바 있다.[52]

③ 木州 : 목주<지금의 청주의 속현임> 목주는 효녀가 지은 것이다. 딸이 아비와 후모를 섬겼는데 효성스럽다고 알려졌다. 아비는 후모의 거짓말에 미혹되어 그녀를 쫓아냈다. 딸은 차마 떠나가지 못하고 머물러 있으면서 부모를 봉양하는데 더욱 부지런해서 게을리 하는 일이 없었다. 부모는 심히 노해서 또 그녀를 쫓아냈다. 딸은 할 수 없이 하직하고 떠나가 어떤 산중으로 들어갔는데 석굴에 노파가 있는 것을 보고 그녀는 마침내 자기의 사

51) 『高麗史』樂志, 卷71, 樂2, "東京 頌禱之歌也 或臣子之於君父 卑少之於尊長 婦之於夫 皆通 其所謂安康 卽雞林府屬縣 而亦名東京 統於大也."
52) 尹榮玉, 『신라시가의 연구』, 형설출판사, 1982, p.281.

정을 말하고 이에 함께 살게 해달라고 요청했다. 노파는 그녀의 궁박한 사정을 애처롭게 여겨 허락했다. 딸은 부모를 섬기는 정성으로 노파를 섬겼다. 노파는 그녀를 사랑하여 자기 아들과 짝을 맞춰주었다. 부부는 협심하여 근면하고 검약하게 살아 부자가 되었다. 그녀의 부모가 심히 가난하다는 것을 듣고 자기네 집으로 맞이해서 극진하게 봉양했다. 부모는 그래도 기뻐하지 않자 효녀는 이 노래를 지어서 스스로 원망했다.53)

이 <목주가>에 대해 학계에서는 속요인 <思母曲>과의 관련성을 자주 지적해 왔다. 가람은 목주는 지금의 충남 천안의 木川이며, <사모곡>은 <목주가>의 별칭이었고, 신라시대의 작품이라고 한 바 있다.54) 한편, 金光淳은 "<목주가>는 고려시대 목주에 살았던 한 효녀가 자신의 기구한 운명에 몸부림치다 자원한 탄식류의 민요."라고 하여 고려시대의 작으로 본 바 있다.55) 이 같은 주장에 대해 김선기는 새 지명의 보급(고려 성종대)과 고려의 악장 제정에 따른 필요성의 두 가지 측면에서 지명 제목이 변경되었을 것으로 추정하면서 "최소한 삼국의 강한 체취를 지우고, 고려의 냄새를 풍기게 하기 위해서는 지명 제목을 고려의 것으로

53) 『高麗史』 樂志, 卷71, 樂2, "木州<今淸州屬縣> 木州 孝女所作 女事父及後母 以孝聞 父惑後母之譖 逐之 女不忍去 留養父母 益勤不怠 父母怒甚 又逐之 女不得已辭去 至一山中 見石窟有老婆 遂言其情 因請寄寓 老婆哀其窮而許之 女以事父母者事之 老婆愛之 嫁以其子 夫婦協心 勤儉致富 聞其父母貧甚 邀致其家 奉養備至 父母猶不悅 孝女作是歌以自怨."

54) 李秉岐・白鐵, 『국문학전사』, 신구문화사, 1957, pp.70-71. 가람은 <井邑詞>와 <處容歌>, 그리고 <木州歌>를 고전시가의 三大 遺寶라고 말하고 있다.

55) 金光淳, 『한국고전문학사의 쟁점』, 새문사, 2004, p.307. 김광순은 고려시대의 작으로 본 이유를 ① 지명을 따서 작품 제목을 지었을 경우, 지명이 변했다고 해서 제목이 변한 예가 없고, ② 이병기의 주장이 피상적인 고증에서 온 오류를 든 바 있다.

바꾸는 것이 제격"이라는 관점에서 삼국의 속악작품임을 확인하고 있다.[56)]

이 노래에는 몇 가지 전통적인 색채가 입혀져 있다. 아버지와 계모, 딸의 갈등관계가 그것이고, 갈등을 해소하는 방식과 "孝女作是歌以自怨"이라는 말의 의미에 대한 해석이다. 효를 바탕에 깔고 있는 이 같은 설화는 대개 딸이 계모에 의해서 까닭없는 미움(전실 자식이라는 이유와 남편의 사랑독점)을 받고, 아버지는 계모에 의해 조종당하는 일방적인 면을 부각시키고 있다. 봉건사회에서 자식은 부모의 허물을 알면서도 감싸는 형태를 취해야 할 뿐 아니라, 부모가 옛정을 회복하여 본래의 심성으로 되돌아오게 하기 위해서는 눈물로 호소하는 것이 전부였다. 이 설화도 그 같은 범주를 벗어나지 못하고 있다.

윤영옥은 이 노래에 대하여 "失母에의 薄福을 自怨한 것이 일반적인 母情의 渴求로 공감되어 民謠化했을 가능성을 충분히 窺知할 수 있을 것"[57)]이라고 한 바 있다.

"孝女作是歌以自怨"의 의미도 문맥상으로는 어색하고 비논리적인 표현이긴 해도 이는 전통사회에서 자식이 취할 수 있는 한계이기도 하다. '스스로 원망했다'는 이 같은 표현은 분명 본능에 충실한 자연스런 표현은 아니다. 自責의 의미를 띄고 있는 이 같은 묘사는 부모에 대한 자식의 일방적인 희생 논리, 즉 부모와의 갈등을 빚을 때 아랫사람의 희생을 통해 문제를 해결하는 소극적인 방법을 보여주고 있다. 결국 자식으로서 부모에게 養口體는 했으나, 養志는 하지 못한 것에 대한 자책의 논리가 이면에 자리하고 있는 것이다.[58)]

---

56) 金善祺, 「목주가의 국적에 대하여」, 『한국시가 넓혀 읽기』, 문창사, 2006, p.79.

57) 尹榮玉, 『신라시가의 연구』, 형설출판사, 1982, p.296.

④ 余那山 : 여나산은 계림의 경계에 있다. 세상에 전해지기는 서생이 이 산에 살면서 공부를 해서 과거에 급제하여 세족과 혼인을 맺었다. 그 후 그 서생이 과거시험을 관장하게 되어 잔치를 베풀었다. 그가 혼인한 집에서 기뻐하여 이 노래를 불렀다. 그 후부터 과거시험을 관장하는 사람은 잔치를 베풀고 먼저 이 노래를 불렀다.[59)]

이 노래는 두 가지 특징을 지니고 있다. 문맥상으로 보면 과거에 급제하여 세족과 결혼한 서생이 후에 知貢擧가 되었을 적에 처가에서 기뻐하여 이 노래를 부른 것으로 되어 있다. 그후 이것이 관습이 되어 지공거가 되었을 적에 이를 축하하여 부르는 노래가 되었다는 내용이다. 그렇다면 이 노래는 훌륭한 사위를 맞은 집안에서, 사위가 다시 지공거가 되는 영예를 누리자 잔치를 마련하고 부르는 노래가 된 것이다. '여나'란 말에 대하여 『대동운부군옥』에는 "여나는 우리말에 독서하는 소리이다. 산의 이름은 이것으로 지어졌다."[60)]라고 했는데, 그렇다면 여나는 곧 글을 읽을 때 한문에 토를 다는 현토소리, 즉 '~이나'라는 말이 아닌가 한다.

신라에서 讀書三品科를 설치한 것은 元聖王 4년(788년)의 일[61)]

---

58) 『孟子』, 離婁 上, "曾子養曾晳 必有酒肉 將徹 必請所與 問有餘 必曰有 曾晳死 曾元養曾子 必有酒肉 將徹 不請所與 問有餘 曰亡矣 將以復進也 此所謂養口體者也 若曾子 則可謂養志也."

59) 『高麗史』 樂志, 卷71, 樂2, "余那山 在雞林境 世傳 書生居是山 讀書擢第 聯昏世族 後掌試設宴 其昏家喜而歌之 自後掌試者 設宴 先歌此焉."

60) 『大東韻府羣玉』 卷6 五歌, 余那山歌條, "余那 方言讀書之聲 山之得名以此."

61) 『三國史記』 卷10 新羅本紀10 元聖王 4年條, "四年春 始定讀書三品以出身 讀春秋左氏傳 若禮記 若文選 而能通其義 兼明論語孝經者 爲上 讀曲禮論語孝經者 爲中 讀曲禮孝經者 爲下 若博通五經三史諸子百家書者 超擢用之 前祇以弓箭選人 至是改之 秋 國西旱蝗 多盜賊 王發使安撫之."

이니, 이 노래는 그 이후의 일이 아닌가 한다. 필자는 이 노래의 배경설화를 통하여 혹 이 노래가 후대의 경기체가의 발생과 관련이 있지 않을까 하는 조심스런 추정을 하고 있다.62) 그 이유는 과거시험을 관장하는 지공거의 역할은 경기체가 형성에 매우 중요한 역할을 담당하였기 때문이다. 이른바, 座主와 門生의 관계는 여말 신흥사대부들이 무신정권하에서 결속을 다지는 중요한 연결고리로 작용하기 때문이다.

⑤ **長漢城** : 장한성은 신라의 국경인 한산 북쪽 한강 가에 있었다. 신라에서는 거기에 큰 진을 두었던 것이다. 후에 고구려에게 점거되는 바 되었는데 신라 사람들이 군사를 일으켜 그 성을 회복하고 이 노래를 지어 그 공을 기념했다.63)

위의 노래는 이른바 빼앗겼던 성의 탈환을 기념하여 지은 노래이다. 삼국시대에는 국가의 운명이 전쟁과 직결되었다. 성은 백성들의 최후의 안식처이자, 전략적 거점이었다. 더구나 이웃나라와 접경지대에 있는 성은 매우 중요한 의미를 지닌다. 장한성은 본래 고구려의 北漢山郡이었고, 백제의 온조왕이 빼앗아 성을 쌓았으며, 고구려의 장수왕이 포위하자 개루왕이 도망가다가 피살된 곳이기도 하다. 진흥왕대에 이르러 신라의 지배하에 들어온 곳이다.64) 결국 삼국이 치열하게 쟁탈전을 치른 요충지인 셈이다.

결국 이 노래는 失地를 회복하여 이국의 지배에서 벗어난 환

---

62) 金榮洙, 「주세붕의 경기체가 연구」, 『국문학논집』 19, 단국대 국어국문학과, 2003, p.263.

63) 『高麗史』 樂志, 卷71, 樂2, "長漢城 在新羅界 漢山北 漢江上 新羅置重鎭 後爲高句麗所據 羅人擧兵復之 作此以紀其功焉."

64) 『三國史記』 新羅本紀 眞興王 18년조, 眞平王 25년조, 眞平王 40년조.

희와 侵寇를 물리쳐 민생을 안정케 한 국가에 대한 감사의 정이 한데 어울린 抒情民謠인 셈이다.[65] 임금과 官, 軍, 民이 합심하여 이룩한 쾌거이자, 임금께 충성을 맹세하는 노래인 셈이다.

⑥ **利見臺** : 세상에 전해지기는 신라왕의 부자는 오랫동안 서로 헤어져 있다가 만나게 되자 누대를 구축하고 거기서 만나 부자 상봉의 기쁨을 다하고 이 노래를 지어서 부르고 그 누대를 이견이라고 이름지었다. 이것은 대체로 주역의 '이견대인'의 뜻을 취한 것이다. 왕의 부자는 서로 헤어져 만나지 못할 까닭이 없다. 혹은 이웃나라에 나가서 회동 했었는지도 모르겠고 혹은 인질이 되었는지도 모르겠다.[66]

작자가 王인 작품은 <신공사뇌가>, <앵무가>, <우식곡> 등이 있는데 이 노래도 왕이 지은 작품에 속한다. 이 노래를 <憂息曲>과 관련짓기도 했고, 利見臺와 感恩寺, 萬波息笛 說話, 그리고 大王岩을 연결하여 문무왕과 그 아들 신문왕과의 관련을 제기하기도 했다. 이 배경설화는 기술방식이 매우 설화적이다. '世傳'의 형식도 그렇고, 부자상봉의 극적인 장면도 특이하며, 더욱이 기록자는 王 父子가 헤어질 이유가 없다면서 혹 會盟이나, 人質문제를 거론한 점에서도 그렇다.

필자는 이 노래를 문무왕과 신문왕 부자의 이야기로 보고자 한다. <우식곡>이 역사적 근거가 뚜렷한 데 비해 이 노래는 설화적인 요소들이 많고 문맥 또한 신비롭다. "久相失"이란 말은 살아있는 왕 부자의 생전의 모습이 아니라, 문무왕 사후 오랜 시

65) 尹榮玉, 『신라시가의 연구』, 형설출판사, 1982, p.274.
66) 『高麗史』 樂志, 卷71, 樂2, "利見臺 世傳 羅王父子 久相失 及得之 築臺相見 極父子之懽 作此以歌之 號其臺曰利見 盖取易利見大人之意也 王父子 無相失之理 或出會隣國 或爲質子 未可知也."

일이 지난 것을 의미한다고 본다. 『新增東國輿地勝覽』의 利見臺를 보면 다음과 같이 기록되어 있다.

> 부의 동쪽 50리 해안에 있다. 세상에 전하기를 왜국이 자주 신라를 침범하니 문무왕이 이것을 걱정하여 맹서하기를, "죽으면 용이 되어 나라를 수호하고 도적을 방어하겠다"고 하였다. 장차 죽을 때에 유언하기를, "나를 동해가 물 속에 장사하라." 고 하였다. 신문왕이 그 유언대로 하였다. 장사 지낸 뒤에 추모하여 대를 쌓고 바라보니 큰 용이 바다 가운데 나타나 보이므로 이로 인하여 이견대라고 이름하였다. 누대 아래의 십 보 바다 가운데 돌 네 귀퉁이가 우뚝 솟아 네 문과 같은 곳이 있는데, 이곳이 그 장사한 곳이다. 지금까지 대왕암이라고 일컫는다.67)

신문왕은 대왕암에 자주 행차하여 부왕을 추모하면서 나라를 걱정하매, 죽은 문무왕이 용이 되어 나타나 감응하니, 두 부자의 만남(산 자와 영혼과의 만남)은 특별한 의미를 지닌다. 나라가 어지러울 때 신문왕은 부왕을 뵙는 것으로 국난을 해결하는 방편으로 삼았을 것이고, 부왕을 뵙기 위한 의식과 절차 또한 매우 신중하고 경건하게 거행했을 것이다. 感恩寺 또한 이 같은 상황에서 願刹로 지어진 것이고, 만파식적 설화 역시 태평성대를 기원하는 어려움 속에서 생겨난 설화가 아닌가 한다. 윤영옥이 부왕의 現身을 간절히 염원하는 노래(儀式歌)가 불려질 가능성을 언급한 것은 시사하는 바가 있다.68)

---

67) 『新增東國輿地勝覽』 卷21 慶州府 樓亭 利見臺條, "在府東五十里海岸 世傳 倭國數侵新羅 文武王患之 誓死爲龍護邦國而禦寇盜 將薨 遺命葬我于東海濱水中 神文王從之 葬後追慕築臺望之 有大龍見于海中 因名曰利見臺 臺下十步海中 有石四角聳出如四門 是其葬處 至今稱爲大王岩."

68) 尹榮玉, 『신라시가의 연구』, 형설출판사, 1982, pp.263-264.

결국 <이견대가>는 죽은 부왕을 만나 뵙기 위한 의식에서 불려진 招魂歌이거나, 혹은 만나 뵙고 오랜만에 부자간의 회포를 푼 감격을 읊은 노래인 것이다. 주제는 아마도 왜적에 대한 응징이나, 조상의 음덕에 감사하고 경계를 강조하는 내용으로 추정된다.

⑦ **兜率歌** : ⓐ 5년(서기 28년) 겨울 11월에 왕이 나라 안을 순행하다가 한 할멈이 굶주리고 얼어서 죽어가고 있는 것을 보고 말하였다. "내가 미미한 몸으로 왕위에 있으면서 백성을 능히 기르지 못하여 늙은이와 어린 아이로 하여금 이 지경에 이르게 하였으니, 이는 나의 죄이다." 하고 옷을 벗어서 덮어주고 밥을 주어 먹게 하였다. 이에 담당 관원에 명하여 곳곳에 있는 홀아비와 과부, 고아, 자식 없는 늙은이와 늙고 병들어 스스로 살아갈 수 없는 사람을 위문하고 양식을 나누어 주어서 부양하게 하였다. 이에 이웃 나라의 백성들이 소문을 듣고 옮겨 오는 자가 많았다. 이 해에 백성의 풍속이 즐겁고 편안하여 비로소 도솔가를 지었다. 이것이 가악의 시초이다.[69]

ⓑ (弩禮王이) 유성공 경시 원년 계미년(서기 23년)에 즉위하여(연표에는 갑신년<24년>에 즉위했다고 했음)에 6부의 이름을 고쳐 정하고 여섯 姓을 하사했다. 이때 비로소 도솔가를 지었으니 차사와 사뇌격이 있었다. 또 비로소 보습과 얼음을 저장하는 창고와 수레를 만들었다. 건무 18년에 이서국을 쳐서 멸망시켰다. 이 해에 고구려 군사가 침범해 왔다.[70]

---

69)『三國史記』卷1 羅紀1 儒理尼師今條, "五年冬十一月 王巡行國內 見一老嫗飢凍將死 曰 予以眇身 居上 不能養民 使老幼 至於此極 是予之罪也 解衣以覆之 推食以食之 仍命有司 在處存問 鰥寡孤獨 老病不能自活者 給養之 於是 隣國百姓 聞而來者衆矣 是年 民俗歡康 始製兜率歌 此歌樂之始也"

70)『三國遺事』卷1, 第三弩禮王條, "朴弩禮尼叱今<一作儒禮王> … 劉聖公更始元年癸未卽位<年表云甲申卽位> 改正六部號 仍賜六姓 始作兜率

ⓐ는 『삼국사기』에 기록된 배경설화이고, ⓑ는 『삼국유사』에 기록된 <도솔가>의 차사와 사뇌격에 대한 언급이다. 지금까지 <兜率歌>는 '此歌樂之始也'[71]라는 문구 때문에 상당한 주목을 받아왔다. 歌와는 달리 歌樂이나 樂은 복합적인 의미를 지니는 용어임엔 틀림없다. 즉, 歌舞樂을 전제로 하거나, 악기의 반주를 수반하는 것을 의미한다.[72]

音과 樂에 대해서는 『禮記』 樂記에 다음과 같이 기록되어 있다.

> 무릇 음악에 대한 소리가 처음 일어나는 것은 사람 마음이 물건에 교감됨으로 말미암아서 나는 것이다. 사람 마음이 움직이는 것은 물건이 그렇게 한 것이다. 물건에 교감되어 마음이 움직이기 때문에 소리에 나타나고, 소리가 서로 응하는 고로 변(소리의 청탁고하)이 생기는 것이니, 변해서 곡조를 이루는 것을 음이라고 말하고, 소리를 순서대로 합쳐서 악기에 올리고, 또 간척[武舞]과 우모[文舞]에 미치는 것을 악이라고 이른다.[73]

歌 有嗟辭詞腦格 製犁耜及藏氷庫 作車乘 建虎<武>十八年 伐伊西國滅之 是年高麗兵來侵."

71) '此歌樂之始也' 라는 문장은 구두점을 어떻게 떼는가에 따라 해석이 달라진다. '此 歌樂之始也'로 보는 경우와 '此歌 樂之始也'(김성언, 「도솔가 재고」, 『국어국문학논문집』 6, 1985)로 보는 경우로 대별된다. 이는 결국 樂과 歌樂의 의미를 어떻게 보는가의 여부를 의미한다. 여기현은 노랫말이 있으면서 간단한 악기의 연주가 수반되는 것을 歌라 하고, 노랫말(歌)이 있으면서 좀더 다양하게 편성된 악기의 연주가 수반되고, 이러한 음곡에 舞가 함께 연행되는 것을 樂이라고 했다.(呂基鉉, 『신라 음악상과 사뇌가』, 월인, 1999, p.85).

72) 李杜鉉, 「新羅古樂再攷」, 『신라가야문화』1, 청구대, 1969, p.50.

73) 『禮記』 樂記篇, "凡音之起 由人心生也 人心之動 物使之然也 感於物而動故 形於聲 聲相應故 生變 變成方 謂之音 比音而樂之 及干戚羽旄 謂之樂."

결국 音이란 소리에 淸濁高下가 생겨 곡조를 이룬 것을 말하고, 樂이란 악기의 반주에 춤이 곁들여지는 것을 의미하는 것이다.

ⓐ와 ⓑ의 두 기록을 참고해 보면 <도솔가>는 임금의 덕치와 태평성대를 찬미하는 노래임은 분명하다. 국가 제정의 가요(國定歌謠)로 보고 후대의 樂章과 상통하는 것으로 추정하는 견해도 있다.74) 김승찬은 군신간의 자율적인 조화를 목적으로 의도적으로 창제되어 궁중의례에 사용된 인륜세교적인 가무악의 正風歌樂(樂章的 성격의 歌樂)의 최초의 작품으로 보고 있다.75)

윤영옥은 <도솔가>를 儀式歌로 보고, 神에 대한 頌과 민속이 歡康할 수 있도록 神에 대한 禱가 함께 곁들인 '嗟辭詞腦格'을 가진 노래가 <도솔가>라고 한 바 있다.76) 한편 유리왕이 주변의 소국을 정복하면서 속국민을 동화시키기 위한 방편으로 제작된 것이 <도솔가>이고, 이때 주변국의 백성들이 많이 귀화했다는 표현은 주변국 정복의 다른 표현이라고 본 견해가 있다.77)

김성언은 <도솔가>의 배경설화와 『맹자』의 양혜왕편을 비교한 후, 巡狩=賑恤=예악 제정이라는 동일구조에 주목하여 이 노래가 頌歌의 성격을 띤 官撰(혹은 민중의 이름을 빈)의 規式之樂이며 찬미와 규계의 정치적 함의를 담은 노래로 본 바 있다.78) 찬미와 규계는 악장의 기본 속성이기에 <도솔가>가 악장의 시초라는 것은 많은 학자들이 지적한 바와 같다.

---

74) 黃浿江・尹元植 공편, 『韓國古代歌謠』, 새문社, 1986, p.18.
梁柱東은 <도솔가>를 國朝所定의 가악의 최초라고 언급하고 農樂두레(社・Circle)의 '두리놀애・도리놀애'에 해당한다고 한 바 있다(梁柱東, 『增訂 古歌硏究』, 일조각, 1965, p.14).
75) 金承璨, 『韓國上古文學論』, 새문社, 1987, p.69.
76) 尹榮玉, 『新羅詩歌의 硏究』, 형설출판사, 1982, p.252.
77) 呂基鉉, 『新羅音樂相과 兜率歌』, 월인, 1999, pp.90-91.
78) 金性彦, 『문학과 정치』, 동아대학교출판부, 2004, pp.82-83.

> ⑧ **會蘇曲** : 9년 봄에 6부의 이름을 고치고 이어 성을 하사했다. … 왕이 6부를 정한 후에 이를 둘로 나누어 왕녀 두 사람으로 하여금 각각 부내의 여자를 거느려 편을 짜고 패를 나눠 추 7월 기망으로부터 날마다 일찍이 대부의 뜰에 모여 길쌈을 시작하여 을야에 파하게 했다. 8월 15일에 이르러 그 공의 다소를 고사하여 진 편은 술과 음식을 장만하여 이긴 편에 사례하는데 이때 가무와 온갖 유희가 일어나니 이를 가배(한가위)라 한다. 이때 진 편의 한 여자가 일어나 춤추면서 탄식하기를 '회소 회소' 라 하니 그 음조가 슬프고 아름답거늘 후인이 그 소리로서 노래를 지으니 이름을 회소곡이라 한다.[79]

이 노래는 8월 한가위(秋夕)의 유래로 널리 알려진 노래이다. 부녀자들에게 길쌈을 장려하고, 아름다운 민속을 장려한 것인데, 문제는 '會蘇'의 의미와 그 소리가 '哀雅'하다는 데에 있다. 양주동은 <會樂>과 <會蘇曲>은 같은 곡이며 그 뜻은 "아소"라는 애원처절한 음조이고, 후세 가요에도 이어지는 전통적 감탄용어라고 말한 바 있다.[80] 이 <회소곡>에 대하여 金性彦은 다음과 같은 언급을 한 바 있다.

> 이는 적마를 권장하는 교훈적인 시가이거나 왕녀의 부덕(婦德)을 송축하는 찬미지사였을 것으로 짐작된다. 덧붙여 서정요라는 추론을 이끌어내기 위해 강조되었던 애아(哀雅)라는 표현도 기실은 불교용어

---

79) 『三國史記』 卷1 新羅本紀1 儒理尼師今條, "(儒理王) 九年春 改六部之名 仍賜姓 … 王旣定六部 中分爲二 使王女二人各率部內女子 分朋造黨 自秋七月旣望 每日早集大部之庭 績麻乙夜而罷 至八月十五日 考其功之多小(sic 少) 負者置酒食 以謝勝者 於是歌舞百戲皆作 謂之嘉俳 是時負家一女子 起舞嘆曰 會蘇會蘇 其音哀雅 後人因其聲而作歌 名會蘇曲."

80) 梁柱東, 『增訂 古歌硏究』, 일조각, 1965, p.19. 會蘇의 의미에 대해서는 감탄사로 보는 것 외에도 유의미로 좌중에게 '모이소(集)'라고 하는 의미와 '아소(知)'라는 의미를 언급한 경우도 있다.

로서 그 뜻은 애절(哀切), 아정(雅正), 곧 간절하고도 우아하다는 뜻으로 해석해야 할 것으로 본다.81)

이어서 <회소곡>을『後漢書』권57에 나오는 양잠에 대한 민요와 흡사하다고 한 후, 이 노래가 동요와 이반을 보이기 쉬운 피지배계급에게 심정적인 복속감을 갖게 하기 위해 음악과 문학이 결합된 상징을 조작하여 그것을 암송하게 하는 것이 유용했다고 언급한 바 있다. 노래가 哀雅하다는 표현은 분명 유희적 속성을 떠나 승부에 집착한 듯하며, 이 승부에 집착하는 이유는 왕비들 간의 경쟁(爭寵)과 함께 아마도 농사의 豊凶과 관계있기 때문이 아닌가 한다.

⑨ 勿稽子歌 : 제10대 내해왕이 즉위한 지 17년 임진년에 보라국·고자국<지금의 고성>·사물국<지금의 사주> 등 8국이 합세하여 변경을 침범해 왔다. 왕은 태자 날음과 장군 일벌 등에게 명하여 군사를 거느리고 이를 막게 하니 8국이 모두 항복했다. 이때 물계자의 군공이 제일이었다. 그러나 태자에게 미움을 받아 그 공을 상받지 못했다. 어떤 이가 물계자에게 말하기를, "이번 전쟁의 공은 오직 당신뿐인데 상이 그대에게 미치지 않았으니 태자가 당신을 미워함을 그대는 원망하시오" 하니, 물계자는 말하기를, "나라의 임금이 위에 계신데 인신인 태자를 어찌 원망하겠소?" 하였다. 그 사람이 "그렇다면 이 일을 왕에게 아뢰는 것이 좋지 않겠소?" 하니, 물계자가 말하기를, "공을 자랑하고 이름을 다투며 자기를 드러내고 남을 가리는 것은 지사의 할 바가 아니요. 힘써 때를 기다릴 뿐이요" 하였다. 20년 을미에 골포국<지금의 합포> 등 세 나라 왕이 각기 군사를 이끌고 갈화<굴불인 듯하니 지금의 울주>를 쳤다. 왕이 친히 군사를 거느려 이를 막으니 세 나라가 모두 패

81) 金性彦,『문학과 정치』, 동아대학교출판부, 2004, p.95.

했다. 물계자가 죽인 적병이 수십 급이었으나 사람들은 그의 공을 말하지 않았다. 물계자는 그 아내에게 말하기를, “내 들으니 임금을 섬기는 도리는 위태로움을 보면 목숨을 바치고, 환란을 당해서는 몸을 잊으며 절의를 지켜 사생을 돌아보지 않음을 충이라 하였소. 보라<발라인 듯 하니 지금의 나주>와 갈화의 싸움은 진실로 나라의 환란이었고, 임금의 위태로움이었소. 그러나, 나는 일찍이 내 몸을 잊고 목숨을 바치는 용맹이 없었으니, 이것은 불충하기 이를 데 없는 것이요. 이미 불충으로서 임금을 섬겨 그 누가 아버님께 미쳤으니 가히 효라고 할 수 있겠소?. 이미 충과 효를 잃었으니 무슨 낯으로 다시 조정과 시정에 설 수 있겠소?” 하고는 머리를 풀어헤치고 금을 메고서 사체산<미상>에 들어갔다. 대나무의 곧은 성벽을 슬퍼하여 그것에 비유하여 노래를 짓고 졸졸 흐르는 시냇물 소리에 비겨서 금을 타고 곡조를 지었다. 그곳에 숨어 살며 다시는 세상에 나오지 않았다.82)

『삼국사기』 열전 물계자전에는 노래에 대한 언급은 없고 다만 사체산에 들어가 나오지 않았다는 기록으로 끝나고 있다. <물계자가>가 중요한 이유는 두 가지인데, 첫째는 개인 서정시가라는 점과, 둘째는 신하로서 임금에 대한 항거의 표시로 ‘被髮入山’을

82) 『三國遺事』 卷5 勿稽子條, “第十奈解王卽位十七年壬辰 保羅國 古自國<今固城> 史勿國<今泗州>等八國 併力來侵邊境 王命太子㮈音 將軍一伐等 率兵拒之 八國皆降 時勿稽子軍功第一 然爲太子所嫌 不賞其功 或謂勿稽曰 此戰之功 唯子而已 而賞不及子 太子之嫌君其怨乎 稽曰 國君在上 何怨人臣 或曰 然則奏聞于王幸矣 稽曰 伐功爭命 揚己掩人 志士之所不爲也 勵之待時而已 二十年乙未 骨浦國<今合浦也>等三國王 各率兵來攻竭火<疑屈弗也 今蔚州>王親率禦之 三國皆敗 稽所獲數十級 而人不言稽之功 稽謂其妻曰 吾聞仕君之道 見危致命 臨難忘身 仗於節義不顧死生之謂忠也 夫保羅<疑發羅 今羅州>竭火之役 誠是國之難君之危而吾未曾有忘身致命之勇 此乃不忠甚也 旣以不忠而仕君 累及於先人 可謂孝乎 旣失忠孝 何顏復遊朝市之中乎 乃被髮荷琴入師彘山<未詳> 悲竹樹之性病 寄托作歌 擬溪澗之咽響 扣琴制曲 隱居不復現世.”

감행한 점이다. 태자와의 불화 때문에 곧은 성품의 물계자가 겪는 갈등을 노래로 표현하되, '悲竹樹之性病'을 노래에 가탁했으니 노래의 내용은 세속과 타협 않는 곧은 성품을 드러낸 것으로 보인다. 그가 언급하고 있는 충효는 당대에 요구되는 중요한 덕목임에도 불구하고 탐욕에 의해 희생되는 자신의 모습을 통해 신하의 自守의지를 드러낸 것이다.

이 노래는 군신간의 갈등을 해소하는 방편으로 신하가 기꺼이 被髮入山의 방식을 택한다는 점에서 후대의 유배나 은둔양상의 선구적인 모델이 되었다고 본다. 결국 이 노래는 자신을 희생하여 국가를 지키고 동시에 자신의 명예를 지키는 節義歌의 원형이라고 할 수 있다.

⑩ **憂息曲** : 이보다 앞서 실성왕 원년 임인년에 왜국과 강화하였는데, 왜왕이 내물왕의 아들 미사흔을 볼모로 삼기를 청하였다. 왕은 일찍이 내물왕이 자기를 고구려에 볼모로 보낸 것을 원망하여, 그 아들에게 유감을 풀고자 하였음으로 일부러 거절하지 않고 보냈다. 또 11년 임자년에는 고구려가 역시 미사흔의 형 복호를 볼모로 삼고자 하였으므로 대왕은 또 그를 보냈다. 눌지왕이 즉위하자 말 잘하는 사람을 구하여 가서 두 아우를 맞이해 올 것을 생각하고 있었다. … 제상이 밖으로 나오자, 미사흔이 도망한 것을 알고 드디어 제상을 결박하였다. 배를 저어 좇아갔으나 마침 연무가 자욱하고 어두워서 바라보아도 미치지 못하였다. 제상을 왜왕의 처소로 돌려보냈더니, 그를 목도로 유배 보냈다가 곧 사람을 시켜, 섶에 불을 질러 전신을 불태운 후에 목 베었다. 대왕이 이 소식을 듣고 애통해 하고, 대아찬을 추증하였으며, 그 가족에게 후히 물품을 내리었다. 그리고 미사흔으로 하여금 제상의 둘째 딸을 맞아 아내로 삼게 하여 보답하였다. 이전에 미사흔이 돌아올 때 왕은 6부에 명하여 멀리까지 나가 맞이하게 하였고, 만나게 되자 손을 잡고 서로 울었다. 마침 형제들이 술자리를 마련하고 마음껏 즐길 때 왕은

노래와 춤을 스스로 지어 자신의 뜻을 나타냈는데, 지금 향악의 우식곡이 그것이다.[83]

<우식곡>은 그 제작 배경이 복수로 얽혀 있다. 내물왕 37년(392년)에 이찬 大西知의 아들 實聖을 고구려에 볼모로 보냈다.[84] 인질교환도 외교의 한 방편이긴 하지만, 진짜 이유는 고구려의 국력이 강성했기 때문에 거절할 수 없었던 것이다. 실성은 9년 후인 내물왕 46년(401년)에 돌아왔다. 이듬해 내물왕이 죽고 실성왕이 즉위한다. 내물왕의 아들이 어리므로 국인들이 실성을 왕으로 세운 것이다. 실성왕은 즉위한 원년(402년)에 내물왕의 아들 未斯欣(美海)을 왜국에 볼모로 보낸다. 자신을 고구려에 볼모로 보낸 내물왕에게 복수하기 위해 그의 아들을 인질로 보낸 것이다. 또한 실성왕 11년(412년)에 내물왕의 아들 卜好(寶海)를 고구려에 볼모로 보냈다.[85]

이것도 모자라 실성왕은 고구려 사람을 시켜 내물왕의 아들이자 자신의 사위인 訥祗를 죽이게 하였으나 오히려 그들이 눌지

83) 『三國史記』 卷45, 列傳 朴提上條, "先是 實聖王元年壬寅 與倭國講和 倭王請以奈勿王之子未斯欣爲質 王嘗恨奈勿王使己質於高句麗 思有以釋憾於其子 故不拒而遣之 又十一年壬子 高句麗亦欲得未斯欣之兄卜好爲質 大王又遣之 及訥祗王卽位 思得辯士往迎之 … 及出知未斯欣之逃 遂縛堤上 行舡追之 適煙霧晦冥 望不及焉 歸提上於王所 則流於木島 未幾使人以薪火燒爛支體 然後斬之 大王聞之哀慟 追贈大阿湌 厚賜其家 使未斯欣娶其提上之第二女爲妻 以報之 初 未斯欣之來也 命六部遠迎之 及見握手相泣 會兄弟置酒極娛 王自作歌舞 以宣其意 今鄕樂憂息曲 是也."

84) 『三國史記』, 卷3, 新羅本紀 제3, 奈勿尼師今 37년조, "春正月 高句麗遣使 王以高句麗强盛 送伊湌大西知子實聖爲質."

85) 『三國史記』 卷3, 新羅本紀 訥祗痲立干條, "奈勿王子也 母保反夫人 味鄒王女也 妃實聖王之女 奈勿王三十七年 以實聖質於高句麗 及實聖還爲王 怨奈勿質己於外國 欲害其子以報怨."

의 군자다운 인품을 흠모하여 눌지에게 사실을 고백하자, 눌지는 이를 원망하여 실성왕을 죽인 후 왕위에 오른 것이다. 눌지왕 2년(418년)에 박제상의 담판으로 복호가 고구려에서 6년 만에 돌아왔고, 미사흔이 왜국에서 16년 만에 돌아왔다. 이렇게 내물왕, 실성왕, 눌지왕의 3대에 걸친 인질보복이 <우식악>의 배경인데 두 왕자의 환국은 박제상이 죽음으로써 이루어낸 것이다.

윤영옥은 이 노래가 처음에는 단순히 骨肉之情을 읊은 서정시가였는데, 왕의 親作이란 점에서 연회에서 불리는 宴樂歌로 사용되었다고 보았다.[86]

<우식악>은 형제간의 우애를 소중히 여기는 노래임에 틀림없고, 이 같은 우애는 곧 충효 못지 않게 강조되었던 덕목이었다. 특히 임금이 백성들에게 모범을 보인다는 것은 교화의 좋은 선례가 되는 것이다. 충신 박제상의 충절은 국력을 하나로 묶는 좋은 계기가 되었으나, 한편으로는 박제상의 아내가 치술신모가 되고, 비극적인 <鵄述嶺曲>을 낳게 되는 직접적인 이유가 되기도 했다.

⑪ **實兮歌** : 실혜는 대사 순덕의 아들이다. 성격이 강직하여 의가 아닌 것에는 굽히지 않았다. 진평왕 때 상사인이 되었는데, 그때 하사인 진제는 그 사람됨이 아첨을 잘하여 왕의 사랑을 받았다. 비록 실혜와 동료였으나 일을 함에 서로 옳고 그름을 따질 때면 실혜는 정의를 지켜 구차스럽게 하지 않았다. 진제가 질투하고 원한을 품어 왕에게 여러 차례 참소하기를, "실혜는 지혜가 없고 담력만 있어 기뻐하고 성냄이 급하여 비록 대왕의 말이라도 그 뜻에 안 맞으면 분함을 누르지 못하니 만약 이를 징계하여 다스리지 않으면 장차 난을 일으킬 것입니다. 어찌 지방으로 좌천시키지 않습니까? 그가 굴복함을 기다린 후에 등용

86) 尹榮玉, 『新羅詩歌의 研究』, 형설출판사, 1982, p.288.

하여도 늦지 않을 것입니다." 하니, 왕이 그렇게 여겨 영림의 관리로 좌천시켰다. 어느 사람이 실혜에게 말하기를, "그대는 할아버지 때로부터 충성과 재상이 될 만한 자질이 세상에 소문났는데 지금 아첨하는 신하의 참소와 훼방을 받아 죽령 밖 먼 후미진 시골에 벼슬살이 가게 되었으니 또한 통탄할 일이 아닌가? 어찌 직언으로 스스로를 변명하지 않는가?" 하니, 실혜가 답하였다. "옛날 굴원은 외롭고 곧았으나 초나라에서 배척되어 쫓겨났으며, 이사는 충성을 다하였으나 진나라에서 극형을 받았다. 아첨하는 신하가 임금을 미혹하게 하고 충성스러운 자가 배척을 받는 것은 옛날도 그랬다. 어찌 족히 슬퍼하랴?" 하고 마침내 말하지 않고 가면서 장가를 지어 자기의 뜻을 드러내었다.87)

<실혜가>의 배경설화는 동양에서는 전통이 오랜 것이다. 신하가 임금의 迷惑을 깨우치기 위한 방편으로 자신을 희생하는 전형적인 방법이기 때문이다. 이 같은 경우는 결국 충성된 신하의 죽음이나 被斥으로 귀결되면서 임금의 잘못을 간접적으로 드러내는 방식을 취한다는 점에서 소극적인 신하의 저항 형태라고 규정할 수 있다. 그러나 이 같은 방편도 결국에는 신하의 잘못으로 귀결되는 양상을 보여주고 있는데, 그 이유는 바로 임금은 신하를 죽이고 살릴 수도 있으나 신하는 임금을 선택할 수 없기 때문이다. 선택할 수 있는 경우는 오직 反正의 명분으로 임금의

---

87) 『三國史記』 卷48 列傳, 實兮條, "實兮 大舍純德之子也 性剛直 不可屈以非義 眞平王時 爲上舍人 時下舍人珍堤 其爲人便佞 爲王所嬖 雖與實兮同寮 臨事互相是非 實兮守正不苟且 珍堤嫉恨 屢讒於王曰 實兮無智慧 多膽氣 急於喜怒 雖大王之言 非其意則憤不能已 若不懲艾 其將爲亂 盍黜退之 待其屈服 而後用之 非晩也 王然之 謫官泠林 或謂實兮曰 君自祖考 以忠誠公材 聞於時 今爲佞臣之讒毁 遠宦於竹嶺之外荒僻之地 不亦痛乎 何不直言自辨 實兮答曰 昔 屈原孤直 爲楚擯黜 李斯盡忠 爲秦極刑 故知佞臣惑主 忠士被斥 古亦然也 何足悲乎 遂不言而往 作長歌見意."

부도덕을 심판하는 것이었으나, 이 같은 경우도 대부분 정권을 탈취하기 위한 명분으로 사용된 경우가 대부분이다. 임금의 권위를 들먹이며 충동질하는 간신에 미혹되어 충성스런 신하를 배척하는 위 이야기는 이미 昏君의 전형화된 패턴으로 존재하고 있었던 것이다.

<실혜가>는 佞臣에 대한 忠臣의 질책이요, 怨歌의 一種이라 할 만하다.[88] 李奎報의 다음과 같은 글은 신하의 자세에 대한 유가의 엄격한 기준을 제시해주고 있다.

> 옛날에 자신을 죽여서 仁을 이룬 사람이 있었으니 比干과 같은 이가 바로 그런 사람이요, 자신을 죽여서 節義를 이룬 사람이 있었으니 伯夷 叔齊와 같은 이가 바로 그런 사람이다. … 대저 참소한 말이 임금의 총명을 가리고, 간사하고 아첨함이 올바른 사람을 해치는 일은 자고로 그런 것이요, 초나라의 군신만 그런 것은 아니다. … 굴원으로서는 이때에 마땅히 왕을 깨우치지 못할 것을 헤아리고 종적을 감추고 멀리 숨어서 왕의 잘못이 시간이 흐르는 동안에 차차로 없어지게 했어야 할 것이다. 그런데 굴원은 그렇게 하지 않고 다시 襄王에게 등용되려고 하다가 도리어 令尹인 子蘭에게 참소를 당해 江潭에 추방되어 湘江의 죄수가 되었으니, 이때에 와서는 비록 도망가려한들 될 수 있었겠는가? 이런 때문에 수척한 얼굴로 못가를 거닐면서 시를 읊어 離騷를 지었는데, 거기에는 원망하고 풍자한 말들이 많았으니, 이 또한 임금의 잘못을 족히 드러낸 것이었는데 다시 물에 몸을 던져 죽어서 천하 사람으로 하여금 길이 그의 임금을 나쁘게 여기도록 하였으며, 심지어 초나라의 풍속은 그를 위하여 競渡曲을 만들어 그의 溺死를 위로하기까지 하였고, 賈誼는 글을 지어서 물에 던져 그의 억울함을 조상하여 임금의 잘못을 크게 만세에 드러나게 하였으니 상강의 물은 다할지언정 이 임금의 악이야 어찌 없어지겠

88) 尹榮玉, 『신라시가의 연구』, 형설출판사, 1982, p.289.

> 는가? … 그런 까닭에 나는 '굴원은 죽지 않을 데 죽어서 그 임금의 악만 드러냈을 뿐이다'라고 한 것이다. 나의 이 논은 곧 굴원의 억울함을 씻어주고 더욱 그 임금의 악을 비난하여 후세에 참소를 믿고 어진 사람을 배척하는 임금을 깨우쳐 주기 위함이요, 진실로 굴원을 비난하려는 것은 아니다.[89)]

위의 글에서 중요한 것은 신하의 자세에 대한 언급이다. 실혜는 굴원의 삶을 곧 자신이 가야할 삶으로 인식했다는 점이다. 대개의 충신들은 이 같은 방편을 택함으로써 자신의 결백을 드러내었는데, 이런 현상에 대해 이규보는 현명치 못한 처신임을 지적하고 있다. 이규보가 제시한 방법이 비록 소극적이긴 해도 이는 신하가 임금의 허물을 드러내지 않는 방편임을 강조하고 있는 것이다. 이 같은 유형은 介子推나 申生, 그리고 好童王子의 경우와 일맥상통하는 경우라고 하겠다. 이는 결국 신하로서의 소극적인 항거이자, 군신 부자의 윤리에 얽매여 자신을 희생하는 전형적인 이야기라고 할 수 있다.

⑫ 奚論歌 : 해론은 모량 사람이다. 그의 아버지 찬덕은 용감한 뜻과 뛰어난 절개를 가져 당시에 이름이 높았다. … 해론은 나이가 20여

---

89)『東國李相國集』卷22 雜文 屈原不宜死論, "古有殺身以成仁 若比干者是已 有殺身以成節者 若伯夷叔齊是已 … 夫讒說之蔽明 邪諂之害正 自古而然 非楚國君臣而已 … 原於此時 宜度王之不寤 滅迹遠遁 混于常流 庶使其王之惡 漸久而稍滅也 原不然 復欲見容於襄王 反爲令尹子蘭所讒 放逐江潭 作湘之纍囚 至是 雖欲遁去 其可得乎 是故 憔悴其容 行吟澤畔 作爲離騷 多有怨曠譏刺之辭 則是亦足以顯君之惡 而乃復投水而死 使天下之人 深咎其君 乃至楚俗爲競渡之曲 以慰其溺 賈誼作投水之文 以弔其寃 益使王之惡 大暴於萬世矣 湘水有盡 此惡何滅 … 吾故曰 原死非其所 以顯其君之惡耳 予之此論 乃所以雪原之寃而益貶其君之惡 庶以諷後之信讒斥賢耳 非固譏原也."

세 때 아버지 공으로 대나마가 되었다. 건복 35년 무인년에 왕이 해론을 금산당주에 임명하여 한산주도독 변품과 함께 군사를 일으켜 가잠성을 습격하여 빼앗게 하니 백제에서 이 소식을 듣고 군사를 내어 침입해 왔다. 해론 등이 이를 맞아 칼날이 서로 맞닿자 해론이 여러 장수들에게 말하기를 "전일 나의 아버지가 이 곳에서 숨을 거두시었는데 내 지금 이곳에서 백제인과 싸우니 오늘이 내가 죽을 날이다." 하고는 드디어 짧은 칼을 가지고 적에 나아가 몇 명을 죽이고 죽었다. 왕이 이를 듣고 눈물을 흘리고 그 가족을 돕기를 매우 후하게 하였다. 당시 사람들이 슬퍼하지 않는 자가 없었으며, 장가를 지어 조문하였다.[90]

이 노래에 대하여 김승찬은 화랑출신의 해론 부자의 勇志 및 英節과 孝心을 기린 敍事的 長歌로 보았다.[91] 삼국시대에 국가의 운명은 전쟁의 승패에 달려 있었다. 따라서 전장의 영웅에 대한 찬미와 노래는 곧 국가를 유지하는 중요한 수단이었다. 젊은 화랑도의 장렬한 이야기는 국가에서 널리 선양하고 표창할 만한 좋은 소재였던 것이다. 화랑도의 세속오계를 충실히 이행하고 있는 위의 이야기는 대를 이어 전사하는 충신의 전형적인 모습을 그리고 있다.

이 노래는 결국 당시 사람들이 해론 부자의 장렬한 전사를 애

90) 『三國史記』 列傳 卷47, "奚論 牟梁人也. 其父讚德 有勇志英節 名高一時 … 奚論年二十餘歲 以父功 爲大奈麻 至建福三十五年戊寅 王命奚論爲金山幢主 與漢山州都督邊品 興師襲椵岑城 取之 百濟聞之 擧兵來 奚論等逆之 兵旣相交 奚論謂諸將曰 昔吾父殞身於此 我今亦與百濟人戰於此 是我死日也 遂以短兵赴敵 殺數人而死 王聞之 爲流涕 贈卹其家甚厚 時人無不哀悼 爲作長歌弔之."

91) 金承璨, 『한국상고문학론』, 새문社, 1987, pp.172-173. 金昌龍은 <悼二將歌>처럼 애도의 주체와 객체를 분별하기 위해 이 노래의 제목을 <悼奚論歌>라고 했다(김창룡, 『고구려문학을 찾아서』, 박이정, 2002, p.28).

도하는 조문가, 또는 애도가의 성격을 띄고 있다고 본다. 전쟁을 통해 온 국민이 혼연일체로 단결하는 장엄한 광경을 묘사한 것이다. 다만 <해론가>가 長歌로 지어졌다는 것은 영웅서사시 형태로 부자의 일생을 묘사하고, 전쟁의 참혹함과 임전무퇴의 정신을 고취하기 위해서는 긴 노래의 형태가 적합했던 것으로 보인다. 戰死士卒의 영혼을 달래기 위해 왕이 친히 八關會를 베푼 기록이 자주 나타나는 것은 이 같은 행사가 국가적으로 치러지고 있다는 것과 전쟁영웅들의 비중이 매우 컸음을 반증하는 것이다.

⑬ **怨詞** : 김유신은 소시에 모부인이 날마다 엄한 훈계를 하여 함부로 남과 사귀어 놀지 않았다. 하루는 우연히 계집종의 집에서 유숙하였다. 어머니가 교훈하기를 "나는 이미 늙었다. 밤낮으로 네가 성장하여 공명을 세우고 임금과 어버이를 영화롭게 하기를 바라고 있다. 이제 네가 천한 아이들과 더불어 음탕한 방과 술집에서 놀며 희롱한단 말이냐!" 하고 울음을 그치지 아니하니 유신은 즉시 어머니 앞에서 다시는 그 집 문을 지나지 않겠다고 맹세하였다. 하루는 술이 취하여 집에 돌아오는 데 말이 옛날에 다니던 길을 따라 잘못하여 창녀의 집에 이르렀다. 창녀가 한편으론 반기고 한편으로 원망하여 울면서 나와 맞이하였다. 유신이 이미 잘못을 깨닫고는 타고 온 말을 베고 안장을 버린 채 돌아갔다. 그 여자가 원망하는 노래 한 곡조를 지어 세상에 전해지고 있다. 절은 바로 그 여자의 집이며 천관은 그 여자의 호이다.[92]

---

92)『新增東國輿地勝覽』卷21 慶州府 古蹟 天官寺條, "金庾信 爲兒時 母夫人日加嚴訓 不妄交遊 一日偶宿女隷家 母面敎之 曰我已老 日夜望汝成長 立功名爲君親榮 今乃爾與屠沽小兒 遊戱淫房酒肆耶 呼泣不已 庾信卽於母前自誓 不復過其門 一日被酒還家 馬遵舊路 誤至娼家 娼且欣且悲 垂泣出迎 庾信旣悟 斬所乘馬 棄鞍而返 女作怨詞一曲傳之 寺卽其家也 天官其女號也."

이 노래는 남녀의 자유스런 연애가 봉건윤리에 제약을 받으면서 배신당한 여인의 입장에서 불려진 노래라는 점이 주목된다. 비록 봉건윤리에 의해 가려 있으나 남녀간의 애욕의 문제는 역시 자연스런 발로라는 점을 확인시켜 준 설화이다. 김유신의 행적[93]에 비추어 볼 때 이 배경설화는 김유신을 삼국통일의 주역으로 영웅시하는 차원에서 이루어진 이야기로 보인다. 우선 모부인의 엄훈부터가 역설적이다. 그녀 자신이 김유신과 野合으로 맺어진 사이[94]임을 감안한다면 이 같은 엄훈은 자가당착이다. 반면 그렇기 때문에 자신이 행한 과거의 잘못으로 인해 그 자신이 당한 일을 자식에게는 반복시키지 않기 위해 철저히 말렸던 것인지도 모른다.

유신은 여인을 배신한 이 노래로 인해 많은 여인들의 원망의 대상이 되었다. 그러나 그의 이런 과단성 있는 행동은 통일의 주역으로 묘사하는 데는 좋은 소재가 되었을 것이다. 天官女의 신분이 노예나 창기, 술집여인으로 등장하지만 천관이란 명칭을 감안하면 무속이나 도가의 女司祭가 아닌가 한다. 즉, 결혼할 수 없는 신분이거나 둘 사이가 중매 없이 이루어진 野合의 불장난이었던 것이다. 중요한 것은 이 사건 이후 그 둘의 운명이 바뀌었다는 점이다. 천관녀는 비구니가 되었고, 유신은 삼국통일의 영웅이라는 신성한 존재로 변화되었다는 사실이다. 이 노래는 여인의

93) 『三國遺事』 卷1 紀異 太宗春秋公條. 이 이야기 속에는 김유신의 출세지향적인 치밀한 계략이 들어있다. 즉, 김유신은 후일 삼국통일의 주역이기도 하지만 이처럼 출세를 위해 자신의 누이를 이용할 정도로 이기적이며, 권력지향적인 인물이기도 하다.

94) 『三國史記』 卷41 列傳 金庾信 上, "初舒玄路見葛文王立宗之子肅訖宗之女萬明 心悅而目挑之 不待媒妁而合 舒玄爲萬弩郡太守 將與俱行 肅訖宗始知女子與玄野合 疾之囚於別第 使人守之 忽雷震屋門 守者驚亂 萬明從竇而出 遇與舒玄赴萬弩郡."

怨詞가 대부분인 속요의 전통을 면면히 이어지게 한 濫觴으로서도 중요한 작품이다.[95]

⑭ **陽山歌** : 김흠운은 내밀왕의 8세손이다. … 영휘 6년 태종대왕이 백제와 고구려가 함께 변경을 침범함을 분히 여겨 이를 치고자 하여 군사를 출동할 때에 흠운을 낭당대감으로 삼았다. 이에 그는 집안에서 자지 않고 비바람을 맞으며, 병졸과 더불어 고락을 함께 하였다. 백제 땅 양산 아래에 군영을 설치하여 조천성을 공격하고자 하였는데 백제인들이 밤을 틈타서 민첩하게 달려와 새벽녘에 성루를 따라 들어오니 우리 군사가 놀라 엎어지고 자빠져 진정시킬 수가 없었다. 적들이 혼란을 타서 급하게 공격하니 나는 화살이 비오듯 쏟아졌다. 흠운이 말을 비껴타고 창을 잡고 대적하니 대사 전지가 달래어 말하기를, "지금 적이 어둠 속에서 일어나 지척을 구별할 수 없는 상황이니 공이 비록 죽는다고 하여도 알아줄 사람이 없습니다. 하물며 공은 신라의 귀한 신분으로서 대왕의 사위인데 만약 적군의 손에 죽으면 백제에는 자랑하는 바가 될 것이고, 우리들에겐 깊은 수치가 될 것입니다." 라고 했다. 흠운이 말하기를 "대장부가 이미 몸을 나라에 바치겠다고 하였으면 사람이 알아주고 모르고는 한가지이다. 어찌 감히 이름을 구하랴?" 하고는 꿋꿋하게 서서 움직이지 않았다. 따르던 자들이 말고삐를 잡고 돌아가기를 권하였으나 흠운이 칼을 뽑아 휘두르며 적과 싸워 몇 사람을 죽이고 그도 죽었다. 이에 대감 예파와 소감 적득이 함께 전사하였다. 보기당주 보용나가 흠운이 죽었다는 소리를 듣고 말하기를, "그는 귀한 신분에 영화로운 자리에 있어 사람들이 아끼는 바인데도 오히려 절조를 지켜 죽었는데, 하물며 나는 살아 있더라도 별 이익이 되지 않고 죽어도 별 손해가 되지 않는 존재이다." 하고는 드디어 적에게 덤벼들어 서너 명을 죽이고 그도 죽었다. 대왕이 이 소식을 듣고 매우 슬퍼하였고 흠운과 예파에게는 일길찬, 보용나와 적득에게는 대나마의 관등을 추증하였

95) 尹榮玉, 『신라시가의 연구』, 형설출판사, 1982, p.290.

다. 당시 사람들이 이를 듣고 양산가를 지어 애도하였다.[96]

이 <양산가>는 집단적 서사적 시가[97]로 보기도 하고, 영웅의 영혼을 달래기 위한 慰靈 鎭魂의 祭儀로, 혹은 군사들의 戰意를 진작시키기 위해 불려진 讚歌로 보기도 한다.[98] 김흠운은 내밀왕 8세손이자 태종의 사위인 귀골이며 화랑 文努의 낭도였다. 그는 귀한 신분임에도 불구하고 선두에 서서 군사들의 사기를 진작시켰다. 화랑도의 세속오계 중 임전무퇴의 가르침을 실천에 옮긴 것이었다.

이 같은 묘사는 실제보다 과장되게 이상적으로 그릴 수밖에 없는 특징을 지니고 있다. 그 이유는 목적이 뚜렷하기 때문이다. 전쟁 묘사가 매우 사실적이며, 求名보다는 실천을 강조하고 있다

---

96) 『三國史記』 卷47, 列傳7 金歆運條, "金歆運 奈密王八世孫也… 永徽六年 太宗大王 憤百濟與高句麗梗邊 謀伐之 及出師 以歆運爲郎幢大監 於是 不宿於家 風梳雨沐 與士卒同甘苦 抵百濟之地 營陽山下 欲進攻助川城 百濟人乘夜疾驅 黎明緣壘而入 我軍驚駭顚沛 不能定 賊因亂急擊 飛矢雨集 歆運橫馬握槊待敵 大舍詮知說曰 今賊起暗中 咫尺不相辨 公雖死 人無識者 況公新羅之貴骨 大王之半子 若死賊人手 則百濟所誇詫 而吾人之所深羞者矣 歆運曰 大丈夫旣以身許國 人知之與不知一也 豈敢求名乎 强立不動 從者 握轡勸還 歆運拔劒揮之 與賊鬪殺數人而死 於是 大監穢破 少監狄得相與戰死 步騎幢主寶用那聞歆運死曰 彼骨貴而勢榮 人所愛惜 而猶守節以死 況寶用那生而無益 死而無損乎 遂赴敵 殺三數人而死 大王聞之傷慟 贈歆運穢破位一吉湌 寶用那狄得位大奈麻 時人聞之作陽山歌 以傷之."

97) 金承璨, 『한국상고문학론』, 새문社, 1987, p.174. 김승찬은 『三國史記』 樂志에 지명이 붙은 거개의 노래는 집단적 가악이라는 점과 <양산가>는 김흠운, 예파, 적득, 보용나의 호국정신과 절개를 기린 점 때문에 집단적 서사적 시가로 추론하고 있다. 특히, 김흠운이 화랑 文努의 낭도였음을 감안하면 竭忠報國의 화랑정신을 고취하는 내용이 들어 있을 것으로 추정하고 있다.

98) 尹榮玉, 『신라시가의 연구』, 형설출판사, 1982, p.286.

는 점에서 교훈적이다. 자신의 죽음을 통해 다른 이들의 죽음을 선도하는 자세가 강조되고 있는 것이다. 그만큼 나라의 운명이 풍전등화의 위기에 처해 있음을 짐작케 한다.

이 김흠운 열전에서 史臣은 화랑제도의 요체를 다음과 같이 소개하고 있다.

> 논하여 가로대, 신라인은 사람을 알아볼 방법이 없음을 근심하여 같은 류의 사람들로 무리지어 놀게 하고 그 행실과 의리를 본 다음에 등용하려 하였다. 마침내 미모의 남자를 취하여 잘 꾸미고 이름을 화랑이라 하여 그를 받들게 하니 무리가 구름처럼 모여들었다. 그래서 혹은 도의로써 서로 연마하고, 혹은 가악으로써 서로 기뻐하며, 또 산수 간을 찾아 놀며 즐기는데 먼 곳이라도 가지 않은 곳이 없었다. 이로 인해 그 사악한 자와 바른 자를 알고 뽑아서 조정에 천거하였다.[99]

花郎徒는 이른바, 전인교육과 상무정신을 바탕으로 다면평가 방식의 인재등용 제도였던 것이다. 더욱이 그 대상이 15-18세의 어린 나이임을 감안한다면 棟梁之材로서의 인재확보와 함께 구국을 위한 결사대의 성격이 강하다고 할 수 있다. 이 같은 배경에서 대를 이어 충성하고 나라를 위해 전사한다는 것은 화랑도의 진면목이라고 하겠다. 따라서,『삼국사기』귀산전에 있는 圓光法師의 世俗五戒는 바로 불교의 가르침을 당시의 현실에 맞게 세속화한 것(호국불교)이라고 본다.[100]

---

99)『三國史記』卷47 列傳 金歆運條, "論曰 羅人患無以知人 欲使類聚群遊 以觀其行義 然後 擧用之 遂取美貌男子 粧飾之 名花郎以奉之 徒衆雲集 或相磨以道義 或相悅以歌樂 遊娛山水 無遠不至 因此知其邪正 擇而薦之於朝."

100)『三國史記』卷45 列傳 貴山條, "今有世俗五戒 一曰事君以忠 二曰事

⑮ **鸚鵡歌** : 제42대 홍덕대왕이 보력 2년 병오에 즉위하자, 얼마 안 되어 어떤 사람이 당나라에 사신으로 갔다가 앵무새 한 쌍을 갖고 왔는데 오래지 않아 암컷이 죽었다. 홀로 남은 수컷이 애처롭게 울기를 그치지 않자 왕이 사람을 시켜 그 새 앞에 거울을 걸게 하였다. 새는 거울 속의 그림자를 보고 짝을 얻은 줄로 여겨 이내 그 거울을 쪼다가 그것이 제 그림자임을 알고는 애처롭게 울다가 죽었다. 이에 왕이 노래를 지었다고 하나 그 내용은 알 수 없다.[101]

『三國遺事』에 기록된 興德王 鸚鵡의 이야기는 매우 낭만적이다. 보통은 암컷이 수컷을 그리워하는 것이 일반적인데 이 경우는 수컷이 암컷을 그리워하는 것이 이채롭다. 그런데『삼국사기』에는 이 이야기의 배경을 추정할 수 있는 근거가 다음과 같이 기록되어 있다.

> 홍덕왕이 즉위하였다. 휘는 수종, 후에 경휘라고 고치니 헌덕왕의 동모제이다. 12월에 왕비 장화부인이 죽으매, 추봉하여 정목왕후라 하였다. 왕은 사모하여 능히 잊지 못하고 창연불락하였다. 군신이 표를 올려 계비를 맞을 것을 청하니 왕이 가로되, "홀로 된 새도 짝을 잃은 슬픔이 있거늘, 하물며 좋은 배필을 잃고서랴! 어찌 차마 무정하게 급히 재취를 할까 보냐!" 하고 드디어 따르지 않았다. 또한 시녀까지도 가까이 하지 못하게 하였으니 좌우의 사령들은 오직 내시들이 있을 뿐이었다(장화의 성은 김씨이니, 소성왕의 딸이다).[102]

親以孝 三曰交友以信 四曰臨戰無退 五曰殺生有擇."

101)『三國遺事』卷2 紀異, 興德王鸚鵡, "第四十二 興德大王 寶曆二年丙午卽位 未幾有人奉使於唐 將鸚鵡一雙而至 不久雌死 而孤雄哀鳴不已 王使人掛鏡於前 鳥見鏡中影 擬其得偶 乃啄其鏡而知影 乃哀鳴而死 王作歌云 未詳."

102)『三國史記』卷10 新羅本紀 興德王 元年, "興德王立 諱秀宗 後改爲景徽 憲德王同母弟也 冬十二月 妃章和夫人卒 追封爲定穆王后 王思不能

위의 기록 가운데 주목할 것은 "홀로 된 새도 짝을 잃은 슬픔이 있거늘, 하물며 좋은 배필을 잃고서랴!" 하고 말하는 대목이다. 이는 『삼국유사』의 앵무새 이야기가 왕비가 죽기 전 실제 있었던 일임을 암시하는 대목이다. 이로 미루어 보면 앵무새 이야기는 결국 흥덕왕 자신이 죽은 왕비에 대한 애모의 정을 읊은 서정시이기도 하다.[103] 마치 <황조가>의 배경설화와 흡사한 일면이 있다. 그런데 흥덕왕이 죽은 왕비를 그리워하여 신하들의 재취 요청을 마다하고, 더구나 女侍들조차 가까이 하지 못하게 한 것은 또 다른 의혹을 불러 일으킨다. 왕의 좌우에 오직 환관(내시) 들만이 있었다는 『삼국사기』의 기록은 죽은 왕비에 대한 추모의 정을 넘어 은연중 흥덕왕에 대한 비판적인 의미를 담고 있는 듯이 보인다.

⑯ **玄琴抱曲・大道曲・問群曲** : 국선 요원랑・예흔랑・계원숙종랑 등이 금란을 유람하다가 은근히 임금을 위해서 나라를 다스리려는 뜻을 두고, 이에 노래 세 수를 지어 심필 사지에게 침권을 주어 대구화상에게 보내어 노래 세 곡을 짓게 하니 첫째는 현금포곡이요, 둘째는 대도곡이며, 셋째는 문군곡이었다. 대궐에 들어가 왕 앞에서 연주하니, 왕은 크게 기뻐하여 칭찬하고 상을 주었다. 노래는 자세히 알 수 없다.[104]

忘 悵然不樂 群臣表請再納妃 王曰 隻鳥有喪匹之悲 況失良匹 何忍無情遽再娶乎 遂不從 亦不親近女侍 左右使令 唯宦豎而已 <章和姓金氏 昭聖王之女也>."

103) 尹榮玉, 『新羅詩歌의 硏究』, 형설출판사, 1982, p.294.

104) 『三國遺事』 卷2 紀異, 四十八景文大王條, "國仙邀元郎譽昕郎桂元叔宗郎等 遊覽金蘭 暗有爲君主理邦國之意 乃作歌三首 使心弼舍知 授針卷 送大矩和尙處 令作三歌 初名玄琴抱曲 第二大道曲 第三問群曲 入奏於王 王大喜稱賞 歌未詳."

위의 세 노래는 제목부터가 치국의 방편임을 함축하고 있어 예사롭지 않다. 琴은 志節을 상징하는 남성 악기로 君子의 필수품이다.[105] 세속과의 인연을 끊고 입산하는 신하가 반드시 휴대하는 樂器이기도 하다. 大道나 問群이라는 이름 또한 治者에게 요구되는 중요한 덕목이기도 하다. 결국 화랑들의 노래는 충신의 諫言인 셈이다. 양재연은 금란굴이 觀音眞身의 현신처라는 점을 중시하여 불교적인 것으로 추정했으나, 노래의 제목이나 제작 배경은 지극히 유가적이다.[106]

또한 계원숙종랑을 계원랑과 숙종랑의 두 인물로 보는 견해가 지배적인데, 앞의 두 인물이 이름 끝에 郞으로 지칭되었고, 노래가 세 편인 점을 감안하면 계원숙종랑을 한 사람으로 볼 소지도 있다고 본다. 결국 한 사람이 각자가 평소 하고 싶었던 간언의 의미를 한 가지 주제로 한 편씩 지었던 것으로 보인다. 위 시가의 제작 경위는 왕의 주문이 없는 상황에서 국선들이 임의로 지은 것으로 되어 있어 다소 특이한데(僭稱의 혐의도 약간 있는 듯), 이는 아마도 경문왕 자신이 18세에 화랑이 되어 優遊四方하며 美行 세 가지를 헌안대왕에게 보고한 사실[107]이 있는 점으로 미루어 화랑도를 言路를 구하는 참모집단으로 인식했기 때문이 아닌가 한다.

또한 문맥으로 보아 노래의 작자(작사자)는 세 화랑이고, 이를 음악에 얹어 궁중에서 연주하기 위해 편곡한 사람은 대구화상이며,[108] '入奏於王'의 奏는 '아뢰다'의 뜻이 아니라 '연주하다'의 의

105) 『三國史記』 卷32 樂志, "玄琴 象中國樂部琴而爲之 按琴操曰 伏犧作琴 以修身理性 反其天眞也."

106) 梁在淵, 『국문학연구산고』, 일신사, 1976, p.117.

107) 『三國遺事』 卷2 紀異, 四十八 景文大王條.

108) 呂基鉉, 『新羅音樂相과 詞腦歌』, 월인, 1999, pp.174-175. 김승찬은

미로 보는 것이 옳다고 본다. 결국 이 노래는 치국의 방편을 제시한 것으로 악장적 성격을 띠고 있으며, 노래 자체가 諫言의 성격이다. 특히, 경문대왕이 사위로서 왕위에 올라 화랑시절의 우국충정과는 달리 뒤에 방탕해지는 것을 감안한다면 위 노래는 호색적인 경문왕의 반성을 촉구하는 화랑들의 충정어린 간언의 성격을 지닌 노래이다.

⑰ **身空詞腦歌** : 이찬 김주원이 처음에 상재가 되고, 왕은 각간으로서 상재의 다음 자리에 있었는데, 꿈에 복두를 벗고 흰 갓을 쓰고 열두줄 가야금을 들고 천관사 우물 속으로 들어갔다. 꿈을 깨어 사람을 시켜 점을 치니, "복두를 벗은 것은 관직을 잃을 징조요, 금을 든 것은 칼을 쓸 조짐이요, 우물 속으로 들어간 것은 옥에 갇힐 징조입니다" 라고 했다. 왕은 이 말을 듣고 몹시 근심하여 두문불출하였다. 이때 아찬 여삼(어떤 책에는 여산이라 함)이 와서 뵙기를 청했으나 왕은 병을 핑계로 나오지 않았다. 재차 청하여 한번 뵙기를 원하므로 왕이 이를 허락하니 아찬이 묻기를, "공이 꺼리는 것은 무엇입니까?" 하니, 왕이 꿈을 점쳤던 일을 자세히 말하니 아찬은 일어나 절하고 말했다. "이는 좋은 꿈입니다. 공이 만일 왕위에 올라서도 나를 버리지 않으신다면 공을 위해 꿈을 풀어보겠습니다." 하니, 왕이 이에 좌우 사람들을 물리치고 아찬에게 해몽하기를 청하니 아찬은 말하기를, "복두를 벗은 것은 위에 앉는 이가 없다는 것이요, 흰 갓을 쓴 것은 면류관을 쓸 징조요, 열두줄 거문고를 든 것은 12대손이 왕위를 이어받을 조짐이요, 천관사 우물에 들어간 것은 궁궐로 들어갈 상서로운 조짐입니다." 라고 하니, 왕이 말하기를, "위에 주원이 있는데 어떻게 상위에 있을 수 있단 말인가?."

이 노래의 작자에 대하여 (4명의) 국선들이 그 내용과 주제를 짓고, 대구화상이 이를 시가화한 것이라고 했는데, 이는 국선들과 대구화상의 역할을 분명하게 구분하지 못한 것으로 보인다(金承璨, 『한국상고문학론』, 새문社, 1987, p.177).

하였다. 아찬이 말하기를, "비밀리에 북천신에게 제사지내면 좋을 것입니다." 하니 이에 따랐다. 얼마 안 되어 헌덕왕이 세상을 떠나자 나라 사람들은 김주원을 왕으로 삼아 장차 궁중으로 맞아들이려 했다. 그의 집이 북천 북쪽에 있었는데 갑자기 냇물이 불어서 건널 수가 없었다. 이에 왕이 먼저 궁에 들어가 왕위에 오르자 대신들이 모두 와서 따랐으며, 새 임금에게 축하를 드리니 이가 원성대왕이다. … 대왕은 진실로 인생의 곤궁하고 영화로운 이치를 알았으므로 신공사뇌가(노래는 없어져서 자세치 못하다)를 지었다.109)

위 노래의 제목은 <身空詞腦歌>이다. 제목이 분명히 제시되어 있고, 배경설화 또한 자세하다. 직접적인 제작 배경은 "窮達之變"을 알았다는 점이고, 그래서 <신공사뇌가>를 지었다는 것이다. 궁달지변은 원성왕 자신이 왕위에 오르리라고는 생각하지 않았는데, 북천신의 도움으로 왕위에 오른 것을 의미한다. 꿈의 해몽은 매우 대조적이다. 점장이의 해몽은 죄수로 떨어질 해몽이었고, 여삼의 해몽은 왕이 될 조짐이라 했다. 어려운 상황을 타개하는 적절한 처신이 바로 궁달지변을 아는 것이다. 그래서 제목도 <신공사뇌가>인 것이다. 身空이란 아마도 인간의 존재가 '空手來空

109) 『三國遺事』 卷2 紀異 元聖大王條, "伊湌金周元 初爲上宰 王爲角干居二宰 夢脫幞頭 著素笠 把十二絃琴 入於天官寺井中 覺而使人占之 曰 脫幞頭者 失職之兆 把琴者 著枷之兆 入井 入獄之兆 王聞之甚患 杜門不出 于時阿湌餘三<或本餘山> 來通謁 王辭以疾不出 再通曰 願得一見 王諾之 阿湌曰 公所忌何事 王具說占夢之由 阿湌興拜曰 此乃吉祥之夢 公若登大位而不遺我 則爲公解之 王乃辟禁左右 而請解之 曰 脫幞頭者 人無居上也 著素笠者 冕旒之兆也 把十二絃琴者 十二孫傳世之兆也 入天官井 入宮禁之瑞也 王曰 上有周元 何居上位 阿湌曰 請密祀北川神可矣 從之 未幾 宣德王崩 國人欲奉周元爲王 將迎入宮 家在川北 忽川漲不得渡 王先入宮卽位 上宰之徒衆 皆來附之 拜賀新登之主 是爲元聖大王… 大王誠知窮達之變 故有身空詞腦歌<歌亡未詳>."

手去' 한다는 데서 따온 것으로 보인다. 원성왕은 비록 내물왕의 12세 손이기는 하지만 그 위에 왕의 족자인 주원이 있었고, 군신들은 주원을 왕으로 세우려고 하였다.

윤영옥은 이 노래를 원성대왕의 明聖을 찬양해서 부른 노래이거나, 北川神에게 密祀할 때 불려진 노래로 보았다.[110] 그러나 개인적인 야망으로 북천신에게 밀사했다면 陰祀에 불과할 수도 있다는 점에서 신중해야 한다고 본다. 오히려 문맥 속에는 왕의 존재는 천명에 의한다는 天命思想이 어렴풋이 드러나고 있음[111]을 감안할 때 김주원의 난관을 헤쳐 나가지 못하는 자세가 비판의 대상이라 할 수 있다.

사뇌가의 양식이 "속 뜻(意)이 가사(詞:노랫말)보다 精緻한" 노래[112]임을 감안한다면 <신공사뇌가>는 인생의 궁달지변을 달관한 입장에서 술회하듯이 불려진 인생의 철학시가 아닌가 한다.

⑱ **原花歌** : 신라 제24대 진흥왕의 성은 김씨요, 이름은 삼맥종, 또는 심맥종이라고도 한다. 양나라 무제 대동 6년 경신년에 왕위에 올랐다. 왕은 큰 아버지 법흥왕의 뜻을 사모해서 한결같이 불교를 받들어 널리 절을 세우고 많은 사람들을 허가하여 중이 되게 하였다. 또 천성이 멋스러워 신선을 크게 숭상하였고, 민가의 아름다운 처녀를 가려서 원화로 삼았다. 그것은 무리를 모아 그 중에서 인물을 선발하고 또 그들에게 효제와 충신을 가르치려 함이었으니 이 또한 나라를 다스리는 대요였다. 이에 남모랑과 교정랑 두 원화를 뽑으니 모여든 무리가 3-4

---

110) 尹榮玉,『新羅詩歌의 硏究』, 형설출판사, 1982, 형설출판사, pp.265-267.
111)『三國史記』卷10 新羅本紀 元聖王條, "及宣德薨 無子 群臣議後 欲立王之族子周元 周元宅於京北二十里 會大雨 閼川水漲 周元不得渡 或曰 卽人君大位 固非人謀 今日暴雨 天其或者不欲立周元乎."
112)『均如傳』第8 譯歌現德分, "十一首之鄕歌 詞淸句麗 其爲作也 號稱詞腦(意精於詞 故云腦也)."

백명이나 되었다. 교정랑은 남모랑을 질투하여 술자리를 베풀어 남모랑에게 술을 먹여 취하게 한 후에 몰래 북천으로 메고 가서 돌로 묻어서 죽였다. 그 무리들은 남모랑이 간 곳을 알지 못해 슬피 울면서 헤어졌다. 그 음모를 아는 사람이 있어 노래를 지어 거리의 아이들을 꾀어 부르게 했다. 남모랑의 무리들은 노랫소리를 듣고 남모랑의 시체를 북천에서 찾아내고는 이에 교정랑을 죽였다. 이에 대왕은 영을 내려 원화를 폐지하였다.113)

<원화가>의 배경설화에는 흥미로운 것이 몇 가지가 있다. 첫째는 진흥왕이 原花를 창설하였는데, 그 목적이 무리들에게 효제와 충신을 가르쳐 나라의 기둥을 삼으려 했다는 점이다. 그러나 그 대상이 남자가 아니라 여자였다는 점이 특이하다. 두 번째는 두 원화가 시기 질투로 인하여 서로 죽고 죽이는 사건이 일어났고, 그 음모를 아는 자가 노래를 지어 퍼뜨렸는데 이 노래의 성격이 참요라는 데에 있다. 또한 이로 인해 원화제도가 폐지되고 화랑제도로 대치되었다는 점이다. 위의 배경설화를 보면 <원화가>는 아마도 두 원화 사이의 질투와 음모, 그리고 음모에 대한 비밀을 푸는 암호같은 내용이 아닐까 짐작한다.

필자는 원화제도의 교육내용으로 보아 원화 밑에는 사내들로 조직된 낭도들이 있었던 것이 아닌가 추정한다. 즉, 최고 우두머

113) 『三國遺事』 卷3, 塔像第4 彌勒仙花 未尸郞 眞慈師條, "第二十四眞興王 姓金氏 名彡麥宗 一作深麥宗 以梁大同六年庚申卽位 慕伯父法興之志 一心奉佛 廣興佛寺 度人爲僧尼 又天性風味 多尙神仙 擇人家娘子美艷者 捧爲原花 要聚徒選士 敎之以孝悌忠信 亦理國之大要也 乃取南毛娘姣貞娘兩花 聚徒三四百人 姣貞者嫉妬毛娘 多置酒飮毛娘 至醉潛舁去北川中 擧石埋殺之 其徒罔知去處 悲泣而散 有人知其謀者 作歌誘街巷小童 唱於街 其徒聞之 尋得其尸於北川中 乃殺姣貞娘 於是大王 下令廢原花."

리와 시종들만 상징적으로 여성으로 받들고 그 밑에는 남성위주의 낭도 조직으로 이루어진 것이 아닌가 한다. 이는 서구의 기사도와 같이 왕비나 공주를 위해 헌신하는 것처럼 운영되었다고 보는 관점이다.[114] 또한 원화제도가 폐지되는 결정적인 요인이 여인들간의 시기 질투에 있었던 만큼 여성을 수장으로 내세우는 기존의 조직이 폐지되고, 남성으로 대치되는 가부장적인 제도로 바뀌는 계기가 되지 않았나 생각한다. 原花는 '나라의 꽃', 즉, '나라에서 가장 아름다운 미인'이라는 상징성이 내포되어 있다고 본다. 그래서 원화의 후신인 花郎도 그 명칭이 '꽃 같은 사내'라는 의미로 외모를 중시한 것이 아닌가 한다. 여기서 외모는 물론 家門을 포함하는 개념이다. 수로부인의 예에서 보듯이 '姿容絶代' 하여 매번 深山大澤을 지날 때마다 神物에게 피랍되었다[115]는 말은 미인에 대한 신라인들의 존경과 숭배를 연상케 하는 대목이다.

⑲ **亡國哀歌** : 신라는 이미 국토를 바치고 나라가 없어지니 아간 신회는 외직을 그만두고 돌아오자 도성인 경주가 황폐함을 보고 고국을 슬퍼하여 탄식하며 이에 노래를 지었는데 그 노래는 없어져서 알 수 없다.[116]

---

114) 신채호는 화랑을 國仙이라 한 것은 고구려의 仙人과 구별하기 위해 앞에 國자를 더 넣어 지은 이름이며, 이들을 花郎이라 한 것은 고구려의 '선배'(先人, 仙人: 필자)가 검은 천의 옷(皂帛)을 입었으므로 '皂衣'라 불렀듯이, 신라의 '선배'는 꽃으로 장식(花粧)을 시켰으므로, 花郎이라 부른 것이며, 이 또한 皂衣와 구별하기 위한 이름이라고 했다. 또한 源花는 마치 유럽 中古시대에 예수교 武士團의 女敎師처럼 남자의 情性을 조화시키기 위하여 둔 여자 교사라고 한 바 있다. 申采浩 저, 박기봉 역, 『朝鮮上古史』, 비봉출판사, 2006, p.348.

115) 『三國遺事』 卷二 紀異第二 水路夫人條, "水路姿容絶代 每經過深山大澤 屢被神物掠攬."

116) 『三國遺事』 卷2, 紀異第2 金傅大王條, "新羅旣納土國除 阿干神會 罷

아간 신회가 지은 <망국애가>는 신라가 고려에 나라를 바치면서 망국의 상황에서 수도 경주의 황폐함을 보고 슬퍼 지은 노래이다. 외직으로 부터 돌아와 보니 화려했던 옛 영화는 간 데 없고 무성한 옛 자취만 남은 상황에서 나라 잃은 백성의 설움을 노래했던 것으로 짐작된다. 신라 천년의 영화가 하루 아침에 옛이야기가 되어 버린 지경에 망국의 신하로서 겪는 슬픔은 누구보다 애처로웠으리라 본다. 이 노래는 『시경』 국풍의 王風에 나오는 <黍離>[117]를 모방한 것으로 보이는데, 왕조가 망한 후에 흔히 부르는 회고가의 성격을 지닌 것으로 본다.

5. 不傳歌謠의 特色

필자는 이제까지 논의한 것을 묶어서 삼국의 부전가요의 특색을 1) 感動天地鬼神이라는 측면, 2) 忠孝烈의 德目 구현이라는 측면, 3) 入山不返의 전통이라는 세 부분으로 요약하여 결론을 삼고자 한다.

1) 感動天地鬼神

향가의 효용을 운위할 때 흔히 언급되는 것이 '感動天地鬼神'이다. 노래의 간절하고 진실함이 능히 천지를 움직이고 귀신을 감

外署還 見都城離潰 有黍離離歎 乃作歌 歌亡未詳."

117) 黍離 三章은 周의 옛 서울인 鎬를 지나다가 기장밭이 되어버린 옛 대궐터를 보고, 어느 대부가 슬퍼하여 지었다는 노래임.

동시킨다는 것이다. 이에 대해서는 『삼국유사』에 다음과 같이 기록되어 있다.

> 월명사는 항상 사천왕사에 있으면서 피리를 잘 불었다. 어느날 달밤에 피리를 불면서 문 앞 큰 길을 지나가니 달이 그를 위해서 운행을 멈추었다. 이 때문에 그 길을 월명리라고 불렀다. 월명사 또한 이 일 때문에 이름이 났다. 월명사는 즉 능준대사의 제자이다. 신라 사람들이 향가를 숭상함은 오래 되었는데, 대개 시·송과 같은 것이다. 그러므로 자주 천지와 귀신을 감동시킨 것이 한 두 가지가 아니었다.118)

노래가 지니고 있는 가장 큰 매력은 바로 위와 같은 '感動天地鬼神'의 위력에 있다. 물론 모든 노래가 다 그런 것은 아니다. 인간끼리 주고받는 노래보다는 신에게 바쳐지는 노래 중에서 진실하고 간절한 내용을 지닌 것만이 간혹 천지귀신을 감동시키는 기적이 일어난다고 관념하는 것이다. 고대가요의 배경설화는 이 같은 기적을 담보하는 보증서와 같은 역할을 담보하고 있다. 한 걸음 더 나아가 향가를 주술적인 시가로 보는 견해도 있다. 인간과 신을 통하게 하는 매개체는 바로 言語와 樂이다. 그것은 바로 영혼의 소리이기 때문이다.119)

이 같은 견해는 비단 향가뿐만이 아니라 동양시가의 전통에 있어서는 그 연원이 매우 오랜 것이다. 이미 <毛詩大序>에도

---

118) 『三國遺事』 卷5 感通第七 月明師兜率歌條, "明常居四天王寺 善吹笛 嘗月夜吹過門前大路 月馭爲之停輪 因名其路曰月明里 師亦以是著名 師卽能俊大師之門人也 羅人尙鄕歌者尙矣 盖詩頌之類歟 故往往能感動天地鬼神者非一."

119) 『樂學軌範』 序, "樂也者 出於天而寓於人 發於虛而成於自然 所以使人心感 而動盪血脈 流通精神也."

"잘잘못을 바루게 하고 천지를 움직이고 귀신을 감동시키는 것은 시보다 더 가까운 것은 없다" 고 기록되어 전하고 있다.120) '시는 뜻이 가는 바'(詩者 志之所之也 : 毛詩大序) 라는 기록을 보더라도 인간의 내면세계의 진실을 드러낸 노래는 천지를 감동시키는 힘을 지니고 있다고 본 것이다.

2) 忠孝烈의 德目 具現

고대가요의 내용을 살피면 대개는 집단적이거나 제의를 행하면서 신에게 바쳐지는 것이 대부분이다. 따라서 주술적이라든가 인간의 願望을 표현한 것이 많다. 형식은 짧으면서도 반복적이고 단순한 것이 특징이다. 고대 국가의 二大事는 祭祀와 戰爭이었다. 따라서 집단의 운명이 개인의 서정보다 앞서는 것은 필연적이다. 고대에도 사람이 살았기에 남녀간의 애정에 얽힌 이야기가 많았을 것은 틀림없지만 그 같은 서정적인 노래는 집단의 운명을 좌우하는 전쟁과 영웅의 이야기에 가려져 있는 것이 대부분이다. 삼국시대에 연애가 없었다는 것이 아니라 연애는 개인의 감정에 호소하는 것이기에 집단의 운명이 우선시되었던 당시에는 이면에 존재할 수밖에 없는 한계를 지니고 있다.

金庾信과 天官女의 이야기도 결국에는 삼국통일의 대명제 앞에 소시적의 불장난으로 치부되어 세인의 가슴속에 살아남아 유전되었고, 好童王子와 樂浪公主의 로맨스도 국가의 존망 앞에 정략적인 차원으로 처리되는 모습은 그 같은 예를 단적으로 보여주는 증거라고 할 수 있다.

이 같은 시대배경에서 삼국시대의 부전가요는 당연히 忠孝烈

120) 「毛詩大序」, "故正得失動天地感鬼神 莫近於詩."

의 덕목이 강조되는 경향을 띄고 있다. 임금의 교화를 찬양하여 태평성대를 기원한다든지, 효를 강조하여 자식의 희생 아래 가정의 평화를 도모한다든지, 아내가 남편의 무사함과 안녕을 기원하면서 지아비에 대한 정조를 강조하는 것 등이 대부분이다. 이는 봉건시대의 윤리가 일방적이고 상향적이며, 아랫사람의 희생을 통해 체제나 조직이 유지되는 것을 의미한다. 그런 의미에서 고대가요와 배경설화는 당대의 상황이나 질서에 부응하면서 사회를 이끌어 가는 방편으로서의 기능을 다해 왔음을 보여준다.

3) 入山不返의 전통

고대가요의 생성 배경 가운데 하나는 신하가 임금에 대한, 또는 세속과의 갈등에서 신하가 취하는 방편이 入山不返이라는 점이다. 이는 신하의 입장에서는 소극적인 저항을 의미하며 동시에 부귀영화를 포기하는 의미를 지닌다. 그러나 이 경우에도 신하로서의 의무마저 포기하지는 않는다. 세속과의 갈등시 琴을 휴대하고 입산하여 志節을 간직하거나, 입산하여 스님이 될 경우에도 임금이나 나라를 위해 축수하는 자세를 보여주기 때문이다. 결국 군신윤리의 큰 틀은 벗어나지 않으면서도 신하된 입장에서 자신의 명예를 중시하거나, 불의한 세속과 타협하지 않으려는 강직한 자세가 돋보이고 있다.

이 같은 행태는 후대로 오면서 조정과 세속과의 갈등에서 신하들의 은거나 은둔의 형태로 이어지는 단초로 작용하고 있다. 부귀영화를 포기하면서 자신의 명예를 중시했던 이 같은 소극적인 저항은 우리 시가사에 하나의 중요한 전통으로 자리매김한 것으로 보인다. 그러나 이러한 전통의 이면에는 사태의 종합적인 상황판단에 앞서 웃사람을 배려하는 소극적인 자세가 미덕으로 치부되면서 희생을 감수하는 형태로 나타나는 것이 한계로 지적되고 있다. 그러한 희생에 대한 애도의 뜻으로 등장하는 것이 바로 노래이며 이 경우의 노래는 대개가 세인들이 당사자의 마음을 어루만지는 형태로 유전되는 것이다.

6. 結 論

삼국시대는 국가간의 전쟁으로 하루도 편할 날이 없는 시대였다. 따라서 국가의 운명이 개인의 운명보다 앞서고, 집단의 노래가 개인의 노래에 앞설 수밖에 없는 것이 당연한 현실이었다. 국가와 집단을 유지할 수 있는 방편이 우선시되면서 모든 것은 이에 봉사하는 형태로 조직되어 갔던 것이다. 남녀간의 애정의 노래가 없었던 것은 아니나, 그것은 흔적만 남기고 있을 뿐이다. 따라서 제사와 전쟁에 소용되는 형태로 노래도 지어졌고, 배경설화는 그것을 증거하는 형태로 남아 있다. '感動天地鬼神'이라는 용어는 이 같은 상황에서 노래가 살아남을 수 있는 하나의 기준으로 작용한 것이었다.

천지와 귀신을 감동시킨다는 것은 진실함과 간절함을 전제로 가능한 것이었다. 그 같은 상황을 보증하는 역할을 수행한 것이 이른바 가요의 背景說話인 것이다. 현전하는 부전가요의 배경설화가 중요한 이유가 바로 여기에 있다. 이 같은 시대적 배경에서 고대가요의 특징은 자연적으로 나보다는 남이, 가정보다는 사회가, 사회보다는 국가의 운명이 중시되는 특징을 지닐 수밖에 없다. 그러한 주제가 구체화되어 나타난 것이 忠孝烈의 덕목을 강조하고, 태평성대를 기원하는 노래로 나타난 것이다.

반면, 이 같은 상황에서 신하가 임금(조정)이나 세속과의 갈등에서 선택할 수 있는 유일한 방편이 바로 入山不返이라는 소극적인 저항이었다. 이러한 저항은 자신의 명예를 중시하는 입장에서 취해졌으나, 동시에 부귀영화를 포기하는 댓가를 치루었다. 이는 후일 신하가 임금과 세속과의 갈등을 겪을 때 자연에 은거하거나, 운둔하는 형태의 전통을 이루는 단초로 작용하고 있다.

제2부 背景論

Ⅰ. 山川崇拜와 祭祀의 原理

1. 問題 提起 : 山水의 意味

고대인들이 自然을 대하는 자세는 畏敬, 그 자체였다고 할 수 있다. 인간은 자연의 온갖 혜택을 받고 살아가면서도 때로는 그 자연이 인간에게 엄청난 피해와 두려움을 주는 대상으로 인식하였던 것이다. 즉, 자연은 인간에게 일용품을 제공해주는 생활의 터전인 동시에 자연현상을 주재하는 造物主에 대한 외경심을 갖게 해주는 대상이었다. 그 외경심은 곧 神과 인간의 調和를 모색하는 祭祀의 형태로 나타났으며, 이는 곧 인간의 행위에 대한 심판의 주재자로서의 자연을 인식하기에 이른 것이다.

동양사상의 핵심은 十端思想이다. 十端이란 陰陽, 三才(天地人), 五行(金木水火土의 相剋과 相生)의 원리를 바탕으로 우주만물의 변화하는 이치에 대한 해답을 제시하는 것이다. 이 같은 십단사상의 밑바탕에 제사라고 하는 근원적인 행위가 존재하는 것이 동양사상의 특색이다. 祀典이란 국가가 정식으로 받들어 모시는 제사 대상 및 이에 따른 儀式을 말한다. 본디 제사란 근본에 보답하면서 바람직한 미래를 열어가기 위해(報本追遠) 마련된 산 자와 죽은 자의 공존 의식이다. 내가 있기까지의 선조들의 艱難을 상기하면서 미래를 열어가고, 동시에 후손에게 물려주어야 할 것을 함께 힘쓰는 공동체적인 행위인 것이다.

동양에서 중요하게 다루어진 철학적인 명제는 하늘과 인간의 관계(天人關係)에 대한 물음이었다. 하늘에 대한 인식의 변화과정이 곧 동양의 역사이며, 철학이며, 세계관이었다. 고래로부터 하늘에 대한 인간의 인식은 세 가지 변화를 보였는데, 그 대표적인 것이 自然天(자연적 형상으로서의 天) → 主宰天(종교적 의미로서의 天) → 義理天(도덕적 의미로서의 天)이었다.[1] 이 같은 하늘에 대한 인식의 변화는 제사의 원리를 구명하는 데에도 적용되는 개념이기도 하다.

董仲舒가 지은 『春秋繁露』의 <山川頌>에는 효용론적인 입장에서 산을 언급한 다음과 같은 기록이 있다. 곧, 산의 형상과 효용가치를 '仁人志士'에 비유하고 있다.

> 산은 가파르고 험준하고 울퉁불퉁하고 높아서 오랜 세월을 지내도 무너지지 않으니, 마치 어진 자와 뜻있는 선비와 같다. 공자께서 말씀하시기를, '산천은 천신과 지기가 세워서 그 산천에 있는 좋은 물건들이 많이 있고, 그릇 따위를 공급하며, <나무의> 곧은 것과 구부러진 것이 쓰임에 적합해서, 큰 나무는 궁실의 대와 사 따위를 만들 수 있고, 작은 것은 배나 수레 멧목 따위를 만들 수 있다. 큰 나무는 쓰임에 적합하지 않는 것이 없고, 작은 것은 쓰임에 입격하지 않는 것이 없으며, 도끼로서 일을 하면 '작'이라 하고, 낫을 가지고 일을

1) 金忠烈, 「天人관계를 둘러싼 논쟁의 기조」, 『論爭으로 보는 中國哲學』, 예문서원, 1994, pp.18-21.

하면 '애'라고 하며, 사람이 토지 위에 서서 살게 하고, 금수들은 산에 들어가 숨으며, 죽은 사람의 시체가 산에 들어가니, <산은> 그 공이 많은 데도 공을 말하지 않는다. 이러므로, 군자에 취하여 비유하는 것이다. 또 흙을 쌓아서 산이 이루어졌으나, 다른 땅이나 사물을 손상함이 없고, 그 높음을 이루었으나, 다른 사물에 해로움이 없고, 그 웅장함을 이루었으나 다른 사물을 무너뜨림이 없다. 그 위는 작고, 그 밑은 크며, 오랫동안 길이 편안하게 안주해 있어서, 뒷세상에 거취함<이동>이 있지 않고, 엄연히 혼자 있는 것은 산의 덕인 것이니, 시경에 '저 높은 남산이여, 돌이 삐죽삐죽 서 있구나, 공적이 혁혁한 사윤이여, 백성들이 모두 너를 내려다 본다' 고 했으니, 이를 이른 것이다.[2)]

인용문에서는 산을 德이 있는 君子에 비유하고 있다. 산의 효용과 덕을 말하여 '산은 그 공이 많은 데도 공을 말하지 않는다. 이러므로, 군자에 취하여 비유하는 것이다.'라고 하여 군신관계로 전이시키고 있다. 君臣倫理란 임금은 신하를 일방적으로 선택하거나 버릴 수도 있지만, 신하의 경우는 그렇지 못하는 것이다. 신하는 功을 이루어도 임금의 그림자로 존재하는 것이 봉건시대의 논리이다. 모든 공과 영광은 임금에게 돌리는 것이 신하의 도리인 것이다.

인간은 하늘을 이고 살면서 天命을 지상에 구현하는 존재로 인식한 것이 동양에 있어서의 三才思想이다. 때문에 天子가 천명

---

2) 董仲舒, 『春秋繁露』, 山川頌 第七十三, "山則巃嵸山畾嵬 久不崩陁 似夫仁人志士 孔子曰 山川神祇立 寶藏殖 器用資 曲直合 大者 可以爲宮室臺榭 小者 可以爲舟輿浮濈 大者 無不中 小者 無不入 持斧則斫 折鎌則艾 生人立 禽獸伏 死人入 多其功而不言 是以君子取譬也 且積土成山 無損也 成其高 無害也 成其大 無虧也 小其上 泰其下 久長安 後世無有去就 儼然獨處 惟山之悳 詩云 節彼南山 惟石巖巖 赫赫師尹 民具爾瞻 此之謂也."

을 받아 즉위하면 가장 높은 산으로 올라가서 天神에게 제사를 지냈으며, 이어서 가장 낮은 골짜기로 내려가서 地神에게 제사를 지내는 것이 바로 封禪儀式이었던 것이다.

인간생활에 가장 중요한 것이 산과 물이라는 것은 예나 지금이나 변함이 없으며, 때문에 높은 산에는 神明(山神)이 거처하는 것으로 인식했고, 물에도 水神(河伯)이 주재한다고 인식했던 것은 어쩌면 당연한 것인지도 모른다. 때문에 『史記』 「封禪書」에 보면 다음과 같이 기록되어 있다.

> 아직 부치가 세워지기 이전에 옹읍 근처에 오양의 무치가 있었으며, 옹읍 동쪽에는 호치가 있었으나, 모두 황폐하여 제사지내는 사람이 없었다. 혹자는 '자고 이래로 옹주는 지세가 높아 신명의 거처가 되었으며, 이 때문에 제단을 세워 상제에게 제사지냈으며, 기타 여러 신령의 사당도 모두 이곳에 모아 놓았었다. 대략 황제 때부터 이곳에서 제사를 거행하였으며 주나라 말엽에 이르기까지도 제사를 거행하였다.'라고 말한다. 그러나 이 말은 경전에도 보이지 않으며 대신들도 말한 바 없다.[3)]

鄜畤는 秦代에 地神에게 제사지내던 곳이고, 好畤는 天神에게 제사지내던 곳을 말하는데, 위와 같은 기록이 있는 것으로 보아 산이나 구릉에 대한 외경심을 고대인들이 가지고 있었음을 알 수 있다.

고대 殷나라에서 帝와 天 다음으로 중시한 제사의 대상은 岳과 河였다. 甲骨文의 '山'字는 몇 개의 산봉우리가 늘어져 있는

---

3) 『史記』 卷28, 「封禪書」 卷6, "自未作鄜畤也 而雍旁故有吳陽武畤 雍東有好畤 皆廢無祠 或曰 自古以雍州積高 神明之隩 故立畤郊上帝 諸神祠皆聚云 蓋黃帝時嘗用事 雖晚周亦郊焉 其語不經見 縉紳者不道."

형상이고, '岳'字는 높은 산 위에 다시 높은 산봉우리가 중첩된 형상으로 일반적인 산은 아니다. '河'는 은나라 시대에는 전적으로 黃河를 가리키는 말이었으나, 뒤에 오면서 하류의 통칭으로 사용하였다. 岳과 河에 대한 제사의 목적은 '자연재해로부터 安全을 도모하는 것'과 함께 '豊年을 祈願하는 것'이었다.4)

孔子는 일찍이 '山水'에 대하여 다음과 같이 비유한 적이 있다. "지혜로운 자는 물을 좋아하고, 어진 자는 산을 좋아하며, 지혜로운 자는 동하고, 어진 자는 고요하며, 지혜로운 자는 즐기고, 어진 자는 수를 하게 된다."5)라는 말이 그것이다. 이 말은 '어진 사람은 산을 좋아하고, 지혜로운 사람은 물을 좋아한다'는 뜻이다. 왜 그런가? 산과 물이 어질고 지혜로운 것과는 어떤 관계가 있는 것인가? 이에 대한 해답이 바로 名山大川을 숭배하게 된 가장 큰 이유이자, 옛 사람들의 山水에 대한 사고의 원형을 밝혀볼 수 있는 중요한 실마리가 된다.

『韓詩外傳』에는 이 문제에 대해 다음과 같은 명쾌한 논리를 제공하고 있다. 먼저 '智者樂水'에 대한 논의는 다음과 같다.

> 묻는 자가 말하기를, '무릇 지혜있는 자가 어찌해서 물을 좋아하는 것입니까? 대답하기를, '무릇 물이라는 것은 지세를 따라 아래로 흘러가서 조그마한 틈도 빠뜨리지 않으니, 이는 바로 지혜있는 사람과 같고, 흘러서 아래로 내려가니 이것은 예가 있는 사람의 행동과 같고, 깊은 골짜기를 밟으려 하면서도 의심하지 않으니 이것은 용맹있는 사람과 같고, 막혀서 물이 맑아지니 이것은 천명을 아는 자와 같고, 험한 길을 지나고 먼 길을 이르러가도 끝내 훼손되지 않음을 이

---

4) 許進雄 저, 洪熹 역, 「중국고대사회」, 동문선, 1991, p.537.

5) 『論語』, 雍也 第六, "子曰 知者樂水 仁者樂山 知者動 仁者靜 知者樂 仁者壽."

> 루니 이것은 덕이 있는 자와 같다. 천지가 물의 덕으로 인해 이루어지고, 모든 사물이 물의 덕으로 인해 성장하고, 국가가 물의 덕으로 인해 평안하고, 만사가 물의 덕으로 인해 화평해지고, 낱낱의 사물들이 물의 덕으로 인해 바루어지니, 이것이 바로 지혜있는 자들이 물을 좋아하는 까닭이다. 시경에 이르기를, '즐거운 반수의 물가에서 잠깐 순채나물을 캐노라, 노나라 임금께서 이르셔서 저 반수에서 술을 마신다.'고 했으니, 이것은 물을 좋아하는 것을 이른 것이다.6)

요약하면 결국 물이 가지고 있는 德, 곧 水德을 인간의 행동에 비유하여 설명하고 있다. 즉, 물의 五德을 설명하고 있는데, 물이 흐르되 빈틈없음<智>과, 아래로 흘러 자신을 낮춤<禮>과, 골짜기를 의심없이 흐르는 것<勇>과, 自淨 능력이 있어 天命을 아는 자<知命>와 같고, 먼 길을 흘러도 훼손되지 않는 것이 德이 있는 자(有德)와 같다는 것이다. 이는 물을 인격에 비유한 것이며, 이 같은 수덕을 바람직한 인간의 모습으로 규정하면서 형성된 것으로 보인다.

이어서 '仁者樂山'에 대해서는 다음과 같이 기록하고 있다. 산에 대한 칭송은 물과 달리 외경심과 함께 만물의 생성처이며, 동시에 휴식공간으로서의 의미를 더하고 있는 듯이 보인다.

> 묻는 자가 말하기를, '무릇 어진 자가 어째서 산을 좋아하는 것입니까?' 하니, 대답하기를, '무릇 산이라고 하는 것은 온 백성들이 우러르는 바이고, <거기에서> 초목이 자라며 온갖 생물들이 번식하고,

---

6) 韓嬰, 『韓詩外傳』 卷3, "問者曰 夫智者何以樂於水也 曰 夫水者 緣理而行 不遺小間 似有智者 動而之下 似有禮者 蹈深不疑 似有勇者 障防而淸 似知命者 歷險致遠 卒成不毁 似有德者 天地以成 群物以生 國家以寧 萬事以平 品物以正 此智者所以樂於水也 詩曰 思樂泮水 薄采其茆 魯侯戾止 在泮飮酒 樂水之謂也."

> 나는 새들이 모여 살고 뛰는 짐승들이 그곳에서 쉬며, 사방에서 더 많은 사람이 가져가도록 주고, 구름을 일으키기도 하고 바람을 인도하며, 천지의 사이에 우뚝 솟아서 천지가 산의 덕으로 인해 이루어지고, 국가가 산의 덕으로 인해 평안하니, 이것이 어진 자가 산을 좋아하는 이유이다. 시경에 말하기를, '태산에 바윗돌들이 높다랗게 쌓여 있으니, 노나라가 우러러 보는 바이다.'라고 했으니, 이것은 산을 좋아하는 것을 이른 것이다.7)

'어진 자'라고 하는 표현은 德을 의미하는 용어이기도 하다. 덕은 동시에 임금을 상징하는 것이고, 임금은 백성들과 온갖 만물을 품을 수 있는 존재여야 하는 것이다. '有德者'라는 산의 의미는 곧 우러름의 대상이자, 온갖 만물의 생성처요, 휴식공간이자, 천지조화의 시발점이기도 한 것이다.

이 같은 산악숭배는 儒家的인 입장에 따라 변화하면서, 중국 고대의 原始的·神話的인 산악신앙을 현실적·정치적으로 변개시켜 놓은 것으로 파악한 경우가 있다. 즉, 五嶽숭배의 경우, 四方의 四嶽이 국경의 분기점이라는 영토적 개념을 내포하고 있는 것으로 보는 것이다.8)

이어서 董仲舒의 물에 대한 이야기를 살펴보면 다음과 같은 언급이 있다.

> 물은 그 근원 샘이 솟아오르고 넘쳐흘러서 밤낮으로 다하지 않음

7) 韓嬰, 『韓詩外傳』 卷3, "問者曰 夫仁者 何以樂於山也 曰 夫山者 萬民之所瞻仰也 草木生焉 萬物植焉 飛鳥集焉 走獸休焉 四方益取與焉 出雲道風 嵷乎天地之間 天地以成 國家以寧 此仁者所以樂於山也 詩曰 太山巖巖 魯邦所瞻 樂山之謂也."

8) 朴魯俊, 「五臺山 信仰의 起源 硏究」, 『嶺東文化』 2, 관동대 영동문화연구소, 1986, pp.56-57.

은 용력 있는 자와 같고, 구덩이를 메운 뒤에 흘러가는 것은 이미 공평한 것을 지니고 있는 것과 같고, 미약한 것으로 따라 하류로 내려가면서 잠시라도 그치지 않는 것은 자세히 살피는 것과 같고, 계곡을 따라가되 미혹되지 않아서 만리를 나아가 반드시 제 갈 곳에 이르는 것은 지혜 있는 자와 같고, 제방을 막아서 물을 가두어 그쳐 놓아서 맑고 깨끗한 것은 자신의 천명을 아는 것과 같고, 맑지 않은 것이 들어가서 깨끗하고 맑게 되어 나오는 것은 마치 잘 변화하는 자와 같고, 천 길이나 되는 깊은 골짜기로 나아가 들어가면서도 의심하지 않는 것은 용기있는 것과 같고, 사물은 모두 불에 곤하되, 물만이 유독 이기는 것은 무력있는 것과 같고, 모든 사물이 물을 얻어서 살고 물을 잃으면 죽는 것은 덕있는 자와 같으니, 공자께서 저 내 위에 계시면서 말씀하시기를, '가는 것은 이와 같은 것이다. 밤낮으로 그치지 않는다'고 하셨으니 이를 두고 이른 말씀이다.[9)]

위의 인용문에는 물을 지혜로운 자에 비유하고 있다. 앞의 『韓詩外傳』과 거의 비슷한 내용을 보이면서, 陰陽五行의 원리에 입각하여 水德에 대해 부연설명하고 있다. 즉, 물의 덕성은 용력과 공평함, 자세히 살핌, 지혜있는 자, 천명을 아는 자, 변화하는 자, 용기있는 자, 무력있는 자, 덕있는 자와 같다고 말한 것이다. 이는 물의 성질을 君王의 德과 資質에 비유하고 있는 것이다.

『禮記』「月令」篇(經文과 傳文)에 보면 물의 근원에 제사를 지내는 이유가 설명되어 있다.

---

9) 董仲舒, 『春秋繁露』, 山川頌 第七十三, "水則源泉混混沄沄 晝夜不竭 既似力者 盈科後行 既似持平者 循微赴下 不遺小間 既似察者 循溪谷不迷或 奏萬里而必至 既似知者 障防止之而能清淨 既似知命者 不清而入 潔淸而出 既似善化者 赴千仞之壑而不疑 既似勇者 物皆困於火 而水獨勝之 既似武者 咸得之而生 失之而死 既似有德者 孔子在川上 曰 逝者如斯夫 不舍晝夜 此之謂也."

유사에게 명하여 백성들을 위해서 산천의 모든 근원에 빌어 제사를 지내게 하며, 주재하는 신에게 큰 기우제를 지내되, 이런 성대한 음악을 사용하는 것이다.

<산은 물의 근원이 되니, 장차 비를 빌고자 한 까닭에 먼저 그 본원되는 곳에 제사를 지내는 것이다. 삼왕이 물에 제사를 지낼 적에 반드시 육지의 강에 먼저 하고 바다를 나중에 하였으니, 이는 근본을 중히 여김을 보인 것이다. 雩라는 것은 그 소리를 탄식스럽게 내서 비를 구하는 제사를 지내는 것이니, 주례에 여무가 무릇 나라의 큰 화재 시에 곡소리를 노래처럼 불러서 비를 청한다고 한 것은 또한 그 뜻이다. 帝라는 것은 하늘을 주재하는 신이고, 음악을 성대하게 한다는 것은 즉, 도와 비 이하 19개의 악기를 함께 연주하는 것이다>.[10]

위에서도 확인할 수 있듯이 제사를 지내는 원칙이 근원되는 곳과 강, 그리고 바다의 순서로 확대되는 것은 그 근본을 밝히는 의미가 있기 때문이다. 제사의 근본정신이 '報本反始'라는 것은 이런 점에서 중요한 의미가 있다. 국가의 흥망은 산이 무너지고 물이 마르는 것과 盛衰를 같이 한다는 인식은 고대인들에게 상당히 뿌리깊게 인식되고 있었다. 이는 自然現象이 인간의 삶을 규제하고, 禍福을 가져다주는 조물주의 조화라고 인식한 것으로서, 『國語』에 보면 다음과 같은 이야기가 수록되어 있다.

유왕 3년에 서주의 삼천지역에 모두 지진이 발생하였다. 백양보가 말하기를, "주나라가 장차 망하려 하는구나! 무릇 천지의 기운은 그

10) 『禮記』 卷六 月令篇, "命有司 爲民 祈祀山川百源 大雩帝 用盛樂."
<山者 水之源 將欲禱雨 故 先祭其本源 三王祭川 先河後海 示重本也 雩者 吁嗟其聲 以求雨之祭 周禮 女巫凡邦之大災 歌哭而請亦其義也 帝者 天之主宰 盛樂 卽鞀鞞以下十九物 並奏之也>.

> 질서를 잃어서는 안 되며, 만약 그 질서를 잃는다면 백성들이 혼란스럽게 된다. 양의 기운이 밑에 깔려 나올 수 없고, 음의 기운이 그것을 눌러서 위로 솟아오를 수 없으면 지진이 일어나는 것이다. 지금 삼천에서 지진이 발생한 것은 양기가 올바른 자리를 잃고 음기에 눌린 것이다. 양의 기운이 그 자리를 잃고 음의 기운 밑에 눌려있다면 물줄기가 반드시 막히며, 물과 땅의 기운이 소통하여 만물이 윤택하게 생성되면 백성들이 이를 이용하게 되지만 물과 땅이 윤택하지 못하면 백성들이 이용할 것이 부족하게 되니, 나라가 어찌 망하지 않겠는가? 옛날에 이수와 낙수가 말라서 하나라가 망했고, 황하가 말라서 상나라가 망하였다. 지금의 주왕실은 하와 상 두 나라 말기 상황과 같고, 물줄기도 막혀 버렸으니 막히면 반드시 마를 것이다. 무릇 국가의 존망은 반드시 산천에 의지하는 것이니, 산이 무너지고 물이 마르는 것은 망할 징조이다. … 즉위 11년에 유왕은 마침내 망하고 주나라는 동쪽으로 수도를 옮기게 되었다.[11)]

산이 무너지고 물이 마르면 국가가 망할 징조라는 위의 기록은 夏·殷·周 三代를 통해서 역사가 이를 증명한 것으로 인식했으니, 국가의 흥망성쇠와 산천의 음양 조화는 직결되어 있다는 것을 말한 것이다. 위의 이야기는 겉으로는 지진의 현상을 언급했지만 실상은 정치의 得失과 임금의 失政을 간접 비판한 것이다.

---

11) 『國語』 卷1 周語 上, "幽王三年 西周三川皆震 伯陽父曰 周將亡矣 夫天地之氣 不失其序 若過其序 民之亂也 陽伏而不能出 陰遁而不能烝 於是有地震 今三川實震 是陽失其所而鎭陰也 陽失而在陰 川源必塞 夫水土演而民用也 水土無演 民乏財用不亡何待 昔伊洛竭而夏亡 河竭而商亡 今周德若二代之季矣 其川源又塞 塞必竭 夫國必依山川 山崩川竭 亡之徵也 … 十一年幽王乃滅 周乃東遷."

2. 山川崇拜의 淵源과 祭祀

산악숭배는 본디 원시민족에게 널리 보편화된 민간신앙이었다. 즉, 自然崇拜의 한 형태로서 우리 민족에게도 그 연원이 매우 오랜 고유 신앙이었다. 앞 장에서 살펴본 바와 같이 산천에 대한 畏敬心에서 비롯한 산악숭배의 동기와 기원에 대해서는 현재 대략 두 가지 견해가 제시되어 있다. 그 하나는 산악의 莊嚴性과 峻險性, 그 幽玄性을 신비화하거나 신성화하려는 심리, 猛獸毒蛇 등에 대한 공포심리, 그 공포로부터 自部族을 수호하려는 심리에서 기원을 찾는 心理說과, 두 번째는 산악을 부족간의 境界로서 중시하고 생활 자료를 제공해주는 터전으로서 숭배하는 經濟說이다.[12] 그러나, 심리설이나 경제설은 결국 독립된 기원론이라기보다는 상호보완적인 경우가 대부분이며, 우리의 경우는 경제설보다는 심리설에 보다 더 가까운 경우라고 할 수 있다. 특히 고대로 올라갈수록 심리설에 가까우며, 후대로 내려올수록 경제설에 기우는 현상을 확인할 수 있다.

祭祀란 報本追遠의 원리에 의해 이루어지는 의식이다. 인간을 포함하여 만물의 근본을 밝히고 이에 감사하는 것으로 과거의 문물을 대상으로 하되, 미래를 바람직한 방향으로 이끌기 위한 의식인 것이다.

고대의 제사 가운데 五祀에 대한 의미를 살펴보면 인간의 일상생활과 매우 밀접한 곳에 신이 존재한다고 믿었던 것을 확인

12) 洪淳昶, 「新羅 三山・五岳에 대하여」, 『新羅民俗의 新研究』(신라문화제학술발표회논문집 제4집), 신라문화선양회, 1983, p.54.

할 수 있다. 이는 마치 만물에 精靈이 깃들어 있다는 애니미즘적인 사고방식과 유사한 것이다. 五祀란 '門·戶·井·竈·中霤'를 이르는데, 『白虎通義』에 보면 다음과 같은 이야기가 나온다.

> 오사에 제사하되 한 해에 한번 두루 다 지내는 것은 무엇 때문인가? 오행을 따라서이다. 때문에 봄에는 戶에 제사를 지내니, 호라는 것은 사람이 드나드는 곳이고, 봄에 만물이 처음으로 그 문을 저촉해서 나오는 것이다. 여름에는 부엌신(竈)에 제사를 지내니, 부엌은 불의 주인이니 사람들이 불로 인해서 자신을 봉양하는 것이고, 여름은 불이 왕성할 때이니, 만물을 성장시켜 기르는 것이다. 가을에는 門에 제사를 지내니, 문은 닫고 감추어서 스스로를 굳게 하는 것이니, 가을도 또한 만물이 다 성숙하는 때이니 안으로 갖추어 스스로 지키는 것이다. 겨울에는 우물(井)에 제사하는 것이니, 우물이라는 것은 물이 땅 가운데에 생겨서 저장되는 것이고, 겨울 또한 수기가 왕성한 때이니 만물이 엎드려서 저장되는 때이다. 6월에 中霤에 제사를 지내니, 중류라는 것은 땅을 상징하여 중앙에 위치하고 6월은 또한 토기가 왕성한 때이다.13)

위에서도 확인할 수 있듯이 고대인들은 인간의 일상생활과 가장 밀접한 곳에 신이 있다고 믿었으며, 그 곳에 주재하는 신에게 제사를 지냄으로써 생명의 안전과 편안함을 보장받으려 했다는 것을 알 수 있다. 四時의 계절에 맞추어 일상생활과 가장 밀접한 곳에 제사지내고, 五行思想에 의거하되 이기는 것으로서 행한다

---

13) 班固, 『白虎通義』 卷二, 五祀, "祭五祀 所以歲一偏 何 順五行也 故春卽祭戶 戶者 人所出入 亦春 萬物始觸戶而出也 夏祭竈 竈者 火之主 人所以自養也 夏亦火王 長養萬物 秋祭門 門以閉藏自固也 秋亦萬物成熟內備自守也 冬祭井 井者 水之生藏在地中 冬亦水王 萬物伏藏 六月 祭中霤 中霤者 象土在中央也 六月 亦土王也."

는 것이 제사의 근본적인 원리이다. 위와 같은 논의는 일찍이 『淮南子』에도 아래와 같은 말로서 제사의 의미를 설명해 주고 있다.

> 지금 세상에서 우물·부엌·대문·방문·키·비·절구·절구공이에 제사를 지내는 것은 그 신들이 그 제사를 잘 받아 먹어서가 아니라, 그것들의 덕에 의지하고 그것들을 괴롭히기를 마지 않았으므로 때때로 그것들의 덕을 나타내고 그것들의 공로를 잊지 않기 위해서인 것이다.14)

위의 기록을 보아도, 고대인들이 얼마나 주위의 일상적인 신이나 의식주의 도구들에게 감사했는가를 알 수 있고, 제사의 마음가짐 또한 소박한 정성임을 확인할 수 있다. 이는 곧 신앙의 전단계에 해당하는 것이기도 하다. 주자는 『朱子家禮』 서문에서 다음과 같이 제사의 근본정신을 정의한 바 있다.

> 예에는 근본과 문식이 있다. 집에서 행하는 것부터 말한다면 명분을 지키는 것과 사랑하고 공경하는 진실이 그 근본이다. '관혼상제'와 '의장도수'는 그 문식이다. 근본이라는 것은 집에서 날마다 실행하는 상체이니 진실로 하루라도 닦지 않을 수 없다. 그 문식 또한 모두 사람된 도리의 처음과 끝을 바로 세우는 것이다. 비록 그것을 행하는 때가 있고, 그것을 베푸는 장소가 있더라도 강구함이 분명하고 익힘에 익숙하지 않는다면 일에 부닥쳤을 때 또한 이치에 맞거나 절문에 상응하지 못할 것이니, 이 또한 하루라도 강구하고 익히지 않을 수 없는 것이다.15)

---

14) 『淮南子』 卷13, 氾論訓, "今世之祭井竈門戶箕箒臼杵者 非以其神爲能饗之也 恃賴其德 煩苦之無已也 是故以時見其德 所以不忘其功也."

15) 朱熹, 『朱子家禮』 序, "凡禮 有本有文 自其施於家者言之 則名分之守愛敬之實 其本也 冠婚喪祭 儀章度數者 其文也 其本者 有家日用之常體

동양의 모든 제도와 사물의 이치에는 반드시 형식과 내용의 양면이 구비되어 있다. 위의 예문에서 보듯이 관혼상제의 제사를 정의하는 서문에도 분명 근본정신인 내용과 외면적인 형식을 거론하고 있다. 즉, '名分之守'와 '愛敬之實'이 그 근본이고, '冠婚喪祭'와 '儀章度數'가 바로 그 형식인 것이다. 모든 제사의 근본정신에 명분을 지키는 것과 사랑하고 공경하는 진실이 있다는 것은 결국 선조로부터 오늘의 우리를 있게 한 報本追遠의 원리가 자리하고 있는 것이다.

祭祀에 대한 의미를 자세하게 언급한 문헌은 『春秋繁露』이다. 이 책에서 董仲舒는 「祭義」편을 통해 제사를 아래와 같이 풀이하고 있다.

> 제사라는 것은 살피다의 뜻이니, 선으로써 귀신에게 미침을 이름이다. 선이라야 곧 듣거나 볼 수 없는 귀신을 미칠 수가 있기 때문에 찰이라고 이르는 것이니, 내가 이 제사를 가지고 귀신을 봉향한다고 이름한다. 그러므로 제사란 헛된 것이 아니니, 어디에서 살필 수 있는가? 제사의 그 뜻은 제<신과 인간이 서로 만나는 것>와 살핀다는 것이 복합된 것이니, 제사를 지낸 연후에 <귀신이> 보지 못하는 것을 보고, 보지 못하는 것을 본 뒤에야 천명과 귀신을 알게 되고, 천명과 귀신을 알게 된 뒤에야 제사지내는 의미를 분명히 할 수 있는 것이니, 제사를 지내는 의미를 분명히 알아야 제사의 귀중함을 아는 것이다. 공자께서 말씀하시기를, "내가 제사에 <직접> 참여하지 않으면, 제사를 지내지 않는 것과 같고, 신에게 제사를 지내되, 마치 신이 계신 것과 같이 한다" 고 했으니, 제사를 귀중히 여기기를 살아있는 사람을 섬기는 것 같이 한다. 그러므로 성인이 귀신에게 있어서 두려

固不可以一日而不修 其文又皆所以紀綱人道之始終 雖其行之有時 施之有所 然非講之素明 習之素熟 則其臨事之際 亦無以合宜而應節 是亦不可以一日 而不講且習焉者也."

위하여 감히 속이지 않으며, 단독으로 신임 받으려고 하지 않고, 섬기되 혼자 전적으로 의뢰하지 않으며, 공정함을 의뢰하여 덕있는 사람에게 갚게 하고, 그 귀신이 사사롭지 않아서 다른 사람들과 복을 함께 받기를 바라는 것이니, 그 내용이 시경에 보이는데, '아, 너 군자는 항상 편안하게 거처하지 말지어다. 네 자리를 아주 안정하고 공손해서 이 정직한 것을 좋아하게 되면, 귀신이 너의 그러한 점을 알아서 너에게 큰 복을 도와줄 것이다.'라고 하였으니, 정직한 사람은 복을 받게 되고, 정직하지 못한 사람은 복을 받지 못하는 것, 이것이 그 원칙이다.[16]

위에서 언급한 제사의 본의는 결국 지극한 정성과 제물로서 신에게 미치는 것을 가리킨다. 제사는 신과 인간이 만나는 것이며, 지극히 살핀다는 것의 복합어임을 알 수 있다. 본래 天地에 대한 제사는 天子의 고유 권한이었다. 또한, 옛날부터 '祭祀는 精誠'이라는 인식이 확고하게 자리잡았다. 반면에 제사를 지내지 않아야 할 대상에 제사 지내면서 복을 비는 행위를 옛 사람들은 곧잘 '淫祀'라고 비판했던 것이다. 『國語』에 나타난 다음과 같은 이야기가 그 좋은 예라고 할 수 있다.

(혜왕) 15년에 神이 괵나라의 莘 땅에 내려왔다. 왕은 내사 과에게 물었다. "이것은 무슨 이유인가? 이러한 일이 있었던가?" 하니, 과가

16) 董仲舒, 『春秋繁露』, 祭義 第七十六, "祭者 察也 以善逮鬼神之謂也 善乃逮不可聞見者 故謂之察 吾以名之所享 故祭之不虛 安所可察哉 祭之爲言 際也與察 祭然後 能見不見 見不見之見者 然後 知天命鬼神 知天命鬼神然後 明祭之意 明祭之意 乃知重祭事 孔子曰 吾不與祭 如不祭 祭神如神在 重祭事 如事生 故聖人 於鬼神也 畏之而不敢欺也 信之而不獨任 事之而不專恃 恃其公 報有德也 幸其不私 與人福也 其見於詩 曰 嗟爾君子 毋恒安息 靜共爾位 好是正直 神之聽之 介爾景福 正直者 得福也 不正者 不得福 此其法也."

대답하였다. "있습니다. 나라가 장차 흥하려면 왕이 모든 것을 잘 살피고, 올바르고 정결하며 자애로워서 그 덕이 족히 향기를 멀리까지 보낼 수 있고, 그 은혜가 족히 백성을 한마음으로 만들 수 있습니다. 신이 제사를 잘 받고 백성이 왕을 따르면 백성과 신이 모두 원한이 없어서 천신이 내려와 왕의 어진 다스림을 살피고 백성에게 고루 복을 베풀게 됩니다. 나라가 장차 망하려면 그 임금은 탐욕스럽고 사악하며 음란하고 방탕하며 게으르고 타락하고 포악하여 그 다스림이 더러워서 향기로움이 하늘로 올라갈 수가 없고, 그 형벌은 뒤틀려서 백성을 죄없이 처벌하니, 신은 제사지내는 물건이 불결하다 하여 받아들이지 않고 백성은 왕의 뜻과는 멀어지니, 백성과 신은 원망하거나 애통해 하여 의지할 바가 없으니, 천신이 내려와 악한 정치를 보고는 재앙을 내립니다. 따라서 천신이 내려와서는 나라를 흥하게도 하고, 망하게도 합니다." … 과연 혜왕 19년에 진나라가 괵나라를 점령하였다.[17)]

왕의 국정에 대한 평가를 天神이 살피고는 국가의 흥망을 결정한다는 이야기인데, 이 같은 언급은 소박하지만 나름대로 의미를 지니고 있다. 하늘이 내리는 복은 결국 신을 잘 섬기면서 동시에 백성들에게 은혜를 베풀며 나라를 잘 다스려나갈 때 주어진다는 監戒的인 언급인 것이다. 위의 언급에서 특기할 만한 것은 百姓과 神을 同格으로 보고 있다는 점이다. 『禮記』의 아래와 같은 언급은 모든 제사의 대상과 절차를 신분의 질서에 맞추어

---

17) 『國語』 卷1, 周語 上, "… 十五年有神降于莘 王問於內史過曰 是何故有之乎 對曰 有之 國之將興 其君 齊明衷正精潔惠和 其德 足以昭其馨香 其惠 足以同其民人 神饗而民聽 民神無怨 故明神降之 觀其政德而均布福焉 國之將亡 其君 貪冒辟邪淫佚荒怠麤穢暴虐 其政腥臊 馨香不登 其刑矯誣 百姓攜貳 明神弗蠲 而民有遠志 民神怨痛無所依懷 故神亦往焉 觀其苛慝而降之禍 是以或見神以興 亦或以亡 … 十九年晉取虢." 이와 동일한 이야기가 『春秋左氏傳』 卷3, 莊公 32년 傳에도 나온다.

거행하고 있음을 보여주고 있다.

> 천자는 하늘과 땅에 제사를 지내고, 제후는 사직에 제사를 지내고 대부는 오사에 제사를 지낸다. 천자는 천하의 명산과 대천에 제사를 지내니 5악은 삼공의 예에 견주고, 4독은 제후의 예에 견준다. 제후는 명산대천이 그 자기 지역에 있는 데에 제사하고, 천자나 제후는 인국<선대 제후가 도읍을 삼았던 곳에다 도읍을 정하는 일>으로서 그 지역에 있으면서 주제할 자손이 없는 것을 제사지낸다.[18]

위의 기록 가운데 五嶽은 약간의 異同은 있지만 泰山(東嶽), 華山(西嶽), 衡山(南嶽), 恒山(北嶽), 嵩山(中嶽)을 말하며, 四瀆은 長江(江水), 黃河(河水), 淮水, 濟水를 의미한다.[19]

위와 같은 관점에서 보면 고려시대 圓丘와 方澤과 太廟에서의 제사는 천자와 대등한 입장을 취한 것으로서 天命에 의한 고려왕조의 건국이라는 당위성을 강조하고 있음을 알 수 있다. 마찬가지로 산천에 제사하는 것 또한 그 순서가 있는데 그것은 이른바 淵源에 대한 원칙이다. 즉, 『禮記』「學記」편에 보면, "삼왕의 물에 제사지냄에는 모두 강을 먼저 하고 바다를 뒤에 했으니, 강은 근원이고 바다는 끝이 되기 때문이다. 이것을 일러 근본에 힘쓰는 것이라고 한다."[20]라는 언급이 있는데 이는 산천제사의 원칙과 순서를 잘 보여주는 기록이라고 할 수 있다.

---

18) 『禮記』卷5, 王制 第5, "天子祭天地 諸侯祭社稷 大夫祭五祀 天子 祭天下名山大川 五嶽視三公四瀆視諸侯 諸侯祭名山大川之在其地者 天子諸侯祭因國之在其地而無主後者."

19) 『史記』孝武本紀・封禪書, 『漢書』郊祀志, 『後漢書』馮衍傳, 漢 應劭, 『風俗通義』.

20) 『禮記』卷17 學記 十八, "三王之祭川也 皆先河而後海 或源也 或委也 此之謂務本."

다음의 인용문은 다양한 神에 대한 옛사람들의 소박한 견해를 보여주고 있다.

> 泰壇에서 땔나무를 불태워서 하늘에 제사지내며, 泰折에서 제물을 파묻어서 땅을 제사지내되, 희생으로 붉은 송아지를 사용한다. 또 泰昭에 소뢰를 묻어서 사시를 제사지낸다. 坎壇을 설치하여 보내고 맞이하는 것은 寒暑를 제사지내는 것이다. 왕궁에서 해를 제사지내고, 야명에서 달을 제사지내며, 유종에서 별을 제사지내고, 우종에서 물이나 가뭄의 신을 제사지내고, 사감단에서 사방의 신을 제사지낸다. 산림・천곡・구릉이 능히 구름을 내고 풍우를 만들어 괴물을 나타내는 것을 모두 신이라고 했다. 천하를 가진 자는 모든 신에게 제사를 지낸다. 제후는 그 땅에 있을 때에는 그 땅에 제사지내고 그 땅을 잃었을 때에는 제사지내지 않는다.21)

‘산림・천곡・구릉이 능히 구름을 내고 풍우를 만들어 괴이한 사물을 나타내는 것을 모두 신이라고 했다’는 기록은 고대인들의 자연관의 일단을 보여주는 것이다. 결국 제사라고 하는 것은 근본에 보답하고 바람직한 미래를 열어가기 위한 것으로서, 인간의 神格에 대한 儀禮인 것이다.

山神을 숭배하는 행위는 지금도 민간신앙으로 이어지고 있는 것 중의 하나이다. 고대로부터 山 그 자체는 중요한 신앙의 대상이 되어 왔다. 그것은 山神이 단순히 山을 지배하는데 그치지 않고 인간의 길흉화복의 전반을 통어하는 것으로 믿었기 때문이다.

---

21) 『禮記』 卷二十二 祭法, “燔柴於泰壇 祭天也 瘞埋於泰折 祭地也 用騂犢 埋少牢於泰昭 祭時也 相近於坎壇 祭寒暑也 王宮 祭日也 夜明 祭月也 幽宗 祭星也 雩宗 祭水旱也 四坎壇 祭四方也 山林川谷 丘陵能出雲爲風雨 見怪物 皆曰神 有天下者祭百神 諸侯在其地則祭之 亡其地則不祭.”

인간이 기도나 제사를 통해 산신에게서 효험을 얻을 수 있는 방편은 대략 몇 가지로 나눌 수 있다. 첫째는 병란으로부터 국가나 지역을 지켜줄 수 있다고 믿었으며, 둘째는 전쟁의 승리를 기원하기도 하였으며, 셋째는 산신에게 비를 조절하는 힘이 있는 것으로 여겼으며, 넷째는 산신에게는 병을 낫게 해줄 수 있는 힘이 있다고 믿었다는 것이다.[22)]

옛날의 성군은 음양을 조화하고 사시의 조화를 이끌면서, 위로는 하늘의 신을 받들고 정치를 바르게 이끌었다. 따라서 제후국을 순행하면서도 그 지역의 높은 산에 올라 제후의 공적을 하늘에 고하는 의식을 베풀었던 것이다.

> 그러므로 옛날 선왕이 예를 제정할 때에는 그 재물을 인유하여 그 마땅히 해야 할 바를 이룩하게 하였다. 그러므로 큰 제사의 일을 거행할 때에는 반드시 천시에 따랐으며, 일월의 신을 제사할 때에는 반드시 해와 달의 뜨고 지는 것에 따라서 거행한다. 동지에 하늘에 제사할 적에는 반드시 구릉이 있는 곳에서 지내고, 하지에 땅을 제사할 때에는 반드시 천택이 있는 곳에서 거행한다. 그런 까닭에 하늘이 때에 맞게 비를 내려서 만물을 윤택하게 하여 은혜를 베풀었다. 군자는 모두 이에 감사하여 더욱 직무에 힘썼던 것이다. 그런 까닭에 선왕은 성현을 존경하고, 유능한 사람을 등용하며, 어진 이를 끌어올려 높은 자리에 임명하고, 사람들을 모아 왕업의 수행을 맹세하였다. 그런 까닭에 하늘의 높음에 인유하여 하늘을 섬기는 교사의 예를 행하고, 땅의 낮음에 인유하여 후토의 신을 섬기는 사사의 예를 거행한다. 오악을 순수할 때에 방악에 이르러서는 반드시 유명한 큰 산에 올라 이 방면 제후의 치공을 하늘에 고하며, 길토에 인유하여서는 교에서 상제를 제향한다. 제후의 치공이 이루어짐을 하늘에 고하니, 봉황이 내

22) 徐永大, 「민속종교」, 『한국사』 16, 국사편찬위원회, 1994, pp.337-339.

> 려오고 거북과 용이 나타난 것이며, 또 교에서 상제를 제사하니, 비바람이 때에 맞게 내리고 추위와 더위가 때를 맞추어 틀리는 일이 없으며, 성왕은 남면하여 서니 천하는 태평하였다.[23)]

위의 인용문을 보면 철저하게 자연에 귀의하면서 인간의 의식과 자연의 이치를 절묘하게 일치시키려는 天人合一의 사상이 배경에 자리잡고 있다. 결국 天地人 三才의 조화의 원리에 입각하여 천지와 산천을 다루고 있는 것이다. 한편, 『博物志』에서는 五岳과 四瀆에 대한 제사의 격식을 논하면서 王道에 연결시켜 논하고 있는데 이 같은 관점은 동양에서는 매우 오랜 연원을 갖는 것이다.

> 오악에 제사를 지내는 예우는 삼공의 예물숫자에 준하고, 사독에 제사를 지내는 예우는 제후의 예물숫자에 준한다. 제후가 자기 영토 안의 이름난 산과 큰 강에 제사지내는 것은 신령과 통하여서 백성을 교화시키는 일을 돕는 데 있기 때문에 그 지위는 삼공 다음이다. 그러므로 땅이 흔들리면 신하가 반란을 일으키고, 이름난 산이 무너지면 왕도가 끝나게 되며, 시냇물이 마르면 신령이 떠나가게 되어 뒤이어 나라가 멸망했던 것이다. 바다에 아홉 길 길이의 큰 물고기를 던져 넣어주어도 흐르는 물이 말라 버리면 이는 나라에 대한 큰 경계인 것이다. 연못에 배를 띄워 시냇물이 넘쳐 흐르면 이것은 신하가 홍성하고 임금이 쇠퇴할 기미이다. 모든 강물들이 들끓고 산봉우리가

---

23) 『禮記』 卷十, 禮器, “是故 昔先王之制禮也 因其財物 而致其義焉爾 故作大事 必順天時 爲朝夕 必放於日月 爲高 必因丘陵 爲下 必因川澤 是故 天時雨澤 君子達亹亹焉 是故 昔先王 尙有德 尊有道 任有能 擧賢而置之 聚衆而誓之 是故 因天事天 因地事地 因名山 升中于天 因吉土 以饗帝于郊 升中于天而鳳皇降 龜龍假 饗帝于郊而風雨節 寒暑時 是故 聖人南面而立 而天下大治.”

> 무너지며 높은 언덕이 골짜기가 되고 깊은 골짜기가 큰 언덕이 되면, 이것은 소인배가 나라의 운명을 장악하고 군자가 곤란을 당할 기미이다. 이는 흑백이 분별되지 못한 것으로 큰 난리가 일어날 징조이다.[24)]

이 같은 산천에 대한 옛 사람들의 인식 아래 고대 국가에서는 산을 국가의 수호신으로 인식하고, 정기적으로 천자가 친히 제사를 지냈던 것이다. 이는 산천의 형상을 君臣關係에 비유하고, 국가의 홍망을 유기적으로 연결시켜서 성쇠의 징조로 받아들인 때문이다.

『風俗通義』에 보면 '山澤'과 '五嶽'과 '四瀆'에 대한 언급이 있는데, 그 대강은 『詩經』이나 『書經』에 언급되어 있는 내용을 보으고, 약간의 주석을 가하는 정도로 기술되어 있다. 그 가운데, 먼저 산택의 의미를 보면 다음과 같이 되어 있다.

> 효경<孝經緯>에 이르기를, "성인도 보좌 없이 홀로 천하를 유지하지 못하고, 지혜로운 자도 여러 사람의 도움 없이 홀로 다스리지 못한다. 신령이 천지를 벗어나지 못하고, 신령들이 함께 虛境을 만드니, 오악을 세우고 삼태성을 베푼 것과 같다."라고 하였다. 상서대전에 이르기를, "五嶽의 제사는 三公의 예에 견주고, 四瀆의 제사는 제후의 예에 견주며, 그 나머지는 백작이나, 혹은 자작과 남작에 견주어 크고 작은 등급의 차이로 한다."라고 하였다. 상서<洛誥>에, "모두 질서있게 안배하여 문란함이 없다."라고 하였으니, 임금이 공덕을 갚

---

24) 張華, 『博物志』 卷1, 山水總論, "五岳視三公 四瀆視諸侯 諸侯賞封內名山大川者 通靈助化 位相亞也 故地動臣叛 名山崩 王道訖 川竭神去 國隨已亡 海投九仞之魚 流水涸 國之大誠也 澤浮舟 川水溢 臣盛君衰 百川沸騰 山冢卒崩 高岸爲谷 深谷爲陵 小人握命 君子陵遲 白黑不別 大亂之徵也."

는 데에 차서에 따라 안배하여 문란함이 없게 함이다. 주역<說卦傳>에 이르기를, "산택이 서로 기를 통한다."라고 했고, 예기<王制>에 "명산대택은 제후에게 봉해주지 않는다."라고 했다. 그러므로 그 같은 종류가 쌓여있는 것을 산택이라 한다.[25)]

위의 언급은 성인과 지혜로운 자도 결국은 천지와 산천의 비호아래 그 인물됨이 이루어진다는 논리이다. 동시에 인간세상의 모든 것은 하늘과 산천에 고함으로써 그 천명의 질서를 지상에 구현한다는 의미이기도 하다. 이는 곧 유교질서에 편입된 제사의 의미를 동시에 보여주고 있는데 五爵에 준한 예우가 바로 그것이다.

한편, 五嶽에 대한 경우는 『史記』나 『詩經』·『淮南子』 등의 문헌기록을 원용하여 다음과 같이 그 의미를 밝혀주고 있다. 문장은 다소 길지만 우리민족에게 영향을 준 바 크므로, 그 원의를 밝히기 위하여 전문을 인용한다.

동방은 태산이니, 시경에 이르기를, "태산이 높고 높으니, 노나라에서 바라보는 곳이네"라고 했다. 태산은 산중에서 가장 높으니, 대종이라고도 한다. 대는 처음이라는 뜻이고, 종은 으뜸이라는 뜻이다. 만물이 시작되는 근본이고, 음양<주야>이 교체하는 곳이다. 구름이 바위에 부딪쳐 나와 작은 조각들이 뭉쳐서 아침이 다하기 전에 온 천하를 두루 적시는 비를 뿌리는 곳은 오직 태산일 것이다. 그러므로 오악의 으뜸이 되었다. 천자가 천명을 받아 왕조를 바꾸고, 제도를 고쳐서 천명에 응하고, 공업을 이루면 봉선을 행하여 천지에 고한다.

---

25) 應劭, 『風俗通義』, 山澤 第十, "孝經曰 聖不獨立 智不獨治 神不過天地同靈造虛 由立五嶽 設三台 傳曰 五嶽視三公 四瀆視諸侯 其餘或伯 或子男 大小爲差 尙書 咸秩無文 王者報功以次秩之 無有文也 易稱 山澤通氣 禮 名山大澤不以封諸侯 故積其類曰山澤也."

공자께서 "태산에서 봉을 올리고, 양보에서 선을 행한 제왕을 헤아릴 수 있으니, 72인이다."라고 했다. 대종의 사당은 박현 서북쪽 30리에 있으며, 산우장이 지킨다. 10월에 태산에 지내는 제사를 합동, 납월제사를 학동, 정월제사를 해동이라 하며, 모두 태수가 직접 모시고 제사하되, 만약 불결한 병이 있으면 다른 사람으로 대신 제사를 지내는데, 7십만 5천 번 행했던 제사를 법으로 삼는다. 소·양·돼지의 희생을 땔나무 위에 올려놓고 태우며, 마른 포는 30묶음을 쓰는데, 현의 차례대로 전달하여 경사에 보낸다. 4악은 모두 천자와 같은 예를 받는다. 남방은 형산이니, 일명 곽산인데 곽은 만물이 성장한다는 뜻이니, 가지가 뻗고 잎이 펴서 갑자기 광대하게 변함을 상징한다. 사당은 여강 잠현에 있다. 서방은 화산인데 화는 변화한다는 뜻이니, 만물이 성숙하여 서방에서 변화한다는 의미이다. 사당은 홍농 화음현에 있다. 북방은 항산인데, 항은 항상 변함이 없다는 뜻이니, 만물이 북방에 저장되어 항상 변함이 없다는 것이다. 사당은 중산 상곡양현에 있다. 중앙은 숭고산이니, 숭은 높다는 뜻이다. 시경에 "높은 숭고산, 우뚝 하늘에 닿아 있네"라고 했다. 사당은 영천 양성현에 있다. 삼가 상서를 살펴보면, "그해 2월에 동방을 순수하여 대종에 이르러 柴제사를 지냈다."고 하였으니, 대종은 태산이다. "산천에 차례대로 망제사를 지내고, 마침내 동후를 접견했다." 고 하였는데, 동후는 동방 제후이다. "사시와 달을 맞추고 날을 바로 잡았으며, 악률과 도량형을 통일하고, 오례와 다섯 가지 옥규<玉圭>와, 세 가지 비단, 두 가지 희생, 한 마리 죽은 꿩으로 등급에 따른 폐백을 정리했다."라고 하였고, "5월에 남방을 순수하여 남악에 이르렀다."라고 하였으니, 남악은 형산이다. "8월에 서방을 순수하여 서악에 이르렀다."라고 하였으니, 서악은 화산이다. "11월에 북방을 순수하여 북악에 이르렀다."라고 하였으니, 북악은 항산이다. 이곳에서의 제사를 모두 대종<태산>의 예와 같이 하였고, 중악은 숭고산인데 천자가 거처하는 곳이기에 순수하지 않는다. 순은 따르다의 뜻이고, 수는 지킨다는 뜻이다. 도덕이 융성하여 천하가 태평한데도 먼 지역이 똑같이 교화되지 않고, 멀고 궁벽한 지역의 백성들이 제자리를 얻지 못함이 있을까 염려하여 천자가 직접 순시하는 것이다. 5년에 한 번 나가는 까닭은, 대개 5년이면 윤달이 두 번 있게 되어 천도가 크게 갖추어지기 때문이다. 嶽은 공과 덕을 비교하고 고찰하여 어리석은 자는 파면시키고, 현명한 자는 발탁하는 것이다.[26)]

위의 기록에서 주목되는 것은 태산에서의 封禪儀式이다. 천자가 천명을 받아 태산에 올라 天神에게 공을 알려 제사지내고, 양보산 기슭에서 地神에게 제사지내는 이 의식은 山川이 단순히 自然 공간이 아니라 그곳을 주재하는 신이 있었다고 관념했던 고대인의 의식을 잘 반영하고 있다. 특히, 山의 높고 낮은 모습, 즉 들쭉날쭉하고 등줄기가 있거나, 낮은 골짜기가 있는 형상을 제후나 신하의 공적을 고찰하고 黜陟幽明하는 방편으로 비유한

---

26) 應劭, 『風俗通義』, 五嶽 第十, "東方泰山 詩云 泰山巖巖 魯邦所瞻 泰山 山之尊者 一曰岱宗 岱者 始也 宗者 長也 萬物之始 陰陽交代 雲觸石而出 膚寸而合 不崇朝而徧雨天下 其惟泰山乎 故爲五嶽之長 王者受命易姓 改制應天 功成封禪 以告天地 孔子曰 封泰山 禪梁父 可得而數七十有二 岱宗廟在博縣西北三十里 山虞長守之 十月曰合凍 臘月曰涸凍 正月曰解凍 皆太守自侍祠 若有穢疾 代行事 法七十萬五千 三牲燔柴上 福脯三十朐 縣次傳送京師 四嶽皆王同禮 南方衡山 一名霍<山> 霍者 萬物盛長 垂枝布葉 霍然而大 廟在廬江朁縣 西方華山 華者 變也 萬物滋熟變華於西方也 廟在弘農華陰縣 北方恒山 恒者 常也 萬物伏藏於北方有常也 廟在中山上曲陽縣 中央曰 嵩高 嵩者 高也 詩云 嵩高惟嶽 峻極于天 廟在潁川陽城縣 謹按尙書 歲二月 東巡狩 至于岱宗 柴 岱宗 泰山也 望秩于山川 遂見東后 東后 諸侯也 合時月正日 同律度量衡 修五禮 五玉三帛 二牲 一死贄 五月南巡狩 至于南嶽 南嶽 衡山也 八月西巡狩 至于西嶽 西嶽 華山也 十一月 北巡狩 至于北嶽 北嶽 恒山也 皆如岱宗之禮 中<嶽> 嵩高也 王者所居 故不巡焉 巡者 循也 狩者 守也 道德太平 恐遠不同化 幽隱有不得所者 故自親行之也 所以五載一出者 蓋五歲再閏天道大備 嶽者 埆功考德 黜陟幽明也."

것이 특징이라 하겠다.

四瀆에 대한 고대인의 의식 역시 산과 함께 신성시했음을 『風俗通義』의 다음과 같은 기록에서 확인할 수 있다.

> 황하는 돈황의 변방 밖 곤륜산에서 발원하여 바다로 흘러간다. 역에, "황하에서 하도가 나오자 성인이 이를 법으로 삼아 팔괘를 만들었다."라고 하였고, 상서 우공에, "아홉 갈래의 황하가 물길을 따라 소통되었다."라고 했으며, 시경에, "황하물이 넘실댄다."라고 하였다. 사당은 황하의 남쪽 형양현에 있다. 하제 사자가 사독을 관장하며, 예우와 제사는 오악과 같이 한다. 강은 촉군의 전저현 지경 밖의 민산에서 발원하여 바다로 들어간다. 시경에 "강수와 한수가 넓고 넓게 흐르네."라고 했고, 상서 우공에, "강수와 한수가 바다에 조회하듯 흘러든나."라고 하였다. 사당은 광릉 강도현에 있다. 회수는 남양 평씨현의 동백 대복산에서 발원하여 동남으로 흘러 바다로 들어간다. 상서 우공에, "바다와 태산과 회수 사이에서 회수와 기수를 다스렸다."라고 하였고, 시경에 "회수가 넘실대네."라고 하였다. 사당은 평씨현에 있다. 제수는 상산 방자현 찬황산 동쪽에서 발원하여 동쪽으로 흘러 저수로 들어간다. 상서 우공에, "문수에 배를 타고 제수에 이른다."라고 하였다. 사당은 동군 임읍현에 있다. 삼가 상서대전과 의례 삼정기를 살펴보면, "강・하・회・제를 4독이라 한다."라고 하였다. 독은 통한다는 뜻이니, 중원의 더러운 탁류를 소통시켜서 백성들이 높은 지역에 살고 오곡을 심게 함이다. 강은 조공한다는 뜻이니, 진귀한 물품을 바친다는 말이다. 하는 하나가 9개의 물줄기로 나뉘고, 용도가 나온 곳이다. 회는 고르다는 말이니, 모든 일을 균등하게 한다는 뜻이다. 제는 그 도량형을 똑같이 통일한다는 말이다.[27]

---

27) 應劭, 『風俗通義』, 四瀆 第十, "河出燉煌塞外崑崙山 發源注海 易河出圖 聖人則之 禹貢九河旣道 詩曰 河水洋洋 廟在河南滎陽縣 河隄謁者掌四瀆 禮祠與五嶽同 江出蜀郡湔氐徼外峄山 入海 詩云 江漢陶陶 禹貢江漢朝宗于海 廟在廣陵江都縣 淮出南陽平氏桐栢大復山 東南入海 禹貢

위에서 언급한 四瀆도 名山과 마찬가지로 인간 생활에 필요한 재화를 제공할 뿐만 아니라, 이를 바탕으로 인간의 바람직한 자세를 물의 성질에 빗대어 제도화하여 다스리고 있음을 확인할 수 있다.

중국의 큰 물줄기인 '江・河・淮・濟'의 4수(강=양자강, 하=황하, 회=회수, 제=제수)를 四瀆이라 하여 사당을 지어 제사할 뿐만 아니라, '조공하고 이바지하며<江>, 용도를 내며<河>, 힘쓸 것을 고르게 하며<淮>, 도량형을 가지런히 통일한다<濟>'는 의미는 四瀆의 의미를 부연 설명하는 말이다.

『國語』에 보면 제사의 대상에도 다음과 같은 기준이 있음을 보여주고 있다.

> 원거라고 하는 바다새가 노나라 동문 밖에 이틀 동안 날아들었다. 장문중은 도성의 사람들로 하여금 그 새 한테 제사를 올리도록 하였다. 이에 전금이 말했다. "장문중은 정사를 잘하지 못하고 있다. 무릇 제사란 나라의 중요한 제도이고, 이 제도를 통해서 정사가 이루어지는 것이다. 이런 까닭에 제사를 신중히 제정하여 국법으로 삼아야 한다. 지금은 이유도 없이 제사를 보태니, 마땅한 정사가 아니다. 무릇 성왕께서 제사를 제정하신 경우는 이렇다. 백성들에게 법을 만들어 준 분께 제사를 올렸고, 나랏일에 힘쓰다가 세상을 떠난 분께 제사를 올렸으며, 나라를 안정시키고자 노력하신 분께 제사를 올렸고, 큰 재해를 막았던 분께 제사를 올렸으며, 큰 환란을 막으신 분께 제사를 올렸다. 이러한 경우에 속한 분이 아니면 제사를 마련하지 않았다.

海岱及淮 淮沂其乂 詩云 淮水湯湯 廟在平氏縣 濟出常山房子贊皇山 東入沮 禹貢浮于汶 達于濟 廟在東郡臨邑縣 謹按尙書大傳禮三正記 江河淮濟 爲四瀆 瀆者 通也 所以通中國垢濁 民陵居 殖五穀也 江者 貢也 珍物可貢獻也 河者 一爲九流 出龍圖也 淮者 均 均其務也 濟者 齊 齊其度量也."

> … 무릇 禘·郊·宗·祖·報 이 다섯 가지는 나라에서 정한 제사이다. 여기에다가 또 사직 산천의 신들을 더하니, 이들은 모두 백성들에게 베푸신 공적이 크다. 전대의 성현들은 모든 이들이 믿고 따르는 분들이며, 하늘의 삼진은 백성들이 우러르는 바이고, 땅의 오행은 생명을 번성하게 하는 바이며, 천하의 명산대천은 재물을 내는 바이다. 이들이 아니면 제사를 올리지 않는 것이다."[28]

위의 언급을 요약하면, 고대의 제사 대상은 1)법을 제정한 분, 2)나랏일에 힘쓰다가 돌아가신 분, 3)나라를 안정시킨 분, 4)큰 재해를 막았던 분, 5)큰 환란을 막은 분들이었다. 이런 대상에 제사를 올렸다는 것은 제사의 의미와 기능을 잘 보여주는 언급이다. 여기에다가, 또한 사직산천의 신을 함께 제사지냈다는 것은 명산대천에 대한 고대인들의 신성한 의식을 잘 보여주는 대목이다. 한편, 山林藪澤을 고대에는 보물로 여겼던 것을 알 수 있는데 그 이유는 인간의 일용재화를 공급해주는 원천이기 때문이다.

『國語』에 보면 다음과 같은 언급이 있다. 초나라 대부 王孫圉가 晉나라를 방문하자, 趙簡子가 왕손어에게 초나라 보물에 대해 묻자, 왕손어가 다음과 같이 대답했다.

> "… 제가 듣기로 국보에는 여섯 가지가 있다고 합니다. 성군이 만물의 제도를 만드시고 신하가 보필하여 나라를 다스리는 것이 보물

---

28) 『國語』 卷4 魯語 上, "海鳥曰爰居 止於魯東門之外二日 臧文仲使國人祭之 展禽曰 越哉 臧孫之爲政也 夫祀 國之大節也 而節 政之所成也 故愼制祀以爲國典 今無故而加典 非政之宜也 夫聖王之制祀也 法施於民則祀之 以死勤事則祀之 以勞定國則祀之 能禦大災則祀之 能捍大患則祀之 非是族也 不在祀典…凡禘郊宗祖報 此五者 國之典祀也 加之以社稷山川之神 皆有功烈於民者也 及前哲令德之人 所以爲明質也 及天之三辰 民所以瞻仰也 及地之五行 所以生殖也 及九州名山川澤 所以出財用也 非是不在祀典."

> 이요, 제사시의 벽옥은 오곡을 풍성하게 하고 나라에 홍수와 가뭄의 재해를 없게 해주니 보물이며, 귀갑은 길흉여부를 점쳐주는 것이니 보물이고, 진주는 화재를 예방하여 주는 것이니 보물이며, 쇠는 병란을 다스릴 수 있으니 보물이고, 산림수택은 재화용으로 쓰는 데 준비가 되니 보물인 것입니다. 저 소리만 내는 기물 같은 것은 초나라가 비록 오랑캐라 하나 보물로 삼지 않는 것입니다.[29]

聖君良臣과, 제사 때의 璧玉, 길흉여부를 점칠 때 사용하는 龜甲, 화재를 예방하는 진주, 병란을 다스리는 쇠, 재화용의 산림수택 등 여섯 가지를 고대에는 국보로 여겼던 것이다. 이 가운데 벽옥이나 귀갑, 진주 등은 시대의 흐름에 따라 보물에 대한 개념이 달라져서 후대에는 거의 사용하지 않거나, 개인적인 보물로 간직하는 것임에 반하여, '聖君良臣'과 '兵器'와 '山林藪澤'은 지금도 국가의 중요한 자원이자 보물로 여겨지는 것이다. 姜明慧는 산 숭배의 근원 및 기본정신을 8가지로 요약하고, 산신의 성격과 기능에 대하여 3가지(守護, 豊饒, 除禍招福)로 요약한 바 있다.[30]

본디 祭祀란 반복적인 의례를 통하여 어떤 근원적인 의미를 현실 속에 깃들게 한다는데 그 의미가 있다. 여기서 반복이란 回歸를 뜻하는 것이고, 회귀는 처음의 자리에 되서는 것을 의미하

---

29) 『國語』 卷18, 楚語 下, "… 圉聞國之寶六而已 聖能制議百物 以輔相國家則寶之 玉足以庇廕嘉穀 使無水旱之災則寶之 龜足以憲臧不則寶之 珠足以禦火災則寶之 金足以禦兵亂則寶之 山林藪澤足以備財用則寶之 若夫譁囂之美 楚雖蠻夷 不能寶也."

30) 姜明慧, 「산 숭배사상과 고대의 시가」, 『한국시가 넓혀 읽기』, 문창사, 2006, pp.49-63. 이 논문에서 산 숭배의 근원 및 기본정신에 대해, ①한국민족이 태동한 근거지, ②신성한 곳・피안을 상징 ,③수호신적이고 권위적인 상징성, ④산신은 절대적인 대상, ⑤鎭山의 개념, ⑥지역신적 성격, ⑦제화초복을 기원, ⑧산악, 특정 수목, 암석, 호랑이, 인물 등의 신격화는 상고시대의 원형적 틀을 간직한 것이라고 했다.

는 것이다. 그런데 이 같은 현상이 조선조에 이르게 되면 전통제례를 典禮化하는 과정에서 근원적인 종교경험이 의도적으로 차단되는 특징을 지니게 된다. 따라서 『國朝五禮儀』에 나타난 吉禮의 祭禮들은 다만 機能神的인 속성을 지니는 특징을 보여주고 있는 것이다.[31]

3. 古朝鮮·三國의 祀典

필자의 본 연구는 기존의 선행 연구가 많지 않은 형편이다.[32] 이 논제의 주요 참고문헌은 『三國史記』와 『三國遺事』가 있으며, 『高麗史』, 『高麗史節要』, 『朝鮮王朝實錄』, 『增補文獻備考』, 『國朝五禮儀』, 『東銓考』, 『東國輿地勝覽』, 『大東野乘』, 『燃藜室記述』, 『海東繹史』, 『朝鮮巫俗考』 및 全國邑誌 등이 있고, 중국의 문헌으로는 『禮記』, 『書經』, 『詩經』을 비롯한 경전류와 『史記』, 『漢書』, 『三國志』 등의 二十五史와 『春秋繁露』, 『白虎通義』, 『國語』, 『韓詩外傳』 등의 문헌이 있다.

金東旭은 名山大川의 祭典에 대하여 다음과 같이 언급한 적이 있다.

---

31) 鄭鎭弘, 『韓國宗教文化의 展開』, 1986, 집문당, pp.141-159.

32) 이 분야에 대한 연구서로는 金榮振, 『韓國 自然信仰 硏究』(민속원, 1985)·崔光植, 『古代 韓國의 國家와 祭祀』(한길사, 1994)·崔光植, 『한국고대의 토착신앙과 불교』(고려대출판부, 2007) 가 있다. 그 외에 방계적인 것으로는 禮樂, 또는 禮學(혹은 五禮儀)에 관한 연구, 또는 風水地理에 관한 연구, 河川에 관한 연구 등이 있다.

> 명산대천에 대한 제전은 우리나라에도 고유한 것이며, 이를 중국적 陰陽思想에 의하여 배치한데 불과할 것이다. 이런 것이 이조에 내려오기까지 근 천년 동안 제향된 곳도 있으며, 신라의 원초적 신앙으로 해서는 西述의 西述山神母, 五岳의 五岳神君(三國遺事, 感通), 吐含山의 東岳神이 脫解王의 人格神임을 보면(三國遺事 紀異) 각기 산천에 巫俗에 의한 山神說話가 존재했을 것이다. … 이렇게 신라의 山川祭享은 그 제도가 중국의 영향이라 하더라도 그 神格은 그대로 山川으로서 巫覡의 존숭을 받아왔으니, 이는 중국식의 예제로 개편하기 전에 무속에 의한 山神祭를 행하던 곳이거나, 중국식의 예제로 개편된 뒤에도 그 제향은 무속에 의한 것임을 말하는 것으로 이해하여야 할 것이다.[33]

위와 같은 언급을 반복하지 않더라도, 산천제사는 비록 중국의 영향을 받았지만, 우리민족의 고유한 신앙체계에다가 후대로 내려오면서 통치이념에 따라 외래적인 요소를 가미하여 발전한 것이다.

본 연구를 진행하면서 연원에 대한 연구는 중국측의 사료를 검토하지 않을 수 없었다. 구체적인 해당 자료는 우리의 문헌에도 산재하지만, 그 숭배의 연원에 대해서는 중국측의 기록에서 그 체계적인 이유를 살피지 않을 수 없는 것이다. 다만, 선행 연구가 거의 없는 관계로 어려운 중국의 문헌을 뒤적이며, 조심스럽게 접근한 것이다. 山水에 대한 옛 사람들의 인식을 살펴 그 연원을 더듬는 것은 매우 중요한 일이기에, 앞에서 중국측의 자료를 중심으로 살펴보았고, 이제는 우리나라의 산천제사의 면모를 살펴보고자 한다.

---

33) 金東旭, 「新羅의 祭典」, 『新羅民俗의 新研究』(신라문화제학술발표회 논문집 제4집), 신라문화선양회, 1983, p.30.

1) 古朝鮮

국가가 주관하여 하늘(天神)과 땅(地神)에 제사를 지내는 일은 고대에 있어서는 가장 중요한 행사였으며, 이 같은 행위는 天子 또는 諸侯의 위엄과 功業을 드러내는 명분이었다. 동시에 祭天儀禮는 지배자의 정당성 및 생산과 관련되어 경제적으로 뒷받침해 주는 지배이데올로기적인 성격을 갖게 되는데 그 정치적 의미가 있다.[34] 이는 곧 통치질서를 확립해 가는 과정에서 왕권에 대한 신성함의 구현과 함께 종족의 단결을 위한 필수적인 의례로 나타나고 있다.

동양에서는 고래로 天命을 받은 天子가 나라를 세우면서 예악제도를 갖추게 되는데 그 구체적인 내용을 『春秋繁露』에서 살펴 볼 수 있다.

> 하늘에 교제를 지내고 땅의 사직에 제사를 지내며, 큰 명산대천에 망제사를 지내되, 때에 맞게 한다. 태산에 봉제사를 지내고, 양보에 선제사를 지내며, 명당<태묘>을 세워서 선대의 황제를 높여서 제사지내고, 하늘을 제사할 때에 그 할아버지를 천제의 배위로 하니, 천하의 제후들이 각기 그 직책으로 와서 제사를 도울 적에 자기 영역의 토지에서 생산된 곡물을 공물로 바쳐서 먼저 종묘에 들여보내고, 현단복과 면류관의 성대한 복장으로 선조를 뵈니, 선대의 임금들이 덕과 은혜로 후손에게 보답하고, 선대의 보응을 받드는 것이다.[35]

---

34) 崔光植, 『古代 韓國의 國家와 祭祀』, 한길사, 1994, p.164.

35) 董仲舒, 『春秋繁露』 王道 第六, "郊天祀地 秩山川 以時至 封於泰山 禪於梁父 立明堂 宗祀先帝 以祖配天 天下諸侯 各以其職來祭 貢土地所有先以入宗廟 端冕盛服 而後見先 德恩之報 奉先之應也."

고대국가에서는 祀典制度(郊社, 山川祭祀, 封禪儀式, 明堂 先帝祭祀, 宗廟祭祀)를 갖추는 것이 문물제도를 완비하는 것이며, 이를 왕 노릇하는 명분으로 삼았다.

고대국가에서 가장 중요한 일은 戰爭과 祭祀였다.[36] 이 두 가지는 국가가 존립하기 위한 명분이자, 동시에 조상의 이름아래 종족을 단결시키는 기능을 담당하였다. 중국의 기록에는 우리나라(濊)의 산천숭배에 대한 기록이 매우 희귀하게 나타나 있다. 『後漢書』에 보면, "그 나라의 풍속은 산천을 중요시하며, 산과 내마다 읍락의 지경이 있어 함부로 서로 침범하지 않는다."[37]라고 기록하고 있다. 이 기록을 보면 산천을 중시한 것은 알겠으나 구체적인 제사기록은 나타나 있지 않다.

산천에 대한 우리 선인들의 의식은 단군신화에 아래와 같이 나타나 있다. 우리가 국조로 모시는 단군이 하늘에서 내려온 곳은 바로 산이었다. 산은 위치로 보아 지상으로부터 하늘에 가장 가까운 곳이기도 하다.

> 위서에 이르기를, "지금으로부터 2천 년 전에 단군왕검이 있었는데 아사달에 도읍을 정하고, 새로 나라를 세워 국호를 조선이라고 불렀다. 이것은 고와 같은 시기였다." 고 했다. 고기에 이르기를, "옛날에

---

36) 『春秋左氏傳』, 成公 13년 春三月조에 劉子(康公)가 成子(肅公)의 祭肉을 받는 태도가 성실하지 못함을 보고 "나라의 큰 일은 제사와 군사이다. 제사에는 제육(구운 고기)을 받고, 군사에는 출진할 때 제육(날고기)을 받는 예가 있으므로 이 두 가지는 신을 섬기는 커다란 절문이다. 지금 성자가 그것을 소홀히 하는 것은 하늘이 준 명을 저버리는 것이니, 그가 무사히 돌아올 수 있겠는가? 라고 한 것이다.".(國之大事 在祀與戎 祀有執膰 戎有受脤 神之大節也 今 成子惰 棄其命矣 其不反乎).

37) 『後漢書』 卷85 東夷列傳 第五 濊條, "其俗重山川 山川各有部界 不得妄相干涉." 이 기록은 『삼국지』 위지 동이전에도 약간의 글자이동은 있으나 거의 그대로 기록되어 있다.

환인의 서자 환웅이란 이가 있어 자주 천하에 뜻을 두어 인간세상을 탐내어 구하였다. 그 아비가 아들의 뜻을 알고, 아래로 삼위태백산을 내려다보니, 인간들을 널리 이롭게 할만 했다. 이에 환인은 천부인 세 개를 환웅에게 주어 가서 인간 세계를 다스리게 했다. 환웅은 무리 삼천 명을 거느리고, 태백산 마루턱에 있는 신단수 밑에 내려오니, 이곳을 일러 신시라고 했고, 이를 일러 환웅천왕이라고 했다. … 또 도읍을 백악산 아사달로 옮기니, 궁홀산이라고도 하고, 또 금미달이라고도 한다. 그는 일천오백년 동안 나라를 다스렸다. 주나라 무왕이 즉위한 기묘년에 기자를 조선에 봉했다. 단군은 곧 장당경으로 옮겼다가 뒤에 돌아와서 아사달에 숨어서 산신이 되니, 나이는 일천구백팔세였다고 한다.38)

단군이 내려온 신은 태백산(묘향산)이었고, 도읍을 정한 곳은 아사달산(혹은 백악산)이었으며, 그가 내려온 곳은 신단수 아래라고 했다. 더구나 그가 정한 도읍을 '神市'라고 했다는 기록은 태고의 신비스런 모습을 함께 전해주기에 족하다. 단군은 죽어서 아사달산의 신선이 되었다고 하니 단군에 대한 이야기는 명산을 빼놓고는 이야기가 성립이 안될 만큼 산은 단군신화의 배경으로서 중요한 위치를 차지하고 있다.

진한의 육촌의 始祖들이 하늘에서 산상에 하강한 것이나, 가야국의 首露王이 하늘에서 구지봉의 산상에 하강한 것 등은 산이 곧 하늘과 가장 가까이에 있으면서 신과 교통할 수 있는 신성한

---

38) 『三國遺事』卷1, 紀異 第一 古朝鮮<王儉朝鮮>, "魏書云 乃往二千載 有壇君王儉 立都阿斯達 開國 號朝鮮 與高同時 古記云 昔有桓因 庶子桓雄 數意天下 貪求人世 父知子意 下視三危太伯 可以弘益人間 乃授天符印三箇 遣往理之 雄率徒三千 降於太伯山頂 神壇樹下 謂之神市 是謂桓雄天王也 … 又移都於白岳山阿斯達 又名弓忽山 又今彌達 御國一千五百年 周虎王卽位己卯 封箕子於朝鮮 壇君乃移於藏唐京 後還隱於阿斯達 爲山神 壽一千九百八歲."

지역으로 인식되었음을 의미하는 것이다.[39]

중국측의 기록 가운데 아래와 같은 「後漢書」 三韓條의 기록을 보면 고대 우리민족의 제사의 일단을 엿볼 수 있다.

> 항상 오월이면 밭 일을 마치고 귀신에게 제사지내며, 밤낮으로 술자리를 열고 무리지어 노래를 부르며 춤을 추는데, 춤을 출 때는 번번이 수십 명이 서로 따르며 절도있게 땅을 밟는다. 10월에 농사일을 마치고도 다시 이와 같이 한다. 모든 나라의 읍에는 각기 한 사람이 주관하여 천신에게 제사를 지내는데, '천군'이라 부른다. 또한 '소도'를 설치하여 큰 나무를 곧추 세우고 방울과 북을 달아 귀신을 섬긴다.[40]

위의 기록에서 확인할 수 있는 것은 세 가지다. 첫째는 농경시기에 맞추어 감사제를 지냈다는 것이고, 둘째는, 제사를 주관하는 '天君'이 있어 그가 모든 제사를 주관했다는 것이며, 셋째는 蘇塗(神邑: 제사지역 전체)를 설정하여 신성한 공간을 확보하고 귀신을 섬겼다는 것이다. 이 가운데 특히 소도는 신라의 '三所護國之神'(奈林・穴禮・骨火)과 같은 국토의 守護神山으로 뒤에 고려의 三蘇(左蘇・右蘇・北蘇)와도 상통하는 개념이다.[41] 이 같은 삼한의 제사전통은 후일 삼국에도 일정한 영향을 미쳤을 뿐 아니라, 고려시대에도 커다란 영향을 끼친 것으로 보인다. 단군신화에서

---

39) 『三國遺事』 卷1, 新羅始祖 赫居世王條나, 卷2 紀異 駕洛國記條.

40) 『後漢書』 卷85, 東夷列傳 韓條, "常以五月田境祭鬼神 晝夜酒會 群聚歌舞 舞輒數十人相隨蹋地爲節 十月農功畢 亦復如之 諸國邑各以一人主祭天神 號爲天君 又立蘇塗 建大木以懸鈴鼓 事鬼神."

41) 이 소도는 '솟터'(高墟)의 對音으로 제사지역 전체를 포함한 말로 보며, 국어의 '수리', '솔', '솟'은 모두 '高・上・神・山' 借音字로 보아야 한다는 견해가 있다. 李丙燾 역주, 『三國史記』(下), 을유문화사, 1983, pp.164-165.

볼 수 있듯이 한국의 天神은 山이나 山神과 불가분의 관계에 있고, 그 기능이 산신으로 나타남은 단군의 예에서도 확인된다.

이은봉은 산의 종교현상으로 대략 여섯 가지를 꼽고 있는데, 첫째, 산들의 人格化 현상(국가나 마을의 수호신), 둘째, 그 외의 산은 신들의 일시적 혹은 영구적 거주처가 된다고 관념하는 것, 셋째, 산에는 靈들이 살고 있고, 死者들이 가는 他界는 곧 산이라는 관념, 넷째, 특정한 산이 神聖視되는 관념(祭壇, 祠堂, 神堂 등 山川祭祀의 발생), 다섯째, 제단에서 天神(山神)에게 비는 대상이 무엇인가(祈雨祭, 祈雪祭, 護國의 필요성 등), 여섯째, 山과 女山神의 결합(대체로 산신은 남성보다는 女性이나 母性의 명칭을 띄고 나타남)을 든 바 있다.[42]

이와 같은 산에 대한 포괄적인 인식의 범주 속에서 산천신의 형성배경과 의미, 또한 산천제사가 갖는 의미와 변천과정을 대략적으로 고찰해 볼 수 있다고 본다.

2) 高句麗

고구려의 명산대천에 대한 제사기록은 현재 전하는 것이 거의 없다. 『三國史記』에 전하는 산천제사에 대한 유일한 기사는 다음과 같다.

> 또 이르기를, "고구려는 항상 3월 3일에 낙랑의 구릉에 모여 사냥하고 돼지·사슴을 잡아서 하늘과 산천에 제사한다."라고 하였다.[43]

---

42) 李恩奉, 『韓國古代宗教思想』-天神·地神·人神의 構造-, 집문당, 1984, pp.99-111.

43) 『三國史記』 卷32 雜志 第一 祭祀條, "又云 高句麗常以三月三日 會獵樂浪之丘 獲猪鹿 祭天及山川."

위의 기록은 사계절에 걸쳐 정기적으로 행하는 사냥을 통해, 하늘에 제사할 犧牲을 마련하고, 동시에 군사훈련을 겸하는 의식을 보여주고 있다.

중국측의 기록에 보면 고구려에서 鬼神이나 社稷, 零星에 제사 드리기를 좋아한다거나, 두 곳의 神廟(扶餘神과 高登神)에 제사를 지낸다거나, 10월에 하늘에 제사지내는 東盟에 대한 이야기는 전하고 있으나, 산천제사 기록은 매우 드물다. 그러나 제사의 격으로 보아 산천제사 또한 마땅히 지냈을 것으로 추정된다. 고구려의 '東盟'에 대해서는 다음과 같은 기록이 있다.

> 후한서에 이르기를, "고구려에서는 귀신·사직·영성에 제사 드리기를 좋아한다. 10월에는 하늘에 제사 드리면서 크게 모이는데, 이름을 동맹이라 한다. 그 나라 동쪽에 대혈이 있어 이를 수신이라 하는데, 역시 10월에 신을 맞이하여 제사 드린다."라고 하였다.44)

고구려의 동맹이라는 제사를 언급한 것인데, '禭神'이라는 신격은 왕이 친히 제사를 지낸 것으로 보아 시조신에 해당하는 듯이 보인다. 零星에 제사를 지냈다는 기록으로 미루어 산천제사를 거행하였음을 추정할 수 있다. 『三國志』 위지 동이전에는 고구려의 풍속에 대하여 다음과 같이 기록하고 있다.

> 고구려는 요동의 동쪽 천리 밖에 있다. 남쪽은 조선·예맥과, 동쪽은 옥저와, 북쪽은 부여와 국경을 접하고 있다. 환도의 아래에 도읍하였는데, 면적은 사방 2천리가 되고, 가구 수는 3만이다. 큰 산과 깊

---

44) 『三國史記』 卷32 雜志 第一 祭祀條, "後漢書云 高句麗好祠鬼神 社稷 零星 以十月祭天 大會名曰東盟 其國東有大穴 號禭<禭 魏志作隧>神 亦以十月迎而祭之."

> 은 골짜기가 많고, 넓은 들은 없다. 산골짜기에 의지하여 살면서, 간수를 식수로 한다. 좋은 전지가 없으므로 비록 부지런히 농사를 지어도 배를 채우기에 부족하다. 그들의 습속은 음식은 아껴 먹으나, 궁실은 잘 지어 치장한다. 거처하는 좌우에 큰 집을 건립하고, 귀신에게 제사지낸다. 또 영성과 사직에도 제사를 지낸다. 그 나라 사람들의 성질은 흉악하고 급하며, 노략질하기를 좋아한다.45)

위의 기록에도 산천제사에 대한 직접적인 기록은 없으나, 고구려인들이 살았던 지리적인 위치와 관련해 보면 충분히 산천제사의 가능성을 엿볼 수 있다. 더구나 大屋을 지어 귀신에게 제사지내고, 아울러 靈星과 사직에 제사를 지냈다는 언급은 그 가능성을 한결 높여 준다. 산천에 대한 제사는 이들 제사와 격이 다르기 때문이다.

한편, 『北史』의 기록 가운데, "(고구려에서는) 佛法을 믿으며, 귀신을 공경하고 음사가 많았다. 두 곳의 신묘가 있는데, 하나는 夫餘神인데 나무를 조각하여 부인상을 만들었고, 또 하나는 高登神인데 이는 시조인 부여신의 아들이라고 말한다. 함께 官司를 두고 사람을 파견하여 수호하게 하는데, 대개 하백의 딸과 주몽을 말한다."46)라는 것을 보면 곧 天神(山神)과 河神의 결합을 의미하는 구조로 되어 있는 점이 주목된다. 고구려의 풍속에 淫祀

45) 『三國志』卷30, 魏書 30, 烏丸鮮卑東夷傳 제30 高句麗傳條, "高句麗在遼東之東千里 南與朝鮮濊貊 東與沃沮 北與夫餘接 都於丸都之下 方可二千里 戶三萬 多大山深谷 無原澤 隨山谷以爲居 食澗水 無良田 雖力佃作 不足以實口腹 其俗節食 好治宮室 於所居之左右立大屋 祭鬼神 又祀靈星社稷 其人性凶急 喜寇鈔."

46) 『北史』卷94 列傳 第82, 高句麗傳, "信佛法 敬鬼神 多淫祠 有神廟二所 一曰夫餘神 刻木作婦人像 一曰高登神 云是其始祖夫餘神之子 並置官司 遣人守護 蓋河伯女朱蒙云."

가 많다는 위의 기록은 대개 祀典에 편입되기 전의 민간의 무속 제의를 행하는 神堂의 존재를 가리키는 것으로 보인다.

『三國史記』 고구려 본기에는 앞서의 산천제사 기록 외에 아래와 같이 後嗣를 위해 산천에 비는 것과 큰 가뭄이 들자 산천에 기도하는 두 가지 사실이 기록되어 있다.

> 산상왕 7년<203년> 3월에 왕이 자식이 없음으로 해서 산천에 기도했더니, 이달 15일 밤 꿈에 천신이 나타나 말하되, “내가 너의 소후로 하여금 아들을 낳게 할 터이니, 근심을 말라.”라고 하였다. 왕이 꿈을 깨어 군신들에게 말하기를, “꿈에 천신이 나에게 이리저리 간곡히 말을 하였는데, 소후가 없으니 어찌하면 좋은가?”라고 하니, 을파소가 대답하기를, “천명은 헤아릴 수 없으니, 왕께서는 기다리십시오.”라고 하였다.47)

> 5년 여름에 큰 가뭄이 있어 왕은 평소의 반찬을 줄이고, 산천에 기도하였다.48)

위의 기록은 왕위를 이을 왕자의 탄생이나, 가뭄을 해소하기 위해 산천에 기원한 것으로, 이는 왕실의 안녕과 국가의 백년대계를 위해 산신에게 기원한 것이다. 따라서 고구려 본기에는 산천제사에 대한 직접적인 기록은 없으나, 시조의 사당에 제사하는 기록이 많은 것을 보면 국가의 결속력을 다지는 尙武精神이 강조되어 주변 나라와는 다른 특징을 보여주는 것이 아닌가 생각된다.

---

47) 『三國史記』 卷16 高句麗 本紀 第四 山上王條, “七年 春三月 王以無子禱於山川 是月十五夜 夢天謂曰 吾令汝小后生男勿憂 王覺語群臣曰 夢天語我諄諄如此 而無小后奈何 巴素對曰 天命不可測 王其待之.”

48) 『三國史記』 卷19 高句麗本紀 第7 平原王 5年條, “五年 夏 大旱 王減常膳 祈禱山川.”

3) 百濟

백제의 경우도 산천제사에 대한 기록은 남아 있는 것이 거의 없다. 『三國史記』 제사조에 다음과 같은 단편적인 기록이 전하고 있다.

> 책부원구에 이르기를, "백제는 매년 4중월<2·5·8·11월>에 왕이 하늘과 오제의 신을 제사한다. 그 시조 구태의 묘를 나라 도성에 세우고 사계절로 제사한다."라고 하였다.49)

> 고기에, "온조왕 20년 춘 2월에 단을 베풀고 천지에 제사드렸나."라고 하였다.50)

중국의 기록(宋, 『冊府元龜』)을 원용하여 백제가 하늘에 제사를 지낸 것과 오제(五方)의 신과 시조를 제사지냈다는 언급은 백제의 자주적인 입장을 반영하고 있다. 또한 온조왕 때에 천지에 제사를 지낸 것으로 보아 초기에는 백제가 독자적으로 천지에 제사를 지낸 자취를 엿볼 수 있다. 백제의 산천제사에 대한 기록은 『三國史記』 백제 본기의 기록 가운데 다음과 같이 전하고 있다.

> 고이왕 10년 춘정월 : 大壇을 설치하여 天地와 山川에 제사하였다.51)

---

49) 『三國史記』 卷32 志1 祭祀條, "冊府元龜云 百濟每以四仲之月 王祭天及五帝之神 立其始祖仇台 廟於國城 歲四祠之."

50) 『三國史記』 卷32 志1 祭祀條, "古記云 溫祚王二十年 春二月 設壇祠天地."

51) 『三國史記』 卷24 百濟本紀 第二 古尒王條, "十年 春正月 設大壇 祀天

아신왕 11년 여름 : 큰 가뭄이 들어 벼 싹이 타서 마르므로 왕이 친히 횡악에 제사지냈더니 비가 왔다.[52]

천지와 산천에 제사를 지냈다는 것은 천명을 받은 주체임을 내외에 과시하는 행위이다.

그런데 위의 직접적인 기록을 제외하고, 백제의 제사기록 가운데에는 10여 곳에 '祀天地'라는 기록이 자주 보이는데 이는 백제의 특이한 경우라고 할 수 있다. 오히려 南壇이나 南郊(비류왕 10년 춘정월)에서의 郊祉의 예를 통해 천자와 대등한 예를 행한 흔적을 확인할 수 있다. 특히, 고이왕대에 祭天祀地의 시기가 3회에 걸쳐 春正月에 이루어졌으며, 이후 정례화 되었다는 기록은 고이왕대에 문물제도가 갖추어진 것으로 보는 학계의 견해와 일치한다.[53]

위와 같은 기록을 통해 백제의 경우도 고구려와 같이 천지에 제사를 지내는 등 활발한 제천활동을 한 것으로 미루어 명산대천에 대한 제사 역시 빠짐없이 거행했으리라고 본다.

중국의 『周書』 異域列傳의 百濟條에 보면, 다음과 같은 기록이 나오는데, 여기서도 산천제사에 대한 직접적인 언급은 없다.

그들의 의복은 남자는 대략 고(구)려와 동일하였다. 조회나 제사지낼 때에는 관의 양쪽 옆에 깃을 달았으나, 군사에는 그렇지 않았다. 절하고 뵙는 예는 두 손을 땅에 짚어 공경을 나타냈다. 부인의 의복은 도포 같으면서도 소매가 약간 컸다. 시집가지 않은 여자는 편발로

地山川."

52) 『三國史記』 卷25 百濟本紀 第3, 阿莘王條, "十一年 夏 大旱 禾苗焦枯 王親祭橫岳 乃雨."

53) 車勇杰, 「百濟의 祭天祀地와 政治體制의 變化」, 『韓國學報』 11, 일지사, 1978년 여름, p.65.

머리 위에 또아리를 틀고 뒤로 한 가닥을 늘어뜨리는 것으로 꾸밈을 삼았고, 시집 간 사람은 이를 두 가닥으로 늘어뜨렸다. 병기로는 활·화살·칼·창이 있다. 그들의 습속은 말타기와 활쏘기를 숭상하고 아울러 경전과 사서를 애독하니, 뛰어난 사람은 제법 문장을 엮을 줄도 알았다. 또한 음양·오행도 이해하였다. 송의 원가력을 채용하여 인월로 세수를 삼았다. 또 의약·복서 및 점치고 관상보는 법도 알고 있었다. 투호와 저포 등의 여러 가지 놀이가 있으나 바둑이나 장기를 더욱 숭상한다. 중과 절, 탑은 매우 많으나, 도사는 없다. … 토지는 낮고 습하였으며, 기후는 따뜻하다. 오곡과 각종 과일·채소 및 술·음식·반찬·의약품은 거의 중국과 같고, 낙타·당나귀·노새·양·거위·오리 따위는 없다. 그 나라의 왕은 매 계절의 중월에 하늘과 오제의 신에게 제사지내고, 또 해마다 네 번씩 그의 시조 구태의 사당에 제사드린다.54)

위의 기록에서 하늘과 오제의 신에게 제사지내며, 시조묘에 제사지낸다는 언급은 국가의 祀典이 갖추어졌음을 의미한다. 더구나 祭天행위는 모든 제사의 근원에 위치하는 것이므로, 백제 역시 초창기에는 독자적으로 제사의식을 행하고 있었음을 알 수 있다.『三國遺事』에 보면 다음과 같은 기록이 보인다.

또 고을 안에는 산이 세 개가 있어서 그것을 일산·오산·부산이

---

54)『周書』卷49 列傳 第41 異域 上 百濟條, "其衣服 男子畧同於高麗 若朝拜祭祀 其冠兩廂加翅 戎事則不 拜謁之禮 以兩手據地爲敬 婦人衣似袍 而袖微大 在室者 編髮盤於首 後垂一道爲飾 出嫁者 乃分爲兩道焉 兵有弓箭刀矟 俗重騎射 兼愛墳史 其秀異者 頗解屬文 又解陰陽五行 用宋元嘉曆 以建寅月爲歲首 亦解醫藥卜筮占相之術 有投壺樗蒲等雜戲 然尤尙奕棊 僧尼寺塔甚多 而無道士…土田下濕 氣候溫暖 五穀雜果菜蔬及酒醴餚饌藥品之屬 多同於內地 唯無駝驢騾羊鵝鴨等 其王以四仲之月 祭天及五帝之神 又每歲四祠其始祖仇台之廟."

> 라고 하는데 백제가 전성하던 때에는 신들이 그 산 위에 살면서 서로 날아 왕래하기를 조석으로 끊임이 없었다.55)

위의 기록은 마치 신라의 三山과 같은 모습을 전해주고 있는데 이로 미루어 본다면 고구려나 백제 역시 국가의 수호신격인 三山과 五嶽의 제도가 있었던 것으로 추측할 수 있다. 현재 전하는 『三國史記』 제사조의 기록은 후일 신라가 삼국을 통일하였기 때문에 자연 신라중심으로 기술된 것일 뿐이다.

4) 新羅

『三國史記』 卷32 雜志 祭祀조에 보면 삼국의 제사에 관하여 간략하게 기록되어 있다. 그 가운데서도 신라의 산천제사에 대한 기록은 비교적 자세한 편이지만, 고구려와 백제에 대한 기록은 매우 영성하여 古記나 중국의 史書에 의존하고 있는 형편이다. 중국과의 사대관계가 비교적 엄격했던 시기에는 제후국으로서의 위상에 맞게 시행했겠지만, 그 이전에는 비교적 자유로웠으리라고 추정된다. 현존하는 『禮記』의 기록은 천자와 제후의 관계를 의식하여 기록한 흔적이 엿보인다. 그 결과 제후의 封內에 있는 산천에 대한 기록만이 남아 있을 뿐이고, 天神과 地祇에 대한 제사에는 미치지 못했다는 것은 아래의 기록으로 미루어 보아도 짐작이 가는 것이다.

> 제36대 혜공왕 때에 이르러 처음으로 5묘의 제를 정하였다. 미추왕은 김씨의 시조가 됨으로 해서, 또 태종대왕·문무대왕은 백제와 고

55) 『三國遺事』 卷2, 南扶餘 前百濟 北扶餘條, “又郡(扶餘)中有三山 曰日山 吳山 浮山 國家全盛之時 各有神人居其上 飛相往來 朝夕不絶.”

> 구려를 평정한 큰 공적이 있음으로 해서 모두 세세불천의 신위로 삼고, 거기에 친묘 2위를 합해 5묘로 하였다. 제37대 선덕왕에 이르러서는 사직단을 세웠으며, 또 그 사전에 나타난 것이 다 국내의 산천뿐이요, 천지에는 미치지 못했으니, 이는 대개 예기 왕제에, "천자는 7묘요, 제후는 5묘이니, 2소·2목과 태조의 묘를 합하여 5묘가 된다." 라고 하였고, 또 이르기를, "천자는 천지와 천하의 명산대천을 제사하되, 제후는 사직과 자기 영지 내에 있는 명산대천만을 제사한다." 라고 하였으니, 이러므로 감히 예를 벗어나지 않고 실행한 것이 아니겠는가![56]

위의 기록으로 미루어 보아도 삼국시대와 그 이전의 경우는 독자적인 입장에서 천신과 지신에 대해서 제사를 행했을 것으로 보인다. 신라의 四靈地에 대한 아래의 기록은 산에 대한 신라인들의 신성한 의식의 일단을 보여주기에 충분하다.

> 신라에는 네 곳의 신령스러운 땅이 있어 나라의 큰 일을 의논할 때면 대신들은 반드시 이곳에 모여서 일을 의논했다. 그러면 그 일이 반드시 이루어지는 것이었다. 이 네 곳의 첫째는 동쪽의 청송산이며, 둘째는 남쪽의 오지산이요, 셋째는 서쪽의 피전이요, 넷째는 북쪽의 금강산이다.[57]

---

56) 『三國史記』 卷32 雜志 祭祀條, "至第三十六代惠恭王 始定五廟 以味鄒王爲金姓始祖 以太宗大王文武大王 平百濟高句麗有大功德 並爲世世不毁之宗 兼親廟二爲五廟 至第三十七代宣德王 立社稷壇 又見於祀典 皆境內山川 而不及天地者 蓋以王制曰 天子七廟 諸侯五廟 二昭二穆與太祖之廟而五 又曰 天子祭天地天下名山大川 諸侯祭社稷 名山大川之在其地者 是故 不敢越禮而行之者歟."

57) 『三國遺事』 卷1 紀異 眞德王條, "新羅有四靈地 將議大事 則大臣必會其地 謀之則其事必成 一 東曰靑松山 二曰 南亏知山 三曰 西皮田 四曰 北金剛山."

위에 기록한 네 곳은 모두 四方의 산이며, 大事란 전쟁과 제사를 의미하는 것으로 본다면 이 네 곳의 국가적 위상은 四靈地란 명칭만으로도 국가와 동격으로 여겨질 정도로 신성하다. 『三國史記』 권32 잡지 제사조에 보면 三山·五嶽 이하 명산대천을 다음과 같이 大·中·小祀로 나누어 기술하고 있다. 이 대·중·소의 三祀는 중국의 제도를 모방한 것으로 『周禮』에는 다음과 같은 기록이 있다.

> 大祀를 세워 옥과 비단과 흰색의 온전한 희생으로 제사하며, 次祀를 세워 희생과 폐백으로 제사하며, 小祀를 세워 희생으로 제사한다." 라고 했다. 정사농이 이르기를, "대사는 천지를 제사하며, 차사는 일월성신을 제사하며, 소사는 사명(宮中小神) 이하를 제사한다."라고 했다. 정현은 말하기를, "대사는 또한 종묘에 제사지내며, 차사는 또한 사직과 오사와 오악에 제사지내고, 소사는 또한 사중(星名)과 풍사와 우사와 산천의 모든 신에게 제사지낸다.[58]

위의 三祀에는 다 神堂이 있어 국가에서 遣官致祭하던 곳이니, 신라의 경우, 중국의 祀典제도를 모방하여 아래와 같은 삼사의 제도를 확립한 것으로 보인다. 이는 동시에 신라가 삼국을 통일하면서 신라 중심의 천하사상을 확립하기 위한 방편으로 이루어졌던 것이다. 중국의 경우 大祀가 조상신을 제사지내는 것에 비해 신라의 경우는 국가의 수호산인 三山(奈歷, 骨火, 穴禮)을 제사지내는 것으로 보아 삼산을 국가의 수호신처럼 신성시하는 하

---

58) 『周禮』 卷19 春官 小宗伯條, "立大祀 用玉帛牲牷 立次祀 用牲幣 立小祀 用牲." "鄭司農(鄭衆)云 大祀 天地 次祀 日月星辰 小祀 司命已下 玄謂大祀又有宗廟 次祀又有社稷 五祀 五岳 小祀又有司中 風師 雨師 山川百物."

는 의식을 살필 수 있다. 『三國史記』 제사조에 보면 三祀(대사・중사・소사)를 다음과 같이 분류하고 있다.

・大祀 : 3산 = 1은 나력(습비부), 2는 골화(절야화군), 3은 혈례(대성군).

・中祀 : 5악 = 동악은 토함산(대성군), 남악은 지리산(청주), 서악은 계룡산(웅천주), 북악은 태백산(날이군), 중악은 부악(일명 공산이니 압독군).

・四鎭 : 동은 온말근(아곡정), 남은 해치야리(일운 실제니 추화군), 서는 가야갑악(마시산군), 북은 웅곡악(비열홀군).

・四海 : 동은 아등변(일운 근오형변이니 퇴화군), 남은 형변(거칠산군), 서는 미릉변(시산군), 북은 비례산(실직군).

・四瀆 : 동은 토지하(일운 참포니 퇴화군), 남은 황산하(삽량주), 서는 웅천하(웅천주), 북은 한산하(한산주).
속리악(삼년산군), 추심(대가야군), 상조음거서(서림군), 오서악(결사군), 북형산성(대성군), 청해진(조음도).

・小祀 : 상악(고성군), 설악(수성군), 화악(근평군), 감악(칠중성), 부아악(북한산주), 월나악(월나군), 무진악(무진주), 서다산 (백해군 난지가현), 월형산(나토군 사열이현), 도서성(만노군), 동로악(진례군 단천현), 죽지(급벌산군), 웅지(굴자군 웅지현), 악발(일운 발악이니, 우진야군), 우화 (생서량군 우화현), 삼기(대성군), 훼황(모량), 고허(사량), 가아악(삼년산군), 파지곡원악(아지현), 비약악(퇴화군), 가림성(가림현, 1본에는 영암산·우풍산은 있으나 가림성은 없다), 가량악(청주), 서술(모량).[59]

---

59) 『三國史記』 卷32 雜志 1, 祭祀條.
・大祀 : 三山 : 一 奈歷(習比部), 二 骨火(切也火郡), 三 穴禮(大城郡).
・中祀 : 五岳 : 東 吐含山(大城郡), 南 地理山(菁州), 西 鷄龍山(熊川州), 北 太伯山(奈已郡), 中 父岳(一云 公山 押督郡).
・四鎭 : 東 溫沫懃(牙谷停), 南 海恥也里(一云 悉帝 推火郡), 西 加耶岬岳

大祀인 三山은 현재 경주의 명활산과 영천의 골화산, 그리고 안강의 혈례산인데,[60] 모두 경주와 그 주변을 둘러싸서 경주를 외호하는 산으로 존재한다. 이들 三山은 국가적 전략의 요충지일뿐 아니라, 국가 수호신적인 의미와 함께 王京을 수호하는 신앙적·전략적인 산들이다.[61] 三山 중에 골화와 혈례가 모두 金庾信將軍의 전설을 간직하고 있다는 점에서 이 같은 삼산의 신앙 및 관념체계가 통일이전에 성립된 것이 아니라, 五岳과 같이 통일 이후에 만들어졌다는 논의도 의미있는 지적이라고 본다. 즉, 삼산은 신라의 발상지인 경주를 중심으로 짜여진 것으로 보는 것이다.[62]

(馬尸山郡), 北 熊谷岳(比烈忽郡).

- 四海 : 東 阿等邊(一云 斤烏兄邊 退火郡), 南 兄邊(居柒山郡), 西 未陵邊(屎山郡), 北 非禮山(悉直郡).
- 四瀆 : 東 吐只河(一云 槧浦 退火郡), 南 黃山河(歃良州), 西 熊川河(熊川州), 北 漢山河(漢山州).

俗離岳(三年山郡), 推心(大加耶郡), 上助音居西(西林郡), 烏西岳(結巳郡), 北兄山城(大城郡), 淸海鎭(助音島).

- 小祀 : 霜岳(高城郡), 雪岳(迂城郡), 花岳(斤平郡), 鉗岳(七重城), 負兒岳(北漢山州), 月奈岳(月奈郡), 武珍岳(武珍州), 西多山(伯海郡 難知可縣), 月兄山(奈吐郡 沙熱伊縣), 道西城(萬弩郡), 冬老岳(進禮郡 丹川縣), 竹旨(及伐山郡), 熊只(屈自郡 熊只縣), 岳髮(一云 髮岳 于珍也郡), 于火(生西良郡于火縣), 三岐(大城郡), 卉黃(牟梁), 高墟(沙梁), 嘉阿岳(三年山郡), 波只谷原岳(阿支縣), 非藥岳(退火郡),加林城(加林縣 一本 有靈嵒山虞風山 無加林城), 加良岳(菁州), 西述(牟梁).

60) 이 三山에 대해서는 경주의 狼山과, 영천의 金剛山, 청도의 烏禮山으로 비정한 李丙燾의 견해가 있고(『국역 三國史記』, 을유문화사, 1977, pp.498-499), 최광식은 나력산을 明活山으로 보았으며(『고대 한국의 국가와 제사』, 한길사, 1994, p.301), 金侖禹는 혈례산을 영일군에 있는 어래산으로 추정한 바 있다(「신라시대 대성군에 관한 고찰」, 『신라문화』 3-4 합집, 1987, p.61).

61) 崔光植, 『古代 韓國의 國家와 祭祀』, 한길사, 1994, p.318.

62) 洪淳昶, 「新羅 三山·五岳에 대하여」, 『新羅民俗의 新硏究』(신라문

또한 小祀에 포함된 祭場은 주로 산악인데, 대개가 그 지역의 鎭山으로 되어 있다. 이는 곧 그 지역을 수호하는 산이라는 의미와 함께 이전 성읍국가의 조상신이 거의 그대로 신라의 祀典 속에 편입된 것을 의미하는 것이다.[63]

위의 기록 중 가장 중요한 大祀인 三山에 대하여는 다음과 같은 유명한 일화가 전해지고 있다. 『三國遺事』 권1 기이편 상에 보면, 김유신이 18세에 國仙이 되었는데, 그의 무리중에 白石이란 자가 있었다. 그는 고구려의 첩자로서 김유신을 유인하여 없애고자 파견된 사람이었다. 김유신이 삼국을 통일할 생각이 있음을 알고 접근하여 먼저 상대방 나라(고구려)의 정세를 정탐할 것을 제의하자, 김유신이 동의하여 따라 나섰다. 고구려로 가던 중에 골화천에 이르자, 여자 셋이 나타나 함께 이야기하며 정담을 나누었다. 여인들은 기회를 엿보아 백석을 떼어 놓고 유신과 이야기 할 것을 청하니 유신이 이에 응하자, 낭자들은 문득 神의 형상으로 변하여 다음과 같이 말하는 것이었다.

> "우리들은 내림·혈례·골화 등 세 곳의 호국신입니다. 지금 적국의 사람이 낭을 유인하는 데도, 낭은 그것을 알지 못하고 따라가므로, 우리는 낭을 말리려고 여기 온 것입니다." 하고 말을 마치자, 낭자들은 자취를 감추었다.[64]

낭자들이 자신들을 내림과 혈례,[65] 골화 등 세 곳의 護國神이

화제학술발표회논문집 제4집), 신라문화선양회, 1983, p.42.

63) 金杜珍, 『韓國 古代의 建國神話와 祭儀』, 일조각, 1999, p.357.

64) 『三國遺事』, 卷1, 紀異篇 上 金庾信條, "我等 奈林 穴禮 骨火等三所護國之神 今敵國之人 誘郎引之 郎不知而進途 我欲留郎而至此矣 言訖而隱."

65) 혈례의 위치에 대해서는 대략 두 가지 설이 있다. 李丙燾는 지금의

라고 말한 것은 주목할 만하다. 앞의 인용문에서 보았듯이 신라는 제사를 大祀·中祀·小祀로 분류하였는데, 三山에 대한 제사는 바로 大祀에 해당하는 것으로 신라에서 매우 중시한 국가의 수호신이기 때문이다. 이 삼산신앙은 우리나라의 三神신앙에서 비롯한 것으로 보는 견해가 지배적이다.[66] 중국에서는 오악은 있으나, 삼산제도가 없으며, 더욱이 백제와 신라에 삼산이 존재하기 때문이다. 『三國遺事』에는 김유신의 혼백이 미추왕릉을 찾아가 자신의 후손이 억울하게 죽임을 당한 일에 대해 서운함을 토로하자 미추왕이 김유신을 위로하는 장면이 다음과 같이 나온다.

> 왕은 이 소식(김유신의 혼백이 미추왕릉에서 서운함을 토로한 일: 필자)을 듣고 두려워하여 이내 김경신을 보내 김공의 무덤에 가서 사과하였으며, 공을 위해 공덕보를 세우고 그 밑천으로 밭 30결을 취선사에 하사하여 공의 명복을 빌게 하였다. 이 절은 김공이 평양을 토벌한 후에 복을 빌기 위하여 세웠던 것이었기 때문이다. 미추의 영혼이 아니었던들 김공의 노여움을 막지 못했을 것이므로 왕이 나라를 수호한 힘은 크다고 아니할 수 없다. 그러므로 나라 사람들이 그 덕을 생각하여 三山과 함께 제사지내기를 조금도 게을리 하지 않고 그 서열을 오릉의 위에 두어 대묘라고 불렀다.[67]

淸道 烏山이라고 했고(『역주 三國遺事』(광조출판사, 1972, p.219, 주2 참조), 金庠基는 月城郡의 斷石山이라고 했다(「화랑과 미륵신앙에 대하여」,『한국사학논총』(이홍직박사회갑기념, 1969).

66) 李丙燾, 『高麗時代의 硏究』, 아세아문화사, 1980, p.268.

67) 『三國遺事』 卷1 紀異 未鄒王竹葉軍條, "王聞之懼 乃遣大臣金敬信 就金公陵謝過焉 爲公立功德寶田三十結于鷲仙寺 以資冥福 寺乃金公討平壤後 植福所置故也 非未鄒之靈 無以遏金公之怒 王之護國 不爲不大矣 是以邦人懷德 與三山同祀而不墜 躋秩于五陵之上 稱大廟云."

김유신과 미추왕의 혼백이 나라를 위해 애쓰는 모습도 인상적이지만, 혜공왕이 이 사실을 듣고 김유신에게 사과하고 복전을 하사하여 명복을 빈 일과 미추왕의 능(죽현릉)을 오릉의 위에 두어 三山과 함께 제사지냈다는 사실은 三山이 신라 호국신앙의 중심지였음을 말해주는 기록이다.

또한, 국가가 위태롭거나 정치가 어지러울 때는 하늘이 災異로서 임금에게 경고하였으며, 地神들이 나타나 춤을 추면서 왕에게 경계했던 것은 고대의 기록에서 흔히 볼 수 있는 현상이다.[68] 위의 세 곳의 호국신도 그 같은 수호신의 역할을 수행하고 있음을 살필 수 있다.

董仲舒의 『春秋繁露』에 보면 다음과 같이 災異에 대한 의미가 설명되어 있다.

> 그<災殃과 祥瑞: 필자> 대략의 분류는 천지의 사물이 떳떳하지 않게 변함이 있는 것을 '異'라 하고, 삭게 이르는 것을 '災'라고 하는 것이니, '재'라는 것은 언제나 먼저 이르고, 그 다음에 괴이한 '이'가 그 뒤를 따르는 것이다. '재'라는 것은 하늘이 사람에 대하여 견책하는 것이고, '이'란 것은 하늘이 위엄을 보이는 것이니, 견책을 내렸는데도 경고한 바를 알지 못하면 위엄으로써 두렵게 하는 것이니, 시경(周頌 我將篇)에 이르기를 '하늘의 위엄을 두려워한다'라고 하였으니, 대개 이를 이르는 것이다. 무릇 재이가 일어나는 근본적인 이유는 모두 국가의 잘못에서 생기는 것이다. 국가의 잘못이 비로소 처음 싹이 되어 하늘이 재이를 내어 견책하고 경고하는 것이며, 견책하고 경고하여도 변화를 알지 못하면 괴이로써 놀라게 하고, 놀라게 했는데도 오히려 두렵고 무서워 할 줄을 알지 못하면 재앙이 비로소 이르는 것이니, 이것으로 하늘의 뜻이 어질어서 사람을 나쁜 해에 빠뜨리지

68) 『三國遺事』 卷第二 紀異 第二, 處容郞望海寺條.

않으려는 것을 보겠다.[69)]

'災'는 하늘이 인간에게 견책하는 것이고, '異'는 하늘의 위엄을 보이는 것이다. 하늘이 인간에게 재를 통해 견책하되 깨닫지 못하면 怪異로서 두렵게 하고, 그래도 깨닫지 못하면 마침내는 재앙으로 심판하는 것이다. 이 같은 견해는 自然現象 뒤에 조물주의 보이지 않는 섭리작용이 있음을 의미하는 것이다.

신라 제4대 탈해왕은 재위 23년 만에 죽자 疏川丘에 장사지냈다. 후에 神으로 나타나 '내 뼈를 조심해 묻으라'고 하자, 파내어 뼈를 부수어 소상을 만들어 대궐 안에 안치했다. 그후 탈해신이 또 나타나 이르기를, '내 뼈를 동악에 안치하라,' 고 하니, 다시 그 곳에 안치했는데, 이 같은 과정을 『三國遺事』에서는 細註로 다음과 같이 기록하고 있다.

> 혹은 말하기를, 탈해가 세상을 떠난 후, 27대 문무왕 조로 2년 경진(680) 3월 15일 신유 밤 문무왕의 꿈에 험상궂게 생긴 노인이 나타나 말하기를, "나는 탈해인데, 내 뼈를 소천구에서 파내어 소상을 만들어 토함산에 봉안하라"라고 했으므로, 왕은 그 말을 좇았다고 하며, 그런 까닭으로 지금까지 나라에서 제사지냄이 계속되어 왔으니, 이를 동악신이라 한다.[70)]

---

69) 董仲舒, 『春秋繁露』 必仁且智 第三十, "其大略之類 天地之物 有不常之變者 謂之異 小者 謂之災 災常先至而異乃隨之 災者 天之譴也 異者 天之威也 譴之而不知 乃畏之以威 詩云 畏天之威 殆此之謂也 凡災異之本 盡生於國家之失 國家之失 乃始萌芽 而天出災害<異>以譴告之 譴告之而不知變 乃見怪異以驚駭之 驚駭之尙不知畏恐 其殃咎乃至 以此 見天意之仁 而不欲陷人也."

70) 『三國遺事』 卷1, 紀異篇 上, 第四脫解王條, "一云 崩後二十七世文虎王代 調露二年庚辰三月十五日 辛酉夜 見夢於太宗[文武王]有老人貌甚威猛曰我是脫解也 拔我骨於疏川丘 塑像安於土含山 王從其言 故 至今國祀

탈해가 죽자, 그의 뼈를 소상으로 만들어 토함산에 봉안하여 동악신으로 받들었고, 그 이후 국가의 수호신으로 기능하고 있음을 보여주는 기록이다. 토함산은 신라가 中祀로 제사를 지내던 五岳의 하나로서 지리산, 계룡산, 태백산, 부악과 함께 제사를 받들던 곳이다. 이 같은 三山五嶽의 護國神的인 기능은 신라인들에게는 매우 중요한 신앙이었다. 이 같은 산천숭배의 호국신앙은 불교가 들어오면서, 그리고 삼국을 통일하는 과정에서 佛國土信仰으로 또 다시 변화하는 모습을 보이게 된다.

신라의 五岳에 대해서는 『三國遺事』에 다음과 같이 細註로서 그 지명과 방위를 제시하고 있다.

> 진평왕 때에 지혜라 비구니가 있어 어진 행실이 많았다. 안흥사에 살았는데 새로 불전을 수리하려 했지만 힘이 모자랐다. 어느 날 꿈에 모양이 아름답고 푸른 구슬로 머리를 장식한 선녀가 와서 그녀를 위로해 말했다. "나는 바로 선도산 신모다. 네가 불전을 수리하려는 것을 기쁘게 생각하여 금 10근을 주어 돕고자 한다. 내가 있는 자리 밑에서 금을 캐내어 주존 3상을 장식하고, 벽 위에는 53불·6류성중 및 모든 천신과 5악의 신군(신라 때에 5악이 있으니, 동쪽은 토함산, 남쪽은 지리산, 서쪽은 계룡산, 북쪽은 태백산, 중앙은 부악 또는 공산이라 한다)을 그리고, 해마다 봄과 가을의 10일에 남녀 신도들을 많이 모아 널리 모든 함령들을 위해서 점찰법회를 베푸는 것으로써 일정한 법칙을 삼도록 하라."라고 했다.[71]

不絶 卽東岳神也云."

71) 『三國遺事』 卷5, 感通 第七, 仙桃聖母隨喜佛事條, "眞平王朝 有比丘尼名智惠 多賢行 住安興寺 擬新修佛殿而力未也 夢一女仙風儀婥約 珠翠飾鬟 來慰曰 我是仙桃山神母也 喜汝欲修佛殿 願施金十斤以助之 宜取金於予座下 粧點主尊三像 壁上繪五十三佛 六類聖衆 及諸天神 五岳神君(羅時五岳謂東吐含山 南智異山 西雞龍 北太伯 中父岳 亦云公山也) 每春秋二季之十日 叢會善男善女 廣爲一切含靈 設占察法會 以爲恒規."

신라시대에는 五岳(토함산, 계룡산, 지리산, 태백산, 부악산<팔공산>)의 신<神君>들도 主尊三像, 五十三佛, 六類聖衆 등 불교에서 받드는 부처님들 및 諸天神과 함께 神君으로 모셔지고 있음을 볼 수 있다. 西述神母는 小祀로 제사지내던 서술산의 신모이나, 위의 기록에서 확인할 수 있듯이 재래의 산천신앙과 불교와의 습합현상을 볼 수 있는 것이다. 『三國史記』 신라본기나 『增補文獻備考』에 보면 다음과 같은 山川祭祀 및 바다에 대한 望祭의 기록을 확인할 수 있다.

> 파사니사금 30년 7월 : 누리가 곡식을 해치므로, 왕은 산천에 두루 제사하여 기도를 드렸더니, 누리가 없어지고 풍년이 들었다.[72]

> 일성니사금 5년 10월 : 북쪽으로 순수하여 왕이 친히 태백산에 제사하였다.[73]

> 첨해니사금 7년 7월 : 5월부터 7월에 이르도록 비가 오지 않으므로 시조의 사당 및 명산에 기도하고 제사하니 이내 비가 왔다.[74]

> 미추니사금 3년 2월 : 동쪽으로 순행하여 바다에 망제하였다.[75]

> 혜공왕 12년 1월 : 감은사에 거둥하여 바다에 망제하였다.[76]

---

72) 『三國史記』 卷1 新羅本紀 第1 婆娑尼師今條, "三十年 秋七月 蝗害穀 王遍祭山川 以祈禳之 蝗滅有年."
73) 『三國史記』 卷1, 新羅本紀 第1 逸聖尼師今條. "五年 冬十月 北巡 親祀太白山."
74) 『三國史記』 卷2 新羅本紀 第2 沾解尼師今條, "自五月至七月 不雨 禱祀祖廟及名山 乃雨."
75) 『三國史記』 卷2 新羅本紀 第2 味鄒尼師今條, "三年 春二月 東巡幸望海."

> 경문왕 4년 2월 : 왕이 감은사에 행차하여 바다에 망제하였다.[77]

> 기림왕 3년 : 우두주<지금의 춘천이다>에 이르러 태백산에 망제하였다.[78]

위의 여러 기사는 임금이 직접 순수하면서 명산대천에 제사하거나 망제한 기록으로 제후국가의 위용뿐 아니라, 천자의 위엄까지 드러내고 있음을 은연중 살필 수 있는 자료이다.

특히, 감은사에 행차하여 망제를 지내는 기록은 왜구에 대한 문무왕의 海中陵과 관련하여 호국적인 의미를 더해주는 기록이 아닐 수 없다.

『三國遺事』 권5 包山二聖條에는 다음과 같은 山神에 대한 이야기가 나온다.

> 태평흥국 7년 임오에 중 성범이 처음으로 이 절에 와서 살았다. 만일미타도량을 열어 50여년을 부지런히 힘썼는데, 여러 번 특이한 상서가 있었다. 이때 현풍의 신도 20여명이 해마다 결사하여 향나무를 채취하여 절에 바쳤는데, 언제나 산에 들어가 향나무를 채취하여 쪼개어 씻어서 발 위에 펼쳐두면 그 향나무가 밤에 촛불처럼 빛을 발하였다. 이로부터 고을 사람들이 그 향도들에게 크게 보시하고 빛을 얻은 해라 하여 하례하였다. 이는 두 성사의 영감이요, 혹은 산신의 도움이었다. 산신의 이름은 정성천왕으로 일찍이 가섭불 때에 부처님의 부탁을 받았으니, 그 발원의 서에 말하기를, "산중에서 일천 명의

---

76) 『三國史記』 卷9 新羅本紀 第9 惠恭王條, "十二年 春正月 幸感恩寺望海."
77) 『三國史記』 卷11 新羅本紀 第11 景文王條, "四年 春二月 王幸感恩寺望海."
78) 『增補文獻備考』 卷61, 禮考 八, 嶽海瀆山川, "基臨王三年至牛頭州(今春川) 望祭太白山."

출세를 기다려 남은 과보를 받겠다."라고 했다.[79]

위의 기록을 자세히 살펴보면 불교가 들어오면서 재래의 산신신앙과 습합되는 모습을 확인할 수 있다. 산신의 이름이 '靜聖天王'이라는 불교식의 이름을 지녔다거나, 가섭불과의 인연을 이야기하는 것은 재래의 산신신앙과 불교와의 습합을 보여주는 예라 할 것이다. 그런데, 위의 정성천왕의 이야기는 『朝鮮巫俗考』에 『輿地勝覽』의 기록을 인용하여 현풍의 城隍祠에 대한 기록으로 전해지고 있다.[80]

八關會에 대해서는 『三國史記』 권44, 열전 제4의 거칠부전에 처음으로 팔관회를 열었다는 기록이 나오는데,[81] 이에 대한 본격적인 기록은 『三國遺事』의 황룡사 구층탑조에 아래와 같이 자세히 기록되어 전하고 있다. 자장법사가 중국에 유학가서 수도하던 중 大和池 가를 지나다가 神人을 만나 대화를 나누는 가운데 신인이 본국에 여왕(선덕여왕)이 즉위하여 정치가 어지러우니 이를 타개해야 한다고 하면서, 다음과 같이 말한다.

신인이 말하기를, "황룡사의 호법용은 바로 나의 큰 아들이요, 범왕의 명령을 받아 와서 그 절을 보호하고 있으니, 본국에 돌아가거든 절 안에 구층탑을 세우시오. 그러면, 이웃 나라들은 항복할 것이며, 구한이 와서 조공하여 왕업이 길이 편안할 것이오. 탑을 세운 뒤에는

---

79) 『三國遺事』 卷5 避隱第八 包山二聖條, "太平興國七年壬午有釋成梵 始來住寺 敞萬日彌陀道場 精懃五十餘年 屢有殊祥時玄風信士二十餘人歲結社 拾香木納寺 每入山採香 劈析淘洗攤置箔上 其木至夜放光如燭 由是郡人項施其香徒 以得光之歲爲賀 乃二聖之靈感 或岳神攸助也 神名靜聖天王 嘗於迦葉佛時受佛囑 有本誓 待山中一千人出世 轉受餘報."

80) 李能和, 『朝鮮巫俗考』, 第十七章 城隍 六, 淫祀城隍條, 啓明俱樂部, 1927.

81) 『三國史記』 卷44, 列傳 第4 居柒夫傳, "始置百座講會及八關之法."

팔관회를 열고 죄인을 용서하면 외적이 해치지 못할 것이오. 다시 나를 위해서 경기 남쪽 언덕에 절 한 채를 지어 함께 내 복을 빌어주면 나도 또한 그 은덕에 보답하겠소."라고 말을 하고, 옥을 바친 후, 이내 형체를 숨기고 나타나지 않았다.[82]

위의 언급에서 주목되는 것은 八關會가 국가의 안녕질서를 위한 행사라는 것과 불교 신앙을 바탕으로 구층탑을 통해 주변국가의 통합을 상징적으로 시도했다는 점, 그리고 신라 중심으로 주변질서를 재편성하여 신라의 天下思想을 구현하려 했다는 점이다. 팔관회는 고려 태조 왕건의 <訓要十條>의 여섯째 조항에 나타나 있듯이 天靈과 五嶽, 名山, 大川, 龍神을 섬기는 것으로서 불교와 토속신의 습합을 보여주는 것이다.[83]

요컨대, 신라의 五嶽思想은 신라의 반도 통일 이후 성립된 것으로 통일신라의 호국사상을 뒷받침하는 중심적 사상이었다. 또한 삼국통일과 더불어 성립한 전제왕권의 상징이었다.[84] 결국, 삼국 시기의 신라는 자주의식과 호국의식을 갖는 한편 왕권이 강화되면서 신라왕은 사방을 지배하는 天下觀, 즉 '新羅中心思想'을 창출하였고, 통일을 달성하자 '中華思想'을 모방하여 九州・五嶽・九誓幢・十停 등의 제도개편을 통해 신라가 지역적・종족적으로 사방을 지배한다는 천하사상으로 발전한 것이라는 지적[85]

---

82) 『三國遺事』 卷第三 塔像第四 皇龍寺 九層塔條, "神曰 皇龍寺護法龍 是吾長子 受梵王之命 來護是寺 歸本國 成九層塔於寺中 隣國降伏 九韓來貢 王祚永安矣 建塔之後 設八關會 赦罪人 則外賊不能爲害 更爲我於京畿南岸 置一精廬 共資予福 予亦報之德矣 言已 遂奉玉而獻之 忽隱不現."

83) 『高麗史』 卷2 世家2 太祖 26년 4월, "朕所至願 在於燃燈八關 燃燈所以事佛 八關所以事天靈及五嶽名山大川龍神也."

84) 李基白, 「新羅 五嶽의 成立과 그 意義」, 『新羅政治社會史 研究』, 일조각, 1974, p.195.

은 개연성이 있다고 본다. 삼국의 통일은 곧 사상적인 면은 물론 정복한 나라의 모든 제도와 신앙 등도 흡수하여 기층문화를 형성함을 의미하기 때문이다.

崔光植은 신라의 祀典체계는 당나라의 대·중·소사 체계를 받아들였지만 신라는 산천제사만을 대·중·소사에 편입시킨 것이 특징이며, 대사는 왕실을, 중사는 국토방위를, 소사는 지역방호를 목적으로 배치되었다고 말한 바 있다.[86]

4. 結 論

오늘날 국학분야 연구에서 아쉬운 것 중의 하나는 민족문화의 기본원리, 민족성의 기층심리, 재래신앙과 외래신앙의 습합관계 등에 대한 구명이 제대로 되어 있지 않기 때문에 외국의 이론을 들여다가 한국학의 서장을 장식하는 것이 예사로 되어 있다는 점이다. 이 같은 안타까운 현실에서 우리의 전통적인 논리를 개발하여 진정한 우리의 학문체계를 확립하는 것은 21세기를 사는 국학분야 학자들에게 주어진 사명이라 할 수 있다.

옛 사람들은 천지에 제사지내고 산천을 숭배하는 가운데 산과 물의 성질을 인간에 비유하였다. 山에 대한 칭송은 외경심과 함께 만물의 생성처이며, 만물을 내어주고 품어주는 존재라는 점에서 가능했다. 옛사람들은 山을 곧잘 德이 있는 君子에 비유하였

85) 李昊榮, 『新羅 三國統合과 麗濟 敗亡原因 硏究』, 서경문화사, 1997, pp.176-177.

86) 崔光植, 『한국고대의 토착신앙과 불교』, 고려대학교출판부, 2007, p.205.

다. 산의 효용을 말하면서, '산은 그 공이 많은 데도 공을 말하지 않는다. 이러므로, 군자에 취하여 비유하는 것이다.'라고 하여 바람직한 군신관계로 해석하기도 했다.

고대인들은 국가의 흥망성쇠를 山川의 음양 조화와 매우 밀접한 관련이 있다고 인식했다. 따라서 산천의 형상에 대한 이야기는 곧잘 政治의 得失이나 임금의 잘잘못을 드러내는 의미의 간접 비유로 인용되는 경우가 많았다.

水德 또한 인간에 비유하여 신격화했다. 곧 '물이 흐르되 빈틈없음(智)과, 아래로 흘러 자신을 낮춤(禮)과, 골짜기를 의심 없이 흐르는 것(勇)과, 自淨 능력이 있어 天命을 아는 자(知命)와 같음과, 먼 길을 흘러도 훼손되지 않는 것이 德이 있는 자(有德)와 같다'는 식이다. 이런 비유는 물의 성격을 치밀하게 관찰하고 얻은 결론이며, 이 같은 水德을 인간의 바람직한 덕목으로 제시한 것이다.

神話시대의 산천은 신성한 공간이면서 동시에 山神(水神)은 그곳에 주재하면서 인간의 길흉화복을 예고하거나 경고해주는 존재로 인식되었다. 산은 하늘과 가장 가까이 맞닿아 있는 곳이면서 동시에 산천은 인간생활에 필요한 일용물자를 공급해주는 근원이었다.87) 이 시기의 산천은 고대인들에게는 自然神的인 의미로 인식되었다. 고대로 올라갈수록 명산대천은 그 자체가 전략적 요충지일 뿐만 아니라, 국토와 백성을 지켜주는 울타리로 인식했

87) 신라시조 혁거세왕의 탄생 이전에 신라의 六村 형성과정을 보면 육부의 長이 내려온 곳이 모두 산이었다. 즉, 閼川 楊山村(瓢嵓峰), 突山 高墟村(兄山), 茂山 大樹村(伊山), 觜山 珍支村(花山), 金山 加利村(明活山), 明活山 高耶村(金剛山)인데, 이같이 건국시조의 탄생은 대개 하늘이나 산으로부터 하강하는 구조를 지닌다. 『三國遺事』 卷1 紀異 第二 신라시조 혁거세왕조.

다. 이러한 산천신에 대한 외경은 제사의식으로 발전되어 점차 국가와 왕실의 수호신으로서의 성격을 띠어갔다.

삼국시대는 祖上神을 중심으로 제사를 행하면서 동시에 정복전쟁을 수행하던 시기였다. 이 시기의 산천 및 조상신에 대한 제사는 곧 그들의 존재를 대외적으로 과시하는 일일 뿐 아니라, 정복전쟁에서의 승리는 곧 제사권의 확보를 의미하는 것이었다. 하늘에 대한 제사와 땅에 대한 제사의 독점은 정복전쟁의 명분으로 작용했고, 고대국가가 명맥을 유지한 방편이기도 하였다.

신라의 경우 『三國史記』에 소략하나마 대·중·소사의 체계를 갖추어 제사지가 기록된 것은 결국 정복전쟁의 승리로 인해 얻은 천지에 대한 제사권의 확보라는 의미를 지닌다. 이 신라의 祀典체계는 곧 고구려나 백제의 사전제도를 흡수해 확립되었을 것으로 본다.

삼국시대 산천신의 가장 큰 특징은 護國神的인 성격이다. 각국이 영내의 주요 전략적 요충지인 산천을 중심으로 호국신적인 성격을 부여하면서 흥망성쇠를 같이한 것이다. 또 한편으로, 산천은 국왕에게는 정치의 득실을 비추어보는 거울로 작용하는 경우가 곳곳에 나타나고 있음을 볼 수 있다.

삼국시대는 중국의 문물제도를 받아들이면서 자국의 제도를 정비해 가던 시기였기 때문에 중국의 영향을 일정하게 수용하면서 나아간 시기이다. 이 시기 산천신의 주요 역할은 護國精神의 중심이라는 점, 외적의 침입과 국난에 대비한 陰助의 기능, 그리고 국가의 위기를 경고하는 天神의 의미로 요약할 수 있다. 후일 통일신라가 중국의 三山五嶽의 제도를 모방한 것은 결국 신라 중심의 자주적인 천하관을 대외적으로 과시한 것이었다.

국가가 주관하는 祀典은 철저히 나라의 운명과 발전에 초점이 맞추어진 만큼 淫祀로 규정된 祈福信仰이나 잡다한 迷信과는 구별되는 것이며, 통치행위의 기본원리로 작용하는 것이다. 그러나, 이 같은 祀典의 경우도 때로는 현실적인 요구, 즉 祈雨나 祈晴, 王族의 救病 등의 경우에는 민간 신앙과 祀典간에 갈등을 빚기도 했다. 이 같은 무속이나, 민간신앙, 또는 불교나 도교의 종교행사와 갈등을 빚으면서도 유교이념에 맞는 제사를 확립하여 실시코자 한 것이 곧 祀典인 것이다. 즉, 유학자들은 『朱子家禮』를 준용하여 家廟를 통해, '朔望必奠·出入必告·食新必薦·忌日必祭' 등의 의식을 통해 백성들을 다스렸다. 이는 기존의 佛法이나 巫俗의 이름으로 베풀어졌던 喪祭의 풍속을 유교식의 家廟制로 바꾸어야 한다는 信仰, 또는 倫理체계의 변화를 의미하는 것이다.

산천제사의 가장 큰 특징은 제사라는 형식을 빌었지만 현실정치의 통치이념을 구체화한 방편이라는 점과, 이를 수행하는 과정에서 엄격한 유교의 명분론을 적용하여 상하의 존비질서를 산천제사에도 원용한 점이다. 따라서 산천신은 神格이면서 동시에 封內에 자리한 臣下의 성격을 아울러 지니는 것이다.

Ⅱ. 古詩歌에 나타난 生死의 空間觀

1. 問題 提起

철학자들은 흔히 인간은 태어나는 순간부터 죽음을 향해 나아가는 존재라고 이야기한다. 유한하고 일회적인 인간은 삶과 죽음이라는 대명제 아래 사랑과 이별을 반복하는 존재라 해도 과언은 아니다. 삶과 죽음[生死]은 통과의례 중에서 인생의 시작과 끝을 의미하는 중요한 용어이다. 누구나 경험하는 것인 동시에 인생의 성패를 가늠할 수 있는 용어이기도 하다. 생사를 영위하는 방법은 종교인은 교리에 따라 행하고, 무신론자는 자신의 가치관과 신념체계에 따라 행동할 뿐이다. 이 같은 관점에서 모든 종교의 본질이나 그 기본 바탕은 삶의 유한성과 죽음의 공포를 다스리거나 극복 해소하는 문제와 깊이 관련되어 있다.[1)]

옛부터 우리 민족은 하늘이 준 수명[天命]을 다하고 죽으면 영

---

1) 李在銑, 「한국문학의 사생관」, 『우리문학은 어디에서 왔는가』, 소설문학사, 1986, p.251.

혼이 저승길로 가지만, 비정상적인 죽음[非命]의 경우는 그 영혼이 산 사람의 주변에 머물면서 九泉을 떠돈다고 믿었다. 이 같은 억울한 죽음을 巫俗에서는 매듭에 비유한다. 비명에 죽은 경우는 삶의 모습이 매듭지고 꺾이고 뒤틀렸기 때문에 원래의 모습으로 되돌리는 것을 흔히 매듭을 푸는 행위, 즉 굿으로 풀었다. 薦度를 통해 본래 가야할 길로 인도했던 것이다.

동양에서는 오래전부터 보편적인 삶의 행태를 다음과 같이 말해 왔다. 젊어서는 논리적이고, 출세지향적인 儒家的인 삶을 지향하고, 장년에 이르면 용서와 자비를 베풀며 관용적인 佛敎的인 삶을 이상적으로 여기며, 노년에 이르면 좀 더 안락한 삶을 추구하고, 이승에서의 삶을 저승으로 연장하고자 하는 道家的인 경향을 보인다는 것이다.

이 같은 삶의 변화는 자연스런 것으로 볼 수 있다. 그만큼 인간은 시행착오를 거치면서 점차 인간다워지며, 다듬어지기 때문이다. 애니미즘(Animism: 精靈崇拜)이나 토테미즘(Totemism)과 같은 경우도 따지고 보면 가장 소박한 종교심성이라고 볼 수 있다. 우리네 어머니들의 정성어린 '정한수'도 그런 의미에서 원초적인 종교심성이다. 우리 민족은 종교적인 심성을 가장 많이 지닌 민족이라고 일컬어 왔다. 세계 각국의 종교가 이 땅에 들어와 수용되고 꽃피우며 전파되는 밑바탕에는 우리 민족의 종교적인 심성이 돈독하게 자리하고 있기 때문이다. 특히 유교(유학)나 불교는 오늘날 그 발상지보다도 더 교조적으로 유지, 실행되고 있다는 점에서도 이를 확인할 수 있다. 외국인들은 이 같은 우리네 종교적 심성의 특성을 '重層多元性'이라고 언급하고 있다.[2)]

---

2) 김종서는 『서양인의 한국종교 연구』(서울대출판부, 2006)에서 외국인들은 우리네 가족간의 종교불일치 현상과 민속(관습)을 수용하는 현상을 이같이 설명한다고 했다. 그는 동서양 종교의 융합이라는 점에서는

인간은 누구나 좌절을 겪고 나면 자신의 삶을 돌아볼 기회를 갖게 마련이다. 더욱이 죽음을 눈앞에 두고 있는 사람이나 죽음을 의식하고 있는 경우는 더욱 절박하다. 예기치 않은 죽음은 산 자와 죽은 자 모두에게 삶에 대한 진지한 성찰의 기회를 제공한다. 죽음은 삶의 의지를 포기할 때 찾아오는 것이기도 하다. 한국인의 일상생활에서 죽음에 대한 심리적 매카니즘은 때로는 분명한 것 같으면서도 불명확하며('죽겠다', '죽도록', '죽고 싶다'라는 말의 남발), 죽음의 관념이 삶과 생활 감정 속에 깊이 내재하거나 밀착되어 있다고 말하기도 한다.3) 그만큼 한국인들에게 죽음은 두렵기 때문에 친숙하게 여기고 싶었던 것이라고 말할 수 있다.

필자는 우리의 고대시가 가운데 사랑하는 사람의 죽음과 이별의 아픔을 읊은 <公無渡河歌>와 꽃봉오리 처럼 피다 진 누이의 죽음을 애도한 향가 <祭亡妹歌>, 극락세계에 다시 태어나기를 희구하며 삶을 의미있게 장식한 <願往生歌>, 그리고 서사무가 <바리공주>를 통해 고대인의 삶과 죽음에 관한 공간인식에 대하여 살피고자 한다.

우리가 종교적 선진국이며, 해결책으로 종파주의 보다는 일치운동이 보완책이 될 것이라고 보았다. <조선일보>, 2006.7.20.

3) 李在銑, 「한국문학의 사생관」, 『우리문학은 어디에서 왔는가』, 소설문학사, 1986, pp.252-256. 이재선은 한국인의 죽음의식에 대해 1)죽음은 다른 세계에로의 이행과정이고, 2)삶과 죽음, 이승과 저승의 거리 및 갈림길은 매우 근접하며, 3)자연의 순환적인 질서와 삶의 일회성 내지는 흐름의 不可逆性과의 어긋남을 드러내며(자연의 세계와 인간의 세계는 대립과 모순의 관계), 4)葬送歌는 사자의 이승으로의 재귀 불가능 상태에 대해서 고정된 비유적 사고를 갖고 있으며, 5)상두가는 생자와 사자가 공존하는 전달의 체계라고 한 바 있다.

2. 古代人의 生死觀

1) 順命 意識

동양사상을 집약한 용어는 十端思想이다. 十端은 三才, 陰陽, 五行思想을 말한다. 天地人의 항구불변한 도리를 하늘과 땅과 인간의 규범으로 제시한 것이 삼재의 원리이다. 즉, 인간은 하늘의 질서를 이 땅에 구현하는 중간자적인 존재이다. 이 십단사상의 정점에 天命思想이 있다. 하늘의 뜻에 순종하는 삶은 고대인의 보편적인 모습이었다. 하늘은 인간의 삶을 결정하고 이끌며, 때로는 벌을 주는 주체로 인식해 온 것이 우리 조상들의 인식이었다. 『春秋繁露』에는 만물의 생성과 천자의 덕성, 그리고 사물의 질서 원리를 다음과 제시하고 있다.

> 아버지는 자식의 하늘이고, 하늘은 아버지의 하늘이다. 하늘이 없이 만물이 생겨나는 것은 없으니, 하늘은 만물의 조상이며, 만물은 하늘이 아니면 생겨나지 못하는 것이다. 陰은 홀로 만물을 낳지 못하고, 陽도 홀로 만물을 낳지 못하는 것이니, 음과 양이 천지와 서로 참여한 뒤에 만물이 생겨나는 것이다. 그러므로 이르기를, 만물은 하늘의 아들이며, 높일 만하고, 어머니의 아들은 낮게 여길 만하니, 높은 것은 높은 명호를 취하는 것이고, 낮은 것은 낮은 명호를 취하는 것이다. 때문에 덕이 천지를 짝하는 것을 황천이 보우하여 자식으로 삼아서 그 이름을 천자라 일컬으며, 그 버금은 5등의 작을 두어 높여서 모두 나라와 읍으로써 명호를 삼으며, 천지사이에 덕이 없는 자는 주와 국과 인과 민으로 하고, 덕이 없는 것이 심한 자는 나라와 읍호

에 연계시키지 못해서, 모두 같은 족속이지마는 골육의 관계를 단절하고 인륜을 끊어서, 혼(문지기)이나 도적이라고 일컬을 뿐이니, 명성과 호씨가 천지간에 없는 자는 지극히 천하고 천한 자이다. 그 높은 자는 덕이 지극히 높아서 더할 수가 없고, 그 낮은 자는 지극히 천하여 어둡고 낮아서 더 아래됨이 없는 것이다.4)

순명의식은 인간이 하늘의 뜻[天命]을 받들어 그 가르침대로 살되, 하늘의 뜻을 어기면 재앙을 받는다고 여겼던 관념이다. "順天者存 逆天者亡"이라는 명제는 선조들의 뇌리에 박힌 가장 큰 교훈이었다. 하늘의 뜻을 받드는 자를 天子라 하고, 사람들은 천자의 덕을 본받아 하늘의 뜻을 지상에 건설하는 것을 이상적인 삶으로 여겼던 것이다. 이어서 천지자연의 질서와 이를 수용한 인간의 질서에 대하여 다음과 같이 언급하고 있다.

(부모가) 자식을 낳기는 하되, 사람을 능히 만들지는 못하니, 사람을 만드는 것은 하늘이다. 사람의 사람된 것은 하늘에 근본하고, 하늘 또한 사람의 선조가 되니, 이것이 곧 사람이 위로 하늘과 같은 류가 된 까닭이다. 사람의 형체는 하늘의 정해진 수에 변화되어 이루어졌고, 사람의 혈기는 하늘의 뜻에 변화되어 순조롭게 움직이고, 사람의 덕행은 하늘의 다스림에 변화되어서 의롭게 되고, 사람의 호오는 하늘의 온난하고 청량한 데에 변화되었고, 사람의 기쁘고 노하는 바는 하늘의 추위와 더위에 변화되었고, 사람이 명<수명>을 받은 것은

4) 『春秋繁露』, 卷15 順命 第七十, "父者 子之天也 天者 父之天也 無天而生 未之有也 天者 萬物之祖 萬物 非天不生 獨陰不生 獨陽不生 陰陽與天地參然後生 故曰 天之子也 可尊 母之子也 可卑 尊者取尊號 卑者取卑號 故德侔天地者 皇天右而子之 號稱天子 其次 有五等之爵以尊之 皆以國邑爲號 其無德於天地之間者 州國人民 甚者 不得繫國邑 皆絶骨肉之屬 離人倫 謂之閽盜而已 無名姓號氏於天地之間 至賤乎賤者也 其尊至德 巍巍乎不可以加矣 其卑至賤 冥冥其無下矣."

하늘의 사시에 변화되었으니, 인생에 희로애락의 대응이 있는 것은 사시의 춘추동하와 같은 것이다. 기쁜 것은 봄에 대응되는 것이고, 노한 것은 가을에 대응되는 것이고, 즐거움은 여름에 대응되는 것이고, 슬픈 것은 겨울에 대응되는 것이니, 하늘의 부본이 사람에게 있고, 사람의 성정이 하늘에 말미암은 것이다. 그러므로 이르기를, 받았다는 것은 하늘로 부터 유래했다고 이르는 것이다. 임금된 자는 정치하는 도가 자기 몸안에 하늘이 있다는 것을 살펴서, 하늘이 사람을 낸 것과 같이 하는 것보다 더 분명한 것이 없으니, 그 내는 교령을 하늘이 사시를 내는 것에 응해서 반드시 그 받은 것을 진실되게 하면 요임금과 순임금의 다스림보다 더할 것이 없으니, 이것은 백성을 살릴 수도 있고 죽일 수도 있어서, 백성들로 하여금 어지럽게 하지 못하도록 한 것이다.5)

위와 같은 논리아래 개인의 심성을 다스리면서 성명을 보존하는 것이 순명의식인 것이다. 『孟子』 盡心章 상편에 보면 "맹자가 말하기를, (그 인의예지의 사단의) 마음을 다하는 사람은 그 본성을 아는 것이니, 그 본성을 안다면 천명을 아는 것이다. 그 마음을 보존하여 그 본성을 기름은 하늘을 섬기는 까닭이고, 일찍 죽음과 오래 삶에 의심하지 아니하여 몸을 닦고서 이 殀壽를 기다림은 천명을 세우는 까닭이다."6)라고 했는데 이는 천명에 따라

---

5) 『春秋繁露』 卷11 爲人者天 第四十一, "爲生 不能爲人 爲人者 天也 人之爲人本於天 天亦人之曾祖父也 此人之所以乃上類天也 人之形體 化天數而成 人之血氣 化天志而仁 人之德行 化天理而義 人之好惡 化天之暖淸 人之喜怒 化天之寒暑 人之受命 化天之四時 人生 有喜怒哀樂之答 春秋冬夏之類也 喜 春之答也 怒 秋之答也 樂 夏之答也 哀 冬之答也 天之副在乎人 人之情性 有由天者矣 故曰 受 由天之號也 爲人主者 道莫明於省身之天 如天出之也 使其出也 答天之出四時 而必忠其受也 則堯舜之治 無以加 是可生可殺 而不可使爲亂."

6) 『孟子』, 盡心 上, "孟子曰 盡其心者 知其性也 知其性 則知天矣 存其心 養其性 所以事天也 殀壽不貳 修身以俟之 所以立命也."

하늘에 순종하면서 사는 인간의 모습을 언급한 것이다.

결국 생을 마감할 때에 '이승에서의 삶의 결과로서 하늘의 집(天堂)에 오르느냐, 아니면, 지하의 감옥(地獄)에 떨어지느냐'가 인류가 오랜 세월 두려움에 떨었던 죽음에 대한 심판의 용어였던 것이다.

2) 往生의 追求

佛家에서는 사물에 집착하는 것을 迷妄이라고 하여 경계했다. 現象을 깨우치고 本質에 나아가기 위해서는 貪着에서 벗어나야 한다는 것이다. 존재의 근원인 생명조차도 버릴 수 있을 때 비로소 자유로워진다는 논리이다. 즉, 버림으로써 진정 얻을 수 있다는 역설적인 논리이다. 모든 종교가 그렇듯이 불교 또한 가난하고, 미천한 사람들의 정성어린 헌신을 소중히 여긴다. 흔히 말하는 '貧者의 一燈'이란 말도 이 같은 경우를 지칭하는 용어이기도 하다.

가난하거나, 천한 신분의 사람들에게는 현실적인 桎梏을 벗어나고자 하는 욕망이 저변에 깔려 있다. 그러나 부처를 모시는 자세는 부귀빈천에 말미암는 것이 아니라, 각자의 처지에 따라 마음밭을 일구는 정성에 달려 있는 것이다. 불교가 이 땅에 들어와서 민중들에게 크게 환영받을 수 있었던 것은 현실세계의 신분적인 차별에 큰 의미를 두지 않았다는 점에 있다. 엄격한 신분제도 아래서 고통을 받던 민중들에게 비록 死後에서나마 극락세계에 환생할 수 있다는 믿음은 크나 큰 위안이었을 것이다.

경덕왕대 郁面婢의 이야기는 이 같은 모습을 전해주는 설화이다.[7] 귀진 아간의 계집종이었던 욱면은 주인의 미움을 받으면서

7) 『三國遺事』 卷5, 第7 感通篇, 郁面婢念佛西昇條.

도 정성으로 염불을 하였다. 당시에도 여종의 신분으로 절에 다니는 것은 여의치 않았던 것으로 보인다.8) 신분적인 제한은 없었지만 여전히 귀족적인 분위기가 불교에도 상당히 영향을 미치고 있었음을 엿볼 수 있다. 그러한 이유인지는 몰라도 욱면은 뜰에서 스님을 따라 염불을 외우는 정도의 참예가 고작이었다. 그녀의 지극한 정성이 하늘에 닿자, 그녀는 '욱면 낭자는 법당에 들어가 염불하라'는 천상의 소리를 듣게 된다. 법당에 들어가 예에 따라 정진하자 하늘의 음악이 들려오더니, 욱면은 몸을 솟구쳐 지붕을 뚫고 승천하여 부처로 변하는 것이었다.

이 같은 설화는 분명 신분의 한계를 뛰어넘은 것인데, 그 큰 이유는 욱면비의 지극한 신앙심에 말미암은 것이었다. 왕실을 중심한 귀족들에게 현세의 부귀영화를 유지할 수 있는 방편으로 불교가 수용되었다면, 일반 민중들의 경우에는 현실적인 신분의 질곡을 내세에서나마 벗어날 수 있는 방편으로 수용된 것이기도 하다.

사람은 누구나 부모의 육신을 물려받고 이 세상에 태어난다. 그래서 흔히 닮는다고 말한다. '나'라는 존재를 대를 이어 살아가게 할 뿐만 아니라 나를 닮은 존재를 이 세상에 존재하게 하는 것이기에 더욱 그렇다. 생물학적으로 말한다면 개체의 종족번식을 통해 삶을 반복하는 것이다. 인간이 태어날 때에는 부모의 육신뿐만 아니라 천지 자연의 정기도 함께 물려받아 태어난다고 생각했다. 그런 의미에서 인간은 만물의 정령이 육신에 모여 이룩된 소우주이기도 하다.

일찍이 董仲舒는 『春秋繁露』에서 인간과 하늘의 부응관계를

8) 『三國遺事』 卷5, 感通 第7 郁面婢念佛西昇條. 주인은 욱면비가 염불에 참예하는 것을 미워하여 매일 곡식 두 섬씩을 주며 하루저녁에 그것을 다 찧게 했기에 속담에 "내일 바빠 한댁 방아(己事之忙 大家之舂促)"라는 말이 욱면비로부터 비롯되었다.

다음과 같이 언급한 바 있다.

> 천지의 부신과 음양의 부본을 언제나 사람의 신체에 베풀어 놓았으니, 몸은 하늘과 같다. 그 수목(하늘의 수와 사람의 조목)이 하늘과 땅이 더불어 합하니, 그러므로, 그 명이 천명과 더불어 서로 잇닿아 있는 것이다. 하늘이 한 해를 마감하는 숫자로서 사람의 몸을 이루어 놓았다. 그러므로 작은 마디가 360으로 나누어진 것은 한 해의 날수에 부합하는 것이고, 큰 마디가 12로 나누어진 것은 달수에 부합하는 것이며, 내장에 오장이 있는 것은 오행의 수에 부합하는 것이고, 외면에 사지가 있는 것은 네 계절의 수에 부합하는 것이고, 잠깐 눈을 떴다가 잠깐 눈을 감는 것은 낮과 밤에 부합하는 것이고, 성질이 강했다가 부드럽기도 하는 것은 겨울과 여름의 기후에 부합하는 것이고, 슬퍼하다가 즐거워하는 것은 음양에 부합하는 것이고, 마음에 계산하고 생각함이 있는 것은 천지의 도수에 부합하는 것이고, 행실에 윤리(존비, 차례)가 있는 것은 천지에 부합하는 것이다. 이는 모두 암암리에 몸에 붙어 사람과 함께 살아서 그 유에 따라 짝이 되어 합치되니, 그 숫자에 있어서 헤아릴 수 있는 것은 수목에 부합되고, 수목으로 계산할 수 없는 것은 그 유에 서로 합해서 모두 똑같이 하늘의 천도와 부합하는 것은 동일하다. 그러므로 그 형체있는 것을 진열해서 그 형체없는 것(사상, 감정)을 드러내고, 그 셀 수 있는 것을 가지고 그 헤아릴 수 없는 것을 드러내는 것이니, 이것은 천인의 호응하는 도가 또한 마땅하며, 같은 유로써 서로 호응하는 것이 그 형체로 호응하는 것과 같아서 수목이 서로 합한다는 것을 말하는 것이다.[9]

---

9) 『春秋繁露』, 卷13 第56 人副天數, "天地之符 陰陽之副 常設於身 身猶天也 數與之相參 故命與之相連也 天以終歲之數 成人之身 故小節三百六十分 副日數也 大節十二分 副月數也 內有五藏 副五行數也 外有四肢 副四時數也 乍視乍瞑 副晝夜也 乍剛乍柔 副冬夏也 乍哀乍樂 副陰陽也 心有計慮 副度數也 行有倫理 副天地也 此皆暗膚著身 與人俱生 比而偶之

위의 언급에 의하면 인간의 몸은 천체의 축소판으로 이루어졌고, 이는 동양의 전형적인 자연관인 天人相感論으로 이어진다. 여기까지는 모든 사람에게 두루 적용되는 이치이기도 하다. 그러나 고대사회는 신분에 의한 계급사회로 이루어졌다. 따라서 어떤 신분으로 태어나는가는 매우 중요하다. 그 이유는 죽음과 인생에 대한 의미가 신분과 처지에 따라서 달리 해석될 수 있기 때문이다.

고대인들의 죽음에 대한 인식은 다음과 같다.

> 그러나 상고시대에 사람들은 삶과 죽음 사이의 생리현상에 대하여 별로 이해를 하지 못하고 있었다. 영혼불멸을 믿었기에 사망은 항시 새로운 생명의 시작으로 여겨졌다.(Hoebel, 인류학: 387) 삶과 죽음은 한 고리의 양 끝과 같이 끊임없이 순환한다고 여겨졌으므로 특별히 슬퍼할 만한 어떤 가치도 없었다. 심지어 때로는 기뻐해야 할 상황으로 여겨지기도 하였다. 삶과 죽음의 현상은 옛사람들이 이해할 방법이 없었던 아주 많은 일 중의 하나였다. 동시에 그들은 모든 물질마다 영혼이 있고, 사후의 영혼 또한 어떤 모양의 생활태도를 갖고 있어 결코 영구한 사멸은 아니라고 믿었다.[10)]

위에서 확인할 수 있는 것은 生과 死를 순환현상으로 여겼다는 점이다. 순환론은 직선적이고 단선적인 서양의 인식과는 달리 영혼불멸의 사상과 궤를 같이 하는 동양사상이었다. 인간의 육체가 수명을 다하면 魂魄이 분리되는 것이 죽음이라고 인식한 것이 동양의 생사관이었다.

弇合 於其可數也 副數 不可數者 副類而副天 一也 是故 陳其有形 以著其無形者 拘其可數 以著其不可數者 此 言道之亦宜以類相應 猶其形也以數相中也."

10) 許進雄 저, 洪憙 역, 『중국고대사회』, 동문선, 1991, p.366.

3. 公無渡河歌・祭亡妹歌・願往生歌・敍事巫歌

1) 公無渡河歌

<공무도하가>가 우리나라에 알려진 것은 崔豹의 『古今注』의 기록에서부터이다. 우리나라 최초의 노래로서 우리 문학사의 첫 장에 거론되는 작품이기도 하다. 이에 앞선 기록으로 蔡邕과 孔衍의 『琴操』가 있으나, 노래 가사가 없고, 배경설화가 간략하며 현재 온전히 전해지지 않고 산재되어 있다.[11] 최표의 『고금주』에 실려 있는 해딩 기록을 인용해 본다.

> 공후인은 조선나루의 역졸인 곽리자고의 아내 여옥이 지은 것이다. 자고가 새벽에 일어나 배를 끌고 노를 저어 나갈 때, 머리가 하얀 사내가 산발하고 병을 쥔 채 물길을 거슬러 건너고 있었다. 그의 아내가 쫓아오며 멈추라고 했으나, 미치지 못하고 마침내 강물에 빠져 죽었다. 이에 공후를 당겨 곡조를 타면서 공무도하의 노래를 지었는데, 그 소리가 매우 처창했다. 곡을 마치자 그녀도 강물에 투신하여 죽었다. 곽리자고가 돌아와 그 소리로 아내 여옥에게 말하니, 옥이 슬피 여겨 이에 공후를 끌어당겨 그 소리를 흉내내니, 듣는 자가 눈물을 흘리고 울지 않는 자가 없었다. 여옥이 그 소리로 이웃 여자 여용에게 전하니 이름하여 공후인이라 했다.[12]

---

11) 尹浩鎭, 『임이여! 하수를 건너지 마오』, 보고사, 2005, p.16. 윤호진은 이 책에서 명나라 『天中記』의 기록(古今注及孔衍琴操)에 의거하여 공연의 『금조』로 추정하고 있다.

12) 崔豹, 『古今注』 卷中 音樂 第三, "箜篌引 朝鮮津卒霍里子高妻麗玉所作也 子高晨起刺船而櫂 有一白首狂夫 被髮提壺 亂流而渡 其妻隨呼止

郭茂倩의 『樂府詩集』에는 최표의 『고금주』를 인용해 기술하면서 "公無渡河 公竟渡河 墮河而死 當奈公何"의 가사를 기록했지만 정작 『고금주』의 기록에는 가사는 없는 채, 배경설화만 기록되어 있다. 이 노래의 극적인 배경은 물(水)이다. 물은 삶을 영위하는 공간이면서 동시에 죽음을 의미하는 분리의 공간이기도 하다. 또한 생사를 가르는 이별의 공간이면서 동시에 재생의 공간이기도 하다. 그녀가 투신함으로써 죽은 남편과의 천상의 재회를 이룬 곳이기에 더욱 의미가 깊은 공간이다. 백수광부의 죽음은 아내의 죽음을 이끌어냈다는 점에서 계기적인 죽음의 의미를 지닌다. 이른바 殉愛譜的인 죽음인 것이다.

公無渡河　님이여, 강을 건너지 마세요
公竟渡河　그대는 끝내 건넜구료
墮河而死　물에 빠져 돌아가셨으니
當奈公何　장차 그대를 어찌할꺼나

노래의 내용은 죽은 남편에 대한 절절한 애정을 읊고 있다. 여기서 강은 물론 生死의 공간을 의미한다. 물(水, Water)은 고래로부터 물길들, 즉 호수, 강, 운하 등 주로 교통수단으로 이용되었다.[13] 또한 물(Eau)은 ①世代(물은 시간을 나타냄), ②재생(물에 잠기거나 물을 끼얹는 세례, 물에 의한 정화), ③물과 죽음(깊고 검게 고여있는 물)[14]을 의미하기도 한다. 또한 물이 가지고

之 不及 遂墮河水死 於是 援箜篌而鼓之 作公無渡河之歌 聲甚悽愴 曲終自投河而死 霍里子高還 以其聲 語妻麗玉 玉傷之 乃引箜篌而寫其聲 聞者 莫不墮淚飮泣焉 麗玉以其聲 傳隣女麗容 名曰箜篌引焉."(欽定四庫全書).

13) C.A.S 윌리암스 저, 이용찬 외 공역, 『중국문화 중국정신』, 대원사, 1989, p.149.

있는 상징적인 의미는 각 방면에 걸쳐서 매우 광범위하고 포괄적이기도 하다.[15)]

이 노래의 배경설화는 여러 단계의 오래되고 복잡한 과정이 응축되어 있으며, 민간설화로서의 유동성과 적층성을 지니고 있다.[16)] 특히, 기록자는 유독 事件의 悲劇性을 강조한 것에 특색이 있는데, 이른바 契機的인 죽음(아내의 투신)을 가져 온 殉愛譜的인 사랑을 다룬 노래라는 점에서 교훈적이고 숭고한 의미를 지니고 있다. 이재선은 아내의 죽음이 더 비극적이라고 하면서 다음과 같이 언급한 바 있다.

> 남편의 죽음이 광기나 또는 음주의 도취상태와 관련된 우발적이고 예측 못할 죽음임에 비해서, 그 아내의 죽음은 남편의 죽음을 원인으로 하는 비감과 죽음을 초월하는 사랑이 결행시킨 자의적인 죽음이기 때문이다. 강물을 매개로 그 강물을 '건너(渡)'다 마침내 '빠져(떨어져: 墮)' 죽는 죽음에 비해서, 몸을 '던져(投)' 죽는 죽음은 그만큼

---

14) 아지자, 올리비에라, 스크트릭 공저, 장영수 역, 『문학의 상징, 주제사전』, 청하, 1989, pp.148-158.

15) 『한국문화상징사전』, 동아출판사, 1992, pp.284-288. 물: 신화=창조의 원천, 풍요, 생명력 // 무속, 민속=생산력, 생명력 // 풍습=정화력, 생산력 // 종교=유교=신의 공물(현수, 정화수) / 불교=정화 / 천도교=청정, 치병 // 동양문화=중국=신의 처소, 청렴 / 일본=정화, 요괴의 거처 // 역사, 문학=신성, 생명력 / 자연의 정수 / 여자, 욕정 // 현대, 서양=無常 / 생명의 근원 / 부드러움, 난폭함 // 도상=청정.

16) 이 노래에 대하여 제1구는 남편이 물에 뛰어들기 전의 상황이고, 제2구는 죽음 순간의 상황이며, 제3구는 남편이 물에 빠져 죽은 상황이고, 제4구는 남편의 익사 직후 아내의 탄식으로 본 견해가 있다. 박춘우, 『한국 이별시가의 전통』, 역락, 2004, p.39. 이는 기존의 연구자들이 보편적으로 저지른 오류의 하나로서 아내의 만류와 남편의 익사, 아내의 통곡, 장례절차, 죽은 자에 대한 추모, 후대의 재연을 통한 기원의식 등이 복합적으로 응축(적층)되어 서술된 구비형태인 점을 간과한 해석이다.

능동적이고 비장한 죽음이기 때문이다.[17]

둘 사이에 가로놓여진 강물 때문에 남편이 먼저 죽음을 맞이했지만, 이어 아내가 그 강물에 투신함으로써 남편과 저승에서 재회하는 공간으로 거듭 태어난 것이다. 넋두리에 가까운 이 노래는 현실적인 죽음을 인정하면서도 아내의 투신에 의해 죽음이 극복되는 역설적인 상황을 만들고 있다. 즉, 이승에서의 부부의 삶이 저승으로 연장된 것이다. 산 자의 의지에 따라서는 이별의 공간(강)도 극복될 수 있는 곳임을 보여준 것이다. 더욱이 이 이야기는 세인의 입에 오르내리면서 영원히 지워지지 않는 두 남녀의 애틋한 사랑 이야기로 자리잡은 것이다.

2) 祭亡妹歌

<제망매가>는 죽음의식을 다룬 향가 가운데 매우 수준 높은 비유와 수사를 구사하고 있다. 죽음에 임하는 태도와 극복하는 자세가 차분할 뿐더러 슬픔 극복의 의지가 전편을 압도한다. 배경설화와 노래는 다음과 같다.

> 월명은 또 일찍이 죽은 누이동생을 위하여 재를 올리고 향가를 지어 제사를 지냈더니, 문득 회오리바람이 일어나 지전을 날려 서쪽 방향으로 사라져 버렸다. 노래는 다음과 같다. … <노래 생략> … 월명은 항상 사천왕사에 살면서 피리를 잘 불었다. 일찍이 달밤에 피리를 불면서 대문 앞 큰 길을 지나가니 달이 그로 인해 걸음을 멈췄다. 이로 인해 그 길을 월명리라고 하고 스님도 이 때문에 유명해졌다.

---

17) 李在銑, 「한국문학의 사생관」, 『우리문학은 어디에서 왔는가』, 소설문학사, 1986, p.262.

스님은 능준대사의 문인이었다. 신라 사람들이 향가를 숭상한 지는 오래되었다. 대개 시송과 비슷한 것이었던가 한다. 그러므로 때로는 천지귀신을 감동시킨 것이 한두 가지가 아니었다.[18)]

生死路는
예 이샤매 저히고
나는 가느다 말ㅅ도
몯다 닏고 가느닛고
어느 ᄀᆞ술 이른 ᄇᆞᄅᆞ매
이에 저에 ᄠᅥ딜 닙다이
ᄒᆞᄃᆞᆫ 가재 나고
가논곧 모ᄃᆞ온뎌
아으 彌陁刹애 맛보올
내 道닷가 기드리고다 (양주동 해독)

<제망매가>에서 '生死路는 여기 있다'라고 했다. 삶과 죽음의 분기점은 항상 우리의 현실 앞에 직면해 있다는 것을 가리킨 말이다. 다만 그 죽음의 문턱에서는 항상 두려움을 느끼는 것이 인간의 본래 모습일 뿐이다. 생사로를 현실에서 직면한다는 말은 생사를 초월한 개념이다. 삶과 죽음을 별개의 것으로 보지 않고 동일 개념으로 파악하는 것은 인생을 달관한 사람의 술회이기도 하다. 이는 마치 元曉가 계율을 어기고 薛聰을 낳은 후 큰 박을 얻어 無导舞를 추면서 敎化歌舞에 나설 때 명분으로 내세웠던 "일체의 무애인은 한결같이 생사를 벗어난다."는 『화엄경』의 경지와 같은 것이다.[19)]

---

18) 『三國遺事』 卷第五 感通 第七 月明師 兜率歌條.

19) 『三國遺事』 卷4 義解 第5, 元曉不羈條, "曉旣失戒生聰 已後易服色 自號小姓居士 偶得優人舞弄大瓠 其狀瑰奇 因其形製爲道具 以華嚴經一切

<제망매가>에서 죽음은 어느날 갑자기 찾아오는 것으로 나타나 있다. "어느 가을 이른 바람" 이 그것이다. 대개의 죽음은 그 前兆가 예고되는 것이 보통이다. 불교에서는 중생들이 輪廻轉生하는 1期를 넷(四有)으로 나눈다. 이 가운데 生有, 本有, 死有를 現生이라 한다. 生有는 금생에 탁태하던 맨 처음의 몸이고, 本有는 나서부터 죽을 때까지의 몸이며, 死有는 금생의 맨 나중 몸으로서 목숨이 끊어지는 찰나를 의미한다. 中有(中陰)는 전생과 금생, 혹은 금생과 내생의 중간에 있는 몸으로서 後陰을 받지 못하고 中陰으로 있는 것(七七日=49齋)을 말한다. 지극히 악하거나 선한 사람은 죽으면 곧 다음 생을 받기 때문에 中陰이 없으나 보통 사람은 이 중음으로 있을 동안에 다음 생의 果報가 결정된다는 것이다. 본래 49재는 死者의 연속성이 네 가지 영역(연옥계, 동물계, 페타<petas> 혹은 프레타계<pretas: 불완전하고 중간적인 상태의 존재>, 아수라계) 중의 한 곳에 자리를 잡는 데는 49일이 걸린다는 印度的 신앙을 받아들인 것이다. 즉, 죽은 지 49일째 되는 날에 적절한 제사를 드리면 고인이 더 나은 존재로 환생함을 도울 수 있다는 것인데, 죽은 자를 위한 최선의 방법은 자손들이 모든 의무를 다하여 이른바, '招度亡魂'을 통해 사자의 영혼구제를 한다고 여긴 것이다.20)

中有는 다음과 같은 의미를 지니고 있다.

또 이르기를, 중유는 이생에 죽어서 저 중간에서 받은 바의 음형이다. 음이란 것은 오음의 음이다(신역에서는 오온이라 한다). 구사종은 일정한 중음이 있다고 생각하고, 성실종은 없다고 생각하며, 대승종

無导人 一道出生死 命名曰無导 仍作歌流于世."

20) 존 바우커 저, 박규태 · 유기쁨 역, 『세계종교로 보는 죽음의 의미』, 청년사, 2005, pp.346-347.

은 유무가 일정하지 않다고 생각한다. 극히 선하거나 극히 악한 사람은 중음이 없이 곧바로 이를 곳에 이르고, 나머지 모두에게는 중음이 있다.[21]

그러나 이 같은 경우는 정상적인 죽음(天壽)의 경우이며, 非命에 죽는 경우는 다르다. <제망매가>의 경우는 누이동생의 비명을 안타까워하고 있다. '간다'(죽는다)고 말도 못하고 죽는 안타까움을 '어느 가을 이른 바람'으로 묘사하고 있다. 월명사가 승려의 입장을 떠나 골육지정을 노래하고 있다는 점이 돋보인다.[22] 뿐 아니라 누이의 죽음을 '낙엽'에 비유함으로써 자연의 섭리에 순응하는 자세를 보여주고 있다.

월명사는 죽음의 그림자를 '이른 바람'에 비유함으로써 누이의 죽음을 예기치 않은 것으로 묘사하고 있다. 비유가 세련되었을 뿐 아니라 생사의 이치를 하나로 꿰뚫는 자세를 보여주고 있다. 혈육의 의미를 '한 가지에 난 존재'에 비유함으로써 슬픔이 전해지는 거리마저 가깝게 드러내고 있다. 생사의 갈림을 인식하는 동시에 다시 만날 것을 기약하는 '生者必滅 會者定離'의 자세가 전편을 일관하고 있다. 죽은 자의 명복을 빌어 극락으로 인도하려는 동기간의 애틋한 자세가 돋보이는 모습이다. 죽음을 '새로운 삶의 시작'으로 보고 죽음을 통한 죽음의 극복이라는 역설적 메

21) 『佛學大辭典』, 中陰條, "又云中有 死此生彼中間 所受之陰形也 陰者五陰之陰(新譯云五蘊) 俱舍宗以爲 有一定之中陰 成實宗以爲無之 大乘宗以爲有無不定 謂極善極惡之人 無中陰 直至所至 餘皆有之."

22) 박태상, 『한국문학과 죽음』, 문학과 지성사, 1993, pp.223-226. 박태상은 <제망매가>에 나타나는 죽음의식의 흐름으로 1)죽음을 두려워하지 않는다는 점, 2)서술어의 변화를 통해 불교적 변증법의 논리와 죽음의식을 발견할 수 있고, 3)죽음은 '새로운 삶의 시작'을 의미하며 죽음을 통한 죽음의 극복이라는 역설적 논리를 표현하고 있다고 했다.

시지가 동양적 순환구조의 논리 속에 불교의 미타신앙이 자리잡고 있는 것으로 본 견해도 있다.[23]

<제망매가>는 남매가 어느 날 서로 다른 세계에 존재하게 되었지만, 사별 자체보다는 누이의 미래가 결정되지 않았다는 점이 불안하게 여겨졌고, 이로 인해 서정주체는 누이의 미래를 결정해주고 싶다는 방향에서 표현되었고, 저 세계에서의 재생을 확신하고 있다는 점에서 다시 만날 가능성을 열어준 것이라 할 수 있다.[24]

결국 생과 사의 공간은 분리되어 존재하는 것이 아니라, 현실에서는 뿌리에 이어져 있는 가지만큼 가까웠으며, 죽어서도 별도의 공간(미타찰)을 향한 기원으로 이어져 있다는 점에서 분리된 것이 아니라 연결 가능한 거리로 확신하고 있다. 생을 대하는 자세에 따라 공존의 공간과 분리의 공간이 될 수 있음을 보여주는 것이라고 할 수 있다.

3) 願往生歌

<원왕생가>의 작자문제는 한때 논쟁이 있었으나, 廣德으로 봄이 온당한 듯하고,[25] 그의 아내 역시 觀音의 화신이었다는 점에서 전형적인 성불담의 한 유형이라고 할 수 있다. <원왕생가>의 배경설화와 노래는 다음과 같다.

> 문무왕 때 사문 광덕과 엄장이란 이가 있었다. 두 사람은 서로 우

---

23) 배영기 편술, 『죽음에 대한 문화적 이해』, 한국학술정보, 2006, p.82.
24) 徐徹源, 「신라향가의 서정주체상과 그 문화사적 전개」, 고려대박사논문, 2006, p.137.
25) 金東旭, 『한국가요의 연구』, 을유문화사, 1961, pp.97-98.

애가 좋아 조석으로 다짐하기를, "먼저 극락에 가는 이는 반드시 알리기로 하세."라고 하였다. … 하루는 해 그림자가 붉은 빛을 끌며 소나무 그늘에 조용히 저물어 갈 무렵, 창밖에서 소리가 나면서 알리기를, "나는 서방으로 가네, 그대는 좋게 지내다가 속히 나를 따라오게." 하였다. 엄장이 문을 열고 나가 돌아보니, 구름 밖에서 천악소리가 울리고 광명이 땅에 드리워 있었다. 다음날 광덕의 거처를 찾아갔더니, 광덕은 과연 죽어 있었다. 이에 그의 아내와 함께 유해를 거둬 장사를 지냈다. 장사를 마치고 부인에게 "부군이 죽었으니 나와 함께 사는 것이 어떻겠소?"라고 물었더니 부인이 "좋소"라고 말하였다. 마침내 머물러 밤에 자는데 정을 통하려고 하자, 부인은 그를 아껴 말하기를, "스님께서 정토를 구하는 것은 마치 물고기를 구하러 나무에 올라가는 것이라고 할 것입니다."라고 하였다. 엄장이 놀라 의아하여 묻기를, "광덕도 이미 그렇게 하였거늘 나 또한 어찌 방해가 되겠소?"라고 하였다. 부인이 말하기를, "남편은 나와 10여년을 함께 살면서 일찍이 하루 저녁도 잠자리를 같이 하지 않았습니다. 하물며 몸을 더럽혔겠습니까? 다만 밤마다 몸을 단정히 하고 바로 앉아 한 목소리로 아미타불의 이름을 염송하고 혹은 16관을 지었는데, 관이 무르익어 밝은 달빛이 지게문으로 비치면 때때로 그 빛을 타고 올라가 그 위에 가부좌를 하였지요. 정성 다하기를 이와 같이 한 지라 비록 본인이 서방정토 가기를 마다 한들 어디로 가겠습니까?" … 엄장은 부끄러이 얼굴을 붉히고 물러나왔다. 그 길로 원효법사의 처소로 가서 진요를 간절히 구하였다. 원효는 쟁관법을 만들어 그를 이끌어주니 엄장은 이에 몸을 정결하게 하고 뉘우쳐 책하고 오로지 관 닦기에 힘써 역시 서방정토로 오를 수 있었다. 쟁관법은 원효법사의 본전과 해동승전 안에 있다. 그 부인은 곧 분황사의 여종이니 대개 관음보살의 19응신의 하나였다. 광덕에게 일찍이 노래가 있었는데 다음과 같다.

돌하 이데

西方ᄭᆞ장 가샤리고
無量壽佛前에
닏곰다가 숣고샤셔
다딤 기프샨 尊어히 울워리
두손 모도호ᄉᆞᆯᄫᅡ
願往生 願往生
그릴사ᄅᆞᆷ 잇다 숣고샤셔
아으 이몸 기텨 두고
四十八大願 일고샬까　　(양주동 해독)[26]

修道의 조건에서는 엄장보다 광덕이 나쁜 편이었다. 왜냐하면, 광덕은 홀몸이 아니라, 처를 데리고 살았기 때문이다.[27] 일견 비구승과 대처승간의 成道談 같기도 하다. 이 설화는 관음보살의 화신으로 등장한 여인(아내)의 도움을 받아 보리를 이루는 과정을 보여주고 있다. 10여년을 살아도 한 번도 육체적인 관계를 맺지 않았던 광덕의 신앙이 오히려 혼자 수도에 전념했던 엄장을 압도한 것은 외적인 조건이 아니라 내면세계의 진정한 구도정신이 있었기 때문이었다.

'달'은 圓滿具足한 부처의 모습이자, 부처에게 구도자의 진심을 전해주는 메신저의 역할도 겸하고 있다. 往生思想에는 이른바 他土往生으로 아미타불이 계신 곳을 소원하는 極樂往生, 미륵보살이 계신 곳을 소원하는 兜率往生, 十方淨土 중에 원하는 정토를 소원하는 十方往生과, 약사여래가 계신 정유리세계, 관음보살이

---

26) 『三國遺事』 卷第五 感通第七 廣德 嚴莊條.
27) 광덕은 본문에 분명 '德隱居芬皇西里 蒲鞋爲業 挾妻子而居'라고 하여, 마치 처와 자식을 둔 것처럼 되어 있으나, 광덕의 사후 그 부인이 엄장에게 '婦曰 夫子與我 同居十餘載 未嘗一夕同床而枕 況觸汚乎'라고 한 것으로 보아 이는 아내를 데리고 살았다는 의미로 봄이 자연스럽다.

계신 보타락가산, 비로자나가 계신 화장세계 등이 있다. 왕생은 이승에 대한 집착보다는 현세의 번뇌를 끊고 다시 태어나고자 하는 간절한 소망으로 이어진다. 이승과 저승을 가로막은 강물을 건널 수 있는 津要 앞에서 모든 것을 버린 구도자의 발가벗은 모습이 부각되고 있다.

여기서 죽음은 깨달음을 이루기 위해 반드시 거쳐야 하는 통과의례이며 구도자에게는 자신을 시험하는 관문으로 작용한다. 이른바 天壽를 앞당기는 이치로서, 잠시 머무는 삶에서 영생을 담보하는 저 세계를 향하여 용감하게 정진하는 자세를 보여주고 있다. 구도를 이루기 위해 세속적인 인간의 쾌락을 터부시한다는 점에서 일견 강한 듯하나 약한 인간의 모습을 보여주고 있다. 광덕과 엄장은 목표는 같았으나, 사물을 보는 눈이 달랐던 것이다. 엄장의 경우는 수도생활을 하면서도 아내를 거느린 광덕을 못내 부러워했었다는 역설적인 논리가 이면에 제시되었기 때문이다.

광덕은 法藏比丘의 서원을 물고 늘어진 집념의 수도자였다. 四十八大願은 법장비구가 世尊(世自在王佛)에게 만약 자기의 불국토에 48대원이 이루어지지 않는다면 결코 부처가 되지 않겠다고 서원한 것을 말한다.[28] 이처럼 스님들은 육신의 껍데기를 버리고 깨우치기 위하여 목숨은 한낱 잠시 빌린 몸에 불과한 것으로 여겼다. 따라서 구도의 방법 또한 치열하여 바위 아래로 몸을 던지거나, 불이 담긴 동이를 머리에 이는 등의 고행도 가볍게 행했던 것이다.[29]

최종 목표인 서방정토는 이승과는 매우 먼 공간이지만 중간 기착지로 달을 설정하고 있다. 달은 나의 정성과 수도의 자세를

---

28) 『無量壽經』 卷上, "我建超世願 必至無上道 斯願不滿足 誓不成正覺."
29) 『三國遺事』 卷4 義解 第5, 關東楓岳鉢淵藪石記條와 卷5 神呪 第6, 惠通降龍條.

환히 비추는 존재일 뿐만 아니라 나의 모든 것을 무량수불에게 고하는 감시자의 역할도 맡고 있다. 가까이 볼 수 있는 달의 공간을 통하여 서방정토에의 의지를 불태우고 있는 수도자는 이승보다는 달에 더 가까이 다가감으로써 願往生의 실현을 꿈꾸고 있는 것이다. 요컨대, 죽음의 불안과 공포, 그리고 삶의 유한성과 무상은 정토라는 피안에의 신앙에 의해서 극복되는 것이다.[30)]

4) 敍事巫歌

무조신화인 바리공주(捨姬)는 부모를 회생시키기 위하여 "삼신산(三神山) 불사약(不死藥), 무상신(無上神) 약령수(藥靈水), 동해용왕 비례주, 봉래산 가얌초, 안아산 수루취를 구해다 잡수시면 회춘하실이다"[31)]라는 비방을 실천하기 위해 고난의 길을 떠난다.

바리공주는 고행길을 가다가 석가여래 아미타불 지장보살님이 바둑장기 두시는 곳에 당도하여 사연을 말하니, 그 정성에 감동하여 낭화 세 가지와 금주령을 주면서 인도하여 지옥에 도달한다.

한 곳을 나아가니 칼산지옥 불산지옥
독셔지옥 한빙지옥 구렁지옥 배암지옥
물지옥 흔암지옥 무간 팔만사천지옥 넘어가니
칠성이 하날에 닿았는데
구름 슈여넘고 바람도 슈여 넘는 곳에

30) 李在銑, 「한국문학의 사생관」, 『우리문학은 어디에서 왔는가』, 소설문학사, 1986, p.264.
31) 赤松智城 · 秋葉 隆 공편, 沈雨晟 역, 『朝鮮巫俗의 硏究』 上, 동문선, 1991, p.35.

귀를 기우리고 들으니 죄인 다스리는 소래
육칠월 악마구리 우는 소래더라
낭화를 흔드니 칠성이 다 무너져 평지 되거날
다스리던 죄인을 보니 눈빼죄인 팔없난 죄인
다리 없는 죄인 못 없는 죄인 합츤 귀졸이 나와
바리공주께 고월을 제도하여지라 하오니[32]

지옥은 항상 뜨겁고 차가운 것과 같은 극단적인 모습으로 형상화되어 있고, 온갖 두려움의 대상을 나열하며, 수많은 난관이 차례차례 나타나면서 죽은 사람으로 하여금 공포와 두려움에 질리게 한다. 셀 수 없이 많은 난관(八萬四千)과 쉴 틈이 없이(無間) 닥치는 육체적인 고통은 인간의 뇌리에서 죄업의 대가에 대하여 잔혹한 각인을 해주고 있다.

平地 삼천리를 지나 嶮路 삼천리에서 바리공주는 또 다음과 같은 관문을 만난다.

팔업는 귀신, 다리업는 귀신
눈업는 귀신, 억만귀졸이 앙마구리 끌틋하는구나
칼산디옥 불산디옥문과
팔만사쳔 졔디옥문을 열어
십왕(十王)갈 이 십왕으로
디옥(地獄) 갈 이 디옥으로 보내일 쎄
우여! 슬푸다, 선후망의 아모 망제
썩은 귀 썩은 입에 자세히 들엇다가
제 보살님께 외오시면
발이공쥬 뒤를 짤어
서방정토 극락셰계로 가시는 날이로성이다

32) 金泰坤 編, 『韓國巫歌集1』, 집문당, 1971, p.77.

아기가 한곳을 바라보니
동에는 쳥유리(靑琉璃) 쟝문(墻門)이 서잇고
서에는 백류리쟝문이 서잇고
남에는 홍류리쟝문이 서잇고
북에는 흑류리쟝문이 서잇고
한가운대는 졍렬문(貞烈門)이 서잇는데
무장신선(無上神仙)이 서 게시다[33]

칼과 불로 이루어진 팔만사천의 지옥의 형용은 그 자체가 인간이 견디기 어려운 상황 설정임을 잘 보여주고 있다. 바리공주는 무상신선에게 물값과 나무값 대신 물긷기 삼년, 불때기 삼년, 나무하기 삼년 등 도합 9년을 일해주고, 일곱 아들의 산전을 받아준 후, 일곱 아들과 무상신선을 데리고 약령수를 찾아간다. 도중에 지옥으로 가는 배를 만나는데 묘사는 다음과 같다.

한 곳에 다달으니 피바다에 밋업는 배
칠팔월 악마우리 울듯 울고가는
저기 저 배는 무슨 배뇨
그 배는 전생에 잇슬 젹에, 부모에게 불효하고
나라에는 역젹이요, 동생에는 우애업고
적은 되로 쥐이고, 큰 되로 밧고
날쌀애기 동양(動鈴)주고, 모해잡은 죄로 해서
억만사쳔 제디옥으로 울고가는 배요
임자업는 배는 무슨 배이뇨
그 배는 젼생에 잇슬젹에
무자귀신(無子鬼神)이 해상으로 가는 배로성이다 [34]

33) 赤松智城・秋葉 隆 공편, 沈雨晟 역, 『朝鮮巫俗의 硏究』 上, 동문선, 1991, pp.39-40. 띄어쓰기는 필자.

인간이 이승에서 지은 업보에 따라 죄를 판결받는 광경을 묘사하고 있다. 그리하여 칼산지옥문, 불산지옥문, 독사지옥문, 한냉지옥문을 통과하여 '넓고도 어둔 길은 지옥문이고, 밝고도 좁은 극락길'을 가는 것이다.

<죽엄의 말: 後生>에서는 지옥길을 묘사하여 "쳘퇴로 박셕을 쌀고, 쳘망으로 다리노와 그 다리를 건너가면, 다리가 문허저서 다리 아래 써러지면, 악귀가 달녀들어 물어다가 구쳔지옥 들이치면, 배곱푸면 모동쳘을 먹이고 목 말으면 쇠물녹여 먹이나니, 그 길로 가지 말고 소로로 가옵소사"[35]라고 하여 지옥이 비록 악인이 죽어서 가는 곳이기는 하나 끔찍하고 소름끼치는 곳임을 생생하게 묘사하고 있다.

4. 이승과 저승의 空間認識

1) 鬼神에 대한 認識

동양에서 귀신에 대한 인식은 대개 비슷한 견해를 보이고 있다. 즉, 사람이 죽으면 魂魄이 분리되어 魂은 하늘로 올라가고, 魄은 땅에 묻히는 것이 죽음이라고 생각한 것이다. 귀신의 존재에 대한 유가의 인식이 가장 잘 드러난 것은 孔子와 季路의 문답에서이다. 합리적인 실천윤리를 표방하는 유가의 입장을 잘 드

34) 赤松智城・秋葉 隆 공편, 沈雨晟 역, 『朝鮮巫俗의 硏究』 上, 동문선, 1991, p.42.
35) 上揭書, p.202.

러내고 있다. 계로가 귀신을 섬기는 도리에 대해 묻자 공자는 "사람도 섬기지 못하는데, 어떻게 귀신을 섬길 수 있겠는가?"라고 했고, 죽음에 대해 묻자, "삶도 알지 못하는데 어떻게 죽음을 알겠는가?"[36]라고 답변한 것이다. 공자의 이 말은 초현실적인 문제에 대한 대답으로서 현실을 떠난 종교적인 문제에 대한 언급은 삼가는 것이 좋다는 것으로 보인다. 이른바, "子不語怪力亂神"[37]의 태도인 것이다.

『墨子』에 나타난 귀신에 대한 인식은 합리적이며 포괄적이기도 하다.

> 묵자는 다음과 같이 말했다. "옛날과 지금의 귀신은 다름이 아니라, 하늘의 귀신이 있고, 또한 산과 물의 귀신이 있고, 또 사람이 죽어서 되는 귀신이 있다. 지금 자식이 아비보다 먼저 죽는 일도 있고, 아우가 형보다 먼저 죽는 일도 있지만 그것은 예외의 일이고, 대체로 천하의 일을 살펴보면 세상에 먼저 태어난 사람이 먼저 죽는 것인데, 이렇게 보면 먼저 죽는 사람은 아버지가 아니면 어머니요, 또는 형님이 아니면 누나다. 이제 단술과 젯밥을 깨끗이 차려놓고, 공경과 정성을 다하여 제사지낸다고 하자. 만일 귀신이 정말 있다면 이는 아버지, 어머니, 또는 형님과 누님의 영혼을 모셔다 놓고 음식을 권하는 것이니, 이 얼마나 따뜻한 인정인가! 또 설령 귀신이 없다고 하더라도 단술과 젯밥 등 음식을 장만하느라 비용이 들어가기는 했지만 그렇다고 그것을 송두리째 도랑에 쏟아버리는 것은 아니다. 안으로는

---

36) 『論語』 先進篇, "季路問事鬼神 子曰 未能事人 焉能事鬼 敢問死 曰 未知生 焉知死."

37) 『論語』 述而篇. 集註에는 "鬼神 造化之迹 雖非不正 然非窮理之至 有未易明者 故亦不輕以語人也"(귀신은 조화의 자취가 비록 바르지 않은 것은 아니지마는 그러나 이치를 궁리함이 지극하지 않으면 쉽게 밝히지 못하는 것이 있으므로 또한 가볍게 사람에게 말하지 아니한 것이다.)라고 했다.

일가 친척들이, 밖으로는 동네 사람들이 다 같이 그 음식을 나누어 먹는다. 비록 귀신이 없다고 하더라도 이는 오히려 많은 사람들이 모여 함께 즐기고, 또 동네 사람들의 친목을 도모할 수 있는 좋은 기회가 되는 것이다."38)

이른바, 天鬼・地鬼・人鬼의 개념이다. 죽은 후의 인간관계 또한 생시와 마찬가지로 대우하면서 人情으로 묘사하고 있다. 아울러 죽은 자를 제사지내는 것을 통해 산 사람들과 가족, 그리고 이웃간의 결속과 유대를 도모하는 미풍양속으로 인식하고 있다.

李贄 또한 다음과 같은 말로 귀신의 존재를 인식하고 있다.

대저 귀신이 있은 다음에 사람이 생겨났으니, 그러므로 귀신은 공경하지 않을 수 없다. 사람을 섬기는 것은 곧 귀신을 섬기는 것이므로 사람의 도리에 힘쓰지 않을 수가 없다. 그렇다면 질책하면서 모독하고, 뭔가를 구하고자 아첨하는 것은 모두 귀신을 공경하는 도리가 아닌 것이다. 무릇 귀신의 도는 멀리 있고, 사람의 도는 가까이 있게 마련이다. 멀리 있는 것을 공경하면서 거리를 두는 것은 그 먼 것이 가까워질 수 있음을 알기 때문이니, 이런 까닭에 백성들은 의당 지켜야 할 도리에 힘쓰면서 감히 멀리서 뭔가를 구하지 않게 된다. 가까운 것을 친근하게 여기면서 거기에 힘쓰는 것은 그것이 가깝지만 또 멀어질 수 있음을 알기 때문이다. 이리하여 아첨하거나 모욕하지 아니하고 오직 조심스럽게 공경을 다하는 일에만 힘쓰게 된다. 그런데

38)『墨子』明鬼 下, "子墨子曰 古之今之爲鬼 非他也 有天鬼 亦有山水鬼神者 亦有人死而爲鬼者 今有子先其父死 弟先其兄死者矣 意雖使然 然而天下之陳物 曰先生者先死 若是則先死者非父則母 非兄而姒也 今絜爲酒醴粢盛 以敬愼祭祀 若使鬼神請有 是得其父母姒兄而飮食之也 豈非厚利哉 若使鬼神請亡 是乃費其所爲酒醴粢盛之財耳 自夫費之 非特注之汙壑而棄之也 內者宗族 外者鄕里 皆得如具飮食之 雖使鬼神請亡 此猶可以合驩聚衆 取親於鄕里."

> 오늘의 현실은 귀신을 공경하지 않는 자들이 대부분이고, 귀신을 경원할 수 있는 자는 한 명도 보이지 않는다.[39]

사람과 귀신을 동렬에 놓고 섬기는 대상으로 인식하고 있다. 동시에 귀신을 대하는 자세 또한 분명하여 淫祀와 祭祀를 엄격히 구분하고 있다. 귀신이야말로 만물의 이치를 꿰뚫고 있는 신격으로 인식하고 있는 것이다.

金時習 또한 다음과 같이 귀신의 존재에 대해 언급하고 있다.

> 신으로 변화한 것도 있고, 형으로 변화한 것도 있으며, 기로 변화한 것이 있다. 신으로 변화한 것은 정령과 요괴와 도깨비이고, 형으로 변화한 것은 새와 짐승과 물고기와 자라이다. 세 가지 변화한 것에서 빼어나며 가장 신령스럽고 천성을 갖춘 것은 사람이다. … 귀신이란 것은 바르고 참된 기이다. 바르고 참된 기가 천지 사이에 움직여 아래로는 백성을 돕고 위로는 하늘에 순응하는 까닭에 사당을 세우고 그에게 비는 것은 위엄과 영험을 두려워해서가 아니고 대개 그 공덕을 갚기 위해서이다. … 묻기를, "그렇다면 지금의 무당과 박수도 전거가 있는 것인데, 그대는 어찌하여 심하게 배척하는가?" 하므로 대답하기를, "옛날에 제사하는 자는 예로써 지냈기 때문에 무당도 또한 신의 말로써 응답하여 오직 덕을 닦아 제사 일을 타락하게 하지 않았는데, 지금의 제사하는 자는 신을 업신여기고 귀를 모독하여 못하는 짓이 없고, 무당도 또한 요사스러운 말로써 사람을 놀라게 하고 망령되게 화복을 칭탁하여 돈과 곡식을 허비하고, 산귀나 요물이 넘보고 이를 조장하며 끝내는 가산을 탕진하고야 마는 일이 있으니

---

39) 李贄, 『焚書』, 鬼神論, "夫有鬼神而後有人 故鬼神不可以不敬 事人卽所以事鬼 故人道不可以不務 則凡數而瀆 求而媚 皆非敬之之道也 夫神道遠 人道邇 遠者敬而疎之 知其遠之近也 是故惟務民義而不敢求之於遠近者親而務之 知其邇之可遠也 是故不事諂瀆 而惟致吾小心之翼翼 今之不敬鬼神者皆是也 而未見有一人之能遠鬼神者."

어찌 참다운 신명의 도이겠는가?”[40]

이른바, 神化·形化·氣化를 논하고 있다. 이 가운데 가장 빼어난 신령스러운 존재를 인간이라 했고, 귀신을 바르고 참된 기라고 했다. 귀신을 가리켜 백성을 돕고 하늘에 순종하는 신격으로 묘사하고 있다. 박수와 무당도 예로 제사를 지내고 신의 말로써 응답하는 경우는 인정하면서도 망령되게 禍福을 조장하거나 財福을 탐하는 것은 경계하고 있다.

『朱子語類』에는 혼백과 귀신, 삶과 죽음에 대한 이론이 비교적 명쾌하게 제시되어 있다.

> 氣를 魂이라 말하고, 體를 魄이라 말한다. 고유는 회남자의 주석에서 “혼은 陽의 기운으로서 神이고, 백은 陰의 기운으로서 神이다.”라고 했는데 신이라고 말한 것은 形氣를 주재하기 때문이다. 사람이 태어나는 까닭은 精과 氣가 모이기 때문이다. 사람에게는 단지 일정한 기운이 있어서 반드시 소진될 때가 있다. 소진되면 魂氣는 하늘로 올라가고 形魄은 땅으로 돌아가서 죽음에 이른다. 죽음에 임박했을 때 따뜻한 기운이 위로 나가는 것을 혼이 올라간다고 말하고, 하체가 점점 차가워지는 것을 백이 내려간다고 말한다. 이것은 삶이 있으면 반드시 죽음이 있고, 시작이 있으면 반드시 끝이 있는 까닭이다.[41]

---

40) 金時習, 『梅月堂文集』 卷17, 雜著, 鬼神 第八, “有神化者 有形化者 有氣化者 神化者 精怪罔象也 形化者 鳥獸魚鼈也 秀於三化 最靈而具性者人也 … 鬼神者 正眞之氣也 正眞之氣 運化兩間 下祐黎民 上順覆載 故立祠而禱之 非懼威靈也 盖賽其功德也 … 曰 然則今之巫覡者 有所典據子何排斥之深也 曰 古之祀者 以禮享之 故巫亦以神語答之 使聿修厥德而不墜祀事 今之祀者 慢神瀆鬼 無所不至 而爲巫者亦以妖語駭人 妄稱禍福 耗費錢穀 而山鬼妖物 覬而助之 至有破蕩家産而後已 豈眞神明之道哉.”

41) 『朱子語類』 1, 卷3 鬼神, 黎靖德 編, 허탁·이요성 역주, 청계, 1998,

위의 인용문은 우리가 상식적으로 알고 있는 것을 일목요연하게 정리한 것이라고 여겨진다. 氣는 魂이고 體는 魄이며, 혼은 양의 신이고, 백은 음의 신이라는 점, 그리고 인간의 탄생은 정기가 모여서 이루어진 것이고, 흩어지면 죽되 혼기는 하늘로, 체백은 땅으로 돌아가니 이것이 바로 죽음인 것이다.

2) 삶의 延長 欲求

『三國遺事』 권5 감통 제7편에는 善律還生條가 있다. 이른바 저승체험을 기록한 것으로 불교의 저승관이 잘 드러나 있는 대목이다.

> 망덕사의 중 선율은 보시받은 돈으로 육백반야경을 이루려다가 공이 끝나기 전에 갑자기 저승에 잡혀 명사에게 가니, 묻기를, "너는 인간 세상에서 무슨 일을 하였느냐?"라고 하였다. 선율이 말하기를, "저는 만년에 대품경을 이루려다가 공을 아직 이루지 못하고 왔습니다."라고 하니 명사가 말하기를, "너의 수명은 비록 다 되었으나 좋은 발원을 마치지 못했으니, 마땅히 다시 인간세상으로 가 보전을 마저 이루어라." 하고 돌려보냈다. 도중에 한 여자가 울면서 앞에 와 절하며 말하기를, "나도 또한 남염부주의 신라 사람이었는데, 우리 부모가 금강사의 논 한 묘를 몰래 훔친 죄에 연루되어 명부에 잡혀 와서 심한 고통을 오래 받고 있습니다. 지금 스님께서 고향으로 돌아가시거든 내 부모에게 알려서 그 논을 빨리 돌려주도록 해주십시오. 첩이 세상에 있을 때 참기름을 상 밑에 묻어 두었고, 또 곱게 짠 베를 침

---

pp.293-294 참조. "氣曰魂, 體曰魄 高誘淮南子注曰 魂者 陽之神 魄者 陰之神 所謂神者 以其主乎形氣也 人所以生 精氣聚也 人只有許多氣 須有箇盡時 盡則魂氣歸於天 形魄歸于地而死矣 人將死時 熱氣上出 所謂魂升也 下體漸冷 所謂魄降也 此所以有生必有死 有始必有終也."

구 사이에 감추어 두었으니, 부디 스님께서는 제 기름을 가져다 불등을 켜고, 그 베를 팔아 경폭으로 삼아 주시면 황천에서도 은혜를 입어 저의 고뇌를 거의 벗어날 수 있을 것입니다."라고 하였다. 선율이 말하기를, "너희 집이 어디에 있느냐?" 하니 말하기를, "사량부 구원사의 서남쪽 마을입니다."라고 하였다. 선율이 이 말을 듣고 막 가려는데 깨어났다. 이때는 선율이 죽은 지 이미 10일이 되어 남산의 동쪽 기슭에 장사지냈으므로 무덤 속에서 3일 동안이나 외쳤다. 목동이 이 소리를 듣고 본사에 아뢰니 스님들이 가서 무덤을 헤치고 그를 꺼내니 앞의 사실을 자세히 말하였다. 또 그 여자의 집을 찾아가니 여자는 죽은 지 15년이 지났으나, 기름과 베는 그대로 완연하였다. 선율은 그 여자가 가르쳐 준 대로 명복을 빌었더니 여자의 혼이 찾아와 말하기를, "스님의 은혜를 입어 첩은 이미 고통에서 벗어났습니다."라고 하였다.[42]

윗글에 의하면 선율은 일단 천수는 누린 사람으로 보인다. 그는 만년에 시주받은 돈으로 『대품경』을 이루려다가 저승에 잡혀갔다. 그는 심판 과정에서 선업으로 인해 다시 인간 세상에 태어나는 환생을 경험한다. 도중에 그는 한 여자를 만나 그녀의 소원을 들어주게 되는데, 그녀는 부모의 죄에 연루되어 죽은 지 15년이 지난 여자였다. 그녀가 고통에서 벗어난 것은 기름과 베를 준비하여 부처에게 바친 정성의 결과였다. 선율 또한 죽은 지 10일이 지난 후였고, 무덤에서 3일 동안을 외쳐 살아나서, 환생을 경험한 것이다. 결국 因果應報에 바탕한 불교적인 저승관의 일단으로 보인다.

마이클 로이(Michael Loewe)는 중국 漢代人의 來世나 仙鄕에 대한 관념을 4가지로 구분한 바 있다. 즉, 1)동해의 이상향을 통

---

42) 『三國遺事』 卷第5 感通 第七, 善律還生條.

해 접근하는 것, 2)우주의 근저를 이루는 전체적인 존재구조의 관점에서 설명하는 것, 3)西王母가 지배하는 신비로운 서방세계, 4)지하의 관리들이 다수 존재하고 魄이 추방되는 黃泉의 관념이 그것이다.[43]

위의 네 가지 중 1)은 우리가 흔히 신선이 산다고 하는 三神山 계통을 이르는 말이다.[44] 2)는 이른바 天地人 三才論을 말하는 것이고, 3)은 서왕모가 산다는 崑崙山(玉山, 龜山)을 의미하며, 4)는 우리가 흔히 말하는 죽어서 간다는 지하세계, 즉 黃泉을 의미한다. 종합하면 인간은 죽어서 저승세계로 가거나, 삶을 연장하는 차원의 신선세계로 간다는 것이다. 이 같은 중국인의 의식의 밑바닥에는 인간의 유한한 삶을 연장하고자 하는 소망이 깔려 있는 것이다.

박영호는 우리의 고전소설에 등장하는 죽음의 양상을 4가지로 분류한 바 있는데, 1)저항원리로서의 죽음(한 개인의 힘으로는 거부할 수 없는 세계에 직면한 경우), 2)재생원리로서의 죽음(윤리적 규범의 실현을 위한 죽음), 3)정치원리로서의 죽음(선악의 대결에서 선이 최종 승리자가 된다는 사실을 보이기 위한 죽음), 4)현세초월의 원리로서의 죽음(도교나 불교 등 특정 종교에 바탕을 둔 죽음)을 든 바 있는데,[45] 이러한 죽음의 유형도 따지고 보면 현실에서의 불가피한 선택일 뿐이며 삶의 연장이라는 대전제를 이면에 깔고 있는 것이다.

---

43) 마이클 로이(Michael Loewe) 저, 이성규 역, 『古代中國人의 生死觀』, 1987, 지식산업사, p.44.

44) 『史記』「封禪書」에는 흔히 三神山으로 蓬萊, 方丈, 瀛洲를 들고 있는데, 『列子』湯問편에는 岱輿, 員嶠, 方壺, 瀛洲, 蓬萊의 5산을 들고 있다.

45) 박영호, 『한국인의 원형적 사고』, 태학사, 2004, p.107.

3) 地獄과 因果應報

저승은 인간이 죽어서 가는 곳이며 흔히 黃泉이라고도 불린다. 흙(黃)과 물(泉)을 의미하는 저승의 대명사 황천에는 이른바 죽어서 돌아가야 하는 원초적인 고향, 곧 地母神의 흔적을 발견할 수 있으며, 인간이 죽어서 된다는 '鬼' 역시 '歸'의 의미와 통용된다고 볼 수 있다. 우리 속담에 "개똥밭에 굴러도 이승이 좋다."는 말이 있듯이 죽음은 모든 인간에게 공포와 두려움의 대상이었다.

『莊子』에는 다음과 같이 삶에 대한 애착을 보여주는 우화가 나온다.

> 장자가 복수에서 낚시를 하고 있는데, 초왕이 두 대부로 하여금 먼저 가서 왕의 뜻을 전하기를, "부디 나라 안의 정치를 맡기고 싶습니다."라고 했다. 장자는 낚싯대를 쥔 채 돌아보지도 않고 말했다. "내가 듣기에 초나라에는 神龜가 있는데 죽은 지 이미 3천년이나 되었다더군요. 왕께선 그것을 헝겊에 싸서 상자에 넣고 묘당 위에 간직하고 있다지만 이 거북은 차라리 죽어서 뼈만 남긴 채 소중하게 받들어지기를 바랐을까요?, 살아서 진흙 속을 꼬리를 끌며 다니기를 바랐을까요?" 두 대부는 대답했다. "차라리 살아서 진흙 속을 꼬리를 끌며 다니기를 바랐을테죠." 장자가 말했다. "돌아가시오. 나도 장차 진흙 속에서 꼬리를 끌겠소!"46)

46) 『莊子』, 外篇 秋水 第17, "莊子釣於濮水 楚王使大夫二人往先焉 曰 願以竟內累矣 莊子持竿不顧曰 吾聞楚有神龜 死已三千歲矣 王巾笥而藏之廟堂之上 此龜者 寧其死爲留骨而貴乎 寧其生而曳尾於塗中乎 二大夫曰 寧生而曳尾塗中 莊子曰 往矣 吾將曳尾於塗中."

잠시 귀하게 모셔지다가 희생제물로 죽는 것 보다는 살아서 본성을 다하는 것을 귀하게 여긴다는 우화이다. 목숨은 누구나 하나뿐이기에, 삶에 대한 애착은 그 무엇보다 강하다. 옛사람들은 이승에서 한 인간이 저지른 행적의 결과로써 저승살이가 결정된다고 믿어왔다. 따라서 저승은 이승의 연장선상에 있는 것으로 인식했던 것이다.

죽은 자의 저승길은 흔히 '산 자들의 두려움이 만들어 놓은 수천의 장애물을 건너는 것'으로 묘사되어 있다고 한다.47) 또한 힌두교도들은 윤회의 기나긴 연속 안에서 죽음이 여러 번 일어나는 것이기에 적절한 제의와 기도를 통해 사자의 영혼이 저승길로 가는 여행을 도와 줄 뿐이라고 여기고 있다.48)

저승을 주관한다는 염라대왕은 염마(閻魔: 산스크리트어로 야마 Yama)로서 死者의 재판관 및 통치자이다. 이는 힌두교의 冥府의 신이며, 혹은 지옥의 왕이다.49) 염라대왕은 원래 남방을 다스리는 섭정이며, 세계의 위 하늘에서 살고 있는데, 죽은 자를 다스리는 아리아인의 신이었다. 그러나 브라만교는 그의 거처를 지옥으로 이전시켰다.

불교에서는 『十王經』(佛說豫修十王生七經,佛說地藏菩薩發心因緣十王經)을 통해 망자가 中陰의 상태에서 10명의 지옥세계를 다스리는 대왕들 앞에서 죄의 경중에 따라 심판과 형벌을 받는 것으로 묘사하고 있다.50) 이 같은 지옥 형벌의 무서움 속에서도

---

47) 에드가 모랭(Edgar Morin) 저, 김명숙 역, 『인간과 죽음』, 동문선, 2000, p.161.

48) 존 바우커(John Bowker) 저, 박규태 · 유기쁨 공역, 『세계종교로 보는 죽음의 의미』, 청년사, 2005, p.245.

49) C.A.S 윌리암스 저, 이용찬 외 공역, 『중국문화 중국정신』, 대원사, 1989, pp.317-321.

50) 김두재 역, 『十王經』, 성문, 2006, p.3, 머릿말. 사람이 죽은 후 49일까

"모든 중생을 지옥에서 건질 때까지 成佛하지 않겠다."는 地藏菩薩의 서원과 유족들의 追善功德에 의해 망자의 죄값이 경감되기도 한다는 것이다. 지옥세계 형벌의 특징은 양극적인 면(極寒, 極熱)과 無間的인 면 외에 생전에 지은 죄 값을 저승사자로 하여금 그대로 되받게 하는 점에 있다.[51)]

송나라 때의 도교책인 『玉歷鈔傳』에는 下界의 고문을 다음과 같이 7단계로 묘사한 바 있다.[52)]

> 사람이 죽은 후 황천으로의 영혼 여행은 일곱 날, 혹은 일주일씩 일곱 시기로 나누어지는데 이 시기는 지옥에서 영혼이 떠돌아다니는 여러 단계를 의미한다. 첫 번째 주간은 鬼門關인데 이곳에서는 악마가 돈을 요구하고, 주지 않으면 매 맞거나 욕을 당한다. 두 번째 주간은 무게를 다는 곳인데, 선한 자는 가볍고 사악한 자는 비행의 무게만큼이나 무거우며 썰거나 빻아지는 고통을 당한다. 세 번째 주간

지는 7일 마다, 그후는 百日, 小祥, 大祥까지 지옥에서 죄의 경중을 심판하는 十位의 왕으로 第一 秦廣大王, 第二 初江大王, 第三 宋帝大王, 第四 五官大王, 第五 閻羅大王(망자의 죄를 業鏡臺에 비추어 죄를 엄히 물음), 第六 變成大王, 第七 泰山大王(태어날 곳이 정해짐, 49齋=77齋), 第八 平等大王, 第九 都市大王, 第十 五道轉輪大王(태어날 곳이 확정)이 있음.

51) 上揭書, p.105. 두 번째 칠일에는 "소를 괴롭히고 쇠고기를 먹은 이에겐 우두나찰이 나오고, 말을 타고 말을 괴롭힌 이에게는 마두나찰이 많네, 옷도 없어 추운 고통 자신의 몸을 핍박하는데, 할아범 귀신 악한 눈에 예리한 어금니 나와 있네"(苦牛食牛牛頭來 乘馬苦馬馬頭多 無衣寒苦逼自身 翁鬼惡眼出利牙). 정일, 「나씨(納西)족의 영혼관에 대한 고찰」-神路圖를 중심으로-, 『동아시아의 영혼관』, 2006, 동아시아고대학회, pp.233-239. 사냥꾼에 대한 징벌은 마귀에게 화살을 맞고 개와 야수에 의해 쫓기며, 음란죄를 범한 경우는 사내의 음경을 당긴다거나, 유언비어를 퍼뜨린 강신무의 경우는 혀를 끌어당기는 것 등이 그 예이다.

52) C.A.S 윌리암스 저, 이용찬 외 공역, 『중국문화 중국정신』, 대원사, 1989, pp.317-321, 필자 요약.

은 惡狗村인데, 착한 자는 반기지만 사악한 자는 사나운 개들에 의해 온 몸이 찢겨지는 고통을 당한다. 네 번째 주간은 業鏡인데 선한 자는 순결하게 비쳐지고 죄인은 자신이 동물과 같은 모양의 불길한 예감을 보는 곳이다. 다섯 번째 주간은 生으로의 귀환을 허락해 줄 것을 간청하는 곳인데 거절을 당하고 높은 단에 올라 자신의 고향을 내려보면서 후회하는 곳이다. 여섯 번째 주간은 피할 수 없는 강에 놓인 다리에 도착하는데 밑에는 무서운 뱀들이 도사리고 있고, 파멸로 끝나게 될 매우 좁은 다리의 횡단을 강요하는 곳이다. 일곱 번째 주간에는 轉輪王이 있는 곳에 도착하여 孟婆가 주는 차를 마시게 되는데, 사악한 자는 기억을 잃게 되며 회전하는 바퀴의 살 사이에 끼여 전생의 업에 따라 윤회전생한다고 한다.

저승은 인간의 상상으로 구성한 공간이지만 매우 논리적이며, 구체적이고 집요하게 그려져 있다. 전편을 통해 '後悔'라는 글자가 사무치도록 한 치의 시간도 허락하지 않은 채 이어지는 고통으로 일관하는 특징을 지니고 있다. 이승과 저승은 우리 민족에겐 평행선과 같은 삶의 연장선상에 위치한 것으로 인식해 왔다. 저녁 먹고 산책삼아 잠시 갔다 올 수 있는 곳이며, 그 이야기를 이웃사람들에게 자랑삼아 해줄 수 있는 곳으로 여긴 것이다.

즉, 삶에 결과에 대한 인식의 총체가 이른바 저승으로 확대된 것이다. 따라서, 이승과 저승은 순환관계를 이루고 있다. 위의 글에서도 보듯이 이승에서 한 인간이 살아온 행적을 원인으로 삼은 결과로서 저승살이가 결정된다고 인식했던 것이다. 불교사전에 보면 지옥에 대하여 다음과 같이 설명하고 있다.

地獄은 梵語로 Naraka, 혹 Niraya, 巴利語 Niraya로서 捺落迦, 那落迦, 奈落, 泥梨耶, 泥黎라 음역하고, 不樂, 可厭, 苦具, 苦器, 無有,

無幸處라 번역된다. 지옥은 중생들이 자기가 지은 죄업으로 말미암아 가서 나게 되는 지하의 감옥인데, 남섬부주의 아래로 2만 유순을 지나서 無間地獄이 있다고 한다. 길이, 넓이, 깊이가 각 2만 由旬(聖王의 하루 동안의 行程: 40리에 해당)이며, 위로 1만 9천 유순 가운데에 층층으로 八大地獄(八熱地獄, 八大熱地獄)이 있는데 그 명칭은 곧, 等活地獄, 黑繩地獄, 衆合地獄, 叫喚(號叫)地獄, 大叫喚(大叫)地獄, 炎熱地獄, 大焦熱(極熱)地獄, 阿鼻地獄(阿鼻旨, 無間, 八萬) 등이다. 이 八熱地獄의 각 지옥마다 사방에 네 문이 있고, 문밖마다 4小地獄이 있어 이것을 합하여 16遊增지옥이라 하는데, 八熱地獄까지를 모두 합하면 136개의 지옥이 있다고 한다. 또 이 八熱地獄의 주위에 八寒地獄이 있는데, 즉, 頞部陀, 尼剌部陀, 頞哳吒(阿吒吒), 臛臛婆(阿波波), 虎虎婆, 嗢鉢羅, 鉢特摩, 摩訶鉢特摩가 그것이다. 또 이러한 지옥과는 달리 현재 우리가 사는 세계의 산이나 넓은 들에도 지옥이 있다는데, 이것을 孤獨地獄이라 한다.[53]

이 팔열지옥과 팔한지옥, 그리고 고독지옥은 그 명칭만으로도 인간의 무수한 고통을 상징하며 그 고통 또한 잠시도 쉴 틈을 주지 않는 '無間地獄'이라는 특징이 있다. 우리가 흔히 위험에 빠지는 것을 "奈落으로 떨어진다"고 하는데 이는 바로 지옥을 의미한다. 그만큼 죄업을 씻는 과정은 처절하며 매우 자극적이라는 특징을 지니고 있는데, 이는 아마도 인간의 뇌리에 죄에 대한 경각심을 극대화하기 위한 구상이 아닌가 한다.

『天倪錄』에는 홍내범이 장질부사로 죽은 후 장례를 치를 적에 관 속에서 살아난 후, 저승에 갔다 온 이야기가 전한다. 그가 꿈속에서 다녀 온 지옥은 勘治不睦之獄(화목하지 않은 이를 다스리는 지옥)과 勘治造言之獄(거짓말로 남을 해친 자를 다스리는 지

53) 『佛光大辭典』 三冊, 書目文獻出版社, 1988, pp.2311-2313. 운허 용하 저, 『불교사전』, 홍법원, 1961, p.823. 필자 요약.

옥), 그리고 勘治欺世之獄(관리로서 백성을 등치거나 학자로서 명예를 도둑질한 자를 다스리는 지옥)이었다. 모두 유교적인 덕목과 유관한 곳인데, 이승에서의 생활태도를 중시한 교훈적인 의미를 지닌다고 할 수 있다. 그 사건의 말미에 작자는 다음과 같은 평을 남기고 있다.

> 아! 홍내범의 일은 부처가 사람을 속이는 이야기와 같다. 군자는 진실로 괴이한 것을 말하거나 이상한 일을 찬술해서는 안 된다. 그러나, 송나라의 李舟도 또한 "천당이 없으면 그만이지만 있다면 군자라야 그곳에 오를 것이며 지옥이 없으면 그만이지만 있다면 소인배가 거기에 들어갈 것이다."라고 말하지 않았던가. 이로 미루어 보면 홍내범이 말한 일은 비록 세상을 어지럽히는 일에 가깝지만 또한 세상에 경종이 될 만도 하다. 그러므로 나는 이 말들을 적어 한퇴지가 '그 하나는 취하고 그 둘은 따지지 않은 뜻'에 붙이고자 한다.[54]

'不語怪力亂神'과 같은 유가적인 입장에서 군자와 소인의 행실을 통해 각각 천당과 지옥으로 배속하고 있지만 그런 가운데서도 교훈이 될 만한 이야기를 끌어내고 있다. 즉, 이승에서의 삶의 결과는 기록을 통해 평가되어 역사에 남는다는 이야기는 굳이 종교와 신념의 차이를 언급하지 않아도 이해가 가능한 것이기도 하다. '警世'라는 한 마디에는 삶에 대한 인간의 진지한 자세를 요구하는 뜻이 담겨 있다고 본다.

---

54) 任埅, 『天倪錄』, 菩薩佛放觀幽獄, "嘻 乃範之事 似是釋氏誣民之說 君子固不當語怪述異 而宋李舟亦云 天堂無則已 有則君子登 地獄無則已 有則小人入 由此觀之 乃範所云 雖近於誣世 而亦可以警世矣 故余志其語 以附退之取其一 不責其二之義."

5. 結　論

우리 조상들은 저승을 이승의 연장선상에 있는 공간으로 인식해 왔다. 저녁을 먹고 다녀올 수 있는 가까운 공간이기도 했고, 돌아 와서는 이웃들에게 실제 경험처럼 이야기해주는 소재로 곧잘 활용하기도 했던 것이다. 그렇지만, 저승세계는 산 자가 死後의 未知 세계를 이야기한다는 점에 모순과 특징이 있다.

무속에서는 인간 내면의 精誠을 중시하여 나의 희생을 전제로 남에게 追福함으로써 나의 念力이 미쳐가기를 기원했다. 유교는 산 자와 죽은 자의 공존을 위해 祖孫간의 영감을 나눌 수 있는 祭祀의 장을 마련해왔다. 제사의 '報本追遠'의 원리는 결국 죽은 자의 음력으로 산자의 복을 비는 구조로 자리잡았던 것이다. 불교에서는 이승과 저승을 순환관계로 파악하고 철저하게 福善禍淫의 논리를 제시해왔다. 원시불교의 계율인 '諸善奉行 諸惡莫作'이라는 가르침도 따지고 보면 모든 인간에게 적용되는 이승에서의 삶의 지표가 아닌가 한다.

<公無渡河歌>는 넋두리에 가까운 노래이지만 남편의 현실적인 죽음을 목격한 아내의 투신에 의해 부부의 죽음이 정신적으로 재생되는 극적인 상황을 보여주었다. 즉, 이승에서의 부부의 삶이 저승으로 이어진 것이다. 산 자의 의지에 따라서는 生死를 가르는 공간(강)도 죽음을 통해 극복될 수 있음을 보여준 것이다.

<祭亡妹歌>에서는 남매의 생과 사의 공간이 분리되어 존재하는 것이 아니라, 죽어서도 별도의 공간(미타찰)을 향한 기원으로 이어져 있다는 점에서 연결 가능한 거리로 제시되어 있다. 삶과

죽음을 대하는 자세에 따라 공존과 분리의 공간이 될 수 있음을 보여주는 것이라고 할 수 있다.

<願往生歌>에서 서방정토의 세계는 이승과는 생사를 달리하는 공간이지만 중간 매개자로 달을 설정하고 있다. 달은 나의 정성과 수도의 자세를 환히 비추는 존재일 뿐만 아니라 나의 모든 것을 무량수불에게 고하는 감시자의 역할도 맡고 있다. 가까이 볼 수 있는 달의 공간을 통하여 서방정토에의 의지를 불태우고 있는 수도자는 이승보다는 달에 더 가까이 다가감으로써 願往生의 실현을 꿈꾸고 있는 것이다.

서사무가에 나타난 지옥의 형상은 항상 뜨겁고 차가운 것과 같은 극단적인 모습으로 형상화되어 있고, 온갖 두려움의 대상을 나열하며, 수많은 난관이 차례차례 나타나면서 죽은 사람으로 하여금 공포와 두려움에 질리게 한다. 셀 수 없이 많은 난관(八萬四千)과 쉴 틈이 없이(無間) 닥치는 육체적인 고통은 인간의 뇌리에서 죄업의 代價에 대해 잔혹한 각인을 해주고 있다.

동서양을 막론하고 저승에 대한 인식은 인간의 죄와 벌, 윤리의식과 성취감이라는 상보적 관념의 궁극적 원형을 보여주고 있다. 대부분의 사람들은 죽음을 가까이 느끼거나 죽음 직전의 경지까지 갔을 때, 비로소 삶의 의미를 되돌아보는 기회를 갖게 된다. 또한 사람들은 삶의 성패를 규정짓는 기준이 막연하나마 양심에 바탕한 윤리의식이라고 인식하고 있는 듯하다. 불교도의 경우는 적극적인 수행을 통해 왕생 실현을 꿈꾸고 있으며, 죽음에 대한 인식(적극적이거나 소극적인 것)은 각자가 처한 환경과 신분에 따라 다르다는 것은 예나 지금이나 같다고 할 수 있다.

인간이 저승세계에 대해 두려움을 느끼는 것은 삶을 보다 가치있고, 의미있게 이끌어 가야 한다는 당위성에 기인하며, 이를 바탕으로 이승의 삶의 결과를 사후에 평가받는 차원에서 마련된 賞罰의 공간으로 인식했기 때문이다. 이 같은 인식은 종교적 심성에 바탕한 우리 민족의 선악에 대한 심판관으로 볼 수 있다.

제3부 禮樂論과 小謹·大義의 葛藤

Ⅰ. 兜率歌의 樂章的 性格

1. 問題 提起

<兜率歌>는 현재 두 가지 형태가 전해지고 있다. 가사부전의 儒理王代 <兜率歌>(28년)가 그 하나이고, 月明師의 향가 <兜率歌>(760년)가 그것이다. 약 7백여 년의 시차를 두고 같은 이름으로 존재하는 이 두 가지 노래에 대하여 그간 많은 논의가 있어 왔다. 유리왕대의 <兜率歌>는 배경설화만 전해지고 있어 그 노래 내용은 알 수 없다. 다만 배경설화를 통해 어렴풋이 그 내용을 짐작할 수 있다. 필자는 두 노래가 오랜 시간적인 간격에도 불구하고 노래의 제목이 같다는 것은 노래의 기능이 유사하기 때문이라고 본다. 즉, <도솔가>라는 명칭을 장르명칭으로 보는 입장이다.

결론적으로, 오랜 세월이 흘렀음에도 불구하고 두 노래의 기능이 비슷했기 때문에 사람들은 이 같은 장르의 노래를 통하여 소기의 목적을 달성했던 것이 아닌가 생각하는 것이다. 이는 곧 오

랜 세월 동안 전통과 관습을 이루면서 다소 변형되기는 했어도 그 핵심적인 부분은 전승되어 왔음을 의미하는 것이다. 유리왕대의 <도솔가>가 임금의 자격과 역할을 운위하면서 백성들을 보살피는 근본에 충실함을 강조하고 이를 달성했을 때 나라의 태평성대를 기념하는 노래였다면, 경덕왕대의 <도솔가>는 국난을 극복하기 위해 불교계의 고승의 법력을 빌어 안정을 되찾은 노래라는 점에서 두 노래의 기능은 상통하고 있다.

다만, 두 노래사이에 불교의 영험력이 개입한 점이 다를 뿐이고, 임금의 역할, 그리고 노래를 지은 목적은 분명히 일치하고 있다. 필자는 이 같은 점을 전제로 이 두 노래는 국가의 안정을 도모하면서 백성들을 잘 다스리는 요체를 읊은 노래라는 점에서 유리왕대의 <도솔가>를 악장의 시초라고 본다. 본래 악장은 동양에서 왕조의 창업과정을 詩歌舞로 형상화한 장르였다. 창업한 군주의 개창과정을 기술하면서 후대의 군주에게 그 창업의 어려움을 잊지 말고 나라와 백성을 잘 다스리게 하려는 의도에서 지어진 교훈적인 문학이다.

이 같은 성격 때문에 악장은 새로운 왕조가 탄생하거나 새로운 왕의 등극 시에는 반드시 그 왕의 등장과정을 詩歌舞로 형상화하여 종묘에서, 혹은 의식을 거행할 때마다 반복적으로 연행되던 장르였다. 이 같은 악장이 집중적으로 나타난 것은 조선왕조 초기였는데 그 이유는 역성혁명의 정당성을 드러내기 위한 방편으로 제시되었기 때문이다.

2. 儒理王代 兜率歌

1) 研究史 檢討

<도솔가>에 대한 연구는 그동안 꾸준히 전개되어 왔다. 배경 설화에 나타난 "此歌樂之始也"라는 언급과 향가 <도솔가>와의 관련성 때문에 촉발된 결과였다. 또한 '歌樂'의 의미에 대한 논란도 한 몫을 했다. 첫 단추를 잘 꿰는 것은 문학사에서 중요한 의미를 지니기에 많은 연구자들이 관심을 보여 온 것이 사실이다. 그간의 연구사를 일별하여 그 경향을 살피고자 한다.

崔南善은 兜率은 고어 '덧소리'를 寫音한 것이며, 이는 '神靈을 제사지내는 노래'라고 했다. 이어 嗟辭는 '국가나 사회의 공식적인 제사시 신령님과 조상님의 공덕을 찬양하는 노래'이며, 詞腦는 '민간에서 마음에 있는 바를 하소연하거나 부르짖는 俚謠 비슷한 것'으로 보았다.[1] 즉, 신령과 조상의 공덕을 제사지내는 노래로 본 것이다. 이어서 다음과 같이 <도솔가>를 언급하고 있다.

> 「兜率歌」가 만약 民俗 歡康의 산물이라 하여 무방하다면, 吾人은 兜率의 語源을 「돋소리」보다도 차라리 「덧소리」에서 찾아보고 싶다. 곧 神靈에 대한 聲曲 乃至 除魔의 노래의 意로 잡고자 하는 것이다. 왜냐하면 <三國史記>에 전하는 바와 같이 「兜率歌」가 新羅 有國 최초의 成形歌謠라 할진대, 그것은 神德의 頌歌이기보다, 惡靈 祓除의 呪歌였다고 함이 보다 합리적이기 때문이다.[2]

1) 崔南善, 『朝鮮常識問答續編』, 삼성문화재단출판부, 1972, pp.70-72.
2) 崔南善, 「朝鮮文學概說」, 『六堂崔南善全集 9』-論說・論文Ⅰ-, 현암사,

최남선은 도솔의 어원을 '덧소리'에서 찾고, 惡靈祓除의 呪歌로 본 것이다. 鄭亨容은 '神靈이나 厄鬼에 대한 頌祝詞 또는 呪願歌의 叙事文學的인 것이 民俗의 歡康을 노래한 것으로 發展한 것'이라고 했고, 따라서 '頌祝의 詞意가 內容을 이룬 것이며, 서사와 서정문학의 교량적 존재'라고 보았다.3) 이른바 과도기 문학으로 자리매김한 것이다. 金思燁은 '祭詞歌의 통일을 의미하며, 내용은 天佑神助를 기원한 것이고, 종교적 의식의 祝詞'로 보았다.4) 이는 통일된 양식의 제사가로 본 것이다. 趙芝薰은 '<兜率歌>의 內包는 다살노래(치리가·안민가)요, 外延은 두레소리(集團歌·會樂)이니 곧 治理歌로서 고유의 <兜率歌>와 佛敎鄕讚으로서의 사뇌가의 일종인 <兜率歌>의 두 가지가 있다'고 한 바 있다.5) 곧, 치리가와 사뇌가의 두 가지로 본 것이다.

梁柱東은 "兜率은 원래 '두리·도리'의 借字로서 <兜率歌>는 현존 農樂 두레('社·Circle'의 뜻)의 '두리놀애·도리놀애'에 해당한다"고 했고, 이어 유리왕대 <兜率歌>는 "上古의 종교적 儀式의 祝詞와 近古의 叙情謠의 중간 형식"이라고 했다. 결론적으로 民俗歡康·時和年豊을 謳歌한, 혹은 임금의 어진 政事를 稱頌한 민중의 노래이며, 농민의 노래인 동시에 羅代의 國風·雅頌의 濫觴'이라고 했다.6)

趙潤濟는 '<도솔가>는 一定한 形式에 整齊되어 可히 樂舞에서 分離할 수 있는 詩歌'이며 '呪力的 노래, 或은 宗教的 聖歌, 乃至는 神謠'로 보았다.7) 李杜鉉은 讀音과 舞樂으로서의 服色, 假面,

---

1974, pp.459-460.

3) 鄭亨容, 『국문학사』, 우리어문학회편, 신흥문화사, 1948, pp.10-11.

4) 金思燁, 『改稿 國文學史』, 정음사, 1953, p.149.

5) 趙芝薰, 「新羅歌謠考」, 『고대국문학』 6, 고려대 국문학과, 1962, pp.30-33.

6) 梁柱東, 『增訂 古歌硏究』, 일조각, 1965, pp.14-17.

춤사위와 성격 등으로 보아 '<兜率歌>와 일본의 右方舞「鳥蘇」는 동일한 것이며, <處容歌>의 경우처럼 兜率舞로 정제되어 일본에 전해진 고려악무의 하나가 되었고, 歌舞樂이 하나로 종합된 舞樂이었다'고 보았다.[8)]

金俊榮은 '국연(國讌)·정재(呈才)때 부르는 국가의 정식가악으로는 처음 지어진 노래'라고 언급했다.[9)] 이는 국가의 정식가악으로 본 견해이다. 張德順은 '宗敎的인 呪術에서 완전히 脫皮하였고, 個人生活의 安定과 그 平康을 기리는 抒情的 民謠의 性格이 多分히 곁들였다'고 하면서 향가에 가까운 노래로 본 바 있다.[10)] 崔東元은 '有嗟辭詞腦格'의 <도솔가>에 대해, '歌詞의 唱에 뒤 이어서 歌詞없이 器樂의 伴奏上으로 연주되는 부분이 따르고, 이 연주부분에서 감탄사가 불리어지던 격조의 노래이며 樂調는 동일한 것을 되풀이하되, 歌辭는 새로운 것이며 民謠형식에 가까운 노래'로 추정한 바 있다.[11)]

金承璨은 '새로운 歌樂이란 治者와 被治者間의 自律的 調和를 목적으로 意圖的으로 만들어진 人倫世敎的인 正風의 歌樂'으로 보았다.[12)] 아울러 <도솔가>의 가사는 長型일 것이라고 추정한 바 있다. 李明九는 '歌樂之始也'를 해석하기를, '일정한 격식을 갖춘 음악에 맞추어 부르는 노래, 곧 樂章의 始初'라고 말한 바 있다.[13)] 徐首生은 유리왕대의 <兜率歌>는 국정가요로서 신라 成型

7) 趙潤濟,『한국문학사』, 동국문화사, 1963, pp.14-15.
8) 李杜鉉, 「新羅古樂 再攷-특히 兜率歌에 대하여」,『신라가야문화』 1, 청구대 신라가야문화연구원, 1966, p.50.
9) 金俊榮,『한국고전문학사』, 금강출판사, 1971, p.125.
10) 張德順,『國文學通論』, 신구문화사, 1973, pp.81-82.
11) 崔東元, 「新羅歌樂攷」,『논문집』 15, 부산대, 1973, p.23.
12) 金承璨, 「兜率歌 再論」,『국어국문학』 12, 부산대 국어국문학회, 1975, p.69.

詩歌의 시초로 보고, 불교 전래 이전의 토속적 고유의 노래로 보았다.[14] 具滋均은 '집단적으로 여러 사람이 춤도 추고 노래도 부르면서 나라가 잘 다스려지는 것을 즐거워하며 노래한 민요'라고 한 바 있다.[15]

조동일은 '「가악」의 「악」은 중세적인 지배질서를 상징하면서 국가의 통치에 백성이 감복하도록 특별히 제정된 것이며, 음악과 악기연주와 춤까지 동반했을 종합적인 공연물'이라고 하고, '<도솔가>는 그 중에서 <신열악>을 연주하면서 부른 노래가 아닌가' 하고 추정한 바 있다. 또한 '<도솔가>는 노래 이름이라기보다 노래갈래 이름'이라고 하면서 '<도솔가>는 나라를 편안하게 하자는 주술, 또는 기원을 곁들이면서 국가적인 질서를 상징하는 서정시'라고 했다. 이어 조심스럽게 '악장류의 노래와 상통하되, 아직은 무속적인 상징이 남아 있다'고 했다.[16] 이는 <도솔가>를 갈래의 명칭으로 본 견해이다. <도솔가>를 노래 갈래 이름으로 보는 견해는 이미 崔南善에 의해 제기된 바 있다. 최남선은 '<도솔가>는 어떤 특수한 一歌曲의 명칭이 아니라, 적어도 한 歌謠群의 總名이며, 신라에서 가장 일찍 생긴 가요의 일 형태'라고 한 것이다. 이어 <도솔가>의 調格에 嗟辭와 詞腦의 구별이 있는데 차사는 讚美 頌揚의 意를 가진 것이고, 사뇌는 奏聞, 또는 祈願의 意가 있다고 했다.[17] 洪在烋는 <도솔가>의 창작 연대는 『三國遺事』에 의거하여 유리왕 9년이며, 창작 동기는 '改定六部號' 하고 '仍

---

13) 李明九, 「도솔가의 역사적 성격」, 『논문집』 22(인문·사회계), 성균관대, 1976, p.28.
14) 徐首生, 「도솔가의 성격과 사뇌격」, 『국문학논문선』1-향가연구, 민중서관, 1977, p.181.
15) 具滋均, 「國文學史要」, 『한국평민문학사』, 민족문화사, 1982, p.261.
16) 조동일, 『한국문학통사』 1, 지식산업사, 1982, pp.120-121.
17) 崔南善, 『六堂崔南善全集 9』-論說·論文Ⅰ, 현암사, 1974, pp.446-479.

賜六姓'한 데 대한 백성들의 感恩의 발로이며, 백성들이 지은 시가 上達되어 樂章으로 채택된 것으로 보았다. 따라서 시의 성격은 왕의 德政과 善治에 대한 頌讚과 祈求의 뜻을 담은 頌讚頌禱詞로서 동방의 樂歌, 곧 樂章의 효시로 보았다.18)

金興圭는 '신라 儒理王이 어진 정치를 베풀어서 백성들의 살림살이가 편안해지자 지은 <兜率歌>는 악장'이라고 추정한 바 있다.19) 허문섭은 '<도솔가>(두율가, 두레가)란 종래의 전통적인 「두레노래」를 한자로 표기한 것'이며, '당시 농촌의 일종 공동노동조직이었던 남도지방의 두레와 관련이 있다'고 보았다.20) 『조선문학통사』에서는 '전통적인 「두렛노래」 - 즉 집단적인 노동가요의 일종'으로 보았다.21)

김수입은 '<兜率歌>는 한 개의 작품 이름이 아니라, 무리를 이룰 수 있는 갈래의 이름'이며, '임금의 나라 다스림에 깊은 관련을 맺고 있는 노래의 갈래'라고 했다.22) 鄭琦鎬는 兜率이 1세기 史實 속에 나타나는 것은 현시점에서 기술하는 후대 史書 편찬자들의 記述에 따른 것이며, 8세기 월명사의 <兜率歌>에서 1세기의 儀式歌(유리왕대 <兜率歌>)가 어떤 것인지를 볼 수 있다고 했다.23) 즉, 유리왕대의 <도솔가>와 월명사의 <도솔가>가 다른 것이 아니라 같은 계열의 작품이라고 본 것이다.

---

18) 洪在烋, 「兜率歌攷」-儒理王代의 不傳詩, 『한국전통문화연구』 창간호, 효성여대 한국전통문화연구소, 1985, pp.301-302.

19) 金興圭, 『한국문학의 이해』, 민음사, 1986, p.109.

20) 허문섭, 『한국민족문학사』, 세계, 1989, p.45.

21) 과학원 언어문학연구소 문학연구실편, 『조선문학통사』(상), 화다, 1989, pp.29-30.

22) 김수업, 『배달문학의 갈래와 흐름』, 현암사, 1992, pp.184-185.

23) 鄭琦鎬, 「兜率歌攷」, 『靑荷成耆兆先生華甲紀念論文集』, 신원문화사, 1993, p.1147.

2) 巡狩의 意味

필자는 <兜率歌>의 형성배경으로 임금의 巡狩와 예악사상의 확립이라는 두 가지 의미를 중심으로 논지를 전개하고자 한다. 巡狩란 천자가 제후에게 일정한 지역을 分封하여 治民의 권한을 부여한 후 해당 지역을 직접 시찰하여 개별 국가의 백성들의 삶의 실상과 제후의 치적을 점검하는 행위이다.

『天地瑞祥志』에는 순수의 개념에 대해 "순은 닦는다는 뜻이고, 수는 거둔다는 뜻으로 하늘을 위해 행실을 닦고 백성의 마음을 거두어 들이는 것"[24] 으로 정의한 바 있는데, 이는 天命을 대신하여 임금이 백성들을 어루만져 주는 것을 말하는 것이다.

<兜率歌> 제작의 직접적인 배경은 유리왕의 巡狩였는데, 이는 곧 임금의 대국민 직접 통치행위로서의 의미를 지니고 있을 뿐만 아니라, 임금으로서의 덕을 쌓는 중요한 의미를 지니고 있다. 儒理王은 신라의 제3대 왕(재위 24년-57년)이었는데, 남해왕의 태자로서 덕망이 높은 군주였다. 남해차차웅은 그 이름이 가리키듯 샤먼킹이었다. 세상 사람들은 무당이 귀신을 위하고 제사를 숭상하는 까닭에 외경하여 마침내 존장자를 慈充이라고 했다고 金大問은 언급하고 있다.[25] 시조 박혁거세에 이어 남해왕도 신화적인 영웅의 모습을 간직하고 있음을 보여주는 기록이다. 그러나 유리왕은 문물제도를 갖추면서 문화적인 영웅의 모습으로, 그리고 덕망 있는 임금의 모습으로 기록되어 있다는 점이 다르다.

---

24) 『天地瑞祥志』,卷20 祭惣載, 김용천·최현화 역주, 예문서원, 2007, p.194, "巡者 脩也 狩 收也 爲天脩行收民也."

25) 『三國史記』 卷1 新羅本紀 第1 南海次次雄條, 細註 "次次雄 或云慈充 金大問云 方言謂巫也 世人以巫事鬼神尙祭祀 故畏敬之 遂稱尊長者爲慈充."

남해왕이 죽자, 유리왕은 마땅히 왕위에 나아갈 수 있었음에도 덕망이 높은 탈해에게 양보한 것이나,[26] 9년 봄에 六部의 이름을 고치고 賜姓한 일,[27] 왕녀 두 사람을 통하여 길쌈을 장려한 일,[28] 14년에 고구려가 낙랑을 멸하고 낙랑인 5천명이 투항해 오자 육부에 나누어 살게 한 일,[29] 34년 9월에 유언을 통해 '나의 두 아들은 재주가 탈해에게 훨씬 못 미치니 내가 죽은 뒤에는 탈해로 하여금 왕위를 잇게 하라'[30]는 유훈을 남긴 일 등은 유리왕의 덕망이 높았음을 잘 보여주는 기록이다. 마치 요순시대의 禪讓의식을 보는 것 같은 느낌이다.

유리왕 5년에 지어진 <兜率歌>의 배경설화는 다음과 같다.

5년 겨울 11월에 왕이 국내를 순행하다가 한 늙은 노파가 주리고 얼어 거의 죽어감을 보고 가로되, '내가 보잘 것 없는 몸으로 왕위에

---

26) 남해왕이 죽자, 유리왕은 탈해가 덕망이 높음을 알고 그에게 왕위를 양보하자, 탈해는 지혜있는 사람은 이가 많다고 하면서 떡을 물어 시험하자고 하여 유리의 잇금이 많았으므로 좌우에서 받들어 그를 왕으로 삼았다. 이후 朴·昔·金이 돌아가면서 연장자로 왕을 삼았는데, 尼師今이란 방언으로서 잇금을 의미한다. 『三國史記』 卷1 新羅本紀 第1, 儒理尼師今條, "初南海薨 儒理當立 以大輔脫解素有德望 推讓其位 脫解曰 神器大寶 非庸人所堪 吾聞聖智人多齒 試以餠噬之 儒理齒理多 乃與左右奉立之 號尼師今 古傳如此 金大問則云 尼師今方言也 謂齒理."

27) 李丙燾는 이 사실을 믿을 수 없다고 부정하고 있다. 『三國史記』 上(개정판), 을유문화사, 1996, p.24.

28) 嘉俳(한가위: 8월 대보름)의 기원이자, 이때 진 편의 여자가 춤추며 노래한 것이 <會蘇曲>이다.

29) 『三國史記』 本紀 第1 유리왕조, "十四年 高句麗王無恤 襲樂浪滅之 其國人五千來投 分居六部."

30) 『三國史記』 本紀 第1 유리왕조, "三十四年 秋九月 王不豫 謂臣僚曰 脫解身聯國戚 位處輔臣 屢著功名 朕之二子 其才不及遠矣 吾死之後 俾卽大位 以無忘我遺訓."

> 올라 능히 백성을 기르지 못하고 늙은이와 어린아이로 하여금 이 지경에 이르게 하였으니 이는 나의 죄다'라고 하고 옷을 벗어 그를 덮어 주고 음식을 가져다 먹인 후 이내 유사에게 명하여 곳곳마다 홀아비·과부·고아·자식 없는 이·늙고 병든 이로서 자활할 수 없는 자를 위문하고 먹을 것을 주어 부양케 하였더니 이에 이웃 나라 사람들이 소문을 듣고 오는 자가 많았다. 이 해에 민속이 즐겁고 편안하여 비로소 도솔가를 지으니 이는 가악의 시초였다.[31]

위의 기록에서 눈에 띠는 것은 巡幸 중 늙은 노파의 주리고 얼어죽어 가는 상황을 목격하고 자신의 不德을 자책하며 鰥寡孤獨 및 늙고 병들어 자활능력이 없는 자들을 봉양하자, 이웃나라의 백성들까지 임금의 덕에 감화하여 歸依하는 모습이다. 임금으로서는 가장 이상적인 자세를 유리왕을 통해 묘사하고 있는 것이다. 여기서 순수의 의미에 대하여 좀더 살피고자 한다. 『孟子』에 보면 巡狩와 述職의 의미에 대하여 다음과 같이 나와 있다.

> 천자가 제후의 나라에 가는 것을 순수라고 말하며, 제후가 천자를 배알하는 것을 술직이라고 말한다. 천자는 봄에 백성들의 경작을 살펴서 부족한 것을 도와주고, 가을에 수확을 살펴서 그들에게 여유롭지 못한 것을 도와준다. 천자가 제후의 국경을 들어갔을 때, 토지가 잘 개간되어 있고 농토가 제대로 다스려져 있으며, 노인을 잘 봉양하고 어진 이를 존대하여 우수한 인재가 나랏일에 참여하고 있으면 상을 주되, 상은 토지로써 한다. 제후의 경계를 들어갔을 때, 그 토지가

31)『三國史記』卷1 新羅本紀1 儒理尼師今條, "五年 冬十一月 王巡行國內 見一老嫗飢凍將死曰 予以眇身居上 不能養民 使老幼 至於此極 是予之罪也 解衣以覆之 推食以食之 仍命有司 在處存問鰥寡孤獨老病不能自活者 給養之 於是 隣國百姓 聞而來者衆矣 是年 民俗歡康 始製兜率歌 此歌樂之始也."

황폐해져 있고, 노인들이 버려져 있고, 어진 이가 등용되지 못하고 있으며, 사악한 무리들이 국사에 참여하고 있으면 질책이 따른다. 한 번 천자의 배알을 거르면 그 작위를 강등시키고, 두 번 거르면 그 토지를 삭감하며, 세 번 거르면 천자의 군대로 하여금 그를 제거한다. 이런 까닭으로 천자는 성토하되 직접 정벌하지 않고, 제후는 죄지은 제후를 정벌할 수 있되, 직접 성토할 수는 없는 것이다. 오패는 천자의 명령도 없이 이웃 제후들과 연대하여 무고한 다른 제후들을 정벌한 사람들이다. 그런 까닭에 '오패는 삼왕의 죄인이다'라고 말했던 것이다.[32)]

위의 기록에서 주목되는 것은 '養老尊賢'의 언급이다. 노인을 잘 봉양하고 어진 이를 존대하는 풍속을 덕치의 중요한 덕목으로 간주하고 있나. 『白虎通義』에는 巡狩의 의미에 대하여 보다 자세하게 다음과 같이 기록하고 있다.

천자가 순수하는 까닭은 무엇인가? 순이라는 말은 따른다는 뜻이고, 수라는 말은 기른다는 뜻이니, 하늘을 대신하여 순행해서 그 지역을 지키고 백성을 기르는 것이다. 도덕에 의해 천하가 태평해졌으나, 먼 곳과 가까운 곳이 동일하게 교화되지 아니하고, 시골에 묻혀서 자기의 올바른 처소를 얻지 못한 자가 있을까를 두려워하는 것이다. 그러므로 반드시 친히 스스로 순행하는 것이니, 삼가하고 공경하여 백성을 중히 여기는 지극함이다. <조정에서 정한> 예의를 따르는지 고찰하며, 법도를 바루며, 율력을 같게 하며, 때와 달을 맞게 정하니, 이것들은 모두 백성들을 위하는 것이다. 상서에 이르기를, '마침

---

32)『孟子』告子 下, "天子適諸侯曰巡狩 諸侯朝於天子曰述職 春省耕而補不足 秋省斂而助不給 入其疆 土地辟 田野治 養老尊賢 俊傑在位則有慶 慶以地 入其疆 土地荒蕪 遺老失賢 掊克在位則有讓 一不朝則貶其爵 再不朝則削其地 三不朝則六師移之 是故 天子討而不伐 諸侯伐而不討 五霸者摟諸侯 以伐諸侯者也 故曰 五霸者 三王之罪人也."

내 동쪽 제후를 살펴보시니, 계절과 달을 맞게 하셔서 날을 바르게 하시며, 음율과 도수와 부피와 무게들을 동일하게 통일하시며, 오례를 수정하였다.'라고 하였고, 상서 대전에 이르기를, '<천자가 가서> 제후를 접견하여 백세된 노인이 있는가를 묻고, 태사가 그 나라의 시를 진열해서 보고, 그 지방 백성들의 풍속을 관찰하며, 시장관리에게 명하여 물건 값을 들이게 해서 백성들의 좋아하고 싫어하는 것을 살펴본다. 산천의 신기에 제사를 거행함이 없는 자는 불경한 자가 되니, 불경한 자는 땅을 깎아 줄이고, 종묘에 순하지 않는 자는 불효가 되니 불효자는 벼슬을 깎고, 예를 변경시키고 음악을 바꾸는 자는 따르지 않는 것이니 따르지 않는 자는 제후를 유배시키며, 의복과 제도를 고치는 것은 배반이니 배반한 자는 제후를 토벌하는 것이고, 공 있는 자는 상을 준다.'라고 하였으며, 상서에 이르기를, '공적을 밝게 증험하여 공있는 사람에게는 수레와 복장으로써 갚아준다.'고 하였다.[33]

순수의 궁극적인 목적은 군주가 백성을 중히 여기는 지극함을 보이는 것이다. 올바른 정치를 통하여 백성들을 편안하게 다스리는 방도가 구체적으로 드러난 것이 바로 순수의 의미이다. 지역의 여론과 관리들의 목민 자세를 살펴 상벌을 엄히 하는 것이 순수의 목적인 것이다.

순수는 아무 때나 이루어지는 것은 아니다. 나라가 태평한 시절을 이룬 후에 가능한 것이다. 유리왕대에 순수가 이루어졌다는

---

33)『白虎通義』卷六 巡狩, "王者所以巡狩者 何 巡者 循也 狩者 牧也 爲天巡行守牧民也 道德太平 恐遠近不同化 幽隱不得所者 故必親自行之 謹敬重民之至也 考禮義 正法度 同律厤 叶時月 皆爲民也 尙書曰 遂覲東后 叶時月 正日 同律度量衡 修五禮 尙書大傳曰 見諸侯 問百年 太師陳詩 以觀民風俗 命市納賈 以觀民好惡 山川神祇 有不擧者爲不敬 不敬者 削以地 宗廟有不順者爲不孝 不孝者 君黜以爵 變禮易樂者爲不從 不從者 君流 改衣服制度爲畔 畔者 君討 有功者 賞之 尙書曰 明試以功 車服以庸."

것은 곧 유리왕의 나라 다스리는 방식이 백성들에게 교화를 미쳤기에 가능한 일이었다. 『白虎通義』에 보면 나라가 태평한 시절이 되어야 순수가 이루어진 것을 볼 수가 있다.

> 천자가 태평한 시대가 되어야 비로소 순수하는 까닭은 무엇 때문인가? 천자가 처음 일어나서 천하를 세웠을 적에 세월이 아직 짧아서 덕화가 펼쳐지지 못하였고, 옥송이 그치지 않았으며, 가까이 있는 지방은 잘 다스려지지 않았고, 먼 곳의 지방은 편안하게 여기지 않는다. 그렇기 때문에 태평하게 되어야 비로소 순수한다. 무엇으로 태평하게 되어야 순수한다는 것을 아는가? 무왕은 순수하지 못했고, 성왕에 이르러서야 비로소 순수한 것으로서 알 수 있다.[34)]

위의 기록에 의하면 국가의 초창기에는 임금의 덕화가 미치지 못하기에 순수가 이루어질 수 없고, 나라가 안정되고 태평성대가 되어야 비로소 순수가 가능하다고 본 것이다. 즉, 순수는 국가의 문물제도 정비와 비례하여 이루어지는 것이다.

또한 순수의 시기와 지역에 대해서는 다음과 같이 언급하고 있다.

> 순수하되 네 계절에 벗어나지 않는 까닭은 무엇 때문인가? 당연히 종묘의 제례를 이어서 하기 때문에 때를 넘지 않는 것이니, 여름의 중월에 하는 것은 음률과 도수를 같게 해서 당연히 그 중을 얻어서이고, 2월과 8월은 밤낮의 길이가 같고<춘분・추분>, 5월과 11월은 음과 양이 끝나는 것이니, 상서에 이르기를, '2월에 동쪽으로 순수해서 대종<태산>에 이르고, 5월에 남쪽으로 순수하여 남악에 이르고, 8월에 서쪽으로 순수하여 서악에 이르고, 11월에 북쪽으로 순수하여

34) 『白虎通義』 卷6 巡狩, "王者 所以太平乃巡守 何 王者始起 日月尚促 德化未宣 獄訟未息 近不治 遠不安 故 太平 乃巡守也 何以知太平 乃巡守 以武王不巡守 至成王乃巡守也."

북악에 이르렀다.'고 하였다.[35)]

순수의 시기는 사시의 운행질서와 때를 같이 한 것이며, 해당 지역의 五嶽神에게 제사를 지내면서 해당 지역을 순수하는 형태를 취한 것이다.

3) 禮樂의 確立과 임금의 役割

『增補文獻備考』 樂考의 첫머리에는 다음과 같이 樂의 제정의 의미를 언급하고 있다. 즉, '王이 興起하면 반드시 그 왕의 音樂이 있다. 그러므로 大章과 大韶란 음악을 들으면 堯임금과 舜임금의 정치를 알 수 있고, 大濩와 大武란 음악을 들으면 은나라와 주나라의 정치를 알 수 있다. 옛적의 훌륭한 임금은 功을 이루고 정치를 안정되게 한 후에 성악을 지어 모두 각각 그 德을 형상하였는데, 한결같이 律呂에 근본하였다.'는 것이 그것이다.[36)]

본래 律管과 度量衡을 제정하는 것은 天子의 일이지, 諸侯나라에서는 마음대로 할 수 없는 것이다. 예악을 제정하는 것도 아무나 하는 것이 아니다. 태평성대를 이루어야 하고, 임금의 공덕이 있어야 그에 합당한 내용을 갖추어 짓는 것이다. 그리하여 창업의 어려움을 후손에게 경계하면서 報本反始의 자세로 되돌아가는 것이다. 『白虎通義』에는 다음과 같이 예악을 제정하는 이유를

---

35) 『白虎通義』 卷六 巡狩, "巡狩所以四時出 何 當承宗廟 故不踰時也 以夏之仲月者 同律度 當得其中也 二月八月 晝夜分 五月十一月 陰陽終 尙書曰 二月東巡守 至于岱宗 五月南巡守 至于南嶽 八月西巡守 至于西嶽 十有一月朔巡守 至于北嶽."

36) 『增補文獻備考』 卷90, 樂考一, "一王之興 必有一王之樂 故聽大章大韶之音 則唐虞之政可知也 聽大濩大武之音 則殷周之政可知也 古之聖王功成治定 制爲聲樂 皆各象其德 而一皆本之于律呂."

설명하고 있다.

태평한 시대가 되어야 비로소 예를 만들고, 악을 짓는 것은 무엇 때문인가? 무릇 예와 악은 사치하고 지나친 것을 막는 것이니, 천하의 사람들이 굶주리고 추위에 떤다면 어찌 즐거움이 있겠는가? 공이 완성되면 악을 짓고 정치가 안정되면 예를 제정하니, 악에는 짓는다고 말하고, 예는 제정한다고 한 것은 무엇 때문인가? 악이라는 것은 양이고 움직이고 노래 같은 것을 부르는 시초이니 그러므로 작이라고 하며, 예라는 것은 음이며 양에 매여서 제재받는 것이니, 그러므로 제라고 하는 것이다. 악은 양을 상징하고, 예는 음을 법으로 삼는 것이다. 왕이 처음 나라를 세웠을 적에 무엇을 써서 백성들을 바루는가? 생각하건대, 우선 선대의 예와 악을 사용하고, 천하가 태평하게 되면 비로소 고쳐서 제례작악하는 것이니, 서경에 이르기를, '처음에 은나라 예를 들어서 신읍에서 제사지냈다.'라고 하였으니, 이것은 태평이 되었을 적에 은나라 예를 버렸음을 말하는 것이다. 춘추전에 이르기를, '어째서 가까운 시대의 음악을 닦아 행하지 않고 먼 시대의 것을 닦아 행하였는가? <선왕의 음악의 덕이> 자기와 같아서이니, 선대의 예악을 인해서 태평하게 할 수 있어서이다.'라고 했다. 반드시 다시 고쳐서 제정하는 것은 선대의 것을 답습하지 않음을 보인 것이고, 또 천하 사람들이 즐거워하는 <것으로 음악을 제정하는> 것이니, 악이라는 것은 덕을 상징하고 공을 표시해서 이름을 달리하는 것이다.37)

---

37) 班固, 『白虎通義』 卷3, 禮樂, "太平 乃制禮作樂 何 夫禮樂 所以防奢淫 天下人民 飢寒 何樂之乎 功成作樂 治定制禮 樂言作 禮言制 何 樂者陽也 動作倡始 故言作 禮者陰也 繫制於陽 故言制 樂象陽也 禮法陰也 王者始起 何用正民 以爲且用先代之禮樂 天下太平 乃更制作焉 書曰 肇稱殷禮 祀新邑 此言太平 去殷禮 春秋傳曰 曷爲不修乎近而修乎遠 同己也 可因先以太平也 必復更制者 示不襲也 又天下樂之者 樂所以象德表功而殊名也."

공이 완성되면 악을 짓고 정치가 안정되면 예를 제정하는 것(功成作樂 治定制禮)은 동양의 전통적인 예악관이다. 따라서, 나라를 처음 열었을 적에는 선대의 예악을 사용하다가, 태성성대를 이루면 制禮作樂하는 것이다. 새로이 예악을 제정하는 것은 선대의 것을 답습하지 않는다는 뜻이며, 동시에 백성들이 즐거워하는 것으로 음악을 제작하여 '象德表功'하는 것이다.

예악사상의 본질에 대한 논의는 그간 상당한 양의 업적이 이루어졌다. 그러나 이제까지의 업적은 단편적인 기록을 통해 추론하는 형식이 대부분이었다. 주로 철학적인 면과 음악적인 면, 그리고 역사학 및 고전시학적인 관점에서 주목받아 온 것이다. 봉건시대 임금의 위치와 역할에 대한 논의는 신비스러울 정도로 절대화, 신성시해 온 것이 동양의 오랜 전통이었다. 『春秋繁露』에 보면 임금에 대해 다음과 같이 천지자연의 이면에 존재하면서 조화를 부리는 존재로 기록하고 있음을 볼 수 있다.

> 임금이 살리고 죽이는 자리에 서서 하늘과 함께 변화의 형세를 장악하면 만물이 하늘의 변화에 응하여 변화되지 않는 것이 없는 것이다. 하늘의 변화는 사시와 같아서 좋아하는 바람이 나오게 되면 따뜻한 기운이 되어서 만물을 낳고, 싫어하는 바람이 나오게 되면 서늘한 기운이 되어서 만물을 죽이며, 기뻐한 즉 더운 기운이 되어서 만물을 장양하는 것이 있고, 성내게 되면 차가운 기운이 되어서 만물을 폐색함이 있다. 임금은 좋아하고 미워하고 기쁘고 노함으로써 습속을 변화시키고, 하늘은 따뜻함 서늘함 추위 더위로써 초목을 변화시키는 것이니, 기쁘고 노하는 것이 알맞은 때에 당하게 되면 그 해가 풍년이 들고, 제 때가 아니어서 함부로 하게 되면 그 해가 흉년이 드니, 천지와 임금의 도가 동일한 것이다. 그렇다면 임금의 좋아하고, 미워하고, 기쁘고, 노함은 바로 하늘의 따뜻함, 서늘함, 추위, 더위에 해당하니, 그 바랄 곳을 자세히 살펴서 내지 않을 수 없다.[38]

위의 지적은 천지자연의 도가 곧 임금의 도와 일치한다는 天人合一論의 핵심이기도 하다. 동시에 임금의 존재가 '始·元·範'의 정점에 있다는 것을 구체화한 것이다. 천명을 받아 하늘을 대신하여 백성을 기른다는 임금의 입장에서는 시혜자로서의 위치가 뚜렷이 드러나며, 동시에 군신의 윤리를 바탕으로 한 신하의 입장에서는 일방적인 헌신과 찬미가 간쟁의 이면 속에 제시될 수 밖에 없는 한계를 지닌다. 『春秋繁露』에는 임금의 역할에 대하여 다음과 같은 기록이 있다.

> 임금 노릇하는 자는 나라의 으뜸이니, 발언과 동작이 만사의 핵심이다. 추기의 일어나는 것이 영예와 오욕의 단서가 되는 것이니, 털끝 만큼이라도 잘못되면 네 미리 말을 몰아서도 따라 잡을 수 없는 것이다. 그러므로 임금된 자가 근본을 삼가고 처음을 상세히 살펴 하며, 작은 일을 공경하고 미세한 것을 조심해서 그 마음은 마치 불 꺼진 재와 같이 하며, 형체는 마치 옷만 입혀 놓은 것 같이 해서 정신을 편히 하고 길러서, 고요히 지내어 아무 것도 함이 없게 되는 것이니, 나의 형체를 쉬어서 그림자를 보지 못하게 하며, 소리를 가려서 그 메아리가 나옴이 없게 하고, 마음을 비워서 어진 선비를 몸을 낮춰 사귀어서, 미래의 오는 것을 살피고 지난 일을 관찰하며, 뭇 선현들에게 의논하여 뭇 백성들의 마음을 고찰하여 찾아야 될 것이니, 그 백성들의 마음을 얻어서 그들의 성정을 두루 보고, 그들의 좋아하고 싫어하는 것을 살펴서 충성스런 사람과 간사한 사람을 참정하며, 지난 행위를 고찰해서 현재의 그 마음을 징험하며, 그 뜻이 축적되어

38) 董仲舒, 『春秋繁露』卷44 王道通三, "人主立於生殺之位 與天共持變化之勢 物莫不應天化 天地之化如四時 所好之風出 則爲暖氣 而有生於物 所惡之風出 則爲凊氣 而有殺於物 喜則 爲暑氣而有養長也 怒則 爲寒氣而有閉塞也 人主以好惡喜怒 變習俗 而天以暖清寒暑 化草木 喜怒時而當 則歲美 不時而妄 則歲惡 天地人主一也 然則 人主之好惡喜怒 乃天之暖淸<凊>寒暑也 不可不審其處而出也."

> 있는 것을 헤아려서 선현들에게 받은 바를 가려내고, 그들의 원수진 것을 풀어주며, 그 다투는 것을 살피며, 그 족당을 구별하여 그 의지하여 높이는 바를 보는 것이다. 임금의 자리에 거해서 백성들을 다스림에 있어 어찌 명예를 쓸 것이며, 날짜를 오래 쌓고 정치를 한다면 무슨 공인들 이루지 못하겠는가? 39)

임금의 역할과 자세를 상세히 제시한 기록이다. 필자는 예악에 관한 오래된 문헌이자 원론적인 입장을 견지하고 있는 『禮記』의 『樂記』와 『白虎通義』·『春秋繁露』·『樂學軌範』·『增補文獻備考』의 『樂考』·『朝鮮王朝實錄』 등의 문헌을 통해 그 원론적이며, 본질적인 의미를 살피고자 한다. 동시에 이 같은 관점이 우리에게 어떻게 영향을 주었고, 또 우리의 수용양상이 어떠했는가를 살피고자 한다. 예악에 대한 개념은 『白虎通義』에서 그 자세함을 살필 수 있다. 예악에 대한 개념을 총론하는 가운데 다음과 같은 언급을 확인할 수 있다.

> 예와 악은 무엇을 이름인가? 예의 의미는 밟는다는 뜻이니, 밟아 실천하여 행한다는 것이다. 악이라는 것은 즐거운 것이니, 군자는 도를 얻는 것을 즐거워하고 소인은 하고 싶은 바를 얻는 것을 즐거워하는 것이다. 천자가 예악을 성대하게 하는 까닭은 무엇 때문인가? 기뻐함과 노여움을 절문하는 것이다. 악은 하늘로서 법을 삼고, 예는 땅의 도로서 법을 삼는 것이니, 천지의 기운을 온축하지 않은 사람이

39) 『春秋繁露』 立元神 第十九, "君人者 國之元 發言動作 萬物之樞機 樞機之發 榮辱之端也 失之豪釐 駟不及追 故爲人君者 謹本詳始 敬小愼微 志如死灰 形如委衣 安精養神 寂寞無爲 休形無見影 揜聲無出響 虛心下士 觀來察往 謀於衆賢 考求衆人 得其心 徧見其情 察其好惡 以參忠佞 考其往行 驗之於今 計其蓄積 受於先賢 釋其讐怨 視其所爭 差其族黨 所依爲宗 據位治人 何用爲名 累日積久 何功不成."

없으며, 오상의 성이 있는 것이다. 그러므로 악은 나쁜 마음을 씻어 내어서 그 사악한 데에서 돌아옴이고, 예는 음일을 예방하고 사치해서 한 곳에 빠져 들어가는 것을 절제하는 것이다. 그러므로 효경에 이르기를, '윗사람을 편안하게 하고 백성을 다스리는 데에는 예보다 나은 것이 없고, 풍습을 옮기고 습속을 바꾸는 데에는 음악보다 나은 것이 없다.'고 했으며, 공자께서 말하기를, '음악을 종묘 가운데에서 연주해서 군신 상하가 함께 듣게 되면 온화하고 공경하는 마음이 있지 않음이 없고, 족장과 향리 가운데에서 연주해서 어른과 어린이가 함께 들으면 온화하고 순하지 않는 사람이 없으며, 집안에서 연주하여 부자와 형제가 함께 들으면 화친하지 않는 사람이 없는 것이다.'라고 했다.40)

악에 대한 정의를 '나쁜 마음을 씻어 내어서 그 사악한 데에서 돌아옴'이라고 했고, 예에 대한 정의를 '음일을 예방하며, 사치해서 한 곳에 빠져 들어가는 것을 절제하는 것'이라고 한 것이다. 따라서, 이와 같은 대전제 아래 다스리고 조화를 이루는 방편으로서의 예악의 효용론적인 입장을 보여주고 있다. 우리가 흔히 접하게 되는 '音樂'이라는 용어도 실은 그 범위와 한계가 분명하게 정의되어 왔음을 다음과 같은 기록에서 살펴볼 수 있다.

무릇 음이 일어나는 것은 사람의 마음에서 말미암아 생기는 것이다. 사람의 마음이 움직이는 것은 사물이 그렇게 한 것이다. 사람의

40) 班固, 『白虎通義』 卷3, 禮樂, "禮樂者 何謂也 禮之爲言 履也 可履踐而行 樂者 樂也 君子 樂得其道 小人 樂得其欲 王者 所以盛禮樂 何 節文之喜怒 樂以象天 禮以法地 人無不含天地之氣 有五常之性者 故 樂 所以蕩滌 反其邪惡也 禮 所以防淫泆 節其侈靡也 故 孝經曰 安上治民 莫善於禮 移風易俗 莫善於樂 子曰 樂在宗廟之中 君臣上下同聽之 則莫不和敬 在族長鄉里之中 長幼同聽之 則莫不和順 在閨門之內 父子兄弟同聽之 則莫不和親."

마음이 사물에 감응하면 마음이 움직여서 소리로 나타나고, 소리가 서로 응하는 까닭에 변화가 생기는 것이다. 변해서 방<문장: 정현주>을 이루는 것을 음이라고 말하고, 소리를 순서대로 합쳐서 음을 배열하여 악기에 올리고, 또 간척[武舞]과 우모[文舞]에 미치는 것을 악이라고 이른다.

<<무릇 음악소리가 처음 생기는 것은 모두 사람의 마음이 사물에 교감됨으로 말미암아 나는 것이니 사람의 마음이 허령하고 어둡지 않아서 교감됨에 마침내 통해져서 정이 마음 가운데에 움직인다. 그러므로 말에 나타나 소리가 되고, 소리의 뜻이 서로 응해서 자연히 청탁고하의 변이 생긴다. 변하여 시가의 방법을 이루는 것을 음이라고 이르니, 시가의 방법을 이루었다는 말은 곡조를 이루었다는 말과 같다. 그 소리를 순서대로 합쳐서 악기에 올리고, 춤의 간척과 우모에 미치는 것을 악이라고 이르니, 간척은 무무이고, 우모는 문무이다.>> 41)

사람의 마음이 사물에 감응되면 소리로 나타나고, 그 소리가 서로 응하면서 변화가 생기며, 변화하여 方(文章이나, 節奏高下, 曲調)이 되는 것을 音이라고 하고, 그 음에 악기의 반주가 뒤따르는 것을 樂이라고 하는 것이다. 이러한 음악의 원리는 五音名義에 있어서도 독특한 상징성을 드러내고 있는데, 예를 들면, 宮音은 中이며 중앙에 있고 合을 주장하며 임금의 상징이고, 商音은 文彩이며 模範이고 臣下의 형상이며, 角音은 觸이며 百姓의

41) 『禮記集說大全』 卷18 樂記 第十九, "凡音之起 由人心生也 人心之動 物使之然也 感於物而動故 形於聲 聲相應故 生變 變成方 謂之音 比音而樂之 及干戚羽旄 謂之樂." 집설에는 "凡樂音之初起 皆由人心之感於物而生 人心 虛靈不昧 感而遂通 情動於中 故形於言而爲聲 聲之辭意相應 自然生淸濁高下之變 變而成歌詩之方法 則謂之音矣 成方 猶言成曲調也 比合其音而播之樂器 及舞之干戚羽旄 則謂之樂焉 干戚 武舞也 羽旄 文舞也."라고 하여 그 성격을 설명하고 있다.

형상이고, 徵音은 祉이며 일의 형상이며, 羽音은 宇이며 物의 형상으로 나타내는 것 등이다.[42]

수많은 국가의 흥망성쇠를 겪으면서도 만세불변의 법칙으로 제시되고 있는 것은 禮樂의 확립이었다. 즉, 예와 법도에 맞게 다스리는 것이야말로 군왕이 명심해야 할 최고의 덕목이었다. 따라서 禮樂은 刑政에 앞서 확립해야 할 전범으로 인식했다. 『韓詩外傳』에는 禮와 다스리는 道에 대해 아래와 같이 언급하고 있다.

> 예라는 것은 국가를 다스리는 표준이 되는 것이고, 나라를 강하게 하는 근본이며, 위엄을 전파하는 도리이고, 공업과 명예를 세우는 요체이다. 왕공들이 이것을 그대로 따르므로 천하를 통일하는 것이고, 이것을 따르지 않으므로 사직을 잃게 되는 것이다. 이러므로, 견고한 갑옷과 예리한 병장기가 족히 무력이 되지 못하는 것이고, 높은 성곽과 깊은 해자가 족히 견고함이 되지 못하며, 엄한 명령과 번잡한 형벌들이 족히 위엄이 되지 못하는 것이니, 그 예도를 따르면 시행되고, 도를 따르지 않으면 폐해지는 것이다. 옛날에 초나라 사람들이 상어의 가죽이나, 물소나 코뿔소의 가죽으로 갑주를 만들어 단단하기가 금석과 같았고, 초나라 완땅에서 나는 강한 창은 매섭기가 벌이나 전갈과 같았고, 초나라 군사들은 날래고 매우 빨라서 그 갑작스럽게 닥침이 질풍과 같았었다. 그러나 군사가 저 수사지역에서 위험에 빠졌을 적에 당자가 죽었고, 장교가 반란을 일으켜서 초나라가 3-4개로 분할되었으니, 이것이 어찌 견고한 갑옷이나 예리한 병장기가 없어서였겠는가? 이것은 통치하는 것이 그 예에 맞는 도리가 아닌 까닭에서였다. 여수와 회수로 나라의 험준함을 삼았고, 양자강과 한수로서 성곽의 해자를 삼았고, 방성산이 둘러처져 있고, 등 지방의 울창한 숲으로써 국경의 한계를 삼았으나, 진나라 군사가 언령에 이르러 와서 공취하기를 마치 마른 나무의 가랑잎을 털어내듯 하였으니, 이것

42) 『增補文獻備考』 卷90 樂考1, 律呂製造, 五音名義條.

이 어찌 견고한 요새나 험준한 산세가 없어서였겠는가? 그들을 통치하는 것이 예에 맞는 도가 아니었기 때문이다. 주는 비간을 죽였고, 기자를 가두었으며, 포락의 형벌을 시행해서 죽이는 것을 때 없이 행하였다. 모든 신하와 백성들이 원망하여 자신들의 생명을 바랄 수가 없었는데, 그러나, 주나라 군사가 이르렀을 적에 그 명령이 좌우의 신하들에게도 행해지지 않았으니, 어찌 그것이 엄한 법령이나 번잡한 형벌이 없었기 때문이겠는가? 그 통치하는 것이 예에 맞는 도리가 아니었기 때문이다. 도를 밝혀서 나누어 주는 것을 고르게 하고, 정성으로 사랑하면서 때에 맞게 부리게 되면 백성들이 위에 응하는 것이 마치 그림자나 메아리와 같이 되는 것이다. 명령을 따르지 않는 자가 있거든 그런 뒤에 형벌로서 기다린다고 하면 한 사람만 형벌을 한다고 하여도 천하 사람들이 복종하여 백성들이 그 윗사람들을 그르다고 여기지 않고 죄가 자신에게 있음을 알 것이다. 이러므로, 형벌이 다투어 사그라들고, 그 위엄이 전파되는 것이 물이 흐르는 것과 같이 되는 것은 다른 것이 아니라 이러한 예에 맞는 도리를 따르는 까닭에서이다. 시경에 이르기를, '동으로부터, 서로부터, 남으로부터, 북으로 부터 복종하지 아니한 자가 없다.'라고 했으니, 이와 같이 하면 가까이 있는 사람들은 그 군주의 덕을 노래하고, 멀리 있는 사람들은 빠른 걸음으로 나아 와서, 멀리 외진 곳에 있는 나라 사람들이 시키는 일에 나아와서 안락하게 여기지 않는 것이 없기를 마치 갓난아이가 어머니에게 돌아가는 것과 같이 할 것이니, 그것은 왜 그런가? 군주의 어진 사랑이 드러나고, 의리가 확립되고, 가르침이 정성스럽고, 사랑이 깊어서 예와 악이 모두 잘 시행되는 까닭에서이다. 시경에 이르기를, '예의가 모두 법도에 맞고 웃는 말이 모두 적당하다.'라고 하였다.[43]

---

43) 韓嬰,『韓詩外傳』卷第4. "禮者 治辯之極也 强國之本也 威行之道也 功名之統也 王公由之 所以一天下也 不由之 所以隕社稷也 是故 堅甲利兵 不足以爲武 高城深池 不足以爲固 嚴令繁刑 不足以爲威 由其道則行 不由其道則廢 昔 楚人 蛟革犀兕 以爲甲 堅如金石 宛之鉅蛇 慘若蜂蠆 輕

겉으로 드러난 바의 무력이나 위엄보다는 백성들의 마음을 움직일 수 있는 내면으로 부터의 정성과 사랑이 예악으로 무장할 때 부강한 나라를 이룩할 수 있고, 훌륭한 군주가 될 수 있다는 논리이다. 결국 백성과 나라를 다스리는 도는 예와 도에 맞게 다스리는 것만이 최상의 방법임을 지적하고 있다.

3. 月明師 兜率歌

유리왕대의 <도솔가>가 가사가 전하지 않고 배경설화만 전하는 데 비해 경덕왕대의 <도솔가>는 월명사의 작품으로서 향가 형태이며 배경설화와 함께 전하고 있다. 그 배경설화는 다음과 같다.

경덕왕 19년 경자 4월 초하루에 두 해가 나란히 나타나서 열흘 동안이나 없어지지 않았다. 일관이 아뢰기를, "인연있는 중을 청하여 산화공덕을 베풀면 재앙을 물리칠 수 있을 것입니다."라고 하였다.

利剛疾 卒如飄風 然 兵殆於垂沙 唐子死 莊蹻起 楚分爲三四者 此豈無堅甲利兵也哉 所以統之非其道故也 汝淮以爲險 江漢以爲池 緣之以方城 限之以鄧林 然秦師至於鄢郢 擧若振槁然 是豈無固塞限險也哉 其所以統之者 非其道故也 紂殺比干 而囚箕子 爲炮烙之刑 殺戮無時 群下愁怨 皆莫冀其命 然周師至 令不行乎左右 而豈其無嚴令繁刑也哉 其所以統之者 非其道故也 若夫明道而均分之 誠愛而時使之 則下之應上 如影響矣 有不由命 然後俟之以刑 刑一人而天下服 下不非其上 知罪在己也 是以 刑罰競消 而威行如流者 無他 由是道故也 詩曰 自東自西 自南自北 無思不服 如是則近者歌謳之 遠者赴趨之 幽閒僻陋之國 莫不趨使而安樂之 若赤子之歸慈母者 何也 仁形義立 敎誠愛深 禮樂交通故也 詩曰 禮儀卒度 笑語卒獲."

이에 조원전에 제단을 정결히 배설하고 임금이 청양루에 거둥하여 인연있는 중을 기다렸다. 이때 월명사가 천맥 남쪽 길을 가고 있었는데, 왕이 사람을 보내어 그를 불러 단을 열고 기도하는 글을 짓게 하니 월명사가 아뢰기를, "신승은 다만 국선의 무리에 속해 있기 때문에 겨우 향가만 알 뿐이고 성범에는 서투릅니다."라고 하였다. 왕이 말하기를, "이미 인연있는 중으로 뽑혔으니 비록 향가라도 좋다." 고 하였다. 이에 월명이 도솔가를 지어 바쳤으니 그 가사는 이러하다. … 이것을 풀이하면 이렇다. "용루에 오늘 산화가 불러, 청운에 한 송이 꽃을 뿌려 보내네, 은근하고 정중한 곧은 마음이 시키는 것이오니 멀리 도솔대선을 맞으라." 지금 민간에서는 이것을 산화가라고 하는데 잘못이다. 마땅히 도솔가라고 해야 한다. 산화가는 따로 있는데 그 글이 많아서 실을 수 없다. 이리하여 이내 해의 변괴가 사라졌다. 왕이 이것을 가상히 여겨 품차 한 봉과 수정염주 108개를 하사했다. 이때 갑자기 동자 하나가 나타났는데, 모양이 곱고 깨끗했다. 공손히 차와 염주를 받들고 대궐 서쪽 작은 문으로 나갔다. 월명은 이 동자를 내궁의 관리로 생각했고, 왕은 스님의 종자로 알았다. 그러나 알고 보니 모두 틀린 추측이었다. 왕은 몹시 이상히 여겨 사람을 시켜 쫓게 하니 동자는 내원탑 속으로 숨고 차와 염주는 남쪽의 벽화 미륵상 앞에 있었다. 월명의 지극한 덕과 지극한 정성이 미륵보살을 밝게 감동시킴이 이와 같은 것을 알고 조정이나 민간에서 모르는 이가 없었다. 왕은 더욱 공경하여 다시 비단 백 필을 주어 큰 정성을 표시했다. … 월명은 항상 사천왕사에 살면서 피리를 잘 불었다. 어느날 달밤에 피리를 불면서 문 앞 큰 길을 지나가니 달이 그를 위하여 운행을 멈추었다. 이 때문에 그 곳을 월명리라고 불렀다. 월명사도 또한 이 일 때문에 이름을 드러냈다. 월명사는 즉 능준대사의 제자이다. 신라 사람들도 향가를 숭상한 자가 많았으니, 이것은 대개 시송과 같은 것이다. 때문에 이따금 천지와 귀신을 감동시킨 것이 한두 가지가 아니었다.[44]

---

44)『三國遺事』卷5 感通第七 月明師兜率歌條, "景德王十九年庚子四月朔

위의 기록에서 주목되는 것은 ① 二日並現의 의미, ② 산화공덕과 도솔가, ③ 향가의 感動天地鬼神의 의미이다. 이 세 가지의 의미를 푸는 것이야말로 <도솔가>의 성격을 규정짓는 데 있어 절대적인 관건이기 때문이다.

1) 二日並現의 意味

두 해가 나타나서 열흘 동안이나 없어지지 않은 변괴는 분명 중대한 사건이다. 필자는 해를 임금의 상징으로 보고자 한다. 해는 만인의 우러름의 대상이며, 하나이고, 광명이자, 빛이기 때문에 흔히 왕권(임금)에 비유되어 왔다. 二日並現의 현상을 왕권에 도전할 세력이 횡싱될 조짐이라고 생각하여 侍中의 교체를 단행하거나, 이 변괴를 물리치기 위하여 산화공덕의 불교의례를 행한 것으로 본 견해가 있다.[45] 또한 비슷한 맥락에서 왕권에 대한 모반자 출현의 전조로 해석한 경우도 있다.[46]

二日竝現 挾旬不滅 日官奏 請緣僧 作散花功德則可禳 於是 潔壇於朝元殿 駕幸靑陽樓 望緣僧 時有月明師 行于阡陌時之南路 王使召之 命開壇作啓 明奏云 臣僧但屬於國仙之徒 只解鄕歌 不閑聲梵 王曰 旣卜緣僧 雖用鄕歌可也 明乃作兜率歌賦之 其詞曰 … 解曰 龍樓此日散花歌 挑送靑雲一片花 殷重直心之所使 遠邀兜率大僊家 今俗謂此爲散花歌 誤矣 宜云兜率歌 別有散花歌 文多不載 旣而日怪卽滅 王嘉之 賜品茶一襲 水精染珠百八箇 忽有一童子 儀形鮮潔 跪奉茶珠 從殿西小門而出 明謂是內宮之吏 王謂師之從者 及互徵而俱非 王甚異之 使人追之 童入內院塔中而隱 茶珠在南壁畫慈氏像前 知明之至德與至誠 能昭假于至聖也如此 朝野莫不聞知 王益敬之 更贐絹一百疋 以表鴻誠 … 明常居四天王寺 善吹笛 嘗月夜吹過門前大路 月馭爲之停輪 因名其路曰月明里 師亦以是著名 師卽能俊大師之門人也 羅人尙鄕歌者尙矣 蓋詩頌之類歟 故往往能感動天地鬼神者 非一."

45) 金承璨,『한국상고문학론』, 새문사, 1987, p.169.

46) 林基中,『신라가요와 기술물의 연구』, 이우출판사, 1981, pp.281-287.

이 같은 자연현상을 정치현실에 대입하여 논증한 경우도 있다. 즉, 경덕왕 당시의 정치상황을 바탕으로 신충과 이순의 왕당파와 김옹, 김양상, 지정 등의 비왕당파의 대립으로 보는 경우이다. 결국 경덕왕은 <도솔가>를 읊으며 왕권에 도전한 해를 물리치고 천수를 누렸으나, 아들 혜공왕은 이찬 지정과 상대등 김양상 등에 의해 죽임을 당해 원래 자리의 해가 침입한 다른 해에 의해 자리를 내어준 것으로 본 것이다.47)

요컨대, 二日並現은 왕권에 도전하는 세력의 등장을 알리는 전조로서 기능한 것이며, 이 같은 흉조를 경덕왕이 월명사의 법력을 통해 국정을 안정시키는 과정에서 불려진 治理歌의 노래이다.

2) 散花功德과 兜率歌

散花功德이란 불교의 四箇法要(梵唄·散花·梵音·錫杖) 중의 하나이다.48) 황패강은 산화공덕에 있어 꽃은 작자와 미륵보살, 혹은 현세와 천상의 괴리를 이어주는 중간자로 보았으며, 산화가가 '文多'한 것은 향가 형식으로 되면서 자연히 장편의 가요가 된 것으로 보았다.

이어서 황패강은 산화공덕에 대하여 다음과 같은 해석을 한 바 있다.

> 여기 '산화'는 여러 불경에서 설한, 천상으로부터 曼荼羅花, 曼殊沙華 등 4종의 꽃이 내렸다는 데서 유래한 의식이다. 미륵불이 三會 설법을 마치고, 天人을 제도하고 翅頭末城으로 들어갈 때 갖가지 神力

47) 金晋郁, 『향가문학론』, 역락, 2005, pp.242-246.
48) 徐首生, 「도솔가의 성격과 사뇌격」, 『국문학논문선 1』-향가연구, 민중서관, 1977, p,165.

의 無量 變現을 나타내니, 釋提桓因이 欲界諸天, 梵天王과 色界諸天과 함께 백천 가지 伎樂을 울리고, 부처의 덕을 歌詠하고, 천상계의 여러 꽃과 栴檀末香을 뿌려 미륵불께 공양하였다고 하였으며, 또 世尊 入城時 天人이 갖가지 雜色 연꽃 및 曼陀羅花를 부처 앞 땅에 흩뿌린 것이 무릎에까지 쌓였고, 諸天이 공중에서 백 천 가지 기악을 울리고, 부처의 덕을 歌歎하였다고 하였다. 위에서와 같이 彌勒佛에의 散花는 이미 下生經에 그 선례가 있다.[49)]

꽃은 순수 그 자체이기도 하며 마음을 상징하는 것이기도 하다. 꽃을 바친다는 것은 마음을 바치는 것이기 때문이다. 꽃을 마치면서 인간은 기원의 의미를 담는 것이다. 불교에서 부처에게 올리는 공양에는 六種供具(水・塗香・花・燒香・飮食・燈明)가 있는데, 꽃은 그 중의 하나이다. 水는 흔히 茶로 대신하기도 하는데, 모두 정성이 깃든 것들이다.

李惠求는 월명사의 <兜率歌>는 '禳災하는 소리, 즉 살푸리 성질의 것'이라고 했고, 유리왕대의 <兜率歌>와 월명사의 <兜率歌>는 全然 別物이 아니고 다 같이 향가이며, 다 같이 도살푸리, 또는 살푸리이며 禳災의 내용을 지닌 것'이라고 하였다.[50)]

김수업은 '다살노래의 갈래는 옛날부터 불려지던 민요의 모습을 빌려서, 신라 초기(유리왕 때, 일세기 초엽)에 궁중의 의식에 쓰일 수 있는 전례의 노래로 채택 정리되었던 것인데, 8세기 중엽(760년 즈음, 경덕왕 때)에 이르러 나라 다스림에 관련해 의식의 노래를 쓰고자 하여, 그 주례자인 월명사가 전통적인 이 '다살노래'의 형식을 빌려 산화공덕의 노래를 지었다고 했다. 즉, 이 '다살노래' 갈래는 애초에 민요였으나, 6세기 즈음에 새로운 갈래

49) 黃浿江, 『향가문학의 이론과 해석』, 일지사, 2001, p.439.
50) 李惠求, 『한국음악연구』, 국민음악연구회, 1957, p.242.

의 노래에 의식노래의 자리를 빼앗기고는 다시 민요로서 백성들 사이에서만 살아남게 된 노래 갈래'라고 보았다.[51]

尹榮玉은 유리왕대의 <도솔가>가 與民同樂하여 歡康을 謳歌하고 기원한 것으로 보고, 차사와 사뇌격을 가진 이 <도솔가>가 嘉俳에서 행해지는 <會樂>이나 <辛熱樂>에서 불려졌던 讚揚·祈願의 노래로 보았다.[52]

김종우의 다음과 같은 견해는 <도솔가>를 이해하는 데 일정한 기여를 하고 있다고 본다.

> 이렇게 "兜率"이란 말이 回生·還生 등의 뜻이 있는 것이라면 兜率歌는 곧 "도살노래" 로서 回生·復活·復元의 뜻을 가진 노래이다. … 그런데 이러한 二日並現의 怪變相을 消滅하게 한다는 것은 換言하면, 一日再現의 原狀이 있도록 하는 것이니, 이는 곧 原來의 狀態로 되돌린다는 復元이 뜻이 있는 동시에 一日再現은 바로 民衆을 死境으로부터 되살린다는 再活의 뜻도 있는 것이다. … 이런 意味에서 생각할 때, 月明의 兜率歌란 것도 亦是 人間에게 回生의 기쁨을 갖게 하는 "도살노래" 라 하여 無妨하지 않은가? … 요컨대, 兜率歌란 儒理王代의 것이나 月明의 것이나를 莫論하고 그 語義面에서 考察할 때 위와 같은 "도살"의 뜻을 가지는 것으로, 곧 同名同義의 回生의 노래인 것이며, 그 "도살"이란 것은 佛敎輸入 以前부터 우리에게 있었던 말인데 後에 漢字를 借用하여 그것을 "兜率"이라고 표기했을 뿐이라고 생각한다.[53]

약 700여년의 시차를 두고 명명된 <兜率歌> 란 명칭은 결국 본래의 의미가 전승되면서 불교의 外皮를 입은 것이지, 그 본래

---

51) 김수업, 『배달문학의 갈래와 흐름』, 현암사, 1992, pp.186-187.
52) 尹榮玉, 『한국고시가의 연구』, 형설출판사, 1995, p.48.
53) 金鍾雨, 『향가문학연구』, 이우출판사, 1980, pp.38-39.

의 모습은 유리왕대의 <兜率歌>나 월명사의 향가 <兜率歌>가 큰 틀에서는 같은 성격을 지닌 노래라는 것이다. 즉, 국가 형성 초기에 나라와 백성을 잘 다스리기 위한 祈願의 노래가 불교 공인 이후 불교의 힘에 의지하여 백성과 나라를 다스리려는 것으로 변형되었을 뿐, 그 내면에 간직된 전통적인 요소는 같은 것이다. 다만 월명의 <兜率歌>는 '兜率天의 미륵보살을 신라 땅에 맞아 彌勒下生의 理想國土를 실현함으로써 일체의 재앙으로부터 해방된 불국토 신라에 더 이상 '日怪' 따위 재앙이 있을 수 없게 한다는 불교적 염원을 기조로 하고 있다.'[54]는 점에서 불교에 귀의한 신라인들의 의식을 살필 수 있다. 더욱이 작자가 승려인 바에야 해결할 방법은 자명하다고 본다.

徐首生은 <도솔가>와 <산화가>를 구별하기를 "其에 散花落(三說) 歌詠하고 唱偈頌이면 散花歌요, 其에 散花落(三說) 歌詠하고 唱鄕歌이면 兜率歌"라고 한 바 있다. 즉, 게송으로 부르는 것과 향가로 부르는 것으로 구별한 것이다.[55] 필자 역시 <산화가>가 '文多不載'라고 한 一然의 말을 생각하면 <산화가>는 불교의식을 거행하면서 부르는 의식가로서 <도솔가>와는 성격이 다르다고 할 수 있다.

3) 感動天地鬼神의 意味

'感動天地鬼神'의 의미는 향가뿐 아니라 우리 시가에 대한 개념정립에 중요한 열쇠가 된다. 이 언급이야말로 향가가 지니고 있는 노래의 기능과 의미를 잘 드러낸 용어이기 때문이다. 고대

---

54) 黃浿江, 『향가문학의 이론과 해석』, 일지사, 2001, p.441.
55) 徐首生, 「도솔가의 성격과 사뇌격」, 『국문학논문선』1 - 향가연구, 민중서관, 1977, p,182.

인들은 노래는 진실을 담아야 하고 간절한 노래만이 천지귀신을 움직일 수 있다고 믿었다. 사람의 마음을 움직이는 것은 진실된 언어만이 가능하다. 『詩經』의 <毛詩大序>에도 시의 효용을 논하는 말 가운데 '感動天地鬼神'의 의미가 다음과 같이 나온다.

> 시는 뜻이 가는 것을 나타낸 것이니 마음속에 있는 것을 뜻이라 하고, 말로 나타내면 시라 한다. 정이 마음 속에서 움직이면 말에 나타나니 말로 부족하기 때문에 차탄하고, 차탄으로 부족하기 때문에 길게 노래하고, 길게 노래하는 것으로 부족하면 자신도 모르게 손으로 춤을 추고, 발로 뛰는 것이다. 정은 소리에서 나타나니, 소리가 무늬를 이룬 것을 음이라 한다. 치세의 음악은 편안하고 즐거우니 그 정사가 화하며, 난세의 음악은 원망하고 노여워하니 그 정사가 괴리되며, 망국의 음악은 애처롭고 그리워하니 그 백성이 곤궁하다. 그러므로 잘잘못을 바루며, 하늘과 땅을 움직이고, 귀신을 감동시키는 것은 시보다 더한 것이 없다.[56]

시의 효용을 논하는 것 중에서 가장 널리 알려진 <毛詩大序>의 글이다. 위의 글에서 중요한 것은 시가 가지고 있는 진실성에 대한 확고한 믿음이다. 즉, 마음속에 간직한 뜻을 언어로 표현한 것이 시이기 때문에 시야말로 외부 사물에 반응하는 사람의 진실된 언어라고 본 것이다. 하늘과 땅, 귀신까지 감동시키는 것이 시라는 말은 내면세계의 양심은 속일 수 없다는 확고한 신념에서 출발한다.

---

56) 「毛詩大序」, "詩者 志之所之也 在心爲志 發言爲詩 情動於中而形於言 言之不足 故嗟歎之 嗟歎之不足 故永歌之 永歌之不足 不知手之舞之足之蹈之也 情發於聲 聲成文 謂之音 治世之音 安以樂 其政和 亂世之音 怨以怒 其政乖 亡國之音 哀以思 其民困 故正得失 動天地感鬼神 莫近於詩."

월명사 <도솔가>의 배경설화에서 "신라 사람들도 향가를 숭상한 자가 많았으니, 이것은 대개 시송과 같은 것이다. 때문에 이따금 천지와 귀신을 감동시킨 것이 한두 가지가 아니었다."는 언급은 향가의 진실성에 대한 확고한 믿음이 바탕에 깔려있는 것이 아닌가 한다. 이는 물론 불교라는 종교의 신념에 바탕한 것이기는 하나 노래가 가지는 진실성에 대한 신라인들의 의식을 반영한 것으로 보인다.

『淵鑑類函』에도 "천지를 감동시키고, 神明에 통한다."[57]라고 한 것으로 보아 음악의 효용을 중시한 것을 알 수 있다. 呂基鉉은 향가의 음악적 특성은 '嗟辭詞腦格'이고, 내용적 특성은 '能感動天地鬼神'이라고 하면서 김부식이 향가를 『삼국사기』에서 배제한 이유는 '能感動天地鬼神'이라는 유학적 사유에 어긋나는 집단무의식에 밑바탕한 종교적 심성의 결과물로 보았기 때문이라고 했다.[58] 이 같은 견해는 '능감동천지귀신'을 주술로 보느냐, 아니면 내면의 진실로 보느냐에 따라 달라질 수 있다.

『均如傳』에 보면 노래에 대한 신라인들의 인식을 볼 수 있는 기록이 있다.

또 한 가지는 영통사 백운방은 세워진 지 해가 오래되어 무너지려

57) 『淵鑑類函』 卷184, 樂部, 樂總載3, "感天地 通鬼神." <漢書 夫樂者 聖人所以感天地通神明安萬民 故聽者無不虛己竦神 悅而承流 於是海內被服 其風光輝日新而不知所以然>. "천지를 감동시키고 귀신에 통한다." <한서에 '무릇 음악이라는 것은 성인이 천지를 감동시키고 신명에 통하며 백성들을 편안케 하는 것'이니, 그러므로 음악을 듣는 자는 자신을 비우고 신을 공경하지 않을 수 없고, 기뻐하여 그 흐름을 잇는 것이니, 이에 나라 사람들이 복종하게 되어 그 풍교가 빛나고 날로 새로우면서도 그 까닭은 알지 못하는 것이다.>

58) 呂基鉉, 『新羅 音樂相과 詞腦歌』, 월인, 1999, p.33, 주) 28.

고 했기 때문에 대사가 이를 중수하였다. 이로 인하여 지신의 책망을 받아 재앙과 변괴가 날마다 일어났다. 이에 대사가 대충 노래 한 마리를 지어 기도하고 그 노래를 벽에다 붙였더니, 그 뒤로 정괴가 곧 없어졌다.[59]

위와 같은 현상은 信忠의 <怨歌>에도 나타나 있다. 임금의 食言을 원망하며 노래(<원가>)를 지어 잣나무에 붙이자 잣나무가 말라 죽었고, 왕이 전날의 약속을 지키자 잣나무가 소생했다는 것이다. 이는 왕의 言約은 신성한 것이라는 상징으로 잣나무의 소생은 신성한 왕권의 회복을 의미하는 것으로 보인다. 결코 잣나무가 물리적으로 죽었다, 살아나는 기현상이 아니라 신성한 왕권의 일시적인 정지와 회복을 의미하는 설화로 보아야 한다.

충담사가 경덕왕에게 바친 <安民歌>도 나라 다스리는 도를 물은 것에 대한 답변으로 치도의 요체를 설명한 것이다. 경덕왕 24년에 五岳三山의 神들이 궁전의 뜰에 자주 나타나 국정의 혼란을 경고할 때에 나온 이 노래는 "君君 臣臣 父父 子子"의 유가적인 처방을 내놓은 것이다.[60] 이 설화에서 주목되는 것은 경덕왕이 국난을 극복하려는 진지한 자세를 취했다는 것이고, 충담사 역시 고승답게 임금 앞에서 직언을 했다는 점이다. 더구나 그는 노래를 바친 후 王師에 봉했으나 받지 않았다는 것을 보아도 고승대덕의 품위를 지닌 인물이었다.

---

59) 『均如傳』 第九 感應降魔分者, "又靈通寺白雲房 年遠浸壞 師重修之 因此 地神所責 災變日起 師略著歌一首以禳之 帖其歌于壁 自爾之後 精怪卽滅也."

60) 『三國遺事』 卷第二 紀異 第二, 景德王 忠談師 表訓大德條.

4. 樂章의 濫觴

악장은 그 자체가 강한 목적성을 띠는 문학 장르이면서도, 동시에 동양의 오랜 문학적 전통이기도 하다. 악장은 왕조의 創業과 守成, 更張의 과정을 통해 후손들에게 지난날의 어려움을 잊지 말고 처음의 마음으로 되돌리려는 정신을 이면에 간직하고 있는 형식이다. 따라서 과거사를 통해 후손들에게 미래의 바람직한 삶의 방향을 제시하기 위한 미래지향적인 장르인 것이다.61) 『白虎通義』에는 악장(제왕의 예악)의 성격과 그 所從來를 다음과 같이 언급하고 있어 악장의 성격구명에 많은 도움을 주고 있다.

> 예기에 이르기를, '황제시대의 음악을 함지라 하고, 전욱시대의 음악을 육경이라 하고, 제곡시대의 음악을 오영이라 하며, 요임금시대의 음악을 대장이라 하고, 순임금시대의 음악을 소소라 하며, 우임금시대의 음악을 대하라 하며, 탕임금 시대의 음악을 대호라 하고, 주나라의 음악을 상이라 하며, 주공의 음악을 작이라 하며, 상과 작을 합하여 대무라 한다. 황제의 음악을 함지라 하는 것은 천하의 도를 크게 베풀어 행해서 하늘이 생성해주는 것과 땅이 실어주는 것은 모두 덕을 베풀어서 있게 했음을 말한 것이다. 전욱의 음악을 육경이라고 하는 것은 율려를 조화롭게 해서 음과 양을 조절했음을 말한 것이니, 경이라는 것은 만물의 줄기가 된다는 것이다. 제곡의 음악을 오영이라고 하는 것은 오성을 조화시키고, 만물을 길러주어서 그 영화를 순하게 조절한다는 말이다. 요임금의 음악을 대장이라고 하는

61) 金榮洙, 「선초악장의 문학적 성격」, 『한국고전시가사』, 집문당, 1997, p.400.

것은 천지인 삼재의 도를 크게 밝혔다는 말이고, 순임금의 음악을 소소라고 하는 것은 순임금이 능히 요임금의 도를 계승했다는 말이고, 우임금의 음악을 대하라고 하는 것은 우임금이 능히 두 성인<堯, 舜>의 도를 순히 따라서 행했기 때문에 대하라고 한 것이다. 탕임금의 음악을 대호라고 하는 것은 탕임금이 쇠한 시대를 계승해서 능히 백성의 위급한 것을 애호했다는 것이고, 주공의 음악을 작이라고 하는 것은 주공이 성왕을 보필하여 능히 문왕과 무왕의 도를 짐작하여 문무의 도를 이루었다는 뜻이고, 무왕의 음악을 상이라고 하는 것은 태평한 시대를 상징하여 음악을 지어서 자기가 태평하게 이루어 놓았다는 것을 보인 것이고, 작과 상을 합하여 대무라고 하는 것은 천하를 처음으로 주나라가 정벌해서 무력을 행사한 것을 즐거워했다는 것이다. 그러므로 시인이 노래하여 말하기를, '왕이 혁연히 이에 노하셔서 이에 그의 군대를 정돈했다.'라고 하였으니, 이때를 당하여 문왕이 노해서 천하를 안정시킨 것을 기쁘게 여긴 것이다. 그러므로 그 무력행사를 즐거워 한 것이다. 주나라 왕실이 중용의 도에 맞는 전장제도로 음악의 법으로 삼은 것은 무엇 때문인가? 은나라 주왕이 악한 일을 행한 기간이 길어서 그 악이 가장 심하였으니, 물 건너는 사람의 정강이를 자르고, 아이 밴 여자의 배를 갈고리로 갈라서 보며, 천하의 백성들을 잔악하게 해치거늘 무왕이 군대를 일으킴에 앞에 가는 사람은 노래하고 뒤에 가는 사람은 춤을 추었는데, 은나라를 이긴 후에 백성들이 크게 기뻐하였다. 때문에 중용에 맞도록 악을 지은 것은 기뻐하는 것이 너무 성한 것을 알맞게 조절해서 한 것이다.[62)]

---

62) 班固,『白虎通義』卷3 禮樂, "禮記曰 黃帝樂曰咸池 顓頊樂曰六莖 帝嚳樂曰五英 堯樂曰大章 舜樂曰簫韶 禹樂曰大夏 湯樂曰大濩 周樂曰象 周公之樂曰酌 合曰大武 黃帝曰咸池者 言大施天下之道而行之 天之所生地之所載 咸蒙德施也 顓頊曰六莖者 言和律呂以調陰陽 莖著萬物也 帝嚳曰五英者 言能調和五聲 以養萬物 調其英華也 堯曰大章者 大明天地人之道也 舜曰簫韶者 舜能繼堯之道也 禹曰大夏者 言禹能順二聖之道而行之 故曰大夏也 湯曰大濩者 言湯承衰 能護民之急也 周公曰酌者 言周

위의 인용문은 '右論帝王禮樂'이라 하여 역대 성군들이 악장을 제정하게 된 까닭과 연유를 자세하게 풀어 설명하고 있다. 이는 조선초에 태조 이성계의 악장인 <文德曲>과 <武功曲>의 제정과도 맥을 같이 하는 것으로 오랜 전통과 연원을 보여주는 것이다.

5. 結 論

이상의 고찰에서 확인할 수 있는 것은 <도솔가>가 특정 노래의 이름이 아니라 갈래 명칭이라는 점과 악장의 시초라는 점, 그리고 대평성대를 기원하는 노래라는 섬에서는 어느 정도 입론이 가능하다고 본다. 유리왕대 <도솔가>가 비록 가사는 전하지 않지만 유리왕의 巡狩(巡幸) 가운데 이루어진 일이며, 자신의 不德을 자책하는 의미를 드러내고 있다는 점은 분명 임금의 역할과 덕치에 대한 관심을 보여주고 있다고 본다. 임금의 덕에 감화되어 먼 곳의 사람들까지 歸附하여 임금에게 의지하는 것은 이상적인 정치의 모습을 그린 것이다.

국정이 난맥상을 보일 때 당대의 고승들에게 나라 다스리는 방도를 물어 국태민안을 기원한 노래라는 점에서 <도솔가>는 나라를 다스리는 요체를 담은 노래의 전통을 이어 왔던 것이다. 다만, 임금이 나라를 다스리는 지혜를 묻는 전통이 시대에 따라 종

公輔成王 能斟酌文武之道而成之也 武王曰象者 象太平而作樂 示己太平也 合曰大武者 天下始樂 周之征伐行武 故詩人歌之曰 王赫斯怒 爰整其旅 當此之時 樂文王之怒以定天下 故樂其武也 周室中制象樂 何 殷紂爲惡日久 其惡最甚 斮涉刳胎 殘賊天下 武王起兵 前歌後儛 剋殷之後 民人大喜 故中作 所以節喜盛."

교에 따라, 달라지고 있을 뿐 그 내용은 같다고 볼 수 있다.

일연이 <산화가>라 하지 않고 마땅히 <도솔가>라고 해야 한다는 지적은 옳은 것이다. 왜냐 하면 <도솔가>와 <산화가>의 기능은 같지만, 우리의 전통을 찾아야 한다는 점에서 일연선사의 지적은 매우 주체적이다. 불교가 들어오기 이전의 국난극복을 위한 治理歌(<도솔가>)의 전통이 불교가 들어온 이후의 산화공덕으로 대치된 것을 바로잡은 언급이기 때문이다. 따라서, 유리왕대의 <도솔가>가 악장의 초기 형태이면서도 후대의 악장과 달리 어쩌면 주술적인 면이 가미된 것이 아닐까 추론해 본다.

다만 여기서 주목할 것은 노래의 효용에 대한 고대인들의 인식이다. 진실한 말은 노래가 될 수 있고, 그 노래가 간절한 사연을 담고 있는 한 소원이 이루어진다는 소박인 믿음이 그 배경에 자리하고 있다. 그런 점에서 배경설화는 노래의 진실을 증명하는 보증수표와 같은 역할을 담당한다. 마치 역사적인 사실인 양 증거하는 것은 이 노래야말로 만인의 심금을 울린 사연이라는 것이다. 이 같은 전통은 우리 시가의 한 특색이면서도 후일 <용비어천가>와 같은 서사시에 노래와 배경설화를 사실에 의지하여 기록하고 있는 것에서도 확인되고 있다.

Ⅱ. 社會的 慣習과 自己犧牲의 原理

1. 問題 提起

우리의 고전문학을 연구하다 보면 간혹 모순되는 사실에 직면하는 경우가 있다. 이른바, '恨'이라고 일컬어지는 자기 희생도 그 가운데 하나이다. 또한『沈淸傳』을 해석하는 방안의 하나인 大孝와 小孝의 충돌 현상, 또한 설명하기가 쉽지 않은 문제이다. 이같이 명쾌한 논리가 있을 수 없는, 상호 모순된 현상의 이면에 존재하는 배경적인 논리를 고찰하고자 하는 것이 본 논문의 주된 목표이다.

흔히 언급되는 忠孝의 문제도 개인과 국가가 충돌할 때는 한쪽의 희생이 강요되는 방식으로 문제를 해결하는 양상을 흔히 볼 수 있다. 부모를 봉양하되, 養口와 養志로 지극 정성을 다하는 것이 孝요, 이러한 마음으로 자신의 목숨을 바쳐 임금과 나라를 섬기는 것이 忠이라고 한다면 忠孝의 바탕은 같다고 할 수 있다.

섬기는 마음은 같되, 대상만 다른 것이 충효의 양면성인 것이다.

그러나 이 같은 단순한 논리는 동일 계층이나 개인에게는 두루 적용될 수 있지만 계층을 뛰어 넘거나 上下尊卑의 대상으로 이동할 때는 굴절되는 양상으로 나타나는 것을 살필 수 있다. 주로 부자간(부녀간)의 문제(죽음), 군신간의 문제(귀양, 入山), 남녀간의 문제(이별, 사별)로 확대되면서 나타나는 현상 중의 하나는 어느 한 쪽의 희생을 전제로 해결되는 양상을 보여주고 있다는 점이다. 그 희생의 결과는 대체로 죽음, 귀양, 入山, 離別의 형태로 나타나는 것이 보편적이다. 필자는 이 같은 현상의 이면에 존재하는 배경적인 원리를 고찰하고자 한다.

우리의 고전문학은 중국문학의 영향을 일정하게 받아 왔다. 따라서 중국측의 문헌(주로 『國語』)에 전하는 충효에 관한 각종 기록 가운데 서로 유사한 모델이 존재하는 것을 쉽게 살펴볼 수 있다. 우리나라와 중국 측의 기록을 통해 전통문화의 배경에 존재하는 문화 유산 가운데 사회적 관습과 자기 희생의 원리를 더듬어 봄으로써 시가 탄생의 배경을 확인하고자 한다.

2. 個人〔孝〕과 集團〔忠〕의 倫理

유교의 논리는 확대 지향적(개인→가정→사회→국가→천하)이라는 점에서 외견상으로는 질서적이고 완벽한 조화의 모습을 취하고 있다. 또한 이를 위해서는 위정자가 솔선수범해야 한다는 것이 전제되어야 함을 강조하고 있다. 따라서 임금은 만백성의 아버지이고 왕후는 만백성의 어머니가 되어야 하는 것이 그 논리이다. 또한 확대지향이라는 말은 개인→가정→사회→국가→천하의 관점을 의미하는 것으로 모든 질서는 개인으로부터 시작하여 주변을 잘 다스려 천하의 질서를 완성하는 것으로 목표를 삼는 방식이다. 이에 대한 논의는 이미 『大學』에 다음과 같이 명시되어 있다.

> 예전에 밝은 덕을 천하에 밝히고자 하는 사람은 먼저 그 나라를 다스리고, 그 나라를 다스리고자 하는 사람은 먼저 그 집안을 다스리며, 그 집안을 다스리고자 하는 사람은 먼저 그 몸을 닦고, 그 몸을 닦으려고 하는 사람은 먼저 그 마음을 바르게 하며, 그 마음을 바르게 하려는 사람은 먼저 그 뜻을 정성스럽게 하고, 그 뜻을 정성스럽게 하려는 사람은 먼저 그 아는 것을 극진히 해야 할 것이니, 아는 것을 극진히 하는 것은 사물의 이치를 연구하는 데에 있다.[1)]

이 같은 논리는 겉으로 보기에는 매우 완벽하다. 질서적이며, 논리적인 특징을 지니고 있다. 결국, 중요한 것은 겉으로 드러나는 모든 결과는 마음에 있고, 미세하게 움직이는 사물의 이치를 통달해야만 천하의 변화를 미리 알 수 있다는 점이다. 작은 것을 흡수해야 큰 것이 된다는 이치는 비유하자면 샘이 내가 되고, 강이 되어 바다에 이르기 위해서는 모든 것을 포용하고 받아들이는 관대한 德이 요구된다는 논리이다.

군신관계에서 중요한 것은 일방적인 주종관계의 변함없는 질서라는 점이다. 군왕은 덕으로써 백성들을 다스리는 것을 가장 중요한 덕목으로 여겼다. '가까운 곳에서 聽從하지 않는 사람이

---

1) 『大學』, "古之欲明明德於天下者 先治其國 欲治其國者 先齊其家 欲齊其家者 先脩其身 欲脩其身者 先正其心 欲正其心者 先誠其意 欲誠其意者 先致其知 致知在格物."

없게 되면 먼 곳에서도 귀순하지 않는 사람이 없게 된다.'[2]라는 상황은 임금에게는 가장 바람직한 교화의 모습이 될 수 있는 것이다. 또한 이것은 임금에게 덕행과 위엄이 있을 때에만 가능한 것이기도 하다.

신하의 자세에서도 "무릇 군주를 섬기는 사람은 험지에 처할지라도 이를 원망해서는 안 된다. 설령 마음 속에 원한을 품고 있어도 그 분노를 옮기는 것이 아니다. 하물며 천자를 모시는 사람이겠는가?"[3] 라는 언급은 가장 이상적인 신하의 모습으로 간주되어 왔다. 또한 임금은 항상 神에게 정성스럽게 제사를 드려야만이 복을 받는다는 관념이 지배적이었다. 다음의 예문은 국가의 흥망에 신이 어떻게 관여하는지를 잘 보여주는 언급이다. 周 혜왕 15년에 신령이 莘 땅에 내려오자 內史 過에게 이 현상에 대해 묻자 과가 다음과 같이 대답하고 있다.

> 나라가 장차 홍성할 적에는 그 임금이 가지런하고 밝으며, 중정하고 정결하며 은혜와 인화를 베풀어서, 그 덕의 아름다운 향기가 밝게 올라가게 하고, 그 은혜가 백성들의 마음을 단결하게 하면 신명이 제사를 흠향하고 백성들이 왕명을 따라서 백성과 신이 원한이 없게 됩니다. 그러므로 밝은 신명이 내려와서 그 사람의 정교와 덕행을 관찰하여 고루 복을 베풀어 주는 것입니다. 나라가 장차 망할 적에는 그 임금이 탐욕을 부리고, 편벽하여 공정하지 못하며 음란하고 방종하며, 정사를 황폐하게 하고 거칠고 추악하며 포악한 짓을 하고, 그 정사가 부패하여 구린내가 나서 좋은 향기가 하늘로 오르지 아니하고 그 형벌이 속임수와 무고로써 하니, 백성들의 마음이 떠나고 두 마음을 갖게 됩니다. 밝은 신명이 제사 받지 아니하고 백성들이 저 멀리

---

2) 『國語』 周語 上, "近無不聽 遠無不服."
3) 『國語』 周語 上, "夫事君者 險而不懟 怨而不怒 況事王乎."

떠나려는 마음을 갖게 되나, 백성과 신이 그 임금에게 원망하고 고통스럽게 여겨서 의지할 곳이 없게 됩니다. 때문에 신이 또한 내려와서 그 까다롭고 악한 정치를 관찰해서 그에 따라 화를 내리는 것입니다. 이러므로 어떤 때는 신이 나타나서 흥성하기도 하고, 어떤 때는 신이 내려와서 망하기도 합니다.4)

여기서의 신은 임금의 덕행에 따라 禍福을 내려주는 인격신으로 그려지고 있다. 이 같은 神觀은 동양에서는 보편적인 인식이다. 신과 백성들이 함께 나라를 등지고 떠나가는 상황은 곧 국가의 멸망을 의미한다. 임금은 정치가 잘 다스려지고 있을 때 신하들에게 종종 "나라를 잘 다스리는 것은 너희 중신들의 공로이고, 잘 다스리지 못한 것은 나 한사람의 잘못이다."5)라는 덕담으로 자신을 면려하는 것이다.

3. 小謹과 大義의 葛藤

중국과 우리나라의 경우 父王과 왕비(애첩), 그리고 태자(왕자) 사이에 왕위 계승문제로 갈등의 골이 깊어지는 경우를 역사에서 살펴볼 수 있다. 중국의 晉 獻公과 驪姬, 그리고 태자 申生에 얽힌 이야기가 그 하나고, 고구려 大武神王과 왕비, 그리고 好童王

4) 『國語』, 周語, 上, "國之將興 其君 齊明衷正精絜惠和 其德 足以昭其馨香 其惠 足以同其民人 神饗而民聽 民神無怨 故明神降之 觀其政德 而均布福焉 國之將亡 其君 貪冒辟邪淫佚荒怠麤穢暴虐 其政 腥臊馨香不登 其刑 矯誣 百姓攜貳 明神不蠲而民有遠志 民神怨痛 無所依懷 故神亦往焉 觀其苛慝而降之禍 是以或見神以興 亦或以亡."

5) 上揭書, "國之臧 則惟女衆 國之不臧 則惟余一人."

子에 얽힌 이야기가 그 하나이다. 왕자는 이 경우에 부왕과 왕비 사이를 이간질하는 것 같은 괴로움에 갈등하며, 끝내는 자결을 선택하는 비운의 주인공이 되는 것이다. 충효의 갈등을 극복하지 못하고, 자신(小我)을 희생함으로써 大我를 보존하는 전형적인 결말을 맺는 방식을 선택하고 있다.

1) 申生과 好童王子

먼저 진 헌공의 태자 申生의 경우를 예로 들어보자. 『國語』에는 이 사건에 대한 전말이 매우 상세하고 구체적으로 기록되어 있다. 진 헌공이 稷桑으로부터 돌아와 處한 지 5년에 驪姬가 獻公에게 신생에 대하여 다음과 같이 참소를 한다.

> 여희가 공에게 일러 말하기를, "저는 듣건대 申生의 꾀(獻公을 시해하려는 계책: 필자)가 더욱 깊어졌다 합니다. 전일에 제가 진실로 임금에게 고하기를 (申生이) 여러 사람의 마음을 얻었다고 했습니다. 여러 사람이 이롭게 생각하지 않았다면 어찌 狄을 이겼겠습니까? 지금 狄을 공격할 때에 군대를 잘 쓴 것을 자랑스럽게 여겨서 그 뜻이 더욱 넓어졌고 狐突이 순종하지 않았으므로 나오지 않았습니다. 저는 듣건대 申生이 매우 신의를 좋아하면서 강하고 또 여러 사람에게 실언을 했습니다. 비록 물러감이 있고자 하나 여러 사람이 장차 질책할 것입니다. 말은 식언할 수 있고, 여러 사람들의 뜻은 그칠 수 없으니 이 때문에 깊은 계책을 꾸미고 있습니다. 임금께서 만약 도모하지 않는다면 어려움이 장차 이를 것입니다."라고 하였다. 獻公이 대답하기를, "나도 잊지 않고 있으나 치죄할 것이 있지 않다."라고 하였다.[6)]

6)『國語』卷八 晉語二, "驪姬謂公曰 吾聞申生之謀愈深 日 吾固告君曰 得衆 衆弗利 焉能勝翟 今矜翟之善 其志益廣 狐突不順 故不出 吾聞之 申生甚好信而彊 又失言於衆矣 雖欲有退 衆將責焉 言不可食 衆不可弭 是

여희의 이간질은 비록 진 헌공에게 거절당하지만, 여희는 자신의 아들 奚齊를 태자로 삼기 위해 집요하게 음모를 꾸민다. 驪姬는 거짓으로 優施에게 헌공이 태자 申生을 죽이고 자기 아들 해제를 태자로 삼는 것을 허락했다고 하면서 둘이 함께 里克을 자기 편으로 매수할 음모를 꾸민다. 여희는 우시에게 양 한 마리와 술을 주어 연향을 베풀게 하고, 이극을 상대로 울창한 숲(여희 일가)과 마른 가지(신생의 처지)의 비유를 들어 그를 회유한다. 이에 이극은 사태를 짐작하고 중립을 지켜 화를 면하고자 한다. 이튿날 이극은 丕鄭을 만나 이 문제를 의논하였으나, 비정은 이극을 나무랐다. 이극은 결국 병을 핑계로 조회하지 않았고, 30일 후에 마침내 난리가 일어났다.

여희는 거짓으로 임금의 명령을 꾸며 신생에게 "오늘 저녁에 임금께서 꿈에 齊姜(申生母)을 보았으니 반드시 빨리 제사를 지내고 제사고기를 돌리라."(今夕君夢見齊姜 必速祠而歸福)고 하였다. 이에 신생이 曲沃에서 제사 지내고 제사고기를 絳에 돌렸으나, 마침 진헌공이 사냥을 나갔기 때문에 驪姬가 고기를 받아서 술에 鴆毒을 타고, 고기에 독약 풀을 묻혀 놓는다. 公이 이르자, 신생에게 고기를 바치게 하는데, 공이 땅에 祭酒를 부으니 땅이 부풀어 올랐다. 신생이 두려워서 나가자, 여희가 고기를 개에게 주니 개가 먹고 죽었고, 小臣에게 제주를 마시게 하니 소신 또한 죽었다. 이에 공이 杜原款(申生의 스승)을 죽이라고 명령을 내리자, 신생은 新城 땅으로 달아났다.

두원관은 죽으면서 小臣인 圉로 하여금 신생에게 고하게 하여 말하기를, "제가 듣건대 군자는 忠愛의 情을 버리지 않고 참소를 반박하지 않는다고 하니 참소가 행해지면 몸은 죽는 것이 옳지

以深謀 君若不圖 難將至矣 公曰 吾不忘也 抑未有以致罪焉."

만 오히려 아름다운 이름은 남을 것입니다. 죽어도 충애의 정을 바꾸지 않는 것은 疆함이요, 충애의 정을 지켜서 아버지를 기쁘게 하는 것은 孝요, 몸을 죽여서 뜻을 이루는 것은 仁이요, 죽어서도 임금을 잊지 않는 것은 敬이니 孺子는 힘쓰십시오."라고 하였다.7) 신생의 스승인 두원관의 이 같은 당부는 신생에게 큰 영향을 미친다. 약자로서, 아랫사람으로서 수동적인 자세를 취하게 하는데 일조를 하는 것이다. 주변 사람들이 신생의 억울한 사정을 듣고 도망가기를 권하자, 신생은 다음과 같이 자신의 논리를 피력한다.

> 申生이 말하기를, "옳지 않다. 떠나서 죄가 풀린다면 반드시 그 죄가 임금에게 돌아갈 것이니 이는 임금을 미워하는 것이다. 아버지의 악을 드러내서 제후들에게 웃음거리가 된다면 내가 어느 곳으로 들어가겠는가? 안으로는 부모에게 곤하게 되고, 밖으로는 제후에게 곤하게 되면 이것은 이중으로 곤한 것이요, 임금을 버리고 죄에서 도망친다면 이것은 죽음에서 도망치는 것이다. 나는 듣건대 '어진 사람은 임금을 미워하지 않고, 지혜로운 사람은 곤함을 거듭하지 않으며, 용기 있는 사람은 죽음에서 도망치지 않는다.'라고 하니 만약 죄가 해명되지 않고 도망가면 죄가 반드시 무거워 질 것이니, 도망가서 죄가 무거워지는 것은 지혜롭지 못한 사람이요, 죽음에서 도망쳐서 임금을 미워함은 어질지 못한 사람이요, 죄가 있는데 죽지 않는 것은 용맹이 없는 사람이다. 도망가서 원망을 더하게 하고, 악을 무겁게 할 수 없으니, 죽음은 피할 수 없다. 내가 장차 엎드려서 명령을 기다리겠다."라고 하였다.8)

---

7) 『國語』 卷八 晉語二, "吾聞 君子不去情 不反讒 讒行身死可也 猶有令名焉 死不遷情 彊也 守情說父 孝也 殺身以成志 仁也 死不忘君 敬也 孺子勉之."

8) 上揭書, "申生曰 不可 去而罪釋 必歸於君 是惡君也 章父之惡而笑諸侯

이 같은 신생의 태도는 몇 가지 특징이 있다. 내 잘못은 없지만, 즉 비록 모함이긴 해도 도망가서 모함의 실체가 밝혀져서 부왕에게 죄가 돌아가게 할 수 없다는 것과, 부왕의 惡을 드러내어 제후들의 웃음꺼리가 되게 할 수 없다는 것, 그리고 신하의 도리로 임금을 버리고 도망갈 수 없다는 논리이다. 결국 앉아서 죽음을 맞겠다는 태도인 것이다. 신생은 결국 新城의 祠堂에서 목매어 자살한다. 그는 죽기 전에 猛足으로 하여금 狐突에게 다음과 같은 유언을 전한다.

> "申生은 죄가 있으니 伯氏(狐突의 字, 申生의 외삼촌:필자)의 말을 듣지 않아서 죽음에 이르게 되었습니다. 申生은 감히 죽음을 사랑하는 것은 아니지만 우리 임금께서는 노쇠하였고, 국가에 어려움이 많거늘 伯氏께서 나오지 않으시니 우리 임금은 어찌할 것입니까? 伯氏께서 진실로 나와서 우리 임금을 위해 도모해 주신다면 申生은 은혜를 받고서 죽는데 이를 것이니, 비록 죽더라도 무슨 후회가 있겠습니까?"라고 하였다. 이 때문에 시호를 恭君이라고 하였다.[9)]

신생의 시호가 恭君이라는 것은 諡法에 "旣過能改曰恭"이라고 했으니, 그의 성품과 일치되는 면이 없지 않다. "지난 과오를 능히 고친다"는 말은 그의 소극적인 면을 지적한 것으로 보인다. 여희는 결국 태자 신생을 죽게 하고, 또 二公子를 참소하여 重耳는 翟으로, 夷吾는 梁나라로 달아났다. 여희는 자신의 의도대로

吾誰鄕而入 內困於父母 外困於諸侯 是重困也 棄君去罪 是逃死也 吾聞之 仁不惡君 知不重困 勇不逃死 若罪不釋 去而必重 去而罪重不知 逃死而惡君不仁 有罪不死無勇 去而厚惡 惡不可重 死不可避 吾將伏以俟命."

9) 『國語』卷八 晉語二, "申生有罪 不聽伯氏 以至於死 申生不敢愛其死 雖然 吾君老矣 國家多難 伯氏不出 奈吾君何 伯氏苟出而圖吾君 申生受賜以至於死 雖死 何悔 是以 諡爲恭君."

여러 公子를 내쫓고 그의 아들 奚齊를 태자로 세웠으며 처음으로 법령을 만들어서 국내에 公族이 없게 하였다.

이와 비슷한 우리의 이야기가 바로 好童王子이다. 고구려 大武神王의 아들인 호동왕자는 元妃의 시기로 인하여 부왕과의 사이에 갈등을 겪다가 결국은 자살하는 비운의 왕자이다. 그 내용은 아래와 같다. 내용상 두 부분으로 나누어 살피고자 한다.

> ① 여름 4월에 왕자 호동이 옥저지방을 유람하던 때에 낙랑왕 최리가 출행하여 그를 보고 "그대의 얼굴을 보니 보통 사람이 아닌 듯하니 혹 북극신왕의 아들이 아닌가?" 하고 드디어 그를 데리고 돌아와 사위를 삼았다. 그후 호동이 귀국하여 비밀히 사람을 보내어 최씨 딸에게 이르되, "네가 너희 나라 무기고에 들어가 고각을 부수면 내가 예로써 너를 맞이할 것이고, 그렇지 않으면 맞지 않겠다."라고 하였다. 이에 앞서 낙랑에는 이상한 고각이 있어 적병이 오면 저절로 우는 까닭에 부수게 한 것이었다. 이에 최씨녀는 잘 드는 칼을 가지고 몰래 무기고에 들어가 북의 가죽과 피리의 주둥아리를 부순 후 호동에게 알렸다. 호동은 왕에게 권하여 낙랑을 엄습하였다. 최리는 고각이 울지 않으므로 방비하지 않고 있다가 갑자기 우리 군사가 성 아래에 닥친 후에야 고각이 다 부서진 것을 알았다. 그래서 딸을 죽이고 나와서 항복하였다. <<혹자는 이르되, 고구려왕이 낙랑을 멸하려고 혼인을 청하여 그 딸로 며느리를 삼은 후, 그 며느리를 본국에 돌려보내어 병기를 파괴하게 한 것이라고 한다.>>

> ② 겨울 11월에 왕자 호동이 자살하니, 그는 왕의 차비, 즉 갈사왕 손녀의 소생이었다. 호동의 얼굴이 미려하여 왕이 매우 사랑하는 까닭에 이름을 호동이라 한 것이다. 원비는 왕이 적자를 빼앗아 호동으로 태자를 삼을까 염려하여 왕에게 참소하되, "호동이 나를 예로써 대하지 않으니, 아마 나에게 음란하려 함이 아닌가 합니다."라고 하

였다. 왕이 가로되, "다른 아들인 까닭에 네가 미워하느냐?" 하자 원비는 왕이 자기 말을 믿지 않음을 알고, 화가 미칠까 두려워 울면서 고하되, "청컨대 대왕은 가만히 엿보시어 만일에 이러한 일이 없으면 제가 스스로 죄를 받겠습니다."라고 하였다. 이에 대왕은 의심치 않을 수 없어 장차 호동에게 죄를 주려 하매, 어떤 이가 호동에게 이르기를, "그대는 왜 스스로 변명치 않는가?"라고 하였다. 대답하기를, "내가 만일 변명하면 이는 어머니의 악함을 드러내어 왕에게 걱정을 끼쳐줌이니 어찌 효라 할 수 있는가?" 하고 이내 칼에 엎드려 죽었다.[10]

호동왕자의 이야기는 신생과 흡사한 면이 있다. 元妃가 왕 父子를 이간질하기 위해 치정극을 벌이는 상황에서 호동왕자의 입지는 취약할 수밖에 없다. ①의 기록에서 주목되는 것은 낙랑왕 崔理가 自國의 존립을 위해 딸을 정략적으로 이용한 점이다. 호동왕자에게 예를 갖춰 딸을 혼인시킨 것이 아니라, 의도적으로 접근하여 婚姻同盟과 같은 형태를 유지하여 자국의 안보를 보장받으려 한 것으로 보인다. 이 점은 細註에 기록된 바와 같이 반대로 고구려 측의 정략적인 혼인의 의도 또한 엿볼 수 있다.

②는 호동왕자가 자살하게 된 과정을 기록한 것이다. 전후 문

---

10) 『三國史記』卷14, 高句麗本紀 第2 大武神王, "大武神王 15年 … 夏四月 王子好童 遊於沃沮 樂浪王崔理出行 因見之 問曰 觀君顔色 非常人 豈非北國神王之子乎 遂同歸 以女妻之 後 好童還國 潛遣人 告崔氏女曰 若能入而國武庫 割破鼓角 則我以禮迎不然則否 先是 樂浪有鼓角 若有敵兵則自鳴 故令破之 於是 崔女將利刀 潛入庫中 割鼓面角口 以報好童 好童勸王 襲樂浪 崔理以鼓角 不鳴不備 我兵掩至城下 然後知鼓角皆破 遂殺女子 出降 <或云 欲滅樂浪 遂請婚 娶其女 爲子妻 後使歸本國 壞其兵物> 冬十一月 王子好童自殺 好童王之次妃曷思王孫女所生也 顔容美麗 王甚愛之 故名好童 元妃恐奪嫡爲太子 乃讒於王曰 好童不以禮待妾 殆欲亂乎 王曰 若以他兒憎疾乎 妃知王不信 恐禍將及 乃涕泣而告曰 請大王密候 若無此事 妾自伏罪 於是大王不能不疑 將罪之 或謂好童曰 子何不自釋乎 答曰 我若釋之 是顯母之惡 貽王之憂 可謂孝乎 乃伏劒而死."

맥을 살피면 이 같은 상황에서 호동왕자가 자살할 하등의 이유가 없다. 호동은 억울한 모함을 받고도 자신을 희생하고자 하는 소극적인 면을 보인 인물이지, 남의 약점을 빌미로 자신의 목적을 달성하는 사람이 아니기 때문이다. 정식 혼인의 조건으로 낙랑공주에게 자기 나라의 自鳴鼓를 부수게 했다는 것은 두 사람의 관계를 알고 있는 왕이나 측근들에 의한 계략일 가능성이 많다고 본다. 특히, 원비의 모함은 남성(부자간)들의 질투본능을 자극하는 치정극으로써 원색적인 범죄에 가깝다. 그것도 자신을 사이에 두고 부자간을 이간질한 점에서 가증할 만한 모함이다. 주변 사람들이 적극적인 해명을 권유하자, 그가 한 말은 자식으로서의 도리 즉, 효에 얽매인 착한 아들로서의 처신에 불과했다. "어머니의 악함을 드러내어 왕에게 걱정을 끼쳐줌이 어찌 효라고 할 수 있는가?" 가 그의 답변이었다. 이는 자신의 희생을 통해 부왕과 원비 사이의 원만한 관계를 유지시키겠다는 발상이다. 소위 大孝와 小孝의 갈등, 大倫과 小倫의 갈등이며, 史臣이 언급한 대로 호동은 小謹과 大義의 갈등에서 소근을 선택한 것이었다. 사신은 호동왕자의 자살에 대해 부왕과 호동을 싸잡아 비판하는 兩非論的인 입장을 취하면서도 호동의 죽음을 '死非其所'라고 혹평하면서 다음과 같이 신생의 죽음에 비유하고 있다.

> 논하여 가로되, '지금 왕이 참언을 믿어 죄없는 사랑하는 아들을 죽이니, 그 불인함은 족히 말할 것도 없거니와 호동도 아주 죄가 없다고 할 수 없다. 왜냐하면 아들이 아비에게 꾸지람을 들을 때는 마땅히 순이 그 아버지 고수에게 대함과 같이 소장으로 치면 맞고 대장으로 치거든 달아나 아비를 불의에 빠뜨리지 않도록 할 것이다. 그런데 호동은 이렇게 할 줄을 몰라 그 죽음도 제자리에 하지 못하였으니, 가위 小謹에 집착하여 大義에 어둡다 할 수 있다. 그것은 공자

신생에 비할 만하다.[11)]

대무신왕의 不仁과 호동의 고지식함을 비난한 사신의 論과 같이 집단의 논리를 우선하는 삼국의 초기에는 개인이나, 아랫사람들의 희생을 전제로 국가나 체제를 유지해 가는 경우가 많았다. 아비의 잘못된 뜻을 따름으로써 아비를 불의에 빠뜨리게 하는 것을 불효로 보았던 옛 사람들의 입장에서는 비난받아 마땅한 행동이었다.[12)] 호동의 경우는 이같이 효를 보다 적극적이고 올바르게 정립하지 못한 점이 아쉽다고 하겠다. 이른바, 소극적인 태도로 자신을 희생하여 부왕과 왕비 사이를 미봉책으로 연결한 것이다.

2) 介子推·勿稽子·劍君

중국의 介子推(介之推)설화와 우리나라의 勿稽子와 劍君의 경우도 비슷한 유형이다. 『춘추좌씨전』에 개자추에 대한 이야기가 아래와 같이 자세히 나온다.

> 진후(문공)가 망명했을 때에 따랐던 사람들을 포상했다. 그때 개지추는 상 줄 것을 요구하지 않아, 상 또한 내려지지 않았다. 개지추는 말하기를, "헌공의 아들 아홉 명 가운데 오직 군주님만이 남아 계신다. 혜공·회공에게는 친한 사람이 없었고, 내외가 다 그들을 버렸다.

---

11)『三國史記』卷14, 高句麗本紀 第2 大武神王 15年條, "論曰 今王信讒言 殺無辜之愛子 其不仁不足道矣 而好童不得無罪 何則子之見責於其父也 宜若舜之於瞽瞍 小杖則受 大杖則走 期不陷父於不義 好童不知出於此 而死非其所 可謂執於小謹而昧於大義 其公子申生之譬耶."

12)『孟子』離婁上篇, "孟子曰 不孝有三 無後爲大." / 趙氏曰 於禮 有不孝者 三事 謂阿意曲從 陷親不義 一也 家貧親老 不爲祿仕 二也 不娶無子 絶先祖祀 三也.

하늘이 진나라를 끊지 않은 것은 반드시 장차 주인이 있을 것이니, 진나라의 제사를 주관할 분이 현재의 군주가 아니고 또 누가 있단 말인가! 하늘이 실로 군주님이 계시게 했지만 두세 명의 사람들은 자기들의 공로라고 여기고 있으니, 이 또한 남을 속이는 것이 아니겠는가? 남의 재물을 훔치는 것도 도적이라 일컫는데 하물며 하늘의 공을 탐내 자기의 공으로 삼음에 있어서랴? 신하된 사람은 자기의 죄를 의롭게 여기고, 군주는 그 간사한 사람들에게 상을 주어, 상하가 서로 어리석으니 그들과 같이 살기는 어렵도다." 라고 했다. 그의 모친이 말하기를 "너는 어찌 상을 요구하지 않느냐? 죽는다면 누구를 원망하겠느냐?" 하니 대답하기를, "남을 탓하고서 제가 그 사람을 본받는다면 죄가 더욱 크고, 또한 원망하는 말을 했으니, 저는 군주의 녹을 먹지 않겠습니다." 했다. 어머니가 말하기를, "또한 군주에게 알리는 것이 어떠하냐?" 대답하기를, "말이라는 것은 몸을 꾸미는 것입니다. 몸을 장차 숨기려고 하는 마당에 어찌 제 몸을 꾸미겠습니까? 꾸민다면 이는 군주께 출세하기를 구하는 것이 됩니다."라고 했다. 어머니가 말하기를, "능히 이와 같은 것이냐? 너와 함께 숨으리라." 했다. 마침내 숨어 살다 죽었다. 진후는 그를 찾았으나 구하지 못하고 면상의 땅을 그의 제사드리는 땅으로 삼고 말하기를, "이로써 나의 잘못을 기록하고 또 훌륭한 사람을 표창하노라."라고 했다.[13)]

위 기록의 주인공인 晉文公은 春秋五霸의 一人이다. 저 유명한 개자추의 寒食故事를 낳은 장본인이기도 하다. 이 이야기가 주는

13) 『春秋左氏傳』 僖公 24年, "晉侯賞從亡者 介之推 不言祿 祿亦不及 推曰 獻公之子九人 唯君在矣 惠懷無親 外內棄之 天未絶晉 必將有主 主晉祀者 非君而誰 天實置之 而二三子以爲己力 不亦誣乎 竊人之財 猶謂之盜 況貪天之功 以爲己力乎 下義其罪 上賞其姦 上下相蒙 難與處矣 其母曰 盍亦求之 以死誰懟 對曰 尤而効之 罪又甚焉 且出怨言 不食其食 其母曰 亦使知之若何 對曰 言身之文也 身將隱 焉用文之 (文之)是求顯也 其母曰 能如是乎 與女偕隱 遂隱而死 晉侯求之不獲 以緜上 爲之田 曰以記吾過 且旌善人."

교훈은 군자의 청렴결백한 이미지이다. 개자추는 진문공의 곤궁한 망명생활(19년) 중에 자신의 넓적다리 살을 베어 진문공을 먹일 정도로 헌신적인 신하였다. 개자추의 결벽성은 지나치기는 해도 신하된 자로서 청렴한 이미지의 표상이다. 그가 부귀영화를 포기하고 면상에 은거했을 때 진문공은 그를 나오게 하기 위해 불을 지른 것이었지만 모자는 서로 붙들고 불에 타죽었다는 이야기는 너무도 안타까운 사연이다. 이 이야기는 개자추의 처지를 동정하여 <龍蛇歌>14)를 낳는 배경이 되기도 했다.

위의 개자추설화에서 보이는 동양의 문학적 전통 가운데 하나가 바로 신하의 入山이다. 임금과 신하가 명분상의 대립을 할 때 신하가 택할 수 있는 소극적인 저항의 표시가 바로 입산인 것이다. 입산은 부귀영화를 포기하는 대신 자신의 절개를 지킨다는 점에서 종종 절개를 숭상하는 신하의 입장에서는 자신을 지키는 방편으로 사용되어 온 것이다.

勿稽子의 이야기는 『三國遺事』에 다음과·같이 실려 있다.

> 제10대 내해왕 즉위 17년 임진년에 보라국·고자국·사물국 등 여덟 나라가 합세하여 변경을 침범했다. 왕은 태자 날음과 장군 일벌 등에게 명하여 군사를 거느리고 이를 막게 했더니 여덟 나라가 모두 항복했다. 그때 물계자의 군공이 으뜸이었다. 그러나 태자에게 미움을 받아 그 공을 상받지 못했다. 어떤 사람이 물계자에게 말하기를, "이번 전쟁에 공을 세운 것은 오직 당신뿐인데 상이 그대에게 미치지 않았으니, 태자가 당신을 미워함을 그대는 원망하시오?" 했다. 물계자는 말하기를, "임금이 위에 계신데 인신을 어찌 원망하겠소?" 어떤 이가 말하기를, "그렇다면 이 사실을 왕에게 아뢰는 것이 좋지 않겠소?" 물계자가 말하기를, "공을 자랑하고 이름을 다투며 자기를 드러내고 남을 가리는 것은 지사가 할 짓이 못되는 일이니, 그저 힘써

14) 龍蛇歌: 龍欲上天 五蛇爲輔 龍已升雲 四蛇各入其宇 一蛇獨怨 終不見處所.

때만 기다릴 뿐이오."라고 했다. 20년 을미년에 골포국 등 세 나라 왕이 각기 군사를 이끌고 와서 갈화를 쳤다. 왕은 친히 군사를 거느리고 이를 막으니 세 나라가 모두 패전했다. 물계자가 죽인 적병의 목이 수십 급이었으나 사람들은 물계자의 공을 말하지 않았다. 물계자는 아내에게 말하기를, "내 들으니, 임금을 섬기는 도리는 위태함을 보고는 목숨을 바치고, 환난을 당해서는 자기 몸을 잊으며, 절의만을 지키고 사생을 돌보지 않는 것을 충이라고 하는데, 보라·갈화의 전투는 진실로 나라의 환란이었고, 임금의 위태로움이었는데도 나는 일찍이 제 몸을 잊고 목숨을 바칠 용기가 없었으니, 이는 곧 불충이 심한 것이오. 이미 불충으로써 임금을 섬겨 누를 아버님께 끼쳤으니 이를 효라고 할 수 있겠소? 이미 충효의 도를 잃었으니, 무슨 면목으로 다시 조정과 시장에 설 수 있겠소?" 하고는 이에 머리를 풀어 헤치고 금을 메고 사체산에 들어가서 대나무의 곧은 성병을 슬퍼하여 그것에 기탁해서 노래를 짓고, 시냇물의 흐르는 소리에 비겨 금을 타고 곡조를 지으며 숨어 살면서 다시는 세상에 나타나지 않았다.[15)]

위의 기록은 『三國史記』 열전 물계자전의 기록과 대동소이하다. 『三國史記』에는 8국과의 전쟁을 내해왕 14년의 일로 기록하

15) 『三國遺事』 卷5 勿稽子條, "第十奈解王卽位十七年壬辰 保羅國 古自國 史勿國等八國 併力來侵邊境 王命太子捺音 將軍一伐等 率兵拒之 八國皆降 時勿稽子軍功第一 然爲太子所嫌 不賞其功 或謂勿稽曰 此戰之功唯子而已 而賞不及子 太子之嫌君其怨乎 稽曰 國君在上 何怨人臣 或曰 然則奏聞于王幸矣 稽曰 伐功爭命 揚己掩人 志士之所不爲也 勵之待時而已 二十年乙未 骨浦國等三國王 各率兵來攻竭火 王親率禦之 三國皆敗 稽所獲數十級 而人不言稽之功 稽謂其妻曰 吾聞仕君之道 見危致命 臨難忘身 仗於節義 不顧死生之謂忠也 夫保羅竭火之役 誠是國之難君之危 而吾未曾有忘身致命之勇 此乃不忠甚也 旣以不忠而仕君 累及於先人 可謂孝乎 旣失忠孝 何顔復遊朝市之中乎 乃被髮荷琴入師彘山 悲竹樹之性病 寄托作歌 擬溪澗之咽響 扣琴制曲 隱居不復現世."

고 있다. 또한 포상 8국이 加羅를 침략하려고 하자 가라의 왕자가 신라에 와서 구원을 요청한 것으로 되어 있다. 왕이 태자 于老와 이벌찬 利音에게 명하여 六部의 군사를 이끌고 가서 구원케 한 사건이다. 그런데, 『三國史記』 신라본기 내해니사금 12년조에 보면 "왕자 利音으로 이벌찬을 삼고 내외의 兵馬事를 관장케 하였다."는 기록이 있는데 細註에 "利音을 혹은 奈音이라고도 한다."라고 되어 있어 利音과 奈音은 同名異寫인 것으로 보인다.[16] 물계자는 위의 기록에 의하면 212년(내해왕 17년)과 215년(내해왕 20년)에 두 번 전쟁을 치룬다.

『三國遺事』의 기록(太子 捺音)은 『三國史記』의 기록(太子 于老)과 약간 다르다. 『삼국사기』에 태자는 于老로 되어 있고, 捺音(奈音)은 이벌찬으로 나오기 때문이다. 전쟁에서 물계자의 軍功이 제일 많았으나, 태자에게 미움을 받아 그 공을 인정받지 못한 것은 아마도 군대의 지휘체계와도 관련이 있는 것으로 보인다. 더구나 태자는 내외 병마사를 관장하는 이벌찬으로서 모든 공은 그에 의해 上奏되고 있기 때문이다. 물계자는 남과 타협하지 않고 개결한 성품을 지녔기에 공을 탐내거나 요구하지 않았다. 다만 태자에게 미움을 받은 것은 아마도 물계자의 군공에 대한 태자의 猜忌였을 가능성이 크다고 본다. 그는 주변 사람들이 억울한가를 묻는 질문에도 "伐功爭命 揚己掩人 志士之所不爲也"라고 하면서 志士의 의미를 강조한 인물이다. 다만, "勵之待時而已"라고 하면서 마음을 가다듬고 때를 기다린다는 말로 자신의 생각을 가다듬었다. 두 번째 전투에서도 수십 급의 적을 목 베었으나, 사람들은 그의 군공을 태자에게 말하지 않았다. 이는 아마도 두

16) 『三國史記』 卷2, 新羅本紀 奈解尼師今 12年條, "春正月 拜王子利音(或云奈音) 爲伊伐湌 兼知內外兵馬事." 『삼국유사』의 기록에는 날음(捺音)이고, 『삼국사기』에는 내음(奈音)이나, '利' 字가 '날카로울 리'로 보면 捺(奈)=利는 결국 우리말과 한자표기라는 차이가 있을 뿐이다.

사람의 관계를 알고 있는 주변 사람들의 눈치보기가 원인이라고 본다.

이 두 번째의 전투는 매우 치열했던 것으로 보인다. 물계자는 신하의 도리를 내세워 아내에게 섭섭함을 토로하고 있다. 불충과 불효를 저지른 사람이 조정과 시장에 설 수 없다면서 自責한 후 입산하는 것이다. 이 부분은 정확히 말하면 세상과 조정에 대한 불만의 완곡한 표현이다. 외부로 향할 화살을 자신에게 겨누어 결연한 의지를 드러낸 것이다. 自責은 아랫사람이 윗사람을 다치지 않기 위해 희생을 감수하면서 내세우는 소극적인 자기방어의 논리이다. 동시에 윗사람에 대한 압박의 의미도 이면에 작용하고 있다. 그는 마침내 세상과 타협하지 못하는 자신의 성품을 대나무의 性病에 비겨 <勿稽子歌>를 짓고 은둔한다. 여기에서 보듯이 군신간의 갈등을 해소하는 방편으로 신하가 被髮入山(携琴入山)의 방식을 취하는 것을 볼 수 있는데, 이는 훗날 유배나 은둔 양상의 선구적인 모델이 되기도 한다. 또한 자신을 희생하여 국가와 자신의 명예를 지키는 節義歌의 원형이기도 하다.[17)]

『三國史記』 열전에 나오는 劍君의 이야기도 이와 비슷한 예화이다.

> 검군은 구문대사의 아들로 사량궁 사인이 되었다. 건복 44년 정해 가을 8월에 서리가 내려 각종 곡식을 해쳤다. 이듬해 봄과 여름에 크게 기근이 들어 백성들이 자식을 팔아먹는 형편이었다. 이때 궁중의 사인들이 공모하여 창예창의 곡식을 훔쳐서 나누었는데, 검군만이 홀로 받지 않았다. 사인들이 말하기를 "여러 사람들이 다 받았는데 그대만이 홀로 거절하는 것은 무슨 까닭인가? 만일 적어서 꺼린다면

---

17) 황패강은 설화문학과 충효모티브에서 殉國의 인물로 金元述, 花郎 官昌, 金歆運, 竹竹, 文武王 등을 대표적인 순국인물로 보고 있다. 황패강, 『한국문학의 이해』, 새문사, 1991, pp.23-26.

다시 더 주겠다."라고 하였다. 검군이 웃으며 말하기를, "나는 근랑의 문도에 이름을 두고 풍월도의 마당에서 수행하는데 진실로 의가 아니면 비록 천금의 이익이라도 내 마음을 움직이지 못한다."라고 하였다. 이때 대일 이찬의 아들이 화랑이 되어 이름을 근랑이라 하였기 때문에 그렇게 말한 것이다. 검군이 궁에서 나와 근랑의 문에 이르렀는데 사인들이 비밀히 의논하기를, "이 사람을 죽이지 않으면 반드시 말이 새나갈 것이다." 하고 드디어 불러 오게 하였다. 검군은 그들이 자신을 살해할 것을 알고 근랑을 작별하여 말하기를, "금일 이후로는 서로 다시 보지 못할 것입니다." 하니, 낭이 그 이유를 물었지만 검군은 말하지 않았다. 재삼 물으니 그제서야 대략 그 사유를 말하였다. 낭이 말하기를, "어찌하여 유사에게 말하지 않는가?" 하였다. 검군이 말하기를, "자기가 죽을 것이 두려워 여러 사람이 죄를 짓게 하는 것은 인정상 차마 할 수 없는 일입니다." 하였다. "그렇다면 어찌 도망가지 않는가?" 하니, 가로되 "저편이 잘못이고, 나는 정직한데 도리어 스스로 도망하는 것은 장부가 아닙니다." 하고 마침내 갔다. 사인들이 술을 내어 사죄하면서 비밀히 약을 섞어 먹였다. 검군은 알면서도 억지로 먹고 그만 죽었다. 군자가 말하기를, "검군은 죽지 않을 데 죽었으니, 태산을 홍모보다도 가볍게 여긴다고 이를 수 있다."고 하였다.[18)]

---

18) 『三國史記』 卷48 列傳8, 劒君條, "劒君 仇文大舍之子 爲沙梁宮舍人 建福四十四年丁亥秋八月 隕霜殺諸穀 明年春夏大飢 民賣子而食 於時 宮中諸舍人同謀 盜唱翳倉穀分之 劒君獨不受 諸舍人曰 衆人皆受 君獨却之 何也 若嫌小 請更加之 劒君笑曰 僕編名於近郎之徒 修行於風月之庭 苟非其義 雖千金之利 不動心焉 時大日伊湌之子 爲花郎 號近郎 故云爾 劒君出至近郎之門 舍人等密議不殺此人 必有漏言 遂召之 劒君知其謀殺 辭近郎曰 今日之後 不復相見 郎問之 劒君不言 再三問之 乃略言其由 郎曰 胡不言於有司 劒君曰 畏己死 使衆人入罪 情所不忍也 然則盍逃乎 曰 彼曲我直 而反自逃 非丈夫也 遂往 諸舍人置酒謝之 密以藥置食 劒君知而强食 乃死 君子曰 劒君死非其所 可謂輕泰山於鴻毛者也."

검군은 화랑도에 속한 인물로서 의로웠고 아깝게 죽은 사람이다. 나라에 흉년이 들어 자식을 팔아먹는 상황에서도 검군은 의연했다. 어찌 보면 지나치게 융통성이 없는 인물이기도 하다. 그는 자신이 近郎이라는 화랑의 일원임을 자랑스럽게 여기며 의롭게 살려고 애쓴 인물이었다. 나라의 곡식을 함께 도둑질하자는 동료들 사이에서 그는 갈등을 한다. 그는 그들의 제의를 거절하고 의로운 길을 선택한다. 상관인 근랑에게 예의를 갖추는 그에게 근랑이 비위사실을 관가에 고발하도록 권유하지만 그의 태도는 단호하다. "내가 죽을 것이 두려워 여러 사람으로 하여금 죄를 짓게 하는 것은 인정상 차마 할 수 없다."는 것이 그의 논리였다. 불응하자 도망가기를 권유했지만 그는 죄없이 떳떳한 데도 도망하는 것은 장부가 아니라고 응수한다.

결국 이론과 행실에는 밝았지만 많은 사람을 다치게 하는 것보다 자신의 희생을 통하여 문제를 해결하려는 소극적인 자세를 보인 것이다. 군자의 말을 빈 논평("劒君死非其所 可謂輕泰山於鴻毛者也.")에는 분명 검군의 무모함을 비판하고 있다. 이런 현상은 아마도 당시의 사회적인 분위기가 이 같은 상황을 부추기고 있거나, 혹은 小謹과 大義의 갈등 속에서 자기희생을 통한 소극적인 문제 해결의 양상이 이미 慣習으로 굳어져 있음을 확인할 수 있다. 검군과 비슷한 유형의 이야기로 實兮가 있다. 그 역시 검군과 같이 介潔한 성품을 지니고 살다 참소를 받아 좌천된 후 '佞臣惑主 忠士被斥'의 세태를 풍자하는 長歌를 지어 자신의 뜻을 드러낸 인물이었다.[19]

3) 崔子渡河와 木州歌

중국에 전하는 閔子騫의 <崔子渡河>의 이야기를 통해 부모와

19) 『三國史記』 卷48 列傳 實兮條.

자식간의 효의 문제를 살피고자 한다. 특히 효의 문제에 자주 개입되는 것은 계모의 존재인데 그 이유는 아마도 가정내의 질서, 즉 嫡統의 문제와 관련되어 있다고 본다. 아래에 <최자도하>의 이야기를 인용한다.

> 또 이르기를, 최자도하는 민자건이 지은 것이다. 최자는 일찍 어머니를 잃었다. 그 계모는 항상 죽은 생모의 이름으로 불렀는데, 대답하지 않으면, 곧 매질을 했다. 최자는 그 어머니 이름과 같이 불려지는 것을 싫어해서 자살하고자 했으나, 아버지의 악함을 드러낼까봐 두려워했고, 또 죽은 어머니의 이름에 응하면, 이 또한 거슬려서 의가 아니었다. 이에 능히 헤엄쳐서 황하를 건너갈 수 있다고 핑계를 대고, 자신의 배에 돌을 매고서, 물에 들어가 스스로 빠져 죽었다. 뭇사람들은 다만 그가 헤엄을 잘 치지 못한다고 생각했지, 고의로 스스로 빠져 죽은 까닭은 알지 못했다. 이러므로 아버지의 허물은 드러나지 않았다. 민자건이 그 능히 아버지의 허물을 감추어 준 것을 훌륭하게 여기고, 이를 가슴 아파하며 애통하게 여겨서 금을 끌어다 연주하니, 그 뜻을 아름답게 여긴 것이다. 그러므로 이르기를, '최도하'라 했다.[20]

최자는 계모의 학대에 시달렸다. 특히, 죽은 어머니의 이름으로 자신을 부르는 계모의 악랄함에 가슴 아파했다. 자살을 하려 했지만 아버지의 악함을 드러낼까 두려워했다. 이에 그는 자연스럽게 溺死하는 방법을 생각했다. 헤엄을 쳐서 황하를 건널 수 있다고 둘러대고는 자신의 배에 돌을 매달고서 익사한 것이다. 그

---

20) 『太平御覽』 卷578, 樂部 16, 琴中, "又曰 崔子渡河者 閔子騫之所作也 崔子早無母 其後母常以其死母名呼之 不應者 後母輒笞之 崔子惡與其母同名 欲自殺 恐揚父惡 又死母名應 則逆非義也 則以能游 渡河爲辭 繫石於腹 入水自沈而死 衆人 但以爲不能游耳 莫知其故自沈 是以父過不揚 閔子騫大其能爲父隱 傷痛之 故援琴而鼓之 以美其意 故曰崔渡河"

는 아버지의 허물을 드러내지 않으면서 자살을 기도한 것이다. 이 같은 사례는 통치자들에게는 좋은 교화 자료가 된다. 민자건도 아버지의 허물을 감추고 자신을 희생한 최자의 이야기를 소재로 <최자도하> 곡을 지어 그 갸륵한 마음씨를 찬양하고 있다. 그러나, 이것은 아랫사람의 희생을 통해 국가나 사회, 혹은 윗사람의 허물을 덮어주려는 전통이 습속을 이룬 것으로서 사태의 근본적인 해결이 아니라 미봉책에 불과한 한계를 지니고 있다.

『高麗史』 樂志 삼국속악조에 기록된 <木州歌> 역시 자기희생적인 小謹의 태도를 잘 보여주는 예화이다.

> 목주는 효녀가 지은 것이다. 딸이 아버지와 계모를 섬겨 효도로써 이름이 났다. 아버지가 계모의 참소에 미혹하여 딸을 내쫓았다. 딸은 차마 갈 수가 없어서 머물러 부모를 봉양하기를 더욱 부지런히 했다. 부모의 노여움이 심하여 또 내쫓았다. 효녀는 부득이 하직하고 떠나서 어느 산 가운데에 이르러 석굴 속의 노파를 보고 마침내 자신의 처지를 이야기하고 더부살이를 요청했다. 노파는 효녀의 궁한 처지를 불쌍히 여겨 허락했다. 효녀는 노파를 부모처럼 섬기니, 노파도 그녀를 아껴주었고 그의 아들에게 시집을 갔다. 이들 부부는 마음을 합하여 근검한 생활을 통해 부를 이루었다. 효녀의 부모가 매우 가난하다는 소문을 듣고 그녀의 집으로 모셔와서 지극하게 갖추어 봉양을 했는데도 부모는 오히려 기뻐하지 않자 효녀는 이 노래를 지어 스스로를 원망했다.[21]

---

21) 『高麗史』 樂志, 三國俗樂條, "木州<今淸州屬縣>: … 木州 孝女所作 女事父及後母 以孝聞 父惑後母之譖 逐之 女不忍去 留養父母 益勤不怠 父母怒甚 又逐之 女不得已辭去 至一山中 見石窟有老婆 遂言其情 因請寄寓 老婆哀其窮而許之 女以事父母者事之 老婆愛之 嫁以其子 夫婦協心 勤儉致富 聞其父母貧甚 邀致其家 奉養備至 父母猶不悅 孝女作是歌以自怨."

목주의 효녀는 계모의 참소로 인해 아버지와의 관계도 서먹해졌다. 여러 차례에 걸친 내쫓김에도 불구하고 그녀는 부모 곁을 떠나지 못한다. 인정상 차마 갈 수 없었고, 天倫을 끊을 수는 없었기 때문이다. 끝내 쫓겨난 효녀는 산 중에서 노파를 만나 사정 이야기를 한 후 도움을 요청한다. 노파의 아들과 결혼한 효녀는 근검절약하여 부를 이룬다. 여기까지는 전후 사정을 아는 사람들에겐 수긍이 가는 이야기라고 할 수 있다. 효녀답게 그녀는 친정 부모가 몹시 가난하게 산다는 말을 듣고 집으로 모셔와 극진히 대접한다. 이같은 처신도 아무나 할 수 있는 것은 아니다.

자기를 내쫓은 부모를 모시는 것이나, "奉養備至"한다는 것은 결코 쉬운 일이 아니다. 온갖 것을 지극히 갖추어서 봉양한다는 것은 효도의 2대 덕목인 養志와 養體 중 養體에 해당한다. 그럼에도 "父母猶不悅"했다는 사실에 효녀는 실망한다. 그렇기에 孝女가 "作是歌以自怨"했다는 안타까운 사연을 담고 있다. 그녀가 <목주가>를 지어 자신을 원망했다는 말은 선뜻 이해하기 어려운 대목이다. 그러나, 이유는 간단하다. 가난하게 사는 부모님을 모셔와서 극진하게 대접을 했지만, 아직도 정성이 부족해서 부모님의 마음을 기쁘게 해드리지 못했다는 사실을 自責하고 있기 때문이다. 비록 자신을 내쫓았지만 부모이고, 음식으로 극진히 대접은 하지만 부모의 마음을 헤아리는 養志에는 이르지 못한 것이다. 반면, 효녀를 내쫓았던 부모의 왜곡된 심사도 효녀의 정성을 선뜻 받아들이지 못하는 데 한 몫 거들고 있다고 본다.

본능적으로는 자식으로서 최선을 다했음에도 불구하고 오히려 기뻐하지 않는 부모를 원망하는 것이 당연하나, 옛 사람들의 생각은 아랫사람의 정성이 부족했기에 부모의 마음을 돌리지 못한 것으로 간주한 것이다. 이는 나(자식, 아랫사람) 위주의 사고방식이 아니라 윗사람, 즉 부모 위주의 생각에서는 당연한 귀결이기도 하다. 따라서 "이 노래를 지어 스스로 원망했다."는 말은 이 같은 논리를 반증하는 기록이다.

4. 結 論

고대의 기록을 살피다 보면 모순되는 상황을 접할 때가 있다. 삼국의 정립 시기는 개인의 논리보다는 집단의 논리가 우선하는 시대였다. 전쟁은 종족과 국가를 보존하기 위한 목숨을 건 투쟁이었고, 제사는 종족의 단결을 위한 효율적인 수단이면서 땅의 지배자로서 하늘에 대한 제사권의 확보라는 명분이 강하게 작용한 것이었다. 이런 상황에서 낭만적인 사랑이야기는 자연히 집단의 정서에 매몰되거나 단편적인 이야기로 끝나고, 그 자리에 국가의 존망과 종족의 보존이라는 큰 문제가 자리할 수밖에 없는 상황이었다. 따라서 집단의 이데올로기인 忠·孝·烈이 국가통치의 중요한 화두로 자리잡은 것이다. 忠은 내 한 몸을 바쳐 임금과 나라를 구하는 것이고, 孝는 養口와 養志의 방편으로 부모에게 정성을 다하는 것이다. 烈은 충효와 같은 마음을 지니고 아내가 지아비에게 몸과 마음으로 貞節을 바치는 것을 의미한다.

이 같은 忠孝烈의 배경사상은 평시에는 특정한 조직이나 사회, 국가를 유지하기 위한 방편으로 順機能하지만 충과 효, 효와 열이 충돌하는 경우, 대부분 아랫사람의 희생을 전제로 조직이나 나라를 유지하는 방편으로 逆機能하는 상황이 전개되기 마련이다. 그러나 이 같은 사건 해결은 외견상 평온하고 태평스러워 보이지만 내부적으로는 근본적인 원인을 제거하지 않은 미봉책으로 끝내는 경우이기에 문제가 더 심각해질 수 있다. 즉, 윗사람의 잘못을 아랫사람의 희생으로 마무리하는 것은 일시적으로는 가정이나 사회, 국가를 유지하는 듯이 보이만 내부적으로는 모순이 누적되어 일시에 붕괴되는 상황으로 치닫는 어려움을 안고 있는 것이다.

이 같은 상황에서 아랫사람(신하)이 취할 수 있는 방도는 入山이었다. 이는 신하로서의 소극적인 저항이지만 동시에 자신의 결연한 뜻을 지키는 방편이기도 하다. 그러나 이 조차도 '携琴入山'의 형태로 나타나고 있는데 그 이유는 신하로서의 예를 다한다는 의미를 지니고 있기 때문이다. 『詩經』에 "모든 하늘 밑이 임금님의 땅이며, 모든 땅의 물가까지 임금님의 신하이네"[22]라는 것을 늘 되뇌이며 살아야 하는 유자의 입장에서는 피할 수 없는 의무이기 때문이다. 신하가 나이 들어 致仕할 때 임금에게 올리는 사직서를 가리켜 "乞骸骨"[23]이라고 표현하는 것을 보아도 나를 낳아주신 분은 부모님이지만 나를 사람으로 만들고 녹을 주어 먹여 살리는 존재는 임금이기에 이 같은 상황을 유추하는 것은 어렵지 않은 것이다.

---

22) 『詩經』 小雅 北山篇, "溥天之下 莫非王土 率土之濱 莫非王臣."

23) 乞骸骨: … "人臣委身以事君 身非我之有矣 故於其乞退也 謂之乞骸骨"(『資治通鑑』, 周紀, 注). 主上에게 바친 몸, 돌려 달라는 뜻으로, 유방의 부하 陳平이 항우의 급한 성질을 이용하여 항우와 범증을 離間질하여 항우가 범증의 모든 권력을 박탈하자, "천하는 절대 유리한 판국이니 신은 이만 해골을 빌어 고향에 돌아가고자 한다"며 항우에게 올린 글에서 유래.

제4부 作品論

Ⅰ. 公無渡河歌 新解釋

1. 問題 提起

<公無渡河歌>(箜篌引)는 현전하는 고대가요 가운데 서정시가로서, 순애보적인 애절한 배경설화로서, 그리고 강과 이별과 재생의 이미지를 지닌 작품성으로 인해 일찍부터 주목받아온 작품이다. 더욱이 우리 문학사의 첫 장을 장식하고 있는 시가의 濫觴이라는 측면과 이후 우리시가의 전통에 많은 영향을 미친 작품으로서도 중요하다. 이 작품에 대한 박사학위논문도 1편이 제출되어 있으며,[1] <공무도하가>에 관한 기록을 모은 작품집(번역본)이 단행본으로 간행되었고,[2] 작품의 국적에 대한 논쟁도 끊임없이 제기되어 온 고대가요이기도 하다.[3]

---

1) 成基玉, 「公無渡河歌 硏究」, 서울대박사논문, 1988.
2) 尹浩鎭 編譯, 『임이여! 하수를 건너지 마오』, 보고사, 2005. 윤호진은 이 책에서 중국과 우리나라에 전하는 공후인에 대한 기록을 찾아 원문을 수록하고 번역을 하였다.
3) <공무도하가>를 우리 작품이 아닌 중국인의 작이라고 보는 대표적인

기록에 나타난 우리의 고대시가 중에 最古의 작품으로 평가받아 온 이 작품은 우리나라 혹은, 중국의 작품여부에 대한 논쟁은 반드시 규명해야 하는 것이기도 하지만, 한편으로는 고대시가로서 동양적인 애정관의 보편적인 심상을 드러내고 있다는 점에서 공유할 수 있는 작품이기도 하다.

필자가 이 작품에 새삼스러이 관심을 갖는 것은 이 작품이 水害에 얽힌 민중들의 애환이 구비전승된 작품이라는 점과, 원문해석에 있어서의 새로운 가능성 때문이다. 또한, 그간의 여러 문헌에서 이 작품에 내재한 몇 가지 의미를 풀 수 있는 새로운 단서들을 발견하였기 때문이다.

필자는 이 작품의 생성배경을 살피면서 그간의 고대가요 연구경향에 대한 반성을 하게 되었다. 첫째는 선학들의 연구를 무비판적으로 수용하는 자세에서 벗어나야 한다는 것과, 둘째는 원전에 대한 정밀한 검토, 특히 어구나 문맥의 논리에 대한 철저한 검토가 이루어져야 한다는 것과, 셋째는 고대가요는 시가나 배경설화만이 텍스트가 아니라 당대의 실상(문물제도나 관습, 사물에 대한 인식 등)에 접근해야 한다는 것과, 넷째, 전승경위에 대한 고찰이 매우 중요하다는 것이다. 따라서 본고는 이 같은 기존의 연구경향을 반성하는 차원에서 위의 네 가지 관점으로 접근하여 <공무도하가>에 대한 새로운 해석을 제시하고자 한다.

<공무도하가>의 배경설화에서 가장 핵심적인 어구는 白首狂夫의 '狂夫'와 被髮提壺의 '被髮'의 의미, 그리고 '壺'의 용도였다. 이 세 어휘가 <공무도하가>의 성격을 규정짓는 결정적인 단어로 작

사람은 최신호, 지준모, 이종출 등이 있다.
崔信浩, 「箜篌引 異考」, 『東亞文化』 10, 서울대 동아문화연구소, 1971.
池浚模, 「公無渡河 考正」, 『국어국문학』 62-63합집, 국어국문학회, 1973.
李鐘出, 「상대가요의 시가적 양상」, 『한국고시가 연구』, 태학사, 1989.

용하고 있다. '白首狂夫'(머리가 센 미친 사내<혹은 늙은이>)라는 모습과 '被髮提壺'(머리를 풀어헤치고 술병을 들다)의 주인공의 모습이 그간 <공무도하가>를 옥죄어 왔던 결정적인 해석이었다. 필자는 특히 백수광부가 들었다고 하는 '술병'(壺: 사실은 물건을 담는 용기임. 술을 담으면 술병이고, 간장을 담으면 간장병일 뿐인 容器, 표주박, 호리병)의 용도에 대해 생각해 보았다. 그간 선학들이 이 부분을 근거 없이 '술병'으로 해석하는 바람에 '백수광부'를 문자 그대로 알코올 중독자나 혹은 미치광이쯤으로 여기게 된 것이다.

그러나 배경설화의 어디에고 '술을 담은 병'(술병)이란 말은 없다. 단지 '이른 새벽에 부인의 만류에도 불구하고 강을 건너려는, 머리를 풀어헤치고 호리병을 든 하얀 머리의 미친 사내'라는 문맥을 축자적으로 해석하여 유추한 것이었다. 필자는 이 같은 사실을 주목하고 壺(표주박)의 다른 용도가 없을까를 생각하다가 『漢語大詞典』을 찾아보았다. 예상대로 '壺'의 용도 가운데는 분명히 '배'(腰舟: 허리에 차는 배)의 의미도 있었다. 즉, '壺(표주박, 호리병)=배(腰舟)'라는 등식을 바탕으로 관계문헌을 뒤지면서 이 논문을 작성하게 된 것이다.

또 하나, '白首狂夫'라는 인물에 대한 해석에 의문을 제기하고자 한다. 백수광부라는 표현을 문자 그대로 '머리가 하얀 미친 사내'라는 정도로 해석한다면 이 배경설화가 갖는 의미는 그간 지나치게 엉뚱한 방향으로 확대되어 온 것이다. 이는 고대인의 기록 자세에 대한 오해라고 할 수 있다. 도대체 미친 사람(혹은 주정뱅이)의 이야기가 어떻게 많은 사람의 심금을 울리며, 또 李白 같은 唐代의 대가들이 차운을 하며, 구비전승된다는 것인지 이해가 가지 않는 것이다. 또 기록을 하는 사람은 기록할 대상을 선택함에 있어 자신의 가치관이 작용하게 마련이다. 이 경우, 대상이 하찮거나, 또는 일상적이거나, 당대의 질서에 부합되지 않는 것은 대개 기록하지 않는 것이다.

성한 사람도 아닌 미친 사람의 이야기가 기록되기 위해서는 배경설화의 이면에 그럴 수밖에 없는 사연이 전제되어야 하는 것이다. 따라서 필자는 설화문맥에 나타난 백수광부의 외면묘사를 그의 생업과 신분에 초점을 맞추어 해석하고자 한다.

본 논고에서는 <공무도하가>의 작자나, 형성 연대, 국적 시비 등은 잠시 접어두고, 백수광부의 정체와 壺의 용도, 被髮의 의미에 촛점을 맞추어 그간 연구되어 온 시각에서 벗어나 새로운 가능성을 제기하고자 한다.

2.研究史 檢討

그간 <공무도하가>에 대한 연구는 고대시가와의 관련성을 포함해 약 50여 편의 논문이 축적되어 있다. 그 가운데 연구사적인 시각으로 접근한 논문은 대략 4편 정도[4] 가 있다. 현전하는 고대시가의 특징은 대개 단순하며, 반복적이고, 주술적인 특징을 지닌

---

4) 金聖基, 「公無渡河歌의 해석」, 『한국문학사의 쟁점』, 집문당, 1986.
鄭夏英, 「공무도하가의 성격과 의미」, 『한국고전시가작품론 1』, 집문당, 1992.
조기영, 「공무도하가 연구에 있어서 열 가지 쟁점」, 『목원어문학』 14, 목원대 국어교육과, 1996.
최우영, 「공무도하가의 발생과 그 의미」, 『한국고전시가사』, 집문당, 1997.

다. 이 같은 고대시가를 다루는데 있어 어려운 점은 그 내용보다도 배경설화를 해석하는 방법론에 있다. 고대인의 사물인식이 단순하고 소박하며, 주술적인 특징을 지니고 있음에도 불구하고 현대의 우리가 고대시가를 해석함에 있어 지나치게 현학적으로 접근하는 이유를 필자는 두 가지로 본다.

첫째는 연구자들이 전문화, 세분화된 안목으로 무장되어 있다는 점이다. 고대인의 단순하고, 기원적이며, 유감주술적인 세계인식을 지나치게 전문적이고 세분화된 지식을 바탕으로 접근하는 것이다. 고대인의 단순하고 현실적인 필요에 의해 이루어진 결과물에 대해 전문화된 지식으로 접근하는 데서 빚어지는 오류라고 할 수 있다.

둘째는 고대인의 사유체계나 작품을 시나치게 신비화, 신격화하고 있다는 점이다. 바꿔 말하면 고대인의 단순한 사고체계를 연구자의 전문적인 지식으로도 이해하기 어렵다거나, 지나치게 현학적으로 설명함으로써 빚어지는 한계를 들 수 있다.

이 같은 한계를 극복하기 위한 방안의 하나는 동양의 전통적인 학문자세인 文史哲의 통합적인 안목을 들 수 있다. 고전문학, 특히 고대시가의 경우는 당대의 제도나 역사, 생활상이나 사유방식에 대한 지식이 없이는 그들의 사유체계를 온전히 이해하기는 힘들다. 따라서 시가 자체보다도 배경설화나 세계관이 더 중시되는 이유가 여기에 있다. 그러므로 十端[5]으로 표현되는 동양문화의 배경원리는 작품해석에 있어 중요한 원리로 작용하는 것이다.

<공무도하가>에 대한 그간의 연구사를 검토해 보면 가장 큰 특징의 하나가 神話 또는 巫堂의 이야기로 접근하고 있다는 점

---

5) 十端 : … 兩儀(陰・陽), 三才(天・地・人), 五行(金・木・水・火・土)의 相生과 相剋의 원리.

이다. 노래는 四言四句의 詩經詩 형식으로 되어 있지만 노래 자체의 단순하고 소박한 기원의 의미보다는 배경설화의 애절하고 극적이며, 낭만적인 사연 때문에 다양한 해석이 가능하게 되어 있다는 점이다. 배경설화에는 신화적, 혹은 무속적인 요소가 없는 바는 아니지만 그렇게 몰고 감으로 인해서 이후 연구자들의 시각이 거의 그런 방향으로 고정된 듯한 감을 지울 수 없는 상황이다.

특히, 신화적인 해석은 일면 비현실적인 부분을 설명하는 데는 나름대로 합리성을 띄는 것 같지만 결국엔 초현실적인 이야기로 비약하면서 단일한 배경설화의 사실을 설명하는데 두 가지의 기준(현실적, 초현실적)을 적용할 수 밖에 없는 모순이 내재한다. 필자는 이 작품을 신화로 해석한 정병욱의 논의에 대한 재검토를 통해 <공무도하가>에 대한 새로운 해석을 시도하고자 한다. 정병욱의 논의를 검토하는 이유는 그의 논문이 그같은 방향으로 흐르게 한 결정적인 영향을 미친 것이기 때문이다.

정병욱은 배경설화에 나오는 白首狂夫와 그의 被髮提壺한 형상에 대해 다음과 같은 결론을 내린 바 있다.

> 우선 이 人物의 모습은 머리털이 하얗게 센 노인이고, 게다가 미친 사람임은 말할 것도 없다. 그런데 이 노인은 아무런 두려움도 생각도 分別도 없이 마치 땅위를 걷는 것처럼 물 속으로 걸어서 들어갔다고 되어 있다. 아무런 두려움도 없이 예사로운 생각으로 물 속으로 걸어 들어 간다는 것은 곧 生과 死를 구별하지 않는다는 뜻이 된다. 이같이 생과 사를 구별하지 않는 인물, 즉 死를 두려워하지 않는 인물은 生死를 초월한 존재임이 틀림없다. 생사를 초월한 존재란 곧 비인간적인 존재, 즉 神을 의미한다고 보아 마땅하리라 생각한다.[6]

6) 정병욱, 「공무도하가<공후인>」, 『한국시가문학사』上 - 한국문화사대

백수광부를 글자 그대로 미친 사람으로 보았고, 生과 死를 초월한 인물, 즉 神으로 본 것이다. 여기서는 백수광부의 물 속으로 들어가는 행위가 마치 신으로서의 능력을 보여주는 것처럼 해석하고 있다. 위의 언급에서 가장 중요한 문제는 백수광부가 물에 들어가는 이유가 설명되어 있지 않다는 점이다. 그 이유는 백수광부를 神格으로 보고 있기 때문이다. 그렇다면 그의 아내는 무엇 때문에 그가 강을 건너는 것을 막으려고 했는지가 의문으로 남는다. 물론 문면 어디에고 강을 건너려는 목적이 제시되어 있지는 않다. 다만 아내는 뒤따라오면서 남편의 강 건너는 것의 위험성과 불길한 예감을 소리 높여 외치고 있을 뿐인 것이다. 결국 백수광부는 아내의 예견대로 불길한 최후를 맞이하는 필부의 모습으로 묘사되어 있다. 백수광부를 신으로 보는 이유는 이른 새벽에 머리가 하얀 사내가 머리를 풀어헤친 채 호리병을 들고 아내의 만류에도 불구하고 고집스럽게 강을 건너는 모습을 신비롭게 본 것에 지나지 않는다.

배경설화에서 오히려 신비로운 것은 아내가 남편이 죽은 후에 箜篌를 타며 노래를 부르는 장면이다. 곧 이어 남편 곁으로 투신하는 아내의 죽음에 앞서 연출되는 이 같은 낭만적인 모습이 오히려 신비로운 장면인 것이다. 그러나 이 같은 장면도 필자는 아내의 '넋두리'로 보고자 한다. 허망한 죽음에 대한 아내의 애처로운 넋두리의 장탄식이 목격자에 의해 낭만적으로 전승된 것이다. 우리는 가끔 장례식장에서 애처롭게 사설을 읊조리며, 생전의 고인에게 이야기하듯이 장탄식을 하는 광경을 보게 되는데, 이 같은 애처로움이 악곡화하는 과정에서 부가된 것으로 본다.

물론 이 같은 백수광부 妻의 행동에 대해 정병욱은 이야기의

계 V(언어・문학사 下), 고려대 민족문화연구소, 1967, pp.779-780.

舞臺가 江邊이라는 데에 주목하고, 그녀를 강물의 妖精인 님프에 해당한다고 보았다. 그렇기 때문에 남편의 죽음을 당하여 그 슬픈 마음을 노래로 표현하였으며, 또한 酒神인 남편이 언제나 술병을 끼고 다니는 것처럼, 樂神인 그녀는 언제나 箜篌를 끼고 다녔다고 언급한 것이다.[7]

이 같은 견해는 물론 백수광부를 酒神에다 비유하고 그의 아내를 숲이나 강가의 妖精인 님프에다 비유한 것이어서, 배경설화를 서구 신화에 대입한 결과를 초래했다.

<공무도하가>에 대한 남북한의 연구사를 일별하면 대조적인 특징이 드러난다. 우선, 우리 쪽의 견해를 보면 神話的인 解釋[8]이나, 巫覡的인 解釋,[9] 民謠的 性格의 抒情詩[10] 등 신화, 무격, 민요적인 접근을 통하여 미학적인 특질을 밝힌 경우가 이에 해당된다. 반면에 북쪽의 견해는 현실에 입각하면서도 하층민에 대한 착취와 현실고에 시달리는 민중의 아픔 등, 계급간의 투쟁으로 해석하는 경향이 지배적이다. 현종호는 <공후인>을 고대 노예소유자사회에서 어렵게 살아가는 가난한 인민들의 곡절많고 비참한 생활처지를 반영한 것이며, 가난하고 천대받는 사람들이 당하는 고통과 불행에 대한 창작자의 동정과 슬픔이라고 한 바 있다. 특이한 것은 공후악기가 활모양을 본따 만든 고조선 고유의 악기로서 중국으로 들어간 것이라는 견해를 피력한 점이다.[11]

---

7) 鄭炳昱, 「한국시가문학사」上, 『한국문화사대계』V- 언어 · 문학사(下), 고려대 민족문화연구소, 1967, pp.781-782.

8) 上揭論文, pp.776-685.

9) 金學成, 「공후인의 신고찰」, 『한국고전시가의 연구』, 원광대출판국, 1980.
趙東一, 『한국문학통사』1, 지식산업사, 1982, p.83.

10) 成基玉, 「공무도하가 연구」, 서울대박사논문, 1988.

11) 현종호, 『조선국어고전시가사 연구』, 교육도서출판사, 1984, pp.34-44.

현종호는 배경설화를 인용하면서, '머리가 허옇게 센 사나이는 머리를 풀어헤친 채 병을 들고 사품치는 강물 속에 뛰여 들어 그만 죽고 말았다.'라고 함으로써 '미쳤다'든지 '술병을 들고'라는 표현은 하지 않은 것으로 보아 그들의 어려운 처지와 생활고를 강조한 것으로 보인다. 특히, 작품분석에서 "세번 반복된 '가람'과 '님아'에는 풍파 사나운 당대 현실생활에 대한 원한의 감정과 남편에 대한 사랑의 세계가 상징적으로 반영되어 있다." 고 함으로써 짧은 시가이면서도 우수한 작품임을 강조했다.

박충록은 이 노래가 대화체로 된 것이라고 하면서, 투신자살의 동기에 대해 "그러나 이 늙은 사나이가 술병을 들고 강을 건느려고 한 것을 보아서 이 사나이는 노예주의 강요에 의하여 강을 건니지 않으면 안될 기막힌 사연이 있었을 것이다."라고 추정하고 있다.[12] 정홍교는 배경설화를 기술하면서 "머리를 풀어헤친 백발의 한 로인이 한 손에 호로병을 들고 물결 사나운 강물에 뛰어 들어 강을 건느려 하였다." 고 하면서, "밝혀지지 않은 깊은 원한"이라고 했는데, 이는 하층민들의 참상을 강조한 것이다. 이어서, "나루가의 배를 보고도 탈 엄두를 내지 못하고."라고 한 것은 보다 현실생활에 접근하는 언급이기도 하다.[13]

허문섭도 창작배경에 대해, "당시 노예사회 현실에서 모진 생활난에 모대기다가, 또는 그 어떤 생활상의 의외의 불행으로 하여 더는 참을 수 없어, 끝내 죽음의 길을 택하지 않으면 안 되게 된 부부 한 가정의 비극적 운명이 반영되어 있다." 라고 한 바 있는데 이 경우도 죽음의 원인에 대해서는 추론에 그치고 있음을 보여준다.[14]

---

12) 박충록, 「한국민중문학사」, 도서출판 열사람, 1988, p.28.
13) 정홍교, 「조선문학사:원시-9세기」, 한국문화사, 1991, pp.68-73.
14) 허문섭, 「한국민족문학사」, 도서출판 세계, 1989, p.21.

이 같은 경향은 우리 쪽의 작품분석이 다분히 미학적인 측면에 치중하는 것과 북쪽의 시각이 현실을 바탕으로 하면서도 계급간의 투쟁의 산물로 몰아가는 경향과도 무관하지 않다고 본다.

그러나 고대시가에 대한 기록과 배경설화를 살펴보면, 그 근저에는 백성을 다스리기 위한 교화의 수단으로 시가, 특히 배경설화를 강조하는 것을 살필 수 있다. 이 배경설화에서도 남편의 죽음을 따르는 烈婦의 행위를 뭇사람들의 감동적인 시선으로 서술하는 목격담의 형식을 취하고 있다는 점이 그 같은 의도를 보여주는 것이다.

3. 背景說話 檢討

<공무도하가>에 대한 기록이 전하는 문헌을 이른 시기의 것부터 살피면 ①『琴操』(蔡邕, 後漢末, 133-192, 九引 가운데 箜篌引이 있음), ②『太樂歌詞』(荀勖, 西晋 武帝時, 265-289, 相和六引 가운데 箜篌引이 있음), ③『古今注』(崔豹, 西晋 惠帝時, 290-306: 箜篌引의 유래 설명, 詩歌는 없음), ④『琴操』(孔衍, 東晋 元帝時, 317-322) 등에 기록이 전하는 것으로 되어 있다.[15]

이제 배경설화의 내용과 자구해석을 통하여 작품의 실체에 접근하고자 한다. 배경설화는 몇 가지의 문헌이 있으나, 가장 오래된 後漢末 蔡邕(133-192)의 『琴操』(A)와 西晋 惠帝(290-306)時 崔豹의 『古今注』(B), 그리고 郭茂倩의 『樂府詩集』(C)에 李賀의

15) 池浚模, 「公無渡河 考正」, 『국어국문학』 62-63 합집, 국어국문학회, 1973.

차운시 앞에 배경설화와 함께 가사가 게재된 것을 중심으로 살피기로 한다.

(A) 공후인은 조선의 진졸인 곽리자고가 지은 것이다. 자고가 새벽에 배를 끌고 노를 저어 나가는데 한 미친 사내가 머리를 풀어헤친 채 호리병을 들고 강을 건너고 있었다. 그 아내가 쫓아와 멈추라고 했지만 미치지 못하고 강물에 빠져 죽었다. 이에 하늘을 향해 울부짖고 공후를 타며 노래를 불렀다. 곡을 마치자, 강물에 투신하여 죽었다. 자고가 금을 끌어 당겨 그 노래 소리를 지으니 그런 까닭에 공후인이라고 이름하였다.[16)]

(B) 공후인은 조선의 진졸인 곽리자고의 처 여옥이 지은 것이다. 자고가 새벽에 일어나 배를 끌고 노를 저어 나가는데 한 머리가 센 미친 사내가 머리를 풀어헤치고 호리병을 든 채 강물을 거슬러 건너고 있었다. 그 아내가 쫓아오며 멈추라고 불렀지만 미치지 못하고 마침내 강물에 빠져 죽었다. 이에 공후를 끌어당겨 타면서 공무도하가를 지으니 그 소리가 매우 구슬펐는데, 곡을 마치자 스스로 강물에 투신하여 죽었다. 곽리자고가 돌아와 그 소리로 아내 여옥에게 말하니 여옥이 이를 애상히 여겨 곧 공후를 끌어당겨 그 소리를 모사하니 듣는 사람마다 눈물을 흘리고 소리내어 울지 않는 사람이 없었다. 여옥이 그 소리로써 이웃여자 여용에게 전하니 공후인이라고 이름했다.[17)]

---

16) 蔡邕,『琴操』(唐 歐陽詢 等撰,『藝文類聚』卷44 樂府 四에서 재인용), "箜篌引者 朝鮮津卒霍里子高所作也 子高晨刺舡而濯 有一狂夫 被髮提壺而渡 其妻追止之 不及 墮河而死 乃號天噓唏 鼓箜篌而歌 曲終 投河而死 子高援琴作其歌聲 故曰箜篌引."

17) 崔豹,『古今注』卷中, "箜篌引 朝鮮津卒霍里子高妻麗玉所作也 子高晨起刺船而濯 有一白首狂夫 被髮提壺 亂流而渡 其妻隨呼止之 不及 遂墮河水死 於是 援箜篌而鼓之 作公無渡河之歌 聲甚悽愴 曲終 自投河而死 霍里子高還 以其聲 語妻麗玉 玉傷之 乃引箜篌而寫其聲 聞者 莫不墮淚

> (C) 공후인은 공무도하라고도 한다. 최표의 고금주에 이르기를, '공후인은 조선의 진졸인 곽리자고의 처 여옥이 지은 것이다. 자고가 새벽에 일어나 배를 끄는데 한 머리가 센 미친 사내가 머리를 풀어헤치고 호리병을 든 채 강물을 거슬러 건너고 있었다. 그 아내가 쫓아와서 멈추라고 했지만 미치지 못하고 마침내 강물에 빠져 죽었다. 이에 공후를 끌어당겨 노래하였다. "님이여, 강을 건너지 마세오, 님이여, 끝내 강을 건너시는구려, 강물에 빠져 돌아가셨으니, 님이여, 어찌 할꺼나" 소리가 매우 구슬펐는데 곡을 마치자 또한 강물에 투신하여 죽었다. 자고가 돌아와 여옥에게 말하니 여옥이 슬피 여겨 곧 공후를 끌어당겨 그 소리를 모사하니 듣는 사람마다 눈물을 흘리고 소리내어 울지 않는 사람이 없었다. 여옥이 그 곡을 이웃 여자 여용에게 전하니 이름을 공후인이라고 했다.[18]

위의 문헌기록 가운데 특이한 것은 채옹의 『琴操』나 최표의 『古今注』(四部備要本, 臺灣 中華書局 刊行)에는 실제 <공무도하가>의 古歌辭는 없는 채 배경설화만 있고, 郭茂倩이 엮은 『樂府詩集』 권26 相和歌辭 1 속의 <箜篌引>에는 최표의 <古今注>를 인용했으면서도 전본마다 틀린 곳이 부분적으로 있으나, <공무도하가>의 가사가 실려 있다는 점이다. 馬縞의 『中華古今注』는 최표의 『고금주』를 부분적으로 보완한 형태로서 문맥을 보다 자연스럽게 다듬은 것으로 일관하고 있다. 다만 차이가 있다면 강을

飮泣焉 麗玉以其聲 傳隣女麗容 名曰箜篌引焉."(四部備要本, 臺灣 中華書局 刊行 / 欽定四庫全書에는 濯→櫂로 되어 있음).

18) 郭茂倩, 『樂府詩集』, 卷26 ,相和歌辭 1, "箜篌引: 一曰 公無渡河 崔豹古今注曰 箜篌引者 朝鮮津卒霍里子高妻麗玉所作也 子高晨起刺船 有一白首狂夫 被髮提壺 亂流而渡 其妻隨而止之 不及 遂墮河而死 於是 援箜篌而歌曰 公無渡河 公竟渡河 墮河而死 當奈公何 聲甚悽愴 曲終 亦投河而死 子高還 以語麗玉 麗玉傷之 乃引箜篌而寫其聲 聞者 莫不墮淚飮泣 麗玉以其曲 傳隣女麗容 名曰箜篌引."

건너는 행위를 '亂河游而渡'라 표기하여 강물을 거슬러 건너려는 행동으로 파악한 점이 약간 다르다.

채옹의 최초기록이 최표에 와서 달라진 점은 작자문제(채옹=곽리자고 / 최표=곽리자고 처 여옥)와, 『古今注』에는 『琴操』에 없는 곽리자고의 아내 여옥과 이웃집 여인인 여용이 등장한다는 점이다. 그리고 전반적으로 채옹의 『琴操』보다는 『古今注』의 기록이 보다 논리적이며 문장이 자연스럽고 〈箜篌引〉의 악곡화 과정과 전파 과정이 비교적 자세하다고 할 수 있다. 그 한 예로 『琴操』에는 '涉河而渡'(강을 걸어서 건너다)라는 표현이 『古今注』에는 '亂流而渡'(강의 흐름을 거슬러 건너다)로 표기하여 보다 사실에 가까운 묘사를 함으로써 백수광부의 죽음을 예견된 것으로 묘사하고 있다는 섬이다.[19]

필자는 배경설화 속의 몇 가지 중요한 단어(어구)를 중심으로 그 의미를 재해석하고자 한다. 이제까지는 배경설화 속의 어구해석에 대해 그다지 주목을 하지 않고 상식적인 선에서 해석을 해왔었다. 그 중 필자가 주목하는 것이 '亂流而渡'의 ① 亂의 의미와, ② (白首)狂夫라는 용어, 그리고 '被髮提壺'에서 ③ 被髮의 의미와 ④ 壺의 용도에 대한 것이다.

1) 亂流而渡의 意味

『漢語大詞典』에는 '亂'에 대하여 '橫渡'라 한 후, <詩・大雅・公劉>: "涉渭爲亂 取厲取鍛"(위수를 가로 질러 건너가서 숫돌과 쇠를 취해 오다)이라고 『시경』을 인용한 후, 孔穎達疏를 인용하여

---

19) 민긍기, 「원시가요 연구(3)」, 『열상고전연구』4, 열상고전연구회, 1991, p.35.

“水以流爲順 橫渡則絶其流 故爲亂”(물은 흐름을 따르는 것이 순한 것이고, 가로 질러 건너는 것은 흐름을 끊는 것이니 고로 난이라 한다)이라고 했다. 이어서 『朱熹集傳』을 인용하여 “亂 舟之截流橫渡者也”(난은 배가 흐름을 끊고 가로질러 가는 것이다) 라고 설명하고 있다.

결국 ‘亂流而渡’의 의미는 ‘橫渡江河’(강이나 내를 가로질러 건너는 것) 또는 ‘水流不循常道’(물의 흐름이 통상적인 길을 따르지 않는 것)을 의미하는 것으로 ‘거센 물결을 가로질러 건너가는 행동’ 을 의미한다. 백수광부의 행동이 무모하면서도 화를 자초하는 것을 드러내는 용어라고 볼 수 있는 것이다.

2) 白首狂夫의 意味

‘白首’는 머리가 허옇게 세다는 뜻이므로 노인이거나 선천적인 早白을 의미하는 것으로 설화의 문맥으로 보아서는 노인(세상 풍파를 다 겪은)이라는 의미가 더 어울린다고 볼 수 있다. 그런데 이 같은 상식적인 의미 외에도 『漢語大詞典』에는 ‘謂男女相愛誓愿白頭偕老’(남녀가 서로 사랑하여 백발이 될 때 까지 함께 해로할 것을 맹서하여 기원하는 것을 이른다)라고 하여, 사랑하는 부부간에 검은 머리가 파뿌리가 될 때까지 사랑을 맹서하는 의미도 포함되어 있다. 즉 부부간의 금슬이 좋은 상징으로 쓰이고 있는 것이다.

‘狂夫’의 사전적인 의미는 ‘미친 사내’라는 뜻이지만, 한편 謙辭로도 사용되고 있는 것을 확인할 수 있다. 『漢語大詞典』에는 대략 6가지의 다양한 해석이 제시되어 있는데, ① 無知妄爲的人(무지하고 망령된 사람), ② 放蕩不羈的人(방탕하여 얽매이지 않는 사람), ③ 指悖逆胡爲者(패역적인 야만인), ④ 古代婦人自稱其夫的謙詞(고대에 부인이 자신의 남편을 칭하는 겸손한 말), ⑤ 精神病患者(정신질환자). ⑥ 古代掌驅疫和墓葬時驅鬼的人(옛날에 질병을 물리치거나 장례시 귀신을 쫓던 사람)의 설명이 그것이다.

이 가운데 필자는 ④번의 '고대에 부인이 자신의 남편을 칭하는 겸손한 말'이라는 의미에 주목한다. 『大漢和辭典』이나 『中文大辭典』의 설명에도 ④번과 같은 의미를 들면서, '拙夫'라는 의미를 부연하고 있는데, 역시 남편에 대한 겸칭(애칭)의 표현이다.

④번의 예, 즉 남편에 대한 겸칭의 예를 인용하기를, 漢 劉向 『列女傳』 楚野辨女: "대부가 가로되, '어찌하여 정나라로 가려는 나를 따르지 않는가?' 하니, 대답하기를, '이미 남편 소씨가 안에 있습니다' 하니, 드디어 가버렸다"[20]라는 문장과 唐 李白 <擣衣篇>의 "고운 손 바느질그릇을 열고 긴 탄식하니, 남편은 아직도 교하의 북쪽에서 수자리 산다네"[21]라는 표현, 그리고 元 邊魯 <和西湖竹枝詞>의 "남편은 돌아올 소식 아직 없는데, 나비는 무리지어 성 위를 오르네"[22]와 같은 표현에서도 사랑하는 남편에 대한 겸칭으로 쓰고 있다. 이 겸칭은 또한, 신분이 낮은 평범한 남자라는 匹夫의 의미도 내포하고 있다.

狂夫라는 이미지는 부정적이나, 위와 같이 겸칭 또는 匹夫의 의미로 사용하기도 하고, 더 나아가 무엇엔가 집착하는 사람이거나, 외골수적인 인물의 경우에도 흔히 쓰이는 말일 뿐 실제로 신체적, 또는 정신적인 장애자를 의미하지는 않는다. 전통적으로 동양에서는 남편과 아내와 자식의 능력과 재주에 대해 자랑하는

---

20) 劉向, 『列女傳』·楚野辨女, "大夫曰 盍從我於鄭乎 對曰 旣有狂夫昭氏在內矣 遂去".

21) 李白, <擣衣篇>, "玉手開緘長嘆息 狂夫猶戍交河北".

22) 元 邊魯, <和西湖竹枝詞>, "狂夫歸來未有信 蝴蝶作團飛上城".

것을 팔불출로 여긴 것을 보아도 겸사는 동양적인 미덕의 하나였다. 물론 『漢語大詞典』에는 ⑤번의 정신질환자의 예로 <공무도하가>의 '白首狂夫'를 들었으나, 그 근거는 축자적이고 자의적인 해석에 불과한 인상이다. 白首의 경우는 나이가 많다는 일차적인 의미 외에도 동양에서는 '세상물정에 달관한 사람'이라는 의미로도 종종 쓰이고 있다.

『說郛』 卷 99의 <箜篌引>에는 '白首征夫'라고 하여 '狂夫'를 '征夫'의 신분으로 바꾸어 기술하고 있는데, 이 같은 변화는 보다 더 합리적인 해석을 위한 것으로 보인다. 즉, 狂夫보다는 征夫가 강을 건너야 하는 이유를 보다 분명히 드러낼 수 있다는 점에서 합리화된 것으로 보인다. 김학성도 백수광부의 의미를 '백수를 백발이 성성한 노인으로, 광부를 미친 사나이로 보는 것은 설화의 발생상 납득되지 않는다'고 하면서도, '범상한 인물의 범상한 사건이 설화를 발생시킬 만큼 흥미로울 수는 없다'는 점을 들어, 정병욱의 견해에 동조하면서 '신령스러운 인간, 곧 巫夫'(샤먼: Shaman, 白首=박수)이며, 입무 과정에 있는 수련무가 성숙기가 다가옴에 따라 강이나, 물 속에 뛰어드는 미친 사나이처럼 되는 것이며, 이 같은 광부의 모습을 제3자가 목격할 때는 광부로 인식한다'고 본 바 있다.

한편, 조동일은 '머리를 풀어헤치고, 술병을 들고, 미치광이 짓을 하면서 강물에 뛰어들기도 한 것은 황홀경에 든 무당의 모습이라야 이해가 된다'고 하면서 백수광부를 일단 무당으로 본 견해에 동조했다. 다만 그가 익사함으로 인해 실패한 원인을 고조선이 국가적인 체제를 확립하면서 나라무당으로서의 지위를 차지하지 못한 민간무당은 불신되거나 배격된 사태가 벌어졌으며, 그의 아내 또한 무당인 것 같으며, 굿노래 가락에 얹어 넋두리를

한 것으로 보았다.[23)]

이 같은 견해는 애초에 정병욱이 신화로 해석한 것을 김학성이 보다 현실적인 문맥의 무당으로 제시했고, 이어서 조동일이 무당의 실패담을 역사적인 맥락에다 비정한 것이라고 할 수 있다.

3) 被髮의 意味

'被髮'이란 머리를 풀어 헤치다는 뜻이다. 이 같은 형상은 흔히 미친 사람을 연상시키는 용어이기 때문에 과거 연구자들은 의심없이 광부의 모습과 연관시켜서 해석해 온 것이 사실이다.

김학성은 被髮의 의미를 광란적인 歌舞와 엑스타시 상태에서 미리를 흩으림(被髮)은 자연스런 모습이라고 보았다.[24)] 광부를 신들린 상태의 수련무로 본 것이다. 다만, 提壺를 술병이 아닌 보통의 항아리의 경우라도 巫儀式에 사용되는 도구라는 점을 언급하고 있다. 따라서 '백수광부가 죽음의 신비체험, 혹은 입무적 고행을 수행하다가 실패로 돌아가자 溺死한 사건이 민중들에게 흥미소를 작동시켜 설화했을 것'이라고 보았다. 그러나 이 경우 무당의 실패담이 과연 설화화의 動因이 될 수 있는지, 아니면 嘲笑에 부칠 성질의 것인지는 후대의 사람들의 인식에서 그 실마리를 찾을 수 있으리라고 본다.

그러나 동양에서는 일반적으로 被髮은 禮를 갖추지 못한 상태를 언급하는 경우가 많았다. 『孟子』에, "지금 한 방안에 있던 사람들이 서로 싸운다면 이들을 말리는데, 비록 흐트러진 머리에 그냥 갓끈을 매고 가서 그들의 싸움을 말려도 괜찮을 것이다.

---

23) 조동일, 『한국문학통사 1』, 지식산업사, 1982, p.83.
24) 金學成, 「공후인의 신고찰」, 『한국고전시가의 연구』, 원광대출판국, 1980, pp.290-292.

그러나 동리의 이웃에서 싸움이 났는데 머리를 흐트러뜨리고 갓끈을 미처 매지도 못하고 싸움을 말리려 달려 나간다면 이는 잘못이다. 비록 내 집 문을 닫고 들어앉아 있어도 괜찮다."[25]라는 언급은 被髮의 모습을 예를 갖추지 못한 행동으로 보고 있는 것이다.

그런데 被髮이란 용어에는 이 같은 의미 외에 華夏중심의 중국민족이 주변 오랑캐들의 野蠻的인 風俗이나 無禮한 모습을 지적하는 용어로 곧잘 '被髮을 했다'거나, '文身을 했다'는 등의 용어를 자주 사용해 왔다. 때로는 귀신의 모습을 가리키는 대명사로 쓰기도 했고, 또는 어진 이가 난세를 피하기 위한 수단으로 거짓 미친 척하는 행동도 '被髮佯狂'이라고 했다. 『韓詩外傳』에 "비간이 간하다 죽으니, 기자가 이르기를, '쓰여지지 않을 것을 알면서도 말하는 것은 어리석은 것이고, 자기 몸을 죽여 임금의 악을 드러내는 것은 충성스럽지 못한 것이니, 이 두 가지는 해서는 안 되는 것이다. 그러나 또한 이를 한다면 상서롭지 못한 것이 이보다 큰 것은 없을 것이다.' 하고는 드디어 머리를 풀어헤치고, 거짓 미친 척하며 가버렸다."[26]라는 기록은 賢者의 隱遁을 의미하는 것이다. 속세를 떠나 은둔하는 인물을 형용할 때도 '被髮入山'이라고 했던 것이다.[27] 이 같은 표현은 자신과 세계와의 갈등을 드러내기 위한 방편으로 사용된 경우이고, 아래의 경우는 中華中心의 세계관에서 바라본 시각이다.

---

25) 『孟子』, 離婁章句 下, "今有同室之人鬪者 救之 雖被髮纓冠而救之可也 鄕鄰有鬪者 被髮纓冠而往救之 則惑也 雖閉戶可也."

26) 『韓詩外傳』 卷六, "比干諫而死 箕子曰 知不用而言 愚也 殺身以彰君之惡 不忠也 二者 不可 然且爲之 不祥莫大焉 遂被髮佯狂而去."

27) 『三國史記』 卷48, 列傳 第8, 勿稽子條. "遂被髮携琴 入師彘山 不反."

> 중국과 오랑캐 등 오방의 백성이 모두 습성이 있으니, 이것을 변역해서는 안 된다. 동방의 오랑캐를 이라고 하는데, 피발·문신했으며, 화식하지 않는 자가 있다. 남방의 오랑캐를 만이라고 하는데 이마에 먹물을 넣어 새기고 다리를 엇걸고 자며, 화식하지 않는 자가 있다. 서방의 오랑캐를 융이라고 하는데, 피발하고 가죽옷을 입으며, 오곡을 먹지 않는 자가 있다. 북방의 오랑캐를 적이라고 하는데, 우모로 만든 옷을 입고 혈거하며 오곡을 먹지 않는 자가 있다. 중국·동이·서융·남만·북적의 나라가 모두 안주할 곳, 맛이 조화된 음식, 기후에 마땅한 의복, 이용할 물품, 상비하는 기구가 있다.[28]

위와 같은 관점은 전통적인 華夷觀에 기인하는 것으로 그들이 주변의 이민족인 오랑캐를 바라보는 관점이 주로 衣冠整齊를 하지 않고 被髮이나, 文身, 또는 火食을 하지 않고 날로 음식을 먹는 습관들을 지적하고 있는 것이다. 이 같은 관습은 『漢語大詞典』에도 '古代吳越一帶和某些南方民族的風俗'(고대의 오·월 일대와 몇몇 남방민족의 풍속)으로 기록하고 있다. 이 같은 華夷觀的 인식 외에도 지역적인 배경에 따라 그 곳의 환경에 알맞은 생활관습으로 묘사하는 경우도 있다. 『淮南子』에는 물가에 사는 사람들의 지혜와 생활상을 다음과 같이 기록하고 있다.

> 이렇게 볼 때 만물은 본래 자연적으로 되는 것이니, 성인이라고 어찌 관여할 수 있는가? 구의산 남쪽에는 육지에 관한 일이 적고, 물에 관한 일이 많다. 그래서 사람들은 머리를 풀어헤치고 피부에다 무늬를 놓는데, 비늘있는 동물의 모양을 한다. 그리고 짧은 속옷만 입고,

---

28) 『禮記』 王制篇, "中國戎夷五方之民 皆有性也 不可推移 東方曰夷 被髮文身 有不火食者矣 南方曰蠻 雕題 交趾 有不火食者矣 西方曰戎 被髮衣皮 有不粒食者矣 北方曰狄 衣羽毛穴居 有不粒食者矣 中國夷蠻戎狄 皆有安居和味宜服利用備器."

바지를 입지 않음으로써 물을 건너는데 편하게 하고, 짧은 소매를 걷어 올려 배를 젓는데 편안하게 한다. 이는 물일에 맞게 하기 위해서이다.[29)]

자연환경에 맞게 생활환경을 유지해 나가는 것은 매우 자연스러운 모습이다. 특히, 물가에 사는 사람들이 머리를 풀어헤치고 물고기의 모양으로 문신을 한다(於是 民人被髮文身)는 것은 물고기를 토템으로 소중히 여겼을 뿐만 아니라, 물일을 보다 용이하게 하기 위한 간편한 차림이었던 것이다.

또한, 『史記』 屈原列傳에 보면 굴원이 추방된 후의 행색을 묘사하기를, "굴원은 유배를 당하여 강가에 이르게 되었다. 그는 머리를 풀어헤치고 물가를 거닐면서 시를 읊었다. 그의 안색은 초췌하였고, 그의 용모는 야위었다"[30)]라고 기술하고 있음을 보아도 被髮은 단순히 정신적이나 신체적인 장애자의 형상이라기보다는 세상과의 갈등을 드러내는 형상으로 묘사한 경우가 많았음을 알 수 있다.

또한 『淮南子』에도 "도덕이 천하에 정해져서 인민이 순박해지면 눈은 색에 홀리지 않고, 귀는 소리에 빠지지 않으며, 앉으나 거니나 노래 부르고, 머리를 풀어헤치고 놀며, 비록 모장이나 서시의 미색을 보고도 기뻐할 줄 모르고, 도우<羽舞>나 무상<周武王樂>의 음악을 들어도 즐길 줄을 몰라 음일해서 분별없는 일이 생겨나지 않는다. 이로 볼 때, 예악도 소용없는 것이다."[31)]라고

---

29) 『淮南子』 原道訓, "由此觀之 萬物固以自然 聖人又何事焉 九疑之南 陸事寡而水事衆 於是 民人被髮文身 以像鱗蟲 短綣不絝 以便涉游 短袂攘卷 以便刺舟 因之也."

30) 『史記』, 卷84, 屈原賈生列傳, "屈原至於江濱 被髮行吟澤畔 顏色憔悴 形容枯槁".

31) 『淮南子』, 卷8, 本經訓, "道德定於天下 而民純樸 則目不營於色 耳不淫

하여 피발의 의미를 구속받지 않는 자연스러운 인간의 모습으로 묘사하고 있다.

4) 壺의 用途

壺는 일반적으로 '禮器, 酒器, 음료를 담는 그릇(容器), 禮儀, 물시계, 樂器' 등의 용도로 두루 쓰였는데, 대개는 물건을 담는 병, 또는 항아리의 뜻으로 쓰였다. 때문에 술을 담으면 술병이 되고, 장류를 담으면 간장병이 되는 것이다. 즉, 다양한 쓰임에 대비한 빈 용기에 불과한 것이다. 한편 『漢語大詞典』에는 이 같은 의미 외에 '壺: … ⑥通 "瓠". 葫蘆(박<표주박>과 통한다. 호리병박이다.)라고 한 후, <<詩・豳風 七月>>: "七月食瓜 八月斷壺."(칠월에는 참외를 따먹고, 팔월에는 박을 따네)의 시를 인용하고 주에 毛傳: "壺, 瓠也"라 하여 壺는 '박(바가지)'의 뜻으로도 쓰이고 있음을 알 수 있다. 필자가 이 논문에서 주장하는 핵심도 바로 여기에 있다.

壺는 匏와 통하는데, 『詩經』에도 이미 강을 건너는 보조기구로 사용된 바 있다. 『詩經集傳』 卷2, 邶風 <匏有苦葉>에 보면 匏(바가지)로 강을 건넜던 것을 알 수 있다.

匏有苦葉　박에 쓴 잎이 있거늘
濟有深涉　건너는 곳에 깊은 물 턱이 있도다
深則厲　깊으면 옷을 벗어 가지고 건너고
淺則揭　얕으면 옷을 걷고 건너야 하네

於聲 坐俳而歌謠 被髮而浮游 雖有毛嬙西施之色 不知悅也 掉羽武象 不知樂也 淫泆無別 不得生焉 由此觀之 禮樂不用也."

위 시의 주해에 보면, "비이다. 포는 박이니, 박이 쓴 것은 먹을 수가 없고, 다만, 허리에 차고서 물을 건널 뿐이다. 그러나 아직 잎이 달려 있다면, 또한 사용할 수 없는 때이다. 제는 물을 건너는 곳이다. 걸어서 물을 건너는 것을 섭이라 한다. 옷을 벗어 가지고 건너는 것을 여라 하고, 옷을 걷고 건너는 것을 게라 한다."[32]라고 하여 匏의 용도를 언급한 바 있다.

『三國史記』에도 瓠公의 이야기를 통해 이미 박을 허리에 매어서 바다를 건너왔던 사실을 전하고 있다. 즉, 新羅本紀 第一에, "38년 봄 2월에 호공을 마한에 사신 보내었다. … 호공이란 인물은 그 겨레와 성씨가 자세치 못하나, 본래는 왜인으로 처음에 박을 허리에 매달고 바다를 건너왔었기 때문에 호공이라고 불렀다."는 것이다.[33] 이때는 B.C. 20년으로 박혁거세가 다스리던 시절임을 감안하면, 瓠가 渡江이나 渡海의 수단으로 오래전부터 이용되었음을 알 수 있다. 또 『三國史節要』에는 細註에서 『殊異傳』을 인용하여, "스스로 탈해라고 말하고 … 토함산에 올라 서울의 지세를 살펴보니 신월성터가 살만 하였는데, 호공이 거주하고 있었다. 호공은 바가지를 물에 띄워 바다를 건너 와서 살았는데 어떠한 사람인지 알지 못한다."[34]라는 기록으로 보아 渡海의 수단으로도 瓠가 자주 이용되었음을 알 수 있다.

다음에 인용하는 『鶡冠子』와 蘇東坡의 <東新橋> 詩에 나타난 注에서 그 같은 용도를 재확인할 수 있다. 즉, "황하 가운데서 배

---

32) 『詩經集傳』 卷2, 邶風, "匏有苦葉 比也 匏 瓠也 匏之苦者 不可食 特可佩以渡水而已 然 今尙有葉 則亦未可用之時也 濟 渡處也 行渡水曰涉 以衣而涉曰厲 褰衣而涉曰揭."

33) 『三國史記』 新羅本紀 第一, "三十八年 春二月 遣瓠公聘於馬韓 … 瓠公者 未詳其族姓 本倭人 初以瓠繫腰 度海而來 故稱瓠公"

34) 『三國史節要』, 卷2 脫解王 元年 註, "自稱脫解 … 登吐含山 相京師地勢 新月城墟可居 而有瓠公者居焉 瓠公浮瓠渡海來居 不知何人也.".

를 잃으면 바가지 한 개는 천금이다."라는 구절과 陸佃의 주에 "壺<호리병>는 瓠<표주박, 바가지>이다. 이를 차면 가히 강을 건널 수 있으니, 남인들은 이를 요주<허리에 차는 배>라고 한다."라는 표현과 소식의 시 <동신교>에서 "마치 배 잃었을 때 쓰는 박을 팔아먹은 것 같고, 다락을 오르던 사다리를 없앤 것 같네."[35]라는 설명이 그것이다.

『鶡冠子』는 柳宗元에 의해서 한때 僞書라고 폄하되기도 했던 서적이나, 최근에는 새로운 조명을 통해 주목을 받고 있는 책이다. 할관자는 원래 초나라의 은사로서 할새의 깃털로 만든 모자를 썼기 때문에 불린 이름(책명)이며, 그의 제자 중에 馮援(龐援, 龐煖)은 전국시대 말기 조나라의 장군이다.[36] 현전하는 것은 송나라 사람 陸佃이 주석한 것이 있다.

성인이 이 6가지(禮樂仁義忠信: 筆者)로 세상의 득실과 역순의 지나온 것을 점치는 것이다.(卦는 卜과 같다) 도에 떠나서 예수가 아니면 서단을 할 수 없고, 근원되는 법을 구하지 않으면 심체의 안에 있는 것을 캐낼 수 없는 것이다(괴는 고와 같다. 남화경에 이르기를, 지체를 무너뜨리는 것은 총명에서 떠나는 것이다 라고 했고, 또 말하기를, 도가 하늘을 덮고 땅을 싣고 있으니, 군자는 천지의 마음을 캐내지 않을 수 없는 것이다). 술<직업,기술>을 겉으로 하고 근원<원도>을 속으로 하면(術은 術業의 術과 같고, 原은 原道의 原과 같다) 비록 아무리 얕아도 다하지 않는 것이고, 가운데가 비고 바깥이 넓으면 비록 넓더라도 반드시 비게 된다. 방자가 재배하여 가로되, '경계할

---

35) 『鶡冠子』 學問篇, "中河失船 一瓠千金." 陸佃注: "壺,瓠也 佩之可以濟涉 南人謂之腰舟."
宋蘇軾,<東新橋>詩: "似賣失船壺 如去登樓梯."

36) 李學勤 著, 林亨錫 譯, 『잃어버린 고리』-신출토문헌과 중국고대사상사, 학연문화사, 1996, pp.158-162.

것에 대해 질문이 있습니다. 비록 이같이 어두운 재간이나 부지런히 배우지 않으면 누가 능히 할 수 있겠습니까? 이것은 천하의 지극한 도이지만 세상의 임금들이 폐하였으니 무엇 때문입니까?' 할관자가 말하기를, '기(그릇)가 아닌 데에 들어서(제기해서) 내지 않는 것이고 (그릇이기 때문에 제기하는 것이다), 천한 것은 아무 쓸데없는 것에서 나는 것이니, 황하 가운데에서 배를 잃게 되면 바가지 하나의 값이 천금이나 된다(호<표주박>는 호(박)이다. 이를 차면 물을 건널 수 있으니, 남인들은 이를 일러 요주라고 한다). 귀하고 천한 것이 일정함이 없는 것은 때가 사물을 그렇게 만드는 것이다. 언제나 선을 선하게 아는 것은 소목을 한번 정하면 바꾸지 않는 것과 같은 것이니, 지금 선을 선으로 알지 못한다. 때문에 몸이 죽고 나라가 망하며, 제사가 끊어지고 종족이 멸하는 것이니, 소인들도 오히려 이와 같아서 능히 수를 보존하지 못하니, <이 같은> 의리는 스스로 비교해야 한다(이 말은 소인도 또한 이러하니, 더군다나 나<제왕>이겠느냐? 그 의는 마땅히 스스로 견주어 알아야 하는 것이다).37)

위 인용문의 육전의 주에서 표주박(호리병)이 황하 가운데서 배를 잃게 되면 목숨을 구할 수 있는 구명대의 역할을 한다고 언급한 것은 시사하는 바가 크다. 단순히 술병으로 인식했던 입장에서 이것은 발상의 대전환인 셈이다. 또한 이 腰舟에 대해서

37)『鶡冠子』卷下 學問 第15(陸佃 注): … 聖人 以此六者 (或無者字) 卦世得失逆順之經 (卦猶卜也) 夫離道非數 不可以緒端 不要元法 不可以劊心體 (劊猶刳也 南華曰 隳其肢體 黜其聰明 又曰 夫道覆載天地 君子 不可以不刳心焉) 表術(或無表字) 裏原(術如術業之術 原如原道之原) 雖淺不窮 // 中虛外博 雖博必虛 龐子再拜曰 有問戒哉 雖毋如是冥(或無冥字)材 乃健弗學 孰能 此 天下至道 而世主廢之 何哉 鶡冠子曰 不提生於弗器(器故提之) 賤生於無所用 中河失船 一壺千金(壺 瓠也 佩之可以濟涉 南人謂之腰舟) 貴賤無常 時使物然 常知善善 昭繆不易一揆 至今不知善善 故有身死國亡 絶祀滅宗 細人猶然 不能保壽 義則自況(此言細人且爾也 況於己乎 其義當以自況).

는 『莊子』에도 다음과 같은 내용이 나온다.

혜자는 장자에게 가로되, “위나라 임금이 큰 박씨를 주어서 내가 그것을 심었더니, 닷 섬을 담을 만큼 큰 박이 열렸다. 그래 물을 담으려고 했으나, 너무 크고 무거워 들 수가 없었다. 바가지로 쓰려고 두 쪽으로 쪼갰더니, 너무 납작해서 그런 용도에는 적합지 않았다. 크기만 하고 쓸모가 없어서 깨뜨려 버렸다.”라고 하니, 장자는 대답하기를, “그대는 큰 물건을 쓸 줄 몰랐던 것이다. … 지금 닷 섬 드는 박으로 말하면 왜 그대는 물에 띄우지 않았던가? 강이나 호수에 띄우지 않았던가? 그리고 그대는 커서 소용이 없다고 불평만 했으니! 그대는 마음이 답답한 듯 싶다.”라고 했다.[38]

물건을 사용하는 지혜에 대한 이야기 가운데 나오는 말이다. 주에도 “司馬彪曰 慮猶結綴也 樽如酒器 縛之於身 浮於江湖 可以自渡.”(사마표가 이르기를, ‘려는 묶는다는 것과 같다. 준은 주기와 같아서 몸에 붙들어 매면 강이나 호수에 뜨게 되어 가히 스스로 건널 수 있는 것이다)라고 하여 樽이 나오는데 大樽은 곧 腰舟를 말한다. 酒器처럼 생긴 것으로서 허리에 차고 강을 건너는 것이다.

『淮南子』에도 壺의 용도를 아래와 같이 渡水의 의미로 인용하고 있다.

일찍이 갑옷을 입고서 화살을 면했다고 해서, 갑옷을 입고 물속으

38) 錢穆 著, 『莊子纂箋』, 1955, 香港 東南印務出版社. 消遙遊 篇, “惠子謂莊子曰 魏王貽我大瓠 之種 我樹之成 而實五石 以盛水漿 其堅不能自擧也 剖之以爲瓢 則瓠落無所容 非不呺 然大也 吾爲其無用而掊之 莊子曰 夫子固拙於用大矣 … 今子有五石之瓠 何不慮以爲大樽 而浮乎江湖 而憂其瓠落無所容 則夫子猶有蓬之心也夫”.

로 들어가고, 일찍이 호리병을 안고 물을 건넜다고 해서, 호리병을 안고 불에 뛰어드는 행위는 유추할 줄 모른다고 할 것이다.[39]

비유를 들어 설명하고 있는 위의 인용문에서도 壺가 渡江의 용도로 흔하게 사용되었음을 살필 수 있다. 소동파의 시 <東新橋>에 보면 다리를 놓기 전의 어려웠던 상황을 읊고 있는데, 그 주에서도 壺의 용도에 대한 자세한 언급이 있다.

많은 배를 철삭으로 꿰어 / 서로 등진 것이 하늘에 무지개 비낀 듯하네
뱃머리 흔들리매 눈 온 강에 파도가 일고 / 선미로 찔러 구름낀 골짜기를 붕괴시키는 듯
기아가 임의대로 늘었다 줄어드니 / 물이 늘고 줌에 따라 배가 높고 낮게 떠 있네
도르래가 큰 새끼를 감고 있으니 / 푸른 교룡이 긴 언덕에 서려있는 듯
빨리 지나는 배는 함부로 부딪치는 것을 면하고 / 손을 벗어난 뗏목은 부딪침을 예방했네
한 다리로 어찌 족하다고 이르리오 / 넓은 동·서교가 있다고 기쁘게 전한다네
부로들은 알지 못하고서 / 기뻐하고 웃으며 다투어 붙잡고 올라가네
어룡들도 또한 놀라 도망가니 / 다리 위로 말 달리니 천둥과 번개가 치는 듯하네
아아! 이 강 건너는 고통이 오랜 후에 / 공사간에 피곤하여 더디게 처리했네

39) 『淮南子』 卷17, 說林訓, “嘗被甲而免射者 被而入水 嘗抱壺而度水者 抱而蒙火 可謂不知類矣”

간사한 백성들은 이 험한 곳에서 돈을 벌었고 / 출몰하기가 오리와 갈매기 같네

마치 배 잃었을 때 박을 팔아먹은 것 같고 / 다락을 오르던 사다리를 없앤 것 같네

아지 못하겠노라, 백년 이래에 / 몇 사람이나 이 모래 진흙에 빠져 죽었는지를

어찌 알겠는가, 파도 위가 / 편안하기가 마치 집이나 여염방 같은 줄을

왕래하기를 밤낮이 없고 / 취하고 병든 이 부지하는 것을 그만 두었네

태수가 내게 술을 주며 말하기를 / 백성을 다스리는 데는 크고 작은 고을이 따로 없다네

동·서교를 세운 두 사람의 공로는 말하지 않고 / 내가 벼슬을 버린 것만을 탄식하더라

나 또한 태수에게 술을 올리며 / 한마디로 지팡이가 되어 줄 것을 허락했으니

언제나 무너지기 전에 수리해서 / 뒷날에 후회하지 않도록 하겠네[40]

위의 시에서 보여주듯 다리를 놓는 일은 가장 긴급하고 중요한 일이 아닐 수 없다. 강에 빠져 죽은 영혼들을 위로하기 위해서도 다리를 놓는 일은 시급하다. 강을 중심으로 생업을 영위하

---

40)『集註分類東坡詩』卷9 <四部叢刊, 壯元王公 十朋 龜齡撰>, 兩橋 幷引(東新橋, 西新橋): "群鯨貫鐵索 背負橫空霓 首搖翻雪江 尾挿崩雲谿 機牙任信縮 漲落隨高低 轆轤卷巨索 青蛟挂長提 犇舟免狂觸 脫筏防撞擠 一橋何足云 譊傳廣東西 父老有不識 喜笑爭攀躋 魚龍亦驚逃 雷電生馬蹏 嗟此病涉久 公私困留稽 姦民食此險 出沒如鳧鷖 似賣失船壺 如去登樓梯 不知百年來 幾人隕沙泥 豈知濤瀾上 安若堂與閨 往來無晨夜 醉病休扶攜 使君飲我言 妙割無牛雞 不云二子勞 歎我捐腰犀 我亦壽使君 一言聽扶藜 常當修未壞 勿使後噬臍."

는 사람들에게 물을 건너는 일은 무엇보다 중요한 일이었기 때문이다. 그것은 생사의 갈림길을 의미하는 것이기도 했다. 위 소동파의 <東新橋> 시 가운데 '似賣失船壺'에 대한 주석에서 다음과 같이 언급하고 있다.

> (宋 范正敏의) 돈재한람에 이르기를, '전에 이르기를 물 가운데에서 배를 잃으면 바가지 하나가 천금이다.' 바가지는 곧 오늘날 부환이라고 이르는 것이니, 무릇 강과 바다를 건널 때에 반드시 부환을 예비하여 그것으로 바람과 파도로 인해 엎어지고 빠지는 환란을 대비하는 것이다. 그 모양은 고리처럼 생겨서 가운데를 비워 놓고, 비단을 사용하여 띠를 만들어서 목 위에 걸고 두 손으로 붙들고 있으면 떠서 빠지지 않아 가히 구원함을 기다릴 수 있으니, 지금 절강성 사람들이 호라고 부르는 것이다.41)

위와 같은 주석에서 보듯이 壺=浮環은 강가에서는 예비도구로 쓰였던 浮具였다. 浮環은 『漢語大詞典』에도 "한기왕이 장전제할인 왕권에게 금산에 이르도록 명령하면서 인하여 배를 얻어 건널 수 없음을 경계하니, 부환을 줄 것을 간절히 요청하자, 한 명의 병졸과 함께 서진에 이르러 드디어 부환으로 강물에 떠서 건넜다."42)라고 하여 壺=腰舟=大樽=浮環 등이 모두 같은 용도의 浮具로 사용하였음을 확인할 수 있다. 또한 '利涉'이라는 용어도 처

---

41) 『集註分類東坡詩』 卷9, 兩橋 幷引(東新橋,西新橋)의 細註,(伯恭) "遯齋閑覽曰 傳云 中流失船 一壺千金 壺乃今所謂浮環者 凡渡江海 必預備浮鐶 以虞風濤覆溺之患 其形如環而空中 用帛爲帶 挂之頸上 出兩手 以按之則 浮而不溺 可以待捄 至今浙人呼爲壺".

42) 『漢語大詞典』, 浮環: "浮水工具. 猶今之救生圈. 宋 周煇 淸波雜志 卷五 : 韓蘄王 令帳前提轄王權至金山 仍戒不得用船渡 懇給浮環 偕一卒至西津 遂浮以渡."

음에는 <<易・需>>: "貞吉 利涉大川"에서 '順利渡河'의 의미로 쓰이다가, 후에는 배를 가리키는 용어로 쓰이기도 하였다.[43]

그런데, 필자는 『漢語大詞典』의 利涉이라는 항목에서 왕예의 다음과 같은 글을 통해 <공무도하가>의 전승경위의 일단을 확인하게 되었다. 그것은 晋 王叡 <<炙轂子錄・序樂府>>: "贈人利涉 則述<<公無渡河>>"라는 것이다.

필자가 이 논문을 구두 발표할 때(1997년 12월 6일, 한국시가학회 6차 대회: 배재대)는 문제의 「적곡자록」을 찾아보지 못한 상태였다. 따라서 『漢語大詞典』에 인용된 위의 것을 볼 수밖에 없었는데, 발표 후 주위의 도움으로 『說郛』 속에 전하는 「적곡자록」을 찾아보게 되었다.

그런데 『說郛』 속에 인용된 「炙轂子錄」은 「炙轂子雜錄」 五卷이며 唐 王獻(瑯琊人)이 저자인 것으로 기록하고 있다. 王叡가 아니라 王獻으로 기록되어 있는데, 이는 아마도 叡자와 獻자의 유사함에서 비롯된 착오가 아닐까 한다.

그런데, 흥미로운 사실은 『漢語大詞典』의 인용과 약간의 차이가 있는데, 『漢語大詞典』에는 "贈人利涉 則述公無渡河"라는 표현이 『설부』 속의 「적곡자잡록」에서는 "贈夫利涉 則述公無渡河"로 기록되어 있다는 점이다. 즉, 人이 夫로 되어 있는데, 의미상으로 보아서는 夫가 더 근사하다고 생각된다. 아래에 그 원문을 인용해 본다.

서악: … 적곡자가 말하기를, '악부제해 서에 이르기를, 악부가 일

43) 『漢語大詞典』, 利涉: … 順利渡河.<<易・需>>: "貞吉 利涉大川". <<北史・魏紀一>>: "冰草相結若浮橋 衆軍利涉". 唐孟浩然<<夜渡湘水>>詩: "客行貪利涉 夜裏渡湘川". 後亦稱舟楫爲利涉. 唐杜甫<八哀詩・故司徒李公光弼>>: "扶顚永蕭條, 未濟失利涉".

어난 것은 한나라·위나라로부터 시작되었다. 역대 문사들이 읊은 시편이 실로 번화한데, 어떤 경우는 본문을 전혀 보지 않고, 곧 제목만 따서 그 뜻을 취했다. 남편에게 강을 잘 건너라고 증언할 때에는 공무도하를 읊고, 그 다시 태어남을 경사스럽게 기다릴 때에는 오생팔구자를 인용하며, 치반을 읊는 자는 다만 비단으로 수놓은 듯한 목의 아름다움을 찬미하는 것이며, 억가마라는 것은 말이 빨리 어지럽게 달리는 것을 서술한 것이니, 모두 이러한 것들은 다 기재할 수가 없다. 서로 번갈아 가면서 조술하고 답습함이 누적되어 일상적인 일이 되었으니, 후생들로 하여금 어떻게 바른 것을 취하게 할 수 있겠는가? 요즈음 전기나 제가의 문집을 거칠게 섭렵하는 가운데, 매번 얻은 바를 즉시 기록하니, 세월이 쌓이고 깊어짐에 혹 권축을 이루게 되었다. 이로 인해 편차하여 제목을 고제해라고 했으니, 배움을 탐하는 군자들은 혹시라도 소홀히 하지 말기를 바란다.44)

위의 언급의 본의는 악부를 인용하되, 斷章取義를 경계하라는 말이었다. 따라서 일반적으로 흔히 쓰이는 노래 가운데는 그 본래의 의도와는 다르게 쓰이는 것을 바로잡기 위해 한 말이지만, 그 이면에는 전해오는 노래에 대한 후세 사람들의 일반적인 인식을 보여주는 의미 또한 담고 있다.

위의 왕예의 언급이 사실이라면 옛날부터 남에게 배를 선물할 때(또는 남편에게 강을 잘 건너라고 당부할 때)는 <공무도하>를 읊었다는 것은 무엇을 의미하는 것일까? 그것은 아마도 강을 건너다 수많은 목숨이 희생되었던 현실에서 죽은 영혼에 대한 鎭

44)『說郛』卷43,「炙轂子雜錄」五卷 唐 王獻(瑯琊人): 序樂: … "炙轂子曰樂府題解序云 樂府之興 肇于漢魏 歷代文士篇詠實繁 或不覩本章 便斷題取義 贈夫利涉 則述公無渡河 慶待彼再誕 乃引烏生八九子 賦雉班者但美繡頸錦 臆歌馬者 序馳驟亂踏 皆若玆不可勝載 遞相祖襲 積用爲常欲令後生 何以取正 頃因涉閱傳記 兼諸家文集 每有所得輒以記之 歲月積深 或成卷軸 因以編次 目之爲古題解 耽學君子 無或忽之也."

魂의 성격을 띤 위로의 노래이자, 무사귀환을 비는 祈願謠가 아닐까 한다.

그런데, 『漢語大詞典』에는 왕예를 최표와 같은 진나라 때 사람이라고 했으나, 『大漢和辭典』에서는 당나라 사람으로 기록하고 있다. 착오가 분명한데, 그의 문집이 전한다고 하면서도 『전당시』에는 9수의 시만 나오며, 郭茂倩의 『樂府詩集』에도 <公無渡河>에 차운한 사람(唐 李賀, 梁 劉孝威, 陳 張正見, 唐 李白, 唐 王建, 唐 溫庭筠, 唐 王叡) 7명 가운데 당나라 사람으로 되어 있다.

4. 作品 分析

郭茂倩의 『악부시집』에 보면 『宋書』 樂志를 인용하여, '相和漢舊曲也 絲竹更相和 執節者歌'(상화는 한 나라 옛 곡이다. 사<줄>나 죽<대>으로 된 악기로 서로 조화를 이루는데, 절을 잡은 자가 노래하는 것이다)라고 한 바 있다. 그런데 <相和曲>에 사용되는 악기는 笙·笛·節歌·琴·瑟·琵琶·箏 등 七種으로서 공후는 여기에 해당되지 않는다.[45] 이 가운데 節(절가)은 『漢語大詞典』에 보면, '일종의 고악기이다. 두 개의 둥근 대나무

45) 宋 郭茂倩 撰, 『樂府詩集』一, 里仁書局, 中華民國 73年, 卷26, 相和歌辭 1, 相和六引 : "<<古今樂錄>>曰「張永 <<技錄>> 相和有四引 一曰箜篌 二曰商引 三曰徵引 四曰羽引 箜篌引歌瑟調 東阿王辭 <<門有車馬客行>> <<置酒篇>>並晉宋齊奏之 古有六引 其宮引 角引二曲闕 宋爲箜篌引有辭 三引有歌聲 而辭不傳 梁具五引 有歌有辭 凡相和 其器有笙笛節歌琴瑟琵琶箏 七種."

를 써서 엮어 만드는데, 위는 합치고 아래는 벌어져서, 마치 그 형태가 키와 같다. 이를 두들겨 소리를 내어 음악을 조절할 수 있다.'[46]라고 되어 있어 절주를 맞추는데 주로 사용한 것으로 보인다.

<공무도하가>는 흔히 악곡명칭인 <箜篌引>으로도 널리 알려져 있다. 악곡에 수반되는 노래였기 때문에 강한 전승력을 지닌 채 오랜 생명력을 유지해 온 것이다. 악부의 형식으로 지어진 <箜篌引>의 '引'은 원래 琴曲에 따른 題名이었다.[47] 『古謠諺』이나, 『詩體明辨』 등에는 한결같이 引體는 '사실의 본말을 서술하는 체'라고 설명하고 있다. 이른바, 사연(배경설화)을 간직한 노래라는 뜻이다. 또한, <琴操>나 <箜篌引>같이 操나 引의 체는 琴이나 瑟악기로 연주되는 것이었다. '操引謠謳歌曲詞調' 등의 八名은 음악으로 말미암아 가사가 정해지는 것이었지, 가사를 다듬어서 음악에 맞춘 것은 아니었다.[48] 다시 말해서 애절한 사연을 간직한 악곡의 노래라는 의미인 것이다.

<공후인>에 대해서는 중국의 역대 유명한 작가들이 차운한 작

---

46) 『漢語大詞典』: 節: "一種古樂器 用兩圓竹編成 上合下開 形似箕 可以拍之成聲以節樂."

47) 梁元帝, 『纂要』, "琴曲 有暢有操有引有弄."

48) 清 杜文瀾 編, 『古謠諺』 卷百<中華書局,1958>에 收錄된 악부체에 대한 기록임.

元氏稹樂府 古題序, "操引謠謳歌曲詞調 八名而又別 其在琴瑟者爲操引 採民甿者爲謳謠 曲度者總謂之歌曲詞調 斯皆由樂以定詞 非選詞以配樂也 詩行詠吟題怨歎章篇 九名 蓋選詞以定樂 非由樂以定詞也."

『珊瑚鉤詩話』 卷三, "品秩先後 序而推之 謂之引."

白石道人, 「詩說」, "守法度曰詩 載始末曰引 體如行書曰行 放情曰歌 兼之曰歌行 悲如蛩螿曰吟 通乎俚俗曰謠 委曲盡情曰曲." / 『詩體明辨』, "述事本末 先後有存 以抽其臆者曰引."

품이 많이 있는데, 그 내용은 대동소이할 정도로 대략 두 가지의 경향을 보이고 있다. 그 하나는 백수광부의 죽음을 낭만적으로 보고 그들 부부의 금슬이 저승에서도 이어지기를 축수하는 내용이고, 또 하나는 백수광부의 어리석음과 무모함을 비판하면서도 그의 죽음에 대해 자연 재해(홍수 등)는 피할 수 없는 인간능력의 한계로 보는 견해이다. 즉, 자연재해 앞에 무력한 인간의 모습을 그리고 있는 것이다. 그 가운데 필자가 주목하는 작품은 唐나라 李賀, 李白, 王叡의 <公無渡河>이다. 이들의 차운시는 백수광부의 죽음의 원인과 당시의 절박한 사정을 비교적 섬세하게 묘사한 것으로 필자는 보고 있다. 뿐만 아니라 왕예의 작품에서 필자가 말하고자 하는 壺의 용도가 술병이 아니라 浮袋로서 인식한 흔적이 엿보이기 때문이다.

① 唐나라 李白(字 太白: 701-762)의 〈公無渡河〉

당나라 이백의 차운시 <공무도하>의 내용은 다음과 같다.

황하물은 서쪽에서 흘러내려 곤륜산을 결단내고
만리의 긴 강물 울부짖듯 달려와 용문에 닿았네.
파도는 하늘에 닿고
요임금은 탄식하네.
우가 백천을 다스릴 때
아이가 우는 데도 들여다보지 못했네.
소용돌이치는 물줄기와 홍수를 감쇄하니
구주가 비로소 누에치고 길쌈을 하네.
홍수의 폐해가 사라졌으니
지금은 아득히 바람과 모래만 날리네.

머리 풀어헤친 늙은이 미치고 어리석어
맑은 새벽 물살을 거슬러 무엇을 하려는가.
주위사람 애석해 하지 않는데 아내는 멈추라 하고
그대여 건너지 말랬더니 괴롭게 건넜구려.
범은 때려잡을 수 있지만
강물만은 어찌 할 수가 없다네.
공은 과연 빠져 죽어 시체가 바닷가에 떠내려가니
큰 고래의 설산 같은 흰 이가 있어,
그대여, 그대여, 뼈가 그 사이에 걸렸으니
공후의 슬픈 가락으로도 끝내 돌아올 수 없다네. 49)

이백의 시는 전반부와 후반부가 다른 모습을 보인다. 전반부는 황하의 범람으로 인해 중국 사람들이 당하는 비극과 근심을 읊은 것이다. 후반부에서는 禹가 물줄기를 다스려 비로소 길쌈이 시작되었음을 말하고 있다. 이백은 백수광부의 죽음을 '自作之孽'로 은연중 표현하고 있으며, 이 때문에 '旁人不惜妻止之'라고 하여 주위 사람들의 냉소적인 자세를 묘사하고 있다. 李白의 <公無渡河>는 일종의 서사적인 구조를 지닌 것으로서 마치 천지창조, 혹은 대홍수 같은 분위기를 연출하고 있다. 자연 재해로부터 벗어나 문명의 시작을 알리는 서사시의 성격을 띠고 있다. 이백은 그의 시에서 백수광부의 죽음을 그 스스로 자초한 화(自作之孽)로 봄으로써 이 노래의 배경설화 해석에 있어 보다 현실적인 면을 살필 수 있는 근거를 마련했다고 볼 수 있다.

49) 郭茂倩,『樂府詩集』卷第26, 相和歌辭 1, "黃河西來決崑崙 咆哮萬里觸龍門 波滔天 堯咨嗟 大禹理百川 兒啼不窺家 殺湍湮洪水 九州始蠶麻 其害乃去 茫然風沙 被髮之叟狂而癡 清晨徑流欲奚爲 旁人不惜妻止之 公無渡河苦渡之 虎可搏 河難馮 公果溺死流海湄 有長鯨白齒若雪山 公乎公乎挂骨於其間 箜篌所悲竟不還."

② 唐나라 李賀(字 長吉: 791-817)의 작품 〈公無渡河〉

당나라 이하의 차운시 <공무도하>의 내용은 다음과 같다.

그대여, 그대여,
박을 가지고 장차 어디로 가시려는가?
굴원은 상수에 빠져 죽었으니 사모할 것이 못되고,
서연은 바다로 들어갔으니 진실로 어리석도다.
그대여, 그대여,
침상에는 골방석 깔려 있고, 소반에는 고기가 있으며,
북쪽에는 현명한 총각 있고,
동쪽 이웃에는 젊은 아가씨 있소.
밭이랑에는 풍성한 기장과 마늘이 있고,
질그릇의 술단지에는 쌀알이 개미처럼 떠있네.
먹음직스런 기장과
마실 만한 탁주가 있으니,
그대여, 그대여, 살 만하지 않소,
머리를 풀어헤치고 탁류로 뛰어들면 어쩌자는 것이오?
현명한 총각과 젊은 아가씨 울음만 구슬플 뿐이지![50]

李賀의 <公無渡河>는 두 가지 중요한 언급을 하고 있다. 박을 가지고 어디로 가려느냐 라는 의문과 함께 집에는 풍부한 음식과 술이 있음을 말함으로써 그가 세상과 갈등을 드러내고 있음을 암시적으로 묘사하고 있다. 즉, 그가 강물에 빠져 죽을 만큼

---

50) 郭茂倩, 『樂府詩集』 卷26, 相和歌辭1, "公乎公乎 提壺將焉如 屈平沈湘不足慕 徐衍入海誠爲愚 公乎公乎 牀有菅席盤有魚 北里有賢兄 東鄰有小姑 隴畝油油黍與葫 瓦甒濁醪蟻浮浮 黍可食 醪可飲 公乎公乎其奈居被髮奔流竟何如 賢兄小姑哭嗚嗚."

절박한 사연이 있다기보다는 개인적인 결벽성이나, 주변과의 조화를 이루지 못하는 인물로 암시하고 있는 듯하다.

여기서 그가 들고 가는 병은 분명 술병으로 보기는 어려운 점이 있다. 더구나 그가 언급한 인물, 즉 굴원과 서연은 다 자신의 결벽성으로 인해 세상과의 갈등을 보여준 인물이라는 점에서 백수광부의 행위가 '자작지얼'이라는 것을 암시하고 있는 것이다.

③ 唐나라 王叡(약 831년 前後在世)의 작품 〈公無渡河〉

당나라 王叡의 차운시 <공무도하>의 내용은 다음과 같다.

탁류 물결 도도하고 새벽 안개가 끼었네
그대 건너지 말라 했건만 괴롭게 건넜구려
바람불고 격랑치니 불러도 듣지 못하고
박을 차고 가는 것 보았는데 물 가운데로 휩쓸렸네
물결이 옷을 헤치고 얼마 못가 침몰하니
시체가 빠져 깊이 들어감이여, 교룡과 이무기의 굴이로다
교룡과 이무기가 모두 취함이여, 그대의 피가 말랐도다
밀어서 황사로 끌어옴이여, 그대의 뼈만 뜨는구나
그때에 당신은 죽었으니, 나는 어디로 가야 하는가?
마침내 파도에 나아가 혼백이나 합하려네
원컨대, 정위가 돌을 물어다 메우는 마음으로
황하의 근원과 샘의 맥을 막으리라[51]

51) 郭茂倩, 『樂府詩集』 卷26, 相和歌辭1, "濁波洋洋兮凝曉霧 公無渡河兮公苦渡 風號水激兮呼不聞 提壺看入兮中流去 浪擺衣裳兮隨步沒 沉屍深入兮蛟螭窟 蛟螭盡醉兮君血乾 推出黃沙兮泛君骨 當時君死妾何適 遂就波濤合魂魄 願持精衛銜石心 窮取河源塞泉脈."

위의 시에는 백수광부의 그날의 사건이 매우 현실감있게 제시되어 있다. 박을 차고 가는 것을 보았지만 어느덧 물 가운데로 휩쓸려 백수광부는 익사한 것이다. 박을 차고 간 것을 보았다는 것은 은연중 壺의 용도가 도강의 수단이었음을 의미하는 것은 아닐까 추론해 본다. 그의 처는 혼백이나마 합하고자 투신하게 되고, 그 불행을 가져다 준 한스런 거센 물결을 정위 새가 돌을 물어다가 바다를 메우듯이, 다시는 이 같은 비극이 되풀이되지 않기를 간절히 바라는 기원을 읊은 것이다.

<공무도하>의 차운 가운데 梁 劉孝威의 시와 唐 王叡의 시에는 銜石이라는 精衛에 얽힌 고사가 나온다. 이 이야기는 炎帝의 딸 女娃에 대한 전설이다. 여왜가 동해로 놀러갔다가 파도가 일어 바다 속에 빠져 죽어 돌아오지 못하게 되었다. 그녀의 영혼은 한 마리의 새로 변했는데 까마귀와 비슷하였고, 이름은 '精衛'라고 했다는 것이다. 그녀는 자신의 젊은 목숨을 앗아간 바다를 원망하여 입으로 서산의 작은 돌멩이와 나뭇가지들을 물어다가 동해에 던져 넣어 그 넓은 바다를 메우려고 한다는 슬픈 이야기다.[52] 이 새를 志鳥, 誓鳥, 寃禽, 또는 帝女雀이라고도 하는데, 이 같은 이야기가 전승되면서, <공무도하가>에 영향을 미쳤을 것임은 의심의 여지가 없다고 본다.

왕예에 관한 기록은 별로 없는 편이다. 『大漢和辭典』에 간단한 설명<全唐詩 19>이 보이고, 『中國文學家大辭典』에 "왕예(약 831년 전후하여 존재한 사람): 왕예의 자는 자세하지 않다. 스스로 호를 적곡자라 했으며, 사는 곳과 나고 죽은 해, 및 평생의 사실 등이 모두 자세하지 않다. 대략 당나라 문종 태화년간을 전후하

52) 『山海經』, 北次三經, "又北二百里曰發鳩之山 其上多拓木 有鳥焉 其狀如烏 文首·白喙·赤足 名曰精衛 其名自詨 是炎帝之少女名曰女娃 女娃遊於東海 溺而不返 故爲精衛 常銜西山之木石以堙于東海".

여 살았던 사람이다. 저서로 문집 5권이 있는데(전당시) 세상에 전한다"[53]라고 되어 있는 것이 전부다. 『全唐詩』에는 王叡의 작품이 모두 15수가 실려 있는데, <공무도하곡> 등이 중복되므로 실제는 9수(公無渡河 · 松 · 竹 · 解昭君怨 · 祠漁山神女歌<祠神歌: 迎神 · 送神> 2수 · 牡丹 · 秋 · 燕)인 셈이다. 작자에 대한 소개는 "王叡 元和後詩人 自號炙轂子 集五卷 今存詩九首"라고 되어 있는 것이 전부다.

이상으로 앞에서 살펴본 배경설화와 전승경위를 중심으로 필자는 이 노래의 의미를 다음과 같이 해석해 보고자 한다.

公無渡河　　님이여, (오늘은) 강을 건너지 마시구려
公竟渡河　　님이여, 끝내 (제 말을 듣지 않고) 건너시다가
墮河而死　　물에 빠져 돌아가셨구려
當奈公何　　님이여, (장차) 이 (허망한) 일을 어찌 하시렵니까

괄호 안의 의미는 <공무도하가> 자체가 극도의 절제를 통해 이루어진 점을 감안하여 필자가 당시의 상황을 재현하고자 임의로 삽입한 부분이다. 위 노래의 배경을 필자가 임의로 부연하면 다음과 같다. 백수광부에게 있어 강을 건너는 행위는 일상적인 것이었다. 그것은 삶의 수단이면서 주변 사람들도 마찬가지 의미를 지니는 것이다. 강을 배경으로 생활하는 사람들에게 배와 다리는 절대적인 생활수단이자, 교통수단이다.

또한, 배를 소유하거나, 자유롭게 이용할 수 있다는 것은 생활

53) 『中國文學家大辭典』(譚正璧 著, 臺灣 河洛圖書出版社, 民國 67년), "王叡(約公元八三一年前後在世):王叡字不詳 自號炙轂子 里居生卒年及生平事實均不詳 約唐文宗太和中前後在世 著有文集五卷(全唐詩) 傳於世".

의 여유를 의미한다. 하층민들에게 있어 그것은 여유롭지 못한 생활의 한계일 수도 있다. 그렇다고 강을 건너지 않을 수는 없는 것이다. 이 배경설화에서 주목되는 것은 곽리자고의 모습이다. 곽리자고는 津卒이고, 따라서 나루터를 지키거나, 배를 움직이는 사람이다. 여기서 그는 나루터의 애환을 무수히 보아온 목격자로 등장한다. 이른 새벽에 나오다가 백수광부의 일을 목격한 것으로 보아 백수광부는 그보다 더 일찍이 강을 건너는 사람으로 추정된다. 아니면 배삯을 아끼기 위한 방편으로 그랬는지도 모를 일이다. 주위에 배가 있음에도 백수광부가 죽었다는 사실이 슬픔을 극대화하는 장치인 것이다.

이날도 여느 때와 같이 백수광부는 이른 새벽 집을 나와 강을 건너기 시작한다. 배가 없던 그에게, 혹은 배삯을 아끼기 위한 방편에서 그는 평소에 자주 이용했던, 도강의 보조기구인 표주박(호리병)을 낀 채 강을 건너기 시작한다. 이날은 여느 때와 달리 물살이 거세게 흐르고 있었다. 그러나 생업을 위해 건너지 않을 수 없었던 그는 다소 조심스럽게 물살을 헤치며 나아간다. 壺(표주박, 호리병)는 원래 파도가 거칠지 않은 곳에서 사용하는 補助浮袋인 것이다.

이때, 그의 아내는 전날의 꿈자리가 사나운 것과 풍랑이 거센 것을 보고는 불길한 예감이 들어 급히 달려와 남편의 渡江(호리병만을 의지한 채)을 만류하고자 한다. 그러나 남편은 어느덧 저만치 가고 있었다. 급류의 와중으로 빨려들어 가는 남편의 모습은 그녀의 가슴에 엄청난 고통으로 아로새겨졌다.

그녀가 쫓아오면서 극구 말렸다는 배경설화의 문맥을 미루어 보면 이미 집을 나서기 전에도 한 두 차례 만류는 있었던 듯이 보인다. 그러나 그녀의 남편은 고집이 세고, 우직한 사람이었던 듯하다. 우직한 성격으로 일과 가정만을 위해 살았던 백수광부에게 그 같은 아내의 만류는 이제까지 실패가 없었기 때문에 한갓 기우로 여겼음직하다.

이백은 이 같은 백수광부의 면모를 표현하여 自作之孽[54]로 묘사한 바 있는데, 매우 적절한 표현이라고 본다. 이 같은 지적은 이미 이백의 시에도 나타나고 있지만, 소사빈의 주에도 아래와 같이 지적하고 있다.

> 사빈이 이르기를 이 편의 대의는 홍수가 천하를 덮을 적에 백성들이 어리석어서 하늘의 재앙을 피할 수 없다는 것을 말한 것이다. 땅은 홍수를 다스려 하늘의 뜻을 이룩했으니, 상하가 서로 편안한 때에는 아무런 일이 없었는데, 무모하게 황하를 건너다 죽었다면, 이것은 소위 스스로 지은 재앙이 아니겠는가? 그러므로 또한 애처롭기는 하지만 족히 불쌍히 여길 것은 못되는 것이다. 그러므로 시에 이르기를, '주위 사람들이 애석해 하지 않는데 그 아내는 멈추도록 했다'고 했으니, 이것은 또한 아내의 멈추라는 것을 풍자한 것이고, 당시의 간사스런 사람이 스스로 법망의 그물에 투신한 것이니, 이를 빌어 풍유한 것이다.[55]

'자작지얼'과 '스스로 법망의 그물에 투신했다'는 지적은 백수광

---

54) 郭茂倩, 『樂府詩集』 卷26, 相和歌辭 1, 李白, "黃河西來決崑崙 咆哮萬里觸龍門 波滔天 堯咨嗟 大禹理百川 兒啼不窺家 殺湍湮洪水 九州始蠶麻 其害乃去 茫然風沙 被髮之叟狂而癡 清晨徑流欲奚爲 旁人不惜妻止之 公無渡河苦渡之 虎可搏 河難馮 公果溺死流海湄 有長鯨白齒若雪山 公乎公乎挂骨於其間 箜篌所悲竟不還".

55) 『分類補注李太白詩』 卷3, "士斌曰: 此篇大意 謂洪水滔天下 民昏墊 天之作孽 不可逭也 地平天成 上下相安之時 乃無故 馮河而死 是則 非所謂自作孽者歟 亦可哀而不足恤也已 故詩曰 旁人不惜妻止之也 是亦諷止當時不靖之人 自投憲綱者 借此爲諭云耳".

부의 행동이 주변 사람들의 동정을 받지 못한 외골수적이며 무모하다는 것을 보여주고 있다.

그런데, 문제는 백수광부가 죽은 것에 있는 것이 아니라, 그 다음에 있었다. <공무도하가>가 악곡에 실려 오랜 세월동안 인구에 회자되고, 뭇 사람들의 심금을 울린 것은 백수광부의 죽음이 아내의 죽음을 이끌어내는 계기적인 죽음으로 작용한 데에 있었다. 그것은 평소 백수광부와 그의 아내가 금슬이 좋았음을 의미한다. 아내의 투신은 그 둘의 사이를 풍랑도 갈라놓을 수 없음을 증명한 것이기 때문이다.

아내가 남편의 죽음을 자신의 죽음으로 받아들였다는 것은 일심동체가 아니면 불가능하다. 동정이나 의무로는 이루어질 수 없기 때문이다. '白首狂夫'를 한낱 미친 사람으로 본다면 남편의 뒤를 따라 투신한 아내의 행동을 설명하기 어렵다. 또한, 이 경우에는 부부간의 사적인 일일 뿐이니, 전승은 불가능하다.

'白首'라는 표현은 노인을 의미하거나 세상 물정을 잘 아는 사람을 뜻한다. 문제는 '狂夫'라는 표현인데 이때의 광부라는 표현은 외골수적이며, 우직하고, 타산적이지 못한 성품을 뜻하는 겸칭으로 필자는 보고자 한다. 배경설화는 여기까지가 현실인 것이다.

이 사건이 계기가 되어 악곡화되고 전승되는 가운데 약간의 낭만적이고 교훈적인 이야기가 덧붙여진 것이다. 그것은 민중들이 이 설화의 전승에 참여하면서 보다 극적으로 구성하게 된 부분이며, 동시에 강한 전파력을 지니는 요소이기도 하다. 특히 악곡화하는 과정에서 일차적으로 箜篌라는 여성적인 악기가 등장한다는 것과 뒤에 남성적인 악기인 琴이 등장하는 것은 매우 상징적인 의미를 지닌다고 본다. 『史記』 樂書에 "실 줄로 만든 현악기의 소리는 애조를 띠니, 애조를 띠기 때문에 청렴함을 세우고, 청렴함으로써 뜻을 세운다. 이리하여 군자는 琴瑟의 소리를 들으면 志義를 품고 있는 신하를 생각한다. … 그러므로 음악을 즐기는 것은 군자의 의를 기르는 것이다. 대저 옛날에 천자와 제후가 鐘磬의 음을 듣고서 조정을 떠나지 않았고, 경대부가 琴瑟의 음을 듣고서 조정을 떠나지 않은 것은 덕행과 의를 기르고, 淫逸을 방지하기 위함이었다"[56]고 한 것은 이 같은 상황을 잘 보여주는 교화론적인 의미인 것이다.

즉, 이 설화가 채록되어 전승된 중요한 이유는 지아비의 죽음을 따르는 烈婦의 자세를 널리 드러내어 교화의 수단으로 삼고자 한 것이 가장 큰 이유이고, 그 다음은 극적인 구성을 통하여 악곡화하면서 이를 널리 전파하고 되새기기 위한 것이었다. 고대시가의 존재이유 중 가장 큰 것은 통치를 보다 용이하게 할 수 있는, 忠孝烈의 덕목에 부합되는 이야기를 악곡으로 재구성하여 효과적으로 전파하고 가르치는 것이었음은 『三國史記』나, 『三國遺事』, 『高麗史』, 『朝鮮王朝實錄』 등의 기록이 잘 보여주고 있다.

이 같은 교화론적인 기록 태도를 잘 보여주는 것이 고대가요와 배경설화와의 관계이다. 고대가요는 그 생성배경이 애절하거나, 교훈적인 것일수록 널리 회자되고 유포되면서 의미를 확대해 간다. 필자는 津吏의 딸 娟의 <河激之歌>와 <崔子渡河>를 들어 고대인들의 시가와 배경설화에 대한 인식을 살피고자 한다.

> 열녀전에 이르기를, 조간자가 남쪽으로 초나라를 공격할 때, 나루터의 관리가 취해 잠들어서 건널 수가 없었다. 이에 불러 죽이고자 하니, 진리의 딸 연이 노를 가지고 앞에 나와 이르기를, "전에 아버

56) 『史記』 樂書, "絲聲哀 哀以立廉 廉以立志 君子聽琴瑟之聲 則思志義之臣 … 故樂音者 君子之所養義也 夫古者 天子諸侯聽鐘磬未嘗離於庭 卿大夫聽琴瑟之音未嘗離於前 所以養行義而防淫佚也"

지가 주군께서 동쪽의 깊이를 헤아릴 수 없는 강을 건넌다는 말을 듣고, 풍파가 일 것을 두려워하여 구강과 삼회의 수신에게 무사함을 빌었는데, 무축이 주는 음복주를 이기지 못하고 깊이 취해서 이 지경에 이른 것입니다. 원컨대, 소첩이 보잘 것 없는 몸이나, 아비의 죽음을 대신코자 합니다." 하였다. 간자가 장차 건너려 할 때, 노젓는 사람이 한 명 모자라자, 연이 노젓는 사람으로 충원되기를 원하여, 드디어 함께 건넜다. 중류에 이르러 하격지가를 부르니, 노래에 가로대, "저 황하에 올라감이여, 서쪽을 바라보네 / 맑은 물이 파도로 솟구쳐 올라오니, 아득하고 천지가 어두컴컴하네 / 복을 얻기를 빌다가, 술에 취했도다 / 장차 죽이고자 하니, 이내 마음 두려울 뿐 / 교룡이여, 도우시어 무사 귀환을 주장해주오 / 불려와서 노를 저으니, 무사히 건넘을 의심치 마시오." 하였다. 간자가 크게 기뻐하고, 부인으로 삼았다.57)

위 <하격지가>의 배경설화에도 무사히 강을 건너기가 어려웠던 사실과, 아비를 대신해서 죽으려는 딸의 효성과, 강을 무사히 건너기 위해 水神에게 노래하는 모습 등이 잘 묘사되어 있다. 『列女傳』에서는 이 이야기를 자세히 기술한 후에 "찬송하여 가로대, 조간자가 강을 건너려니, 진리가 술에 취해 정신을 잃었네, 장차 죽이려 하니, 그 딸 연이 두려워 놀랐네, 노를 들고 나아가 말하니, 아비는 죽음을 면했네, 그 행실 오랫동안 숨기기 어려워, 마침내 세상에 드러났네."58)라고 하여 딸의 갸륵한 행실을

57) 『太平御覽』 卷572, 樂部 10, 歌三: … "列女傳曰 趙簡子南擊楚 津吏醉臥 不能渡 召欲殺之 津吏女娟持檝而前曰 昔 父聞君東渡不測之水 恐風波之起 故禱九江三淮之神 不勝巫祝 杯酒飲沈醉 至於此矣 妾願鄙軀 易父之死 簡子將渡 用檝少一人 娟願備員用檝 遂與渡 中流奏河激之歌 歌曰昇彼河兮 西觀 淸水揚波兮 杳冥 禱求福兮 醉不醒 誅將加兮 妾心驚 蛟龍助兮 主將歸 呼來掉兮行勿疑 簡子大悅 立爲夫人."

58) 『列女傳』, 趙津女娟: … "頌曰 趙簡渡河 津吏醉荒 將欲加誅 女娟恐惶 操檝進說 父得不喪 維久難蔽 終遂發揚."

널리 전파하려는 의도를 드러내고 있다.

<최자도하>의 이야기도 위의 맥락과 같은 사연으로 <공무도하가>와 크게 다르지 않는 전형적인 시가의 배경설화로 전해지고 있다.

> 또 이르기를, 최자도하는 민자건이 지은 것이다. 최자는 일찍 어머니를 잃었다. 그 계모는 항상 죽은 생모의 이름으로 불렀는데, 대답하지 않으면, 곧 매질을 했다. 최자는 어머니 이름과 같이 불려지는 것을 싫어해서 자살하고자 했으나, 아버지의 악함을 드러낼까봐 두려워했고, 또 죽은 어머니의 이름에 응하면, 이 또한 거슬려서 의가 아니었다. 이에 능히 헤엄쳐서 황하를 건너갈 수 있다고 핑계를 대고, 자신의 배에 돌을 매고서, 물에 들어가 스스로 빠져 죽었다. 뭇사람들은 다만 그가 헤엄을 잘 치지 못한다고 생각했지, 고의로 스스로 빠져 죽은 까닭은 알지 못했다. 이러므로 아버지의 허물은 드러나지 않았다. 민자건이 그 능히 아버지의 허물을 감추어 준 것을 훌륭하게 여기고, 이를 가슴 아파하고 애통하게 여겨서 금을 끌어다 연주하니, 그 뜻을 아름답게 여긴 것이다. 그러므로 이르기를, '최도하'라고 했다.[59]

아버지와 계모, 그리고 전실 자식과의 관계는 겉으로는 가정의 화목함으로 윤색되어 있지만, 이면에는 생모와 계모사이에서 갈등하는 아들의 불행한 입장을 묘사한 것이다. 그럼에도 자식이 죽음을 택하는 이유가 아버지의 허물을 드러내지 않기 위함이었

59)『太平御覽』卷578, 樂部 16, 琴中: … "又曰 崔子渡河者 閔子騫之所作也 崔子早無母 其後母常以其死母名呼之 不應者 後母輒笞之 崔子惡與其母同名 欲自殺 恐揚父惡 又死母名應 則逆非義也 則以能游 渡河爲辭 繫石於腹 入水自沈而死 衆人 但以爲不能游耳 莫知其故自沈 是以父過不揚 閔子騫大其能爲父隱 傷痛之 故援琴而鼓之 以美其意 故曰崔渡河"

다는 것은 봉건시대의 미덕, 즉 아랫사람의 희생을 통하여 가정을 유지하는 소극적인 면을 드러낸 것이다. 위의 <최자도하>는 <공후인>과 마찬가지로 琴으로 연주되었다는 사실만 보아도 그 전승의 이유를 짐작할 만한 것이다.

필자는 여기서 <箜篌引>이 왜 瑟調와 琴操로 전승되고 있는가를 추론해 보고자 한다. 공후→슬조→금조로 이어지는 전승경위는 바로 다름 아닌 男女相悅之詞가 忠臣戀主之詞로 치환될 수 있는 논거를 뒷받침하는 것이다. 필자는 다음과 같이 세 단계의 가설을 제시하고자 한다.

첫째는 瑟調의 의미이다. <공무도하가>가 악곡화하기 전의 사실, 즉 백수광부가 빠져 죽고, 그의 아내가 투신한 상황은 비극적이고 안타깝다. 이때의 노래나 분위기는 분명 애절한 곡조에 喪夫의 슬픔을 담고 있다. 공후라는 악기는 이 같은 상황을 현장의 목소리로 재현하고 있지만, 이는 亡國(亡夫)의 음악이요, 鄭·衛의 음악으로서 취할 것이 못된다고 보았던 것이다. 아래와 같은 언급이 그 예가 될 수 있다.

공후는 정나라·위나라의 음악에서 시작되었다. 그것이 망국의 음악이기 때문에 공국의 후라고도 하고 또한 감후라고도 한다. 고악부에 공무도하지곡이 있으니, 옛날에 백수옹이 있어 황하에 빠져 죽었다. 이를 노래를 불러 슬퍼했으니, 여옥이 공후를 잘해서 이 곡조를 지어서 애처로운 정을 부쳤다. 함통 연간에 제일부악에 장소자라는 이름을 잃은 사람이 있어 아름답게 연주함이 고금에 으뜸이었는데, 지금 서촉에 있다. 태화년간에 이제고라는 사람이 있어 또한 상수였는데, 일찍이 어느 문중의 악사가 되었다. 뒤에 어느 여자가 있어 또한 이 기능에 뛰어나서 서상희보다 앞섰다. 대중 말년에 제고가 아직 살아 있어 궁중의 내관이 그를 끌어다가 교방에 들이려고 했었는데, 몸이 쇠약함으로 거절하니 이에 그만 두었다. 호부악 가운데 이 음악이 절묘하기가 뛰어났고, 교방에 30명의 악사가 있지만 공후에 능한 사람은 한, 두 사람뿐이었다.60)

위의 예문에 보면 공후를 호부악에 배치하고, 망국의 음악으로 인식하고 있음을 알 수 있다.

羅根澤은 『樂府文學史』에서 <공무도하가>를 감상하면서 평하기를, "문장은 겨우 16자이지만, 목메어 흐느끼는 참상은 사람으로 하여금 눈으로 보는 광경이듯 하여 차마 읽기를 마치지 못하게 한다"라고 하여 <공무도하가>의 핍진하고 애절한 사연을 소개하고 있다. 이어서, 『古今樂錄』에 "지금 삼조 가운데 공무도하가 있는데, 그 소리가 애절하기 때문에 슬조에 편입한다."라고 하여 <공무도하가>를 슬조에 편입한 이유를 소리가 애절함(其聲哀切)으로 설명하고 있다. 또한, "공후인은 노래할 때 슬조로 한다. 이것은 이 편이 비록 상화인에 들어 있으나, 노래할 때는 슬조로 하는 것이다."61)라는 언급은 이 노래의 탄생배경을 극대화하여 현장의 목소리로 재현하려는 의도로 보인다.

張敬文의 『中國詩歌史』에도, <공후인>을 평하여, "이 노래는 쓸쓸한 두어 마디 말이지만 한 구마다 반전되고, 한 자마다 눈물을 자아내니 절주의 짧음과 가락의 슬픔은 사람으로 하여금 코가 찡하는 슬픔을 느끼게 한다."62)라고 한 것도 이 같은 의미를

---

60) 唐, 段安節 撰, 『樂府雜錄』, 箜篌: … "箜篌 乃鄭衛之音 權輿也 以其亡國之音 故號空國之侯 亦曰坎侯 古樂府有公無渡河之曲 昔有白首翁溺於河 歌以哀之 女麗玉善箜篌 撰此曲 以寄哀情 咸通中 第一部 有張小子忘其名 彈美冠于今古 今在西蜀 太和中 有李齊皐者 亦爲上手 曾爲某門中樂史 後有女亦善此伎 爲先徐相姬 大中末 齊皐尙在 有內官擬引入敎坊 辭以衰老 乃止 胡部中 此樂妙絶 敎坊雖有三十人 能者一兩人而已."

61) 羅根澤, 『樂府文學史』, 文史哲出版社, 1981, pp.44-45. "文纔十六字 而嗚咽啜泣之狀 令人恍如目覩 不忍卒讀." / "今三調中自有公無渡河 其聲哀切 故入瑟調." / "箜篌引歌瑟調 是此篇雖在相和引 而歌時則入瑟調."

62) 張敬文, 『中國詩歌史』, 幼獅書店印行, pp.58-59. "此歌 寥寥數語 而一

확인해주고 있다.

한편, 淸나라 王琦가 注한 『李太白全集』을 보면, 『通典』에서 인용한 공후에 대한 이야기가 다음과 같이 나온다.

> 공후는 한무제가 악인 후조를 시켜 만들어서 천신께 제사를 지냈는데, 혹은 후휘가 만든 것이라고도 한다. 그 소리가 구덩이를 힘껏 치는 소리를 내면서 절주에 응하므로, 감후라고도 한다. 이 소리<감후>가 와전되어 공후가 되었는데 후란 악공의 성을 말미암은 것이다. 옛날에는 교사나 종묘, 또는 아악에 사용되었는데, 근래에는 오로지 초나라 음악에만 쓰인다. 혹은 사연의 미미지악이라고도 하는데 틀린 말이다. 구설에 또한 금제에 의한다고 하였으나, 지금 그 형태를 살펴보면 슬과 비슷하지만 작고 칠현이며, 비파와 같이 튕겨 탄주하는 것이다.63)

공후라는 악기는 고대에는 천신께 제사지내는 악기로 사용하였지만 지금은 楚聲에만 사용되는 것으로, 瑟과 비슷하지만 비파와 같이 연주한다는 것이다. 師延의 <靡靡之樂> 이란 紂가 사연을 시켜 만든 亡國之音을 이르는 것이다. 우리가 흔히 알고 있는 거문고<玄琴: 六絃> 와 琴은 서로 다르며, 琴(五絃, 七絃)과 瑟(二十五絃)도 서로 다르고, 금을 변형시킨 거문고는 우리의 악기이고, 箜篌는 하아프의 총칭이다.64)

句一轉 一字一淚 節短調悲 令人酸鼻."

63) 淸 王琦 注, 『李太白全集』上, 中華書局, 1995, p.161. "通典:箜篌 漢武帝使樂人侯調所造 以祀太一 或云侯輝所作 其聲坎坎應節 謂之坎侯 聲訛爲箜篌 侯者 因樂工人姓耳 古施郊廟雅樂 近代專用於楚聲 或謂師延靡靡之樂 非也 舊說亦依琴制今按其形 似瑟而小 七弦 用撥彈之如琵琶也."

64) 張師勛, 『한국악기대관』, 한국국악학회, 1969, pp.87-98.

둘째는 琴操에 관한 것이다. 琴은 남성의 상징이다. '琴瑟相和'는 음에 있어서도 조화를 이루지만, 陰陽의 조화이기도 하다. 琴은 瑟과 함께 중국의 전통 악기이며, 雅樂의 登歌에 편성되는 악기이다. 부부간의 아름다운 사랑을 이야기할 때 흔히 쓰이는 이 같은 표현은 중국 차운시의 많은 부분이 이 같은 배경을 드러내 보여주고 있다.

『中國音樂辭典』에 보면 <琴操>에 대해 다음과 같은 설명을 하고 있다. "유향의 별록에 이르기를, '군자는 전아한 금의 의취로 말미암아 종용하게 두루 생각에 미치고자 하는 것이다. 그 도로써 슬프고 근심스러운 것을 막으니, 작자가 그 곡을 이름하여 조라고 하는 것'이니, 재앙이나 해를 만나더라도 그 절조를 잃지 않는 것을 말하는 것이다."[65]라고 하여 <琴操>의 의미를 분명히 제시하고 있다.

『宋史』樂志에 보면, "천지의 조화를 깊게 하는 것은 음악만한 것이 없고, 음악의 뜻을 펴는 것은 금만한 것이 없다. 여덟 가지 악기 중엔 현악기를 으뜸으로 삼고, 현악기 중엔 금을 으뜸으로 삼으니, 여러 악기 중에 금의 덕이 가장 뛰어나다. 백호통에 이르기를, '금이라는 것은 사악함을 금지하여 사람의 마음을 바르게 하는 것이다'라고 했으니, 여러 악기는 모두 금의 신첩됨이 마땅한 것이다."[66]라고 하여 琴律의 의미를 언급하고 있다.

셋째는, 琴瑟相和의 의미이다. 이들 부부의 죽음은 비록 이승

---

65) 『中國音樂辭典』(張樂水・戴安琳 編, 常春樹書坊, 臺北 중화민국 74년), "劉向「別錄」曰 :君子因雅琴之適 故從容以致思焉 其道閉塞悲愁而作者名其曲曰操 言遇災害不失其操也."

66) 『宋史』卷142, 志95, 樂17: … 琴律: … "賾天地之和者莫如樂 暢樂之趣者莫如琴 八音以絲爲君 絲以琴爲君 衆器之中 琴德最優 白虎通曰 琴者禁止於邪 以正人心也 宜衆樂皆爲琴之臣妾."

에서는 비극으로 끝났지만 저승에서는 행복할 것이라는 의미로 전승되고 있다. 많은 시인들이 그 같은 기원을 노래했고, 또한 백수광부 아내의 殉愛譜는 통치자들에게 백성을 교화할 수 있는 좋은 소재를 제공한 셈이다. 금슬이 악기 편성상 서로 잘 어울리듯이 부부의 애절한 사연도 이에 잘 부합한다. 이 같은 내용을 악곡화하여 전파하거나, 장려하는 것은 통치자들에게는 좋은 교화의 사례가 된다. 또한 이것은 男女相悅의 노래가 대상만을 바꾸어 志節을 노래하는 戀主之詞로의 변용이 용이하다는 점에서 적극적인 수용의 대상이 되는 것이다.

정병욱이 언급한 '물을 매개로 하여 사랑과 죽음이 결합된 이 노래의 주제는 사랑과 죽음은 서로 바꿀 수 있다는 강렬한 애정지상주의를 나타낸 것'이라는 견해나, '끝 구절인 '當奈公何'와 같은 감탄과 애상과 諦觀과 懷疑가 한데 엉긴 이 표현양식이 하나의 스타일로 고정되기까지는 실로 오랜 역사가 흘렀다는 사실을 우리는 이 노래의 끝 구절에서 찾아볼 수 있으리라고 본다'는 표현, 그리고, '따라서 이 노래는 우리의 문학이 서사문학에서 서정문학으로 옮아가는 시기에 이루어졌다고 보는 견해가 옳다'[67]는 지적은 중요하다고 본다. 이 같은 견해는 노래보다 배경설화가 더 중시된 우리 고대가요의 전통에서 볼 때, 배경설화는 바로 교화론적인 의미의 연장선상에 있음을 보여주고 있는 것이다.

張德順이 이 작품을 "이는 한국의 여심(女心)을 노래한 첫 번째의 작품이다. 오직 하나만의 님을 따르는 그런 정렬(貞烈)의 여심을 말이다. 유교적인 실천윤리에서 말하는 열녀의 교훈이 들어오기 전에도, 우리의 여성은 선천적으로 정렬의 지조는 갖고

---

67) 鄭炳昱, 「한국시가문학사」상, 『한국문화사대계』 V-언어 · 문학사(下), 고려대 민족문화연구소, 1967, pp.784-785.

있었다. 사랑하는 남편이 죽으면 자기도 따라서 죽어야 한다는 이 여심은 그 후 면면히 우리의 노래속에 침잠되어 왔다."[68]라고 지적한 것도 노래보다는 <공무도하가>의 전승 비결이 '한국인의 사랑과 이별의 원형'으로 보는 데에 초점이 맞추어져 있음을 의미한다.

5. 結 論

필자는 이 논문을 작성하면서 새로운 발상의 전환을 시도했다. 그것은 기존의 연구시각을 180도로 바꾸는 작업이었기 때문이다. 따라서 이 같은 발상전환이 어떻게 받아들여질까를 염려하지 않을 수 없었지만, 한편으론 필자를 포함한 연구자들의 안이한 자세를 반성할 수 있다는 점에서 의미있는 작업이었다.

고대의 기록 가운데에는 신비스럽거나, 혹은 불가사의하게 묘사된 경우가 많이 있다. 이같이 미분화되고, 전체적인 사고체계를 지닌 고대인들을 설명할 때에 현대인들은 오히려 현학적으로, 또는 신비스럽게 기술하는 경향이 있다. 이로 인해 실상에 접근하는 것이 오히려 차단되어 왔다. 게다가 전승되는 과정에서 첨삭이 가해지거나 당대의 가치관이 덧입혀져서 확대 재생산되는 현상 또한 염두에 두어야 한다. 이런 난제를 풀어나가야 하는 것이 고대가요연구의 전제가 되는 것이다.

필자가 이 논문에서 강조한 것은 크게 네 가지로 요약할 수 있다.

68) 張德順, 『이야기 國文學史』, 새문社, 2001, p.41.

첫째, <공무도하가>의 배경설화에 나오는 白首狂夫를 문면 그대로, 또는 무당으로 보는 견해에 반대하면서, 백수광부를 고지식하나, 고집이 센 필부로 보았다. 狂夫라는 표현은 미치광이가 아니라, 아내가 남편을 지칭하는 겸사나 범칭으로 본 것이다. 만일, 미치광이로 본다면 아내의 입장에서는 따라 죽어야 할 하등의 이유가 없고, 동시에 주변 사람들의 마음을 사로잡을 소재가 될 수 없는 것이다. 더군다나, 강한 전승력을 가지고 후대에 전해지려면 그 이면에 애절한 사연과 함께 인륜세교적인 교화가 없이는 불가능하다. 백수광부의 죽음이 아내의 투신을 이끌어낸 계기적인 죽음이 된 것은 목숨과도 바꿀만한 부부의 확고한 애정이 없이는 불가능하다는 점과, 그같은 사연은 곧 통치자의 입장에서는 널리 알리고 교화할 수 있는 훌륭한 소재라는 점에서 전승이 가능하다.

둘째로, '被髮提壺'의 被髮은 미치광이의 형상이 아니라, 中華中心的 사고에 기인한 주변의 夷民族이나, 야만족 등 평범한 하층민의 모습을 형상화한 것으로 보았다. 즉, 의관을 갖추고 문화적인 생활을 영위하는 치자나, 귀족층의 입장에서 강가를 배경으로 살아가는 하층민들의 일상적인 행색에 대한 묘사로 본 것이다. 그 같은 표현은 오히려 그들의 신분이나, 직업을 짐작할 수 있는 용어가 될 수 있다. 이 같은 하층민들에게는 더더욱 교화가 필요하다는 관점에서 보면 이 같은 추정은 오히려 강한 설득력을 지닐 수 있다.

셋째로, 壺의 용도를 渡江의 보조기구로 본 것이다. 호리병(표주박, 바가지)은 이미 오래전부터 다양한 용도로 쓰여져 왔고, 그중에서도 부력을 이용해서 이를 차고 강을 건너는 도구로서 애용되어 온 것이다. 그러나 이 경우는 어디까지나 보조도구에 불과하지, 큰 파도나 험한 강을 건너기에는 역부족이다. 초보자가 헤엄을 배울 때, 곧잘 이 같은 보조기구를 사용해 왔다. 요즘도 중국에서는 소나 양의 내장에 바람을 넣어 이를 타고 강을 건너는 시합을 재현하고 있는 것으로 보아 호리병이 도강의 주요한 수단이었음을 쉽게 추정할 수 있다. 배가 없거나, 배삯이 부담스러운 경우, 하층민의 입장에서 이 같은 보조도구를 사용하여 도강을 했으리라는 추정은 얼마든지 가능하다.

넷째로, <공무도하가>의 전승경위이다. 순애보적인 사연은 분명 아름답고, 널리 알릴 만하고, 인륜세교적인 것임에 틀림없다. 특히, 교화라는 것은 인간이 동물과 구별되어, 만물의 영장이 될 수 있는 확고한 통치행위인 것이다. 현장에서의 애절한 사연이 넋두리로 이어지고, 이것이 후에 箜篌로 연주되어 여인들의 입으로 유전하다가, 통치적인 차원에서 琴操로 회자된다는 것은 이 배경설화와 노래가 공적으로 인정을 받은 인륜세교적인 노래라는 것을 의미한다.

과거 <공무도하가> 연구는 정해진 도식에 머무는 한계를 보여 왔다. 그것은 被髮提壺, 즉 술병=광부=익사라는 도식이었다. 문면만 본다면 이 같은 논의도 가능하다. 그러나 미치광이의 이야기가 전승된다는 것은 비논리적이다. 아내의 입장이나, 국가적인 차원에서도 미친 사람이나 주정뱅이는 공동체적인 삶에 방해되는 인물이거나, 동정심의 대상은 될지언정 아내의 죽음을 이끌만한 주체는 될 수 없는 것이다.

대개의 배경설화는 기록으로 정착하는 과정에서 후대로 내려올수록 다소 합리화되는 경우를 많이 본다. 이는 일면 자연스러운 것이기도 하다. 문제는 당대의 삶의 모습을 자세히 들여다보는 안목이 필요하다. 선입견이나, 문면에 나타난 것만으로는 이면에 숨겨진 원래의 모습을 놓치는 경우가 허다하다. 고대시가는 노래와 함께 배경설화, 그리고 전승경위를 함께 살펴야 본래의 모습에 어느 정도 근접할 수 있다고 본다.

Ⅱ. 龜卜歌 新解釋

1. 問題 提起

고대인들이나 국가가 실생활에서 부딪치는 어려운 문제를 해결해 나가는 방편으로 널리 사용한 것으로는 占卜과 解夢(꿈의 예시적 기능에 대한 풀이)이 있었다. 인간이나 국가의 길흉화복을 이 두 가지 방편으로 해결해 나가는 모습은 구비담이나 문헌에서 살펴볼 수 있다. 고대인들은 길몽을 간직한다든지, 꿈을 사고 파는 행위에 대해 매우 신중하게 대처하고 있음을 볼 수 있다. 김유신의 여동생 문희가 언니인 보희에게 꿈을 사는 이야기는[1] 이와 같은 고대인의 관습을 이해하는데 좋은 예화가 되고 있다. 뿐 아니라 이 같은 풍습은 지금도 면면히 이어오고 있다. 점복을 행하기 전의 기본적인 자세는 흔히 '盡人事待天命'의 마음

---

1) 『三國遺事』 卷1 紀異 上, 太宗春秋公條, "初文姬之姊寶姬 夢登西岳捨溺 瀰滿京城 旦與妹說夢 文姬聞之謂曰 我買此夢 姊曰 與何物乎 曰 鬻錦裙可乎 姊曰 諾 妹開襟受之 姊曰 疇昔之夢 傳付於汝 妹以錦裙酬之."

가짐으로 임하고 있음을 볼 수 있다. 이것은 꿈의 예시적 기능이나 점복이 天機와 직결된다고 믿는 사고에서 기인하는 것이다.

필자는 평소 <龜卜歌>(<龜旨歌>를 필자는 <귀복가>로 부르고자 함: 이하 동)를 대하면서 한 가지 의문이 있었다. 그것은 신화를 다루면서 인간의 우위를 드러내는 呪詞나 노래에 대한 해석방법이었다. 흔히 呪詞의 특징으로 언급되는 威脅이나, 威嚇, 命令 등의 방식은 분명 신에 대한 찬양이나 인간의 소원을 사뢰는 것보다는 인간의 우위에 입각한 願望의 達成이라는 형식을 띄게 마련이다. 이 같은 의문은 우리의 고전문학에 대한 연구가 서구적인 방법론에 의지해서 연구되어 왔기에 당연한 귀결이었다. 동양의 관습이나 제도, 사고방식을 소홀히 한 채 서구의 이론을 원용한 결과 생기는 한계라고 할 수 있는 것이다. 서구의 이론은 부분적으로 우리 고전문학의 성격을 구명하는 데 도움을 주고는 있지만, 근본적인 시각에서 입장을 달리한다는 점에서 신중을 기해야 하는 것이다.

동양사상의 핵심은 十端思想(兩儀<陰陽>, 三才<天地人>, 五行<金木水火土>)이다. 이 십단사상에 대하여 董仲舒는 다음과 같이 설명한 바 있다.

> 무엇을 일러 하늘의 단서라 하느냐? 대답하기를, 하늘에는 열 가지 요점이 있으니, 십단에 그칠 뿐이다. 하늘이 하나의 요점이 되고, 땅이 하나의 요점이 되고, 음이 하나의 요점이 되고, 양이 하나의 요점이 되고, 화가 하나의 요점이 되고, 금이 하나의 요점이 되고, 목이 하나의 요점이 되고, 수가 하나의 요점이 되고, 토가 하나의 요점이 되고, 사람이 하나의 요점이 되어, 모두 십단에서 끝나는 것이니, 하늘의 수인 것이다. 하늘의 수는 10에서 마치는 것이니, 제왕이 하늘에서 10단을 받아서 1조로서 그 표준을 삼는 것이니, 매 조마다 하나의

단으로 해서 12시를 만든 것은 마치 하늘이 매해마다 12월로 마치는 것과 같은 것이다. 10은 하늘의 수이고, 12는 한 해의 도수이니, 한 해의 도수를 사용하며, 하늘의 수인 10을 하나의 가닥으로 조관해서 12에서 천수가 마치게 된다. 그러므로 10년을 마치매 120개월로써 하고, 하나의 조를 10단으로 했을 적에도 120명의 신하로 하는 것이니, 이것을 수량으로 계산해서 더했을 적에 모두 천수와 합치되는 것이다.[2)]

天地人 三才의 원리와 陰陽의 원리, 그리고 五行의 원리가 바로 십단사상인 핵심이다. 天地人, 陰陽, 五行사상은 동양에서 이룩된 고대의 철학체계였다. 동시에 이 같은 의미는 우리의 일상생활뿐만 아니라 종교적인 차원에 까지 영향을 미쳐 왔다. 이 십단사상은 현재에도 동양문화의 원리뿐만 아니라 동양문학의 배경원리로 존재하고 있음을 부인할 수 없다.

필자는 우리와 중국의 문헌을 살피는 가운데 <龜卜歌>에 대한 의문을 해결할 수 있는 한 가지 가능성을 확인한 바 있다. 그것은 『史記』의 「龜策列傳」이었다. 「귀책열전」에 나타난 神龜가 바로 <龜卜歌>의 배경이었다. 결론적으로 말한다면 <龜卜歌>는 국가의 중대사를 점칠 때 거북점을 치면서 부르던 노래<龜卜歌>이며, 노래 중에 '머리를 나타내어라'는 것은 吉兆를 보여 달라는 간절한 소원이라는 것이다. 또한 '燔灼而喫也'는 凶兆를 吉兆로 바꾸기 위한 적극적인 呪詞이자, 거북점[3)]의 진행과정에서 거북을

---

2) 董重舒, 『春秋繁露』 官制象天 第二十四, "何謂天之端 曰天有十端 十端而止已 天爲一端 地爲一端 陰爲一端 陽爲一端 火爲一端 金爲一端 木爲一端 水爲一端 土爲一端 人爲一端 凡十端而畢 天之數也 天數 畢於十王者 受十端於天 而一條之率 每條一端以十二時 如天之每終一歲以十二月也 十者 天之數也 十二者 歲之度也 用歲之度 條天之數 十二而天數畢是故 終十歲而用百二十月 條十端 亦用百二十臣 以率加之 皆合於天."

3) <龜旨歌> 는 구지봉에서 부른 노래라는 의미가 강하고, <龜卜歌>는

위협하는 행위인 것이다.

2. 研究史 檢討

<龜卜歌> 연구는 그동안 신화적인 측면에서의 연구(가락국 신화의 배경원리)와, 고대가요중의 迎神君歌의 의미로, 그리고 무가에서 신을 맞이하는 신맞이굿의 한 형태 등으로 연구되어 왔다. 일찍이 황패강은 당시까지 <귀복가>에 대한 기왕의 여러 논의를 대별하여 1)무격적·주술적·원시적 신앙에서 파생한 제의와의 관련, 2)농경사회의 노동과의 관련, 3)사회적 추이와 정치적 의의와의 관련으로 구분한 바 있다.[4] 또한, 김승찬은 <귀복가>에 관한 연구는 이제까지 제의적인 측면·발생학적 측면·정신분석학적 측면·토템적 측면·사회사적 측면·민간신앙적 측면·수렵경제적 측면·한문화 영향적 측면 등으로 이루어져 왔다고 세분한 바 있는데,[5] 이 같은 다양한 연구경향은 <귀복가>에 대한 연구방법이 <처용가>만큼이나 다양함을 보여주고 있다.

김성언도 <귀복가>의 연구사를 정리하는 가운데 기존 논의의 쟁점(거북과 거북의 머리의 상징, 威嚇的 언사의 사용, 掘峰頂撮土의 의미 등)을 재검토하면서 그간의 연구방법론을 점검한 바 있다.[6] 김열규도 <귀복가>를 재론하면서 <귀복가>를 '굿노래',

---

거북점을 치면서 부른 노래라는 의미가 강하므로 필자는 <龜卜歌>라고 명명하는 것이 옳다고 본다.

4) 黃浿江, 「龜何歌攷」, 『국어국문학』 29호, 국어국문학회, 1965, p.24.

5) 金承璨, 「구지가」, 『한국상고문학론』, 새문사, 1987, p.23.

6) 金性彦, 「구지가의 해석」, 『한국문학사의 쟁점』, 집문당, 1986, pp.82-90.

‘공수노래’로 보고, “신기운 타기”에 더한 “봄기운 타기”를 한국인의 신맞이 굿에 즈음한 종교적 신비체험이며, 이는 한국인의 신명의 원형이라고 본 바 있다. 특히 <귀복가>의 노래가 비속하며, 위협적인 점에서 신화가 가지는 엄숙함과 성스러움의 맥락에서 이탈되어 있다고 지적한 바 있다.7)

필자는 약 4-50편에 이르는 그간의 연구성과를 일일히 언급하지는 않고 필자가 주장하고자 하는 부분을 선행적, 혹은 암시적으로 시사했거나, 유사한 관점을 제시한 논문을 중심으로 필자의 견해를 제시하고자 한다.

필자가 주장하는 핵심 내용은 <귀복가>가 封禪儀式을 배경으로 하고 있다는 점과, 노래의 내용이 거북점을 치면서 부르는 노래라는 점이다. 이 같은 두 가지의 방향에서 선편을 삽았거나, 암시한 논문이 몇 편 있었다. 「가락국기」 본문 가운데 ‘掘峰頂撮土’를 봉선의식의 일환으로 본 예는 없으나, 그러한 의식을 진행하기 위한 방편에서 신좌를 만들기 위한 것으로 본 경우는 있었다. 김종우는 ‘掘峰頂撮土’를 신군을 맞이하기 위한 제단의 형성과정을 형상화한 것으로 보았고,8) 김승찬은 ‘掘峰頂撮土’를 영신의식을 가질 때, 탄강신이 정좌할 신좌를 만드는 과정의 서술이라고 본 바 있다.9)

한편, 이 노래가 <龜卜歌>일 것이라는 견해도 제시된 바 있다. 김열규는 <귀복가>를 에워싼 상황 전체를 하나의 제의로 파악하고 이 제의의 두 번째 의식인 犧牲儀式을 치루는 가운데 거북의 머리는 하나의 Losorakel(兆朕)의 구실을 하며, 이러한 기능은

---

7) 金烈圭, 「구지가 재론」, 『한국고전시가작품론 1』, 집문당, 1992, pp.3-11.
8) 金鍾雨, 「고시가의 샤머니즘적 해석」, 『향가문학연구』, 이우출판사, 1980, p.186.
9) 金承璨, 「구지가」, 『한국상고문학론』, 새문사, 1987, p.34.

『後漢書』 東夷傳 夫餘國條에 나오는 吉凶事의 占卜에 사용되는 牛蹄의 기능과 흡사하다고 했다.10) 한편, 김승찬은 한걸음 더 나아가 민간신앙적 측면과 유가적 사상체계의 측면에서 고찰한 후, '<구지가>는 龜卜을 행하면서 불려진 <龜卜歌>가 아닌가 한다.'11) 라고 하여 <龜卜歌>임을 언급한 것이다. 이 외에 거북을 神格으로 언급했던 박지홍의 논문과,12) 동양의 陰陽五行思想, 즉 거북은 물·冬·陰·水·女의 제 속성이며 불은 太陽·夏·陽·火·男의 제 속성으로 보고, <귀복가> 3, 4구가 가지는 의미, 즉 불의 승리는 모계중심에서 부계중심으로 옮겨가는 과도기적 상황이라고 본 박진태의 견해가 있다.13)

또한, '龜何龜何'를 신격에 대한 극존칭으로 인식한 후, '也'(~예)의 의미를 경상도 방언의 높임말(서술어 끝에 붙어 상대에게 공손을 나타내는 경상도 방언 특유의 접미사)로 인식한 김창룡의 논문이 있다.14) 그는 이어, '구어서 먹으리이다'와 같은 위협적 발상에 대해 이는 존대말 체계에 입각한 親狎的 表現이며, 또한 자애 깊은 母性앞에 안 들어주면 구워 먹겠다고 하는 幼兒的 떼쓰기의 전형적인 표현이라고 하였다.

또한 <귀복가>는 장차 그들의 통치자가 될 왕위승계자의 정상 출생을 촉구한 탄생제의에서 불려진 呪詞라는 김학성의 논문이 있다.15) <귀복가>는 제의나, 점복 등과 같은 배경적인 원리를

10) 김열규, 「가락국기고」-원시 연극의 형태에 관련하여, 『국어국문학지』 3집, 부산대, 1961.
11) 金承璨, 「구지가」, 『한국상고문학론』, 새문사, 1987, p.50.
12) 朴智弘, 「구지가연구」, 『국어국문학』 16, 국어국문학회, 1957, p.8.
13) 朴鎭泰, 「구지가 신연구」, 『한국어문논집』 2, 한사대, 1982.
14) 金昌龍, 「龜旨歌의 '何', '也' 論辯」, 『우리 옛문학론』, 새문社, 1991, pp.247-252.
15) 金學成, 「한국고전시가의 연구」, 1980, 원광대학교출판국, p.281.

배제하고 현전하는 노래의 의미만 본다면 분명, 호칭+명령-가정+위협이라는 전형적인 주술구조를 가지고 있는 노래임에는 틀림없다.[16] 성기옥이 지적했듯이 이 같은 呪詞的인 특징이 神에 대해 위협하는 것이 아니라, 위협의 대상인 거북이는 신과 인간을 이어주는 매개자적 기능을 가진 신의 주술적 상관물이라는 지적은 적절하다고 본다.

유종국은 「가락국기」의 기술이 시간적 논리의 모순을 갖고 있는 점을 지적하면서도, 고대 국가 성립과 자주적인 씨족(민족)의 생성을 합리화하고 민족적 자긍심을 고취하기 위해서 만들어진 신화라고 한 바 있는데,[17] 이 같은 관점은 그간 우리의 개국 신화가 북방계 신화에 의해 가려졌었던 역사 창조의 자주적인 면을 지적한 것이기도 하다. 한편, 정상균은 서구적인 방법론을 원용하여 <귀복가>를 모계사회의 한 여성이 상대 남자의 교체를 원하는 소망을 무의식적으로 노래한 것으로 본 바 있다. 따라서 수로왕 이전의 '거북'들은 모계사회의 여인들의 요구에 응하는 남성군으로, '九干等' 은 아버지의 상과 일치되는 존재로 보고, 大母의 불평이 동기가 되어 거북의 살해 목적을 위해 뭉친 형제로 비정한 바 있다.[18] 이 같은 논의는 최치원이 「釋利貞傳」에서 正見母主라는 가야산신이 夷毗訶라는 天神과 교감하여 수로왕을 낳았다는 것과 관련하여 제기된 관점이다.[19] 金昞國은 <귀복가>

---

16) 성기옥, 「구지가의 작품적 성격과 그 해석(2)」, 『배달말』 12, 배달말학회, 1987, p.156.
金炳旭, 「한국 상대시가와 呪詞」, 『어문논지』 2, 충남대 국어국문학과, 1976, p.163.

17) 柳鍾國, 『古詩歌樣式論』, 계명문화사, 1990, pp.100-102.

18) 鄭尙均, 『한국고대시문학사연구』, 한신문화사, 1984, pp.11-24.

19) 『新增東國輿地勝覽』 卷29, 高靈縣 建置沿革條, "按崔致遠釋利貞傳云 伽倻山神正見母主 乃爲天神夷毗訶之所感 生大伽倻王惱窒朱日 金官國

는 <해가>와 더불어 해안가 지역에서 사용된 주가이며, 皇天은 거북을 통해 구간과 중서들의 뜻을 전해 받고 日神(붉은 줄로 형상)에게 명령하여 日子인 수로를 구지에 탄생시켜 구간과 중서들의 시조가 되게 한 노래로 보았다. 따라서 수로는 日子로서의 정통성을 이러한 방식의 제의를 통해 부여받는다고 본 것이다.[20)]

한편, 김성언은 「가락국기」의 기술 방법이 중국의 신선담이나 기이담의 기술방식을 차용한 것으로 보고, 수로왕이 김해에 도착하여 북방의 祈雨의식에 사용했던 노래를 흉내낸 <귀복가>를 그 지방의 민중들로 하여금 부르게 한 것은 자신을 天命을 받은 존재로 미화하여 손쉽게 지배권력을 장악코자 했던 것이라고 말한 바 있다.[21)] 이는 보다 우월한 민족이 다른 민족을 지배하면서 고도의 상징성과 조작을 통해 정치권력을 형성한 것을 말한 것이다.

그러나 고대가요는 당대의 실생활이나, 제도, 관습과 무관한 것은 거의 없다고 본다. 고대가요는 실생활의 필요에 의해서 지어지는 것이 대부분이다. 따라서 고대가요의 내용은 현실의 상황보다는 개선되는 방향으로의 소박한 욕구를 반영하고 있다. 그런 점에서 오늘날의 시가연구에 흔히 원용하는 은유나 상징의 개념을 고대가요에 적용할 경우, 때로는 당대의 실상을 왜곡하는 우를 범할 수 있다.

<龜卜歌>의 경우는 당대 질서의 토대위에서 보다 문화적이고 제도적인 단계로의 이행을 보여주는 발전의 개념으로 접근해야 한다. 이 같은 관점에서 고대가요연구는 문사철의 통합적인 방법

王惱窒靑裔二人　則惱窒朱日爲伊珍阿豉王之別稱　靑裔爲首露王之別稱　然與駕洛國古記六卵之說 俱荒誕不可信 ….”

20) 金昞國, 『고전시가의 미학탐구』, 월인, 2000, pp.442-443.

21) 金性彦, 『문학과 정치』, 동아대학교출판부, 2004, pp.59-60.

론의 토대 위에서 접근해야 한다고 보는 것이다.

3. 駕洛國記와 封禪儀式

필자는 <귀복가>를 포함하고 있는 「가락국기」를 접하면서 이것은 희미하나마 우리 선조들의 封禪儀式을 보여주는 기록이라고 생각했다. 중국의 천자와 같이 태산에서 거행하는 거창한 의식은 아니지만 새로운 통치자를 맞이하는 신성한 의식에서 불려진 노래인 것이다. 단군이나 동명왕 등의 북방계 신화들이 천손하강형의 비현실적인 신화의 잔영을 보여주고 있는데 반하여 가락국의 신화는 비교적 현실을 바탕으로 하면서도 토속적인 우리 신화의 잔영을 보여주고 있다고 본 것이다.

이제 원문의 해당 부분을 인용하면서 살펴보고자 한다.

> 가락국기(고려 문종조 대강 연간에 금관지주사로 있던 문인이 지은 것인데, 지금 간략하게 수록한다): … ⓐ 개벽한 후로 이 땅에는 아직 나라이름과 또한 군신의 칭호도 없었다. 이때 아도간·여도간·피도간·오도간·유수간·유천간·신천간·오천간·신귀간 등 구간이 있어 이들 추장들이 백성을 통솔했는데 대개 1만 호에 7만 5천 명이었다. ⓑ 많은 사람들은 스스로 산과 들에 모여 살면서 우물을 파서 마시고, 밭을 갈아서 먹었다. 후한 세조 광무제 건무 18년 임인 3월 계욕일에 그들이 사는 곳의 북쪽 구지(이는 산봉우리의 이름이니, 마치 거북이 엎드린 모양과 같으므로 그렇게 불렀다)에서 수상하게 부르는 소리가 있어 2-3백 명의 무리가 이곳에 모이니, 사람 소리 같기는 한데 그 형체는 숨기고 소리를 내어 말하기를, "여기에 사람

이 있는가, 없는가?" 구간 등이 말하기를, "저희들이 있습니다." 또 말하기를, "내가 있는 곳이 어디냐?" 대답하기를, "구지입니다." 또 말하기를, ⓒ "하늘이 나에게 명령하여 이곳에 와서 나라를 세워 임금이 되라 하셨다. 그래서 내려왔다. 너희들은 모름지기 이 산 꼭대기를 파서 흙을 모으면서, "거북아, 거북아, 머리를 드러내어라, 만약 드러내지 않으면 구어서 먹겠다."라고 노래하고 춤을 추어라. 이는 곧 대왕을 맞이하는 것이니, 너희들은 매우 기뻐서 춤을 추게 될 것이다." 구간 등이 그 말을 따라 마을 사람들과 함께 모두 기뻐하면서 노래하고 춤추었다. 얼마 후에 하늘을 우러러 보니, ⓓ 자주색 줄이 하늘로부터 드리워져 땅에 닿는 것이었다. 줄 끝을 찾아보니 붉은 비단 폭에 금합자가 싸여 있었다. 열어보니 황금색 알이 여섯 개가 있는데 해처럼 둥글었다. 여러 사람은 모두 놀랍기도 하고, 기뻐서 함께 수없이 절했다. 조금 있다가 다시 보자기에 싸서 아도간의 집으로 돌아와 탑 위에 두고 무리들은 각자 흩어졌다. 12일이 지난 그 다음날 아침에 마을 사람들이 다시 모여서 금합을 열어보니 알 여섯 개가 동자로 변해 있었는데, 용모가 매우 위대했으며, 이내 평상에 앉았다. 여러 사람들은 모두 삼가 절을 올리고는 극진히 공경했다. 동자는 나날이 자라 십 수일이 지나니, 키가 9척임은 은나라 천을 같았고, 얼굴이 용안임은 한나라 고조와 같았으며, 눈썹이 팔채임은 당나라 요임금과 같았고, 겹눈동자를 가짐은 우나라 순임금과 같았다. 그 달 보름날에 왕위에 올랐다. 처음 나타났다고 하여 이름을 수로라 하거나 혹은 수릉(수릉은 죽은 뒤의 시호다)이라 했다.[22)]

---

22)『三國遺事』卷2 紀異 下, 駕洛國記(文廟朝 大康年間金官知州事文人所撰也 今略而載之): … "ⓐ開闢之後 此地未有邦國之號 亦無君臣之稱 越有我刀干 汝刀干 彼刀干 五刀干 留水干 留天干 神天干 五天干 神鬼干 等九干者 是酋長領總百姓 凡一百<万>戶 七萬五千人 ⓑ多以自都山野 鑿井而飮 耕田而食 屬後漢世祖光武帝建武十八年壬寅三月禊浴之日 所居北龜旨<是峯巒之稱 若十朋伏之狀 故云也> 有殊常聲氣呼喚 衆庶二三百人集會於此 有如人音 隱其形而發其音曰 此有人否 九干等云 吾徒在 又曰 吾所在爲何 對云 龜旨也 又曰 ⓒ皇天所以命我者 御是處 惟新

위 인용문에서 개벽한 후 이 땅에 邦國之號와 君臣之稱이 없었다는 ⓐ부분의 언급은 국가의 체제나 문물제도를 갖추기 전의 모습을 보여주고 있다. 특히, 九干의 명칭이 나오는데 그들 자신도 이 같은 명칭에 대해 부끄럽게 생각하였거니와 본문에도 '酋長'이라는 칭호를 사용하고 있음을 본다. 추장이란 야만인이나 도적들의 우두머리라는 뜻이다.[23] 만물의 영장이라든가 문화적인 개념은 없고 단지 집단생활을 하면서 관습에 의해 살아가는 무리를 의미하는 용어인 것이다. 황패강은 이 시기가 邦國과 君臣의 관계가 현실적으로 존재하지 않았던 사회이며, 혈연적 씨족사회의 형태를 의미한다고 말한 바 있다.[24]

수로왕은 九干의 명칭에 대하여 "구간들은 여러 관리의 우두머리인데 그 지위와 명칭이 모두 소인이나 농부들의 칭호이니, 이것은 벼슬 높은 사람의 명칭이 못된다. 만일 외국사람들이 듣는다면 반드시 웃음거리가 될 것이다."라고 하면서 신라 및 주나라와 한나라의 제도를 참고하여 관직을 고쳤는데, 비로소 나라의 틀을 잡아나가고 있음을 볼 수 있다.[25]

家邦 爲君后 爲茲故降矣 爾等須掘峯頂撮土 歌之云 龜何龜何 首其現也 若不現也 燔灼而喫也 以之蹈舞 則是迎大王 歡喜踴躍之也 九干等如其言 咸欣而歌舞 未幾仰而觀之 ⓓ唯紫繩自天 垂而着地 尋繩之下 乃見紅幅裏金合子 開而視之 有黃金卵六圓如日者 衆人悉皆驚喜 俱伸百拜 尋還裏著抱持而歸我刀家 寘榻上 其衆各散 過浹辰 翌日平明 衆庶復相聚集開合 而六卵化爲童子 容貌甚偉 仍坐於床 衆庶拜賀 盡恭敬止 日日而大 踰十餘晨昏 身長九尺則殷之天乙 顔如龍焉則漢之高祖 眉之八彩則有唐之高 眼之重瞳則有虞之舜 於其月望日卽位也 始現故諱首露 或云首陵 <首陵是崩後諡也>."

23) 酋長: 蠻夷之渠帥也, 盜賊之首領也(中文大辭典).

24) 黃浿江, 「龜何歌攷」, 『국어국문학』 29, 국어국문학회, 1965, p.34.

25) 『三國遺事』 卷2, 紀異第2 駕洛國記條, "一日上語臣下曰 九干等 俱爲庶僚之長 其位與名 皆是宵人野夫之號 頓非簪履職位之稱 儻化外傳聞 必有嗤笑之耻 遂改我刀爲我躬 汝刀爲汝諧 彼刀爲彼藏 五刀爲五常 留

九干은 중국의 九州를 의식한 것으로 보인다. 중국은 일찍이 그들의 땅을 九州로 나누었고, 구주의 長이 곧 天子로서 군림하였던 것은 널리 알려진 일이다.[26] 곧 九州는 天下라는 개념으로 통하는 것이다.

『淮南子』에는 구주에 대하여, "무엇을 구주라 하는가? 東南은 神州이니 農土라 하고, 正南은 次州이니 沃土라 한다. 西南은 戎州이니 滔土라 하고, 正西는 弇州이니 并土라 한다. 正中은 冀州이니 中土라 하고, 西北은 台州이니 肥土라 한다. 正北은 濟州이니 成土라 하고, 東北은 薄州이니 隱土라 하며, 正東은 陽州이니 申土라 한다."고 했다.[27] 중국인들은 자신의 나라를 천하로 인식하고 각 지역의 특색을 언급한 것이다. 문물제도를 갖춘 나라로서 가락국이 홍기하는 과정을 서술한 위의 본문에서 중국의 문물제도를 받아들이고 있음을 언급했는데, 이는 중국과의 사대관계가 비교적 엄격하게 이루어지기 전에는 가락국이 토속적이며, 자주적인 면모를 지닌 나라임을 보여주는 것이다.[28]

水 留天之名 不動上字 改下字(爲)留功 留德 (神天)改爲神道 五天改爲五能 神鬼之音不易 改訓爲臣貴 取雞林職儀 置角干 阿叱干 級干之秩 其下官僚 以周制漢儀而分定之 斯所以革古鼎新 設官分職之道歟".

26) 『高士傳』, 四部備要, 史部, 臺灣 中華書局, "… 堯又召爲九州長 由不欲聞之 洗耳於潁水濱 時其友巢父 牽犢欲飮之 見由洗耳 問其故 對曰 堯欲召我爲九州長 惡聞其聲 是故洗耳 巢父曰 子若處高岸深谷 人道不通 誰能見子 子故浮游 欲聞求其名譽 汚吾犢口 牽犢上流飮之 許由沒葬箕山之巓 亦名許由山 在陽城之南十餘里 堯因就其墓號曰 箕山公 神以配食五岳 世世奉祀 至今不絶也".

『春秋保乾圖』: "天皇地皇人皇 九人兄弟 分爲九州 長天下."

27) 『淮南子』, 卷4 地形訓, "何謂九州 東南神州 曰農土 正南次州 曰沃土 西南戎州 曰滔土 正西弇州 曰并土 正中冀州 曰中土 西北台州 曰肥土 正北濟州 曰成土 東北薄州 曰隱土 正東陽州 曰申土."

28) 金泰植, 『加耶聯盟史』, 일조각, 1993, pp.35-36. 김태식은 가락국 신화의 특색에 대하여, "수로신화에서는 수로왕보다 九干의 이름과 그

현전하는 우리나라의 역사기록 중 가장 오랜 것이 『三國史記』이다. 『삼국사기』는 金富軾이 고려 인종 23년(1145년)에 왕명을 받들어 찬진한 것이고, 『三國遺事』는 이보다 약 1세기 반 뒤에 편찬된 것이다. 따라서 우리의 고대사는 그 기록이 영성하기 때문에 상고시대의 일은 중국측의 기록에 의존하는 것은 어쩔 수 없는 현실이다. 그러나 중국측의 기록은 그들이 중화중심의 역사관에 입각해 주변 이민족의 역사를 外夷로서 다루었기 때문에 폄시하거나, 혹은 傳聞에 의한 경우가 많아서 정확성이 결여된 경우가 많다. 이 같은 점을 전제하고 상고시대 부여에 대한 기록을 예로 들어 위의 「가락국기」와 비교하고자 한다.

> 그곳은 동이의 지역 가운데 가장 너른 분지로서 흙은 오곡이 자라기에 알맞다. 이름있는 말과 붉은 옥, 및 담비와 돌비, 그리고 크기가 멧대추만한 진주가 난다. 둥글게 목책을 둘러 성으로 삼았으며, 궁실과 창고 및 감옥 등이 있다. 사람들은 거친듯한 큰 몸집에 강하고 용맹스러우며 신중하고 중후하여 노략질하지 않는다. 활과 화살 및 칼과 창으로 무기를 삼는다. 여섯 종의 가축으로 관직명을 일컬어 마가·우가·구가 등이 있으며, 읍락은 모두 제가들의 관장 아래 속해 있다. 식생활에는 제기를 사용하고, 모임에서는 읍하며 잔을 권하고 또한 잔을 씻어 권하며 읍하고 사양하며 자리를 오르내린다. 섣달에 하늘에 제사지내고 크게 모여 연일 먹고 마시며 춤을 추는데 이름하여 영고라 한다. 이때에는 옥사를 중단하고 죄수들을 풀어준다. 군사

들의 행위가 신화 초두에 먼저 나오는데, 이 점이 고조선, 또는 고구려 계통의 天神이 먼저 나오는 征服型신화와 기본적으로 다른 점이다. 九干은 김해지역에 산재하던 소단위 세력집단들인 九村의 酋長들로서, 그들은 수로의 강림 전부터 이미 존재하던 재지세력이었을 것이다."라고 하여 가락국신화가 재지세력에 의한 토착신화임을 언급했다.

적인 일이 있을 때에도 역시 하늘에 제사를 지내는데, 소를 잡아 굽으로 그 길흉을 점친다. 길에 다니는 사람들은 밤낮없이 노래 부르고 흥얼거리기를 좋아하니, 그 소리가 끊이지 않는다.[29)]

위의 기록에서 주목되는 것은 땅이 五穀 재배에 알맞았다는 점, 궁실과 창고와 뇌옥을 갖춰 국가의 문물형태를 유지하고 있다는 점, 官名이 동물의 이름을 사용하여 비루하다는 점 등이다. 그리고 읍양의 예가 있었다는 점, 제천의례를 거행하였고, 특히 군사에 있어 소의 발굽을 지져 갈라진 것의 合散에 따라 길흉을 점쳤다는 점, 음주가무를 즐겼다는 기록은 위의 「가락국기」의 기록과 매우 유사함을 살필 수 있다.

ⓑ부분은 요순시대 <擊壤歌>를 부르며 태평성대를 구가하던 시절과 흡사한 기술이다.[30)] 이 같은 묘사는 국가가 형성되기 전의 인류의 모습이며, 원시시대의 평화로운 삶을 반영하는 기록이다. 고대의 우리나라가 중국을 전범으로 하여 문물제도를 발달시켜 왔다는 것은 굳이 언급할 필요가 없을 것이다. 적어도 조선왕조까지는 중국을 모방하거나, 극복하면서 발전을 도모해 왔으니, 중국의 영향은 적지 않았다고 볼 수 있다.

ⓒ의 부분에서 주목되는 것은 '須掘峯頂撮土'이다. 이 같은 행

29) 『後漢書』 卷85, 東夷列傳 第75 夫餘國, "於東夷之域 最爲平敞 土宜五穀 出名馬赤玉貂豽 大珠如酸棗 以員柵爲城 有宮室倉庫牢獄 其人麤大彊勇而謹厚 不爲寇鈔 以弓矢刀矛爲兵 以六畜官名 有馬加牛加狗加 其邑落皆主屬諸加 食飮用俎豆 會同拜爵洗爵 揖讓升降 以臘月祭天 大會連日 飮食歌舞 名曰迎鼓 是時斷刑獄 解囚徒 有軍事亦祭天 殺牛 以蹏占其吉凶 行人無晝夜 好歌吟 音聲不絶."

30) 『太平御覽』 卷584, 樂部 22, 壤: "風土記曰 壤者以木作 前廣後銳 長尺三四寸 其形如履節 僮少以爲戲也 堯時有八九十老人 擊而歌曰 日出而作 日入而息 鑿井而飮 耕田而食 帝何力於我哉."

위를 하기 전에 하늘에서 '有如人音 隱其形而發其音曰' 하여 내린 말은 "하늘이 나에게 명하기를, 이곳에 나라를 새로 세우고, 임금이 되라고 하였으므로 일부러 여기에 내려온 것이니, 너희들은 모름지기 산봉우리 꼭대기의 흙을 파 모으면서 노래를 부르되, … <귀복가: 생략> … 뛰면서 춤을 추어라, 그러면 곧 대왕을 맞이하여 기뻐 뛰놀게 될 것이다."라는 것이었다. 필자는 '須掘峯頂撮土'를 희미하나마 封禪의식으로 보는 입장인데, 봉선이란 흙을 쌓아 제단을 만들어 하늘에 제사지내고, 땅을 깨끗하게 고른 후 땅귀신에게 제사하는 것을 말한다.[31)]

ⓓ와 같은 상황은 수로왕이 天命을 받은 왕임을 상징적으로 보여주는 대목이다. 하늘로부터 내려온 자줏빛 끈에 싸여진 금합자에 6개의 황금알이 있었고, 이 알이 동자로 변해 등극하는 과정은 비록 신화적인 모습이지만, 종래의 무질서하고 비루한 현실이 새로운 질서와 제도로 바뀌어가는 상징적인 표현이다. 이 같은 수로왕의 화려한 등장을 중국의 역대 왕조 창업주들의 용모와 나란히 견준 것 또한 자존의식이 이면에 배어 있다고 본다.

이 <귀복가>의 배경설화는 두 가지 의미가 있다고 본다. 첫째는 하늘이 임금을 내려준다는 이른바 天命思想에 의한 封禪의식을 보여주고 있다는 점이다. 그 구체적인 모습은 바로 '須掘峯頂撮土'이다. 봉선의식에 대해서는 漢나라 班固의 『白虎通義』에 다110

음과 같이 그 의의를 밝힌 바 있다.

---

31) 『史記正義』에, "此泰山上築土爲壇以祭天 報天之功 故曰封 此泰山下小山上除地 報地之功 故曰禪." 이라 했고, 『管子』의 封禪 第50에 보면 封禪에 대한 세주에서 "封 積土爲壇也 禪墠也 除地而祭曰禪." 이라 하고 있다.

> 왕이 된 자가 성을 바꾸어 홍기하게 되면 반드시 태산에 올라가 봉제사를 올리는 것은 무엇 때문인가? 하늘에 보고하는 뜻이다. 처음으로 하늘의 명을 받은 날에 하늘의 뜻에 응해서 제도를 바꾸고, 천하가 태평해져서 공업이 이루어졌으니, 봉선의 제사를 통해 태평함을 알리는 것이다. 반드시 태산에서 하는 까닭은 무엇 때문인가? 만물이 비롯하는 곳이고 만물이 교대하는 곳이기 때문이다. 반드시 그 위에서 하는 것은 무엇 때문인가? 높은 곳으로 말미암아 높은 천신에게 고하는 것이니, 같은 유에 순종하기 때문이다. 그러므로, 태산에 올라 봉제사를 지내는 것이니 높음을 더해주는 것이고, 아래로 내려와 양보산의 기슭에 선제사를 지내는 것은 넓고 후한 지신에게 알리는 것이다. 모두 비석에 공업과 칭호를 새겨서 자신의 공업의 자취를 드러내어 스스로 이를 본받는 것이니, 하늘은 높음으로써 존귀하며, 땅은 후덕함으로써 덕이 되는 것이다. 그러므로 태산의 높음에 더해서 천신에게 알리는 것이고, 양보산의 기슭에 부쳐서 지신에게 알리는 것이니, 천명과 공업의 성취를 밝혀서 하늘과 땅에 유익함이 있게 하는 것은 높은 자(천신)에게는 높음을 더해주고, 후덕한 자(지신)에게는 후덕함을 더해주는 것과 같은 것이다.[32]

이는 봉선의식을 거행하기 위해 사방의 흙을 모아 제단을 쌓는 과정을 보여주는 것이다. 이 '須掘峯頂撮土'의 의미를 가락을 맞추기 위한 노동요적인 의미로 보거나, 남녀간의 성행위와 유사한 것으로 보는 것은 대왕을 맞이하는 신성한 의식에서는 어울리지 않는다. 둘째는 이 날의 왕을 맞이하기 위한 중대사에서 이

32) 班固, 『白虎通義』 卷6, 封禪, "王者 易姓而起 必升封泰山 何 報告之義也 始受命之日 改制應天 天下太平 功成 封禪以告太平也 所以必於泰山何 萬物之始 交代之處也 必於其上 何 因高告高 順其類也 故升封者 增高也 下禪梁甫之基 廣厚也 皆刻石紀號者 著己之功迹 以自効也 天以高爲尊 地以厚爲德 故 增泰山之高以報天 附梁甫之基以報地 明天之命 功成事就 有益於天地 若高者加高 厚者加厚矣."

일의 吉凶을 판단하기 위해 거북을 祭壇에 모셔놓고 거북점을 치는 것이며 이의 구체적인 형태가 <龜卜歌>로 나타난 것이다.

봉선의식은 천자가 가장 높은 산에 올라가 제단을 쌓고 하늘에 天命을 받았음을 고하여 정통을 과시하는 것이며(封), 그럼으로써 제후들에게 그 위엄을 알리는 것이고, 이어 낮은 산으로 내려와 땅에 제사를 지냄으로써(禪) 지신에게도 그 천자됨을 알리는 것이다. 결국 封禪儀式이란, 지상에 존재하는 현실적인 통치방식을 하늘의 권위에 의해 제도화하는 것이며, 동시에 聖人帝王論과 맞물려 聖人이 配天의 德을 보증하는 受命을 祈求하는 의례였던 것이다.[33)]

「가락국기」의 서사문맥은 시간적 논리의 모순을 보여주고 있다. 즉, 필자가 주장하는 봉선의식이 왕을 모시고 나서 천신과 지신에 대한 제사임을 감안한다면, 이는 선후가 뒤바뀐 시간적인 모순을 지닌다. 그러나 이 같은 모순은 다음과 같은 두 가지 관점을 감안해야 한다.

첫째는 왕의 선출, 또는 맞이하는 의식 이전에 이미 왕은 현실적으로 존재해 왔었다는 사실이다. 다만, 기존의 질서는 추장이라든지, 신성왕권에 대한 의식이 없었다는 점에서 이 같은 天命에 바탕한 의식을 봉선의식이란 제도로서 획득하고자 한 것이다.

둘째는 이 같은 의식은 始祖로부터 시작하여 매번 새로운 왕위 계승자가 똑같은 의식을 재연하는 패턴화된 양식으로 존재해 왔다는 점이다. 이 같은 관점은 후대로 내려올수록, 국가가 혼란에 직면할수록 시조신의 신화를 중심으로 단결하는 양상으로 남아있다. 「가락국기」의 신화에서 수로왕을 맞이하는 의식이 철저하게 하늘의 소리에 의해서 진행되는 것은 이 같은 패턴을 보여

33) 李成九, 『中國古代의 呪術的 思惟와 帝王統治』, 일조각, 1997, p.153.

주는 것이다.

董仲舒의 『春秋繁露』에도 다음과 같이 봉선의식이 기록되어 있다.

> 하늘에 교제를 지내고 땅의 사직에 제사를 지내며, 큰 명산대천에 순서에 따라 망제사를 지내되 때에 맞게 한다. 태산에 봉제사를 지내고 양보에 선제사를 지내며, 명당을 세워서 선대의 황제를 높여서 제사지내고, 하늘을 제사할 때에 그 할아버지를 천제의 배위로 하니, 천하의 제후들이 각기 그 직책으로 와서 제사를 도울 적에 자기 영역의 토지에서 생산된 곡물을 공물로 바쳐서 먼저 종묘에 들여보내고, 현단복과 면류관으로 성대한 복장으로 선조를 뵈니, 선대의 임금들이 덕과 은혜로 후손에게 보답을 하고, 선대의 보응을 받드는 것이다.[34]

고대국가가 수행해야 하는 가장 중요한 일은 戰爭과 祭祀였다.[35] 제사는 조상을 중심으로 종족의 단합과 유대를 강화하는 정신적인 지주로서 기능한다. 또한 전쟁은 종족이 살아남기 위한 방편이며, 그 최후의 의지처는 하늘의 뜻(天命)이었다. 전쟁시에 임금이 장수에게 斧鉞을 하사하는 의식과 거북점을 통해 길흉을

34) 董仲舒, 『春秋繁露』 卷4, 王道 第6, "郊天祀地 秩山川 以時至 封於泰山 禪於梁父 立明堂 宗祀先帝 以祖配天 天下諸侯 各以其職來祭 貢土地所有 先以入宗廟 端冕盛服 而後見先 德恩之報 奉先之應也."

35) 『春秋左氏傳』, 成公 13年 春三月條에 劉子(康公)가 成子(肅公)의 祭肉을 받는 태도가 성실하지 못함을 보고 "나라의 큰 일은 제사와 군사이다. 제사에는 제육(구운 고기)을 받고, 군사에는 출진할 때 제육(날고기)을 받는 예가 있으므로 이 두 가지는 신을 섬기는 커다란 절문이다. 지금 성자가 그것을 소홀히 하는 것은 하늘이 준 명을 저버리는 것이니, 그가 무사히 돌아올 수 있겠는가?라고 했다." ("國之大事 在祀與戎 祀有執膰 戎有受脤 神之大節也 今 成子惰 棄其命矣 其不反乎.")

점치는 일은 『淮南子』의 아래의 예문에서 살필 수 있다.

> 나라에 난이 일어나면 임금은 궁으로 장수를 불러다가 조명을 내리기를, '사직의 명이 장군에게 달렸소. 나라에 난이 생겼으니, 그대는 장군이 되어 이 난리를 평정해 주오.' 한다. 그래서 장군이 임명을 받으면 곧 신관 및 점복관에게 삼일동안 재계하게 한 다음, 태묘로 나아가 영험한 거북의 껍데기를 뚫어 길일을 점치게 하고서 정기를 받았다. 그때 임금은 태묘의 문으로 들어가 서면하여 서고, 장군은 태묘의 문으로 들어가 당하에 이르러 북면하고 선다. 임금은 친히 월의 머리 쪽을 쥐고서 장군에게 그 월의 자루 쪽을 주면서 말하기를, '이로부터 위는 하늘에 이르기까지 장군이 마음대로 제어하오.' 한다. 또 도끼를 잡는데 머리 쪽을 쥐고서 장군에게 그 자루 쪽을 주면서, '이로부터 아래는 연못에 이르기까지 장군이 마음대로 제어하오.' 한다.[36]

전쟁과 같은 나라의 중대사에 길흉을 점치는 거북점이 등장하는 것을 볼 수 있다. 또한, 韋昭의 『國語解』에 보면, 內史 過가 襄王에게 고하기를, "백성들이 해야 할 가장 시급한 일은 전쟁과 제사 등의 대사입니다. 선왕께서는 대사가 반드시 백성들의 도움에 의해서만 치러진다는 것을 잘 아셨으니, 이런 까닭에 선왕께서는 사심을 털어내시고, 화합으로 백성들에게 은혜를 베푸시고, 자신의 중심을 살피고 남을 헤아리는 충심으로 백성들에게 임하시고, 사물의 법도를 환히 밝혀서 백성들을 가르치시며, 백성들이 믿고 따를 수 있는 올바른 정치를 세워 시행하셨던 것입니다."[37]라고 했다. 이

36) 『淮南子』 卷第15, 兵略訓, "凡國有難 君自宮召將 詔之曰 社稷之命在將軍 卽今國有難 願請子將而應之 將軍受命 乃令祝史太卜 齋宿三日 之太廟 鑽靈龜 卜吉日 以受鼓旗 君入廟門 西面而立 將入廟門 趨至堂下 北面而立 主親操鉞 持頭授將軍其柄曰 從此上至天者 將軍制之 復操斧 持頭援將軍其柄曰 從此下至淵者 將軍制之."

인용문에 보면 전쟁과 제사와 같은 중대사를 치르기 위해 왕이 백성들에게 얼마나 많은 관심과 배려를 하는지를 엿볼 수 있다.

아래와 같은 秦始皇의 이야기는 봉선의식이 갖는 상징적인 의미를 잘 보여준다. 왕은 봉선의식을 통해서 비로소 신성왕권의 권위를 확보하는 것이다. 이는 인간인 王이 神이 되기 위해 치러야 하는 통과의례인 것이다.

> 진시황은 제위 3년째에 동쪽으로 군현을 순수하고, 추역산에서 제사지내며 진나라의 공업을 칭송하였다. 이때에 제나라와 노나라의 유생과 박사 70명을 선발하여 태산 아래로 데려왔다. 유생 중 어떤 사람이 "옛날의 봉선은 蒲車를 이용하였는데, 이는 산의 토석과 초목을 해치지 않기 위해서였으며, 땅을 깨끗이 하고 제사를 지냈고, 깔개는 벼의 줄기를 사용하였는데, 이는 옛 제도를 좇아 행하기가 쉬움을 말하는 것입니다."라고 아뢰었다. 시황은 이들의 견해가 각기 다르고, 사리에 맞지 않아 시행하기가 어렵자 이로 말미암아 유생들을 배척하고 드디어 차도를 닦았다. 그리하여 태산 남쪽에서부터 정상에 이르기까지 비석을 세워서 진시황의 공덕을 칭송하고 천명을 받은 것을 밝혔다. 북쪽 길로 내려와 양보산에서 지신에게 제사지냈다. … 이때에 시황제는 마침내 동쪽의 발해까지 유람하며 명산대천과 및 八神에게 제사드리고, 羨文과 같은 신선들에게 복을 기원하였다. … 진시황이 봉선을 행한 지 12년 후 진나라는 멸망하였다. 모든 유생들은 진시황이 詩와 書를 불태우고 문학인들을 모욕하고 살육한 것에 대해 증오하였으며, 백성들은 진나라의 법률을 원망하였으며, 천하의 사람들이 모두 진나라를 배반하였기 때문에 모두 "진시황이 태산에

37) 韋昭, 『國語』上 第一, "民之所急 在於大事<大事戎祀也> 先王知大事之必以衆濟也 故 祓除其心 以和惠民<祓猶拂也> 考中度衷以涖之<涖臨也 考中 考省己之中心 以度人之忠心 恕以臨之> 昭明物則以訓之<物事也 則法也> 制義庶孚以行之<義宜也 庶衆也 孚信也 當制立事宜爲衆 所信而行之>."

올랐으나, 폭풍우의 저지를 받아 봉선의 예를 행할 수 없었다."라고 헛소문을 퍼뜨렸다. 이것이 어찌 이른바 그 덕행이 갖추어지지 않고는 봉선의 예를 억지로 행할 수 없다는 뜻이 아니겠는가? [38]

봉선의식은 국가의 체계를 갖추고 천지자연의 신에게 천명을 받아 왕위에 올랐음을 고하는 것이며 동시에 자신의 공업을 과시하는 의식이다. 이는 곧 신성한 왕권에 대한 확인이면서 구성원들에게는 긍지와 자부심을 갖게 하는 의식이다.

「가락국기」 신화에는 희미하나마 토속적이면서도 자주적이며, 신성한 봉선의식의 잔영이 남아 있음을 확인할 수 있다고 본다. 다시 말해 「가락국기」는 중국 천자의 봉선의식을 모방한 토속적이고 자주적인 신화가 전해지고 있는 것이다. 특히, <귀복가>를 부르며 환희용약할 즈음에 머지 않아 하늘로 부터 자색의 줄이 땅에 내려왔다는 ⓓ 부분의 표현은 고대신화에서 천신이 하강하는 상징적인 표현인 것이다.

한편, 구지봉의 위치에 대하여 김택규는 분산정(186m)을 구지봉의 정상으로 비정하고, 이곳이 수로의 탄강지이며, 현재의 구지봉은 성지와 神體를 제향하는 '굿하는 장소'로 추정한 바 있다.[39] 崔珍源은 분성산(395m)의 정상(만장대)이 구지봉이며, 이곳이 강

38) 『史記』, 卷28, 封禪書 第6, "卽帝位三年 東巡郡縣 祠騶嶧山 頌秦功業 於是徵從齊魯之儒生博士七十人 至乎泰山下 諸儒生或議曰 古者封禪爲蒲車 惡傷山之土石草木 掃地而祭 席用葅稭 言其易遵也 始皇聞此議各乖異 難施用 由此絀儒生 而遂除車道 上自泰山陽至巓 立石頌秦始皇帝德 明其得封也 從陰道下 禪於梁父 … 於是始皇遂東遊海上 行禮祠名山大川及八神 求僊人羨門之屬 … 始皇封禪之後十二歲 秦亡 諸儒生疾秦焚詩書 誅僇文學 百姓怨其法 天下畔之 皆譌曰 始皇上泰山 爲暴風雨所擊 不得封禪 此豈所謂無其德而用事者邪".

39) 金宅圭, 「回顧와 展望」, 『신라시대의 언어와 문학』(한국어문학회편), 형설출판사, 1974, pp.276-290.

신처이고, 구지는 현재의 許王后陵이 있는 西南塢(東北塢의 반대 방향, 나즈막한 언덕)의 구지봉으로 이곳이 迎神處라고 한 바 있다.[40] 이에 대해 김승찬은 김택규의 설을 비판하고, 龜形山인 盆城山의 중심에 해당하는 龜頭形의 구지봉을 가락 사람들이 생각한 세계의 중심인 우주축이요, 수로왕의 탄강지라는 견해를 제시했다.[41] 이 경우도 산신제와 당산제를 분리한 개념이다.

결국 구지봉이 두 곳(降神處와 迎神處)에 있다는 의미인데, 이것은 곧 봉선의식을 거행하던 장소와 연관이 있다고 본다. 봉선의식의 목적이 '덕을 닦아 하늘의 명을 받고, 대지의 신에게 예를 바치고 하늘의 신에게 제사를 드린 다음, 천자의 지존함을 천명하고 성대한 덕을 선포하며, 영광스러운 호칭을 짓고 두터운 복을 하사하여 그 혜택이 백성들에게 미치도록 하는 것'[42]이란 점에서 천명을 받은 왕이 천지의 신에게 제사를 통해 왕권의 신성함을 보증받는 것은 왕의 의무이자 권리행사인 것이다.

4. 龜卜歌의 意味

고대인들은 국가의 중대사가 있을 때에는 반드시 성현의 밝은 지혜에 의지하여 일을 처리했다. 성현의 밝은 덕이란 신의 뜻을

---

40) 崔珍源, 「韓國神話考釋(2)」-首露神話, 『大東文化硏究』 24, 성균관대 대동문화연구원, 1990, pp.68-69.
41) 金承璨, 『韓國上古文學論』, 새문社, 1987, pp.36-38.
42) 『史記』 卷57, 司馬相如列傳, "夫修德以錫符 奉符以行事 不爲進越 故聖王弗替 而修禮地祇 謁款天神 勒功中嶽 以彰至尊 舒盛德 發號榮 受厚福 以浸黎民也."

미리 예견하는 지혜를 의미한다. 이른바 사물의 機微나 兆朕을 미리 알고 살피는 것을 의미한다. 『春秋繁露』에는 지혜에 대한 의미를 다음과 같이 설명하고 있다.

> 무엇을 지혜라고 하는가? 먼저 미리 올 일을 말하고 나서 뒤에 그 일에 합당하게 하는 것이 지혜이다. 무릇 사람이 자기의 행위를 버리고, 모두 그 지혜를 가지고 먼저 도모하고 난 뒤에 행하게 되면 그 계획한 것이 옳은 자는 그 행위가 자기가 일한 바에 합당하게 되어서 그 행위에 합당한 것이니 그 명예를 이루게 되고, 그의 몸을 영화롭게 하는 것이다. 그러므로 자기는 이로워져서 아무 걱정이 없게 되어 그 복이 자손에게 미치고, 그 덕이 만민에게 베풀어지는 것이니, 탕임금과 무왕이 이 같은 사람이다. 그 계획한 것이 옳지 못한 자는 그 행위를 이루지 못해서 그 행위가 합당하지 않으며, 그 명예를 이루지 못하고 욕을 당해서 해가 그 몸에 미치고 후세가 끊어져 후계가 없으며, 자기의 종류를 잔악하게 하고 자기의 종족을 없애어 나라를 멸망시키는 것이니 이는 걸·주와 같은 사람이다. 그러므로, 이르기를 지혜보다 더 급한 것이 없다고 했으니, 지혜로운 자는 화와 복을 먼데서 보며, 이와 해를 일찌감치 알아서 사물이 움직일 때에 그 변화할 것을 알며, 일이 일어났을 적에 그 귀추를 알게 되며, 처음을 보고서 그 종말을 알며, 말을 하는 데에 감히 떠드는 사람이 없으며, 일을 세우게 되면 폐지하지 못하며, 일을 취했을 적에는 버릴 수가 없으며, 앞과 뒤가 서로 어그러지지 않으며, 처음과 끝이 법도가 있어서 어떤 일을 생각하게 되면 그대로 행해지지 않는 것이 없으며, 계획한 일이 목적에 미쳤을 때에 그것을 게을리하지 않는 것이니, 그의 말이 적어도 충분하고 요약되어도 명료하며, 간략하면서도 통달하고 생략되어도 구체적이며, 적어도 더할 수가 없고 많아도 감할 수가 없는 것이다. 그의 움직임이 윤리에 맞으며 그의 말이 급한 일에 합치되는 것이니, 이와 같은 것을 일러 지혜라고 이르는 것이다.[43]

이와 같은 관점에서 그들은 天命을 헤아리는 방편으로 自然災

異의 현상에 대해 체계적인 의미를 부여하기 시작했다. 온갖 자연재이의 현상 뒤에는 하늘의 뜻이 있어 이를 인간에게 경고하고 견책하며, 멸망시키는 데에 까지 이른다고 생각한 것이다. 이른바, 天人感應論, 혹은 天人合一論이라 부르는 것으로 그 대표적인 인물은 漢代의 董重舒이다. 천인감응론은 유가의 철학에다 음양가, 잡가들의 설까지 망라하여 한대의 통치철학으로 체계화된 것이지만, 오늘날까지도 동양사상의 중요한 부분을 지탱하고 있는 사상이다. 고대인들의 자연재이에 대한 인식이 어떠했는가는 다음과 같은 언급으로 확인할 수 있다.

> 그 대략의 분류<재앙과 상서:필자>는 천지의 사물이 떳떳하지 않고 변함이 있는 것을 '이'라 하고, 작게 이르는 것을 '재'라고 하는 것이니, 재라는 것이 언제나 먼저 이르고, 그 다음에 괴이한 이가 그 뒤를 따르는 것이다. 재라는 것은 하늘이 사람에 대하여 견책하는 것이고, 이란 것은 하늘이 위엄을 보이는 것이니, 견책을 내렸는데도 경고한 바를 알지 못하면 위협함으로써 두렵게 하는 것이니, 시경에 이르기를 '하늘의 위엄을 두려워한다.'라 하였으니, 대개 이를 이르는 것이다. 무릇 재이가 일어나는 근본적인 이유는 모두 국가의 잘못에서 생기는 것이다. 국가의 잘못이 비로소 처음 싹이 되어 하늘이 재이를 내어 견책하고 경고하는 것이고, 견책하고 경고해도 변화를 알

43) 董重舒,『春秋繁露』必仁且智 第三十, "何謂智 先言而後當 凡人欲舍行爲 皆以其智先規而後爲之 其規是者 其所爲得其所事 當其行 遂其名榮其身 故利而無患 福及子孫 德加萬民 湯武是也 其規非者 其所爲不得其所事 不當其行 不遂其名 辱害及其身 絶世無後 殘類滅宗亡國 <<桀紂>>是也 故 曰 莫急於智 智者 見禍福遠 其知利害蚤 物動而知其化 事興而知其歸 見始而知其終 言之而無敢譁 立之而不可廢 取之而不可舍 前後不相悖 終始有類 思之而有復 及之而不可厭 其言 寡而足 約而喩 簡而達 省而具 少而不可益 多而不可損 其動中倫 其言當務 如是者 謂之智".

지 못하면 괴이로써 놀라게 하고, 놀라게 했는데도 오히려 두렵고 무서워 할 줄을 알지 못하면 그 재앙이 비로소 이르는 것이니, 이것으로 하늘의 뜻이 어질어서 사람을 나쁜 해에 빠뜨리지 않으려는 것을 볼 수 있다.[44]

위의 기록과 같이 옛 사람들은 일의 始初와 兆朕, 그리고 機微를 중시하였다. 온갖 인간사의 변화가 미세한 것으로부터 시작된다는 것을 그들은 깊이 깨달았고, 따라서 이 기미와 조짐을 살피는 것이야말로 불확실한 미래에 대한 확실한 전망이라고 여겼던 것이다. 그럼에도 불구하고, 국가에 八命[45]과 같은 중대사가 있을 경우, 그들은 반드시 성현의 지혜뿐만 아니라, 卜筮에 의지해서 길흉을 점친 것이다. 중국의 殷·周시대 사람들은 국가의 큰 일들은 모두 점을 쳐서 결정을 했다. 이 두 나라의 차이점은 은나라 사람들은 대부분 거북점을 쳤었고, 주나라 사람들은 거북점·易占·解夢 등의 세 가지를 서로 참고한 것이 약간 달랐을

---

44) 董重舒, 『春秋繁露』 必仁且智 第三十, "其大略之類 天地之物 有不常之變者 謂之異 小者 謂之災 災常先至而異乃隨之 災者 天之譴也 異者 天之威也 譴之而不知 乃畏之以威 詩云 畏天之威 殆此之謂也 凡災異之本 盡生於國家之失 國家之失 乃始萌芽 而天出災異以譴告之 譴告之而不知變 乃見怪異以驚駭之 驚駭之尙不知畏恐 其殃咎乃至 以此 見天意之仁 而不欲陷人也."

45) 『周禮』, 春官宗伯 第三, 大卜, "… 以邦事作龜之八命 一曰征 二曰象 三曰與 四曰謀 五曰果 六曰至 七曰雨 八曰瘳 以八命者贊三兆 三易 三夢之占 以觀國家之吉凶 以詔救政 …" (국가의 일을 가지고 거북점을 쳐서 팔명을 일으키는 것이니, 첫째는 정벌이요, 둘째는 재변과 취임이요, 셋째는 함께 일을 하는 것이요, 넷째는 모의이고, 다섯째는 일의 성사여부이며, 여섯째는 이를 것인가, 이르지 못할 것인가 이고, 일곱째는 비가 올 것인가, 아닌가이고, 여덟째는 병이 나을 것인가, 아닌가이다. 팔명은 삼조와 삼역과 삼몽의 점을 도와서 국가의 길흉의 조짐을 관찰하여 왕에게 아뢰어 정사에 보탬이 되도록 한다.)

뿐이었다.[46)]

『詩經』에 보면 주나라 太王이 자신을 따르는 豳땅의 사람들과 함께 거처할 곳을 도모하는 가운데 거북점을 쳐서 길조를 얻는 과정이 다음과 같이 제시되고 있다.

周原膴膴　주 땅의 언덕이 기름지고 비옥하니
菫荼如飴　오두와 씀바귀도 엿처럼 달도다
爰始爰謀　이에 시작하고 이에 도모하시며
爰契我龜　이에 우리 거북이를 지져서
曰止曰時　이곳에 거주하여
築室于玆　이곳에 집을 지으라 하시니라[47)]

위 시에 대하여 集註에는, "賦이다. 주는 지명이니, 기산의 남쪽에 있었다. 광평한 것을 원이라 한다. 무무는 비옥하고 아름다운 모양이다. 근은 오두요, 도는 쓴나물이니 여뀌의 등속이다. 이는 엿이다. 계는 불을 태워 거북을 지지는 것이니, 儀禮에 이른바 楚焞이라는 것이 이것이다. 혹자는 칼로써 거북껍질에 뚫고자 하는 곳을 새기는 것이라 한다."[48)]고 하였다. 새로운 거처를 택해 자손만대의 터전을 정하는데 거북점을 쳐서 길조를 얻는 장면은 분명 신성한 의미를 지닌다고 할 수 있다. 神託에 의한 도읍의 설정은 거북의 신령스러움을 빌어 이루어졌던 것이다.

『書經』 洪範篇에는 거북점과 시초점에 대한 이야기가 나온다. 무왕이 은나라와 싸워 이긴 후, 그 땅에 武庚을 봉하고, 箕子를

46) 劉文英 著, 河永三・金昌慶 공역, 『꿈의 철학』, 동문선, 1993, p.39.
47) 『詩經集傳』 卷16, 大雅 綿章.
48) 『詩經集傳』 卷16, 大雅 綿章 集註에, "賦也 周 地名 在岐山之南 廣平曰原 膴膴 肥美貌 菫 烏頭也 荼 苦菜 蓼屬也 飴 餳也 契 所以然火而灼龜者也 儀禮所謂楚焞 是也 或曰 以刀刻龜甲欲鑽之處也."

풀어주어 그를 주나라로 데리고 와서 天道에 대해 물었을 때, 기자가 이 洪範九疇로 답했다는 것이다. 홍범이란 大法으로 천하를 다스리는 제왕의 도리를 규범화한 것으로 이는 우왕 때에 하늘이 내린 아홉 가지 큰 법이다. 그 가운데 第七 稽疑篇에 다음과 같은 내용이 전한다.

> 일곱째, 점을 쳐 의문을 푼다는 것은 거북점과 시초로 점치는 사람들을 선택하여 세우고, 이에 거북점과 시초점을 명하는 것입니다. 비가 오겠다, 날씨가 개이겠다, 안개가 끼겠다, 날이 밝겠다, 흐렸다 맑았다 하며 서로 얽히겠다고 할 것이며, 정괘니 회괘니 하고 말을 할 것입니다. 무릇 이 일곱 가지는 거북점에 다섯 가지, 시초점에 두 가지가 사용되며, 변화를 미루어 짐작하는 것입니다. 이 사람들을 세워서 거북점과 시초점을 치시되, 세 사람이 점을 쳤다면 곧 두 사람의 말을 좇으십시오. 임금에게 큰 의문이 있으면 자신의 마음에다 물어보고, 경과 사인들에게 물어보고, 서인들에게 물어보고, 거북점과 시초점으로 물어 보십시오.49)

결국 국가의 중대사에 대한 해결의 최종 절차는 거북점과 시초점에 의지하면서, 점복의 결과 길한 방향으로의 해결을 유도하고 있다. 특히 점치기 전 까지의 자세는 모든 구성원들이 한 마음으로 임하는 것이 우선이란 점에서 大同이라는 개념을 동원하고 있다. 『書經集傳』에서는 풀이하기를, "계는 상고함이니, 의심스러운 일이 있으면 卜筮하여 상고하는 것이다. 거북점을 卜이라 하고, 시초점을 筮라 한다. 蓍龜는 지극히 공정하고 사사로움이 없으므로 하늘의 밝은 명을 이을 수 있는 것이니, 복서하는 자

---

49)『書經』第四篇, 周書 洪範篇, "七 稽疑 擇建立卜筮人 乃命卜筮 曰雨 曰霽 曰蒙 曰驛 曰克 曰貞 曰悔 凡七卜五 占用二 衍忒 立時人作卜筮 三人占則二人之言 汝則有大疑 謀及乃心 謀及卿士 謀及庶人 謀及卜筮."

또한 지공무사한 뒤에야 시초와 거북의 뜻을 전달할 수 있는 것이다."[50]라고 하여 著龜가 至公無私하기 때문에 하늘의 밝음을 이을 수 있다고 말하고 있다. 나라의 운명을 결정짓는 최종의 결정 과정에서 통치자와 백성이 공동운명체라는 고리를 天命이라는 이름으로 단일화하되, 盡人事의 자세를 가다듬고 있는 것이다.

우리 문헌에 기록된 거북점에 관한 이야기는 흔하게 발견되지는 않는다. 『삼국유사』에 보면 백제의 멸망과 관련된 기사에서 등에 명문이 새겨진 거북이 나타나 백제의 멸망을 예언하는 사건이 다음과 같이 기록되어 있다.

> 한 귀신이 궁중에 들어와서 크게 "백제는 망한다, 백제는 망한다." 고 부르짖었다. 귀신은 곧 땅속으로 들어갔다. 왕은 이를 괴이히 여겨 사람을 시켜 땅을 파보니, 깊이 석자 가량 내려가서 거북이 한 마리가 나타났다. 거북의 등에 글이 씌어 있었는데 "백제는 온달 같고, 신라는 초승달 같다." 라고 했다. 무당에게 물었더니 무당이 말했다. "온달이란 꽉 찬 것이오니, 차면 이지러지는 법이오며 초승달이란 아직 차지 않은 것이오니, 차지 않으면 점점 차게 되는 것입니다." 이에 왕은 노해서 무당을 죽였다. 어떤 이가 말했다. "온달은 꽉 찬 것이고, 초승달은 미약한 것이오니, 생각컨대 우리나라는 성해지고 신라는 점점 미약해진다는 것이 아니겠습니까?"라고 하니, 왕은 기뻐했다.[51]

---

50) 『書經集傳』 周書 洪範篇 集傳, "稽 考也 有所疑則卜筮以考之 龜曰卜 著曰筮 著龜者 至公無私 故能紹天之明 卜筮者 亦必至公無私而後 能傳著龜之意."

51) 『三國遺事』 卷1, 紀異篇 上, 太宗春秋公條, "有一鬼入宮中 大呼曰百濟亡 百濟亡 卽入地 王怪之 使人掘地 深三尺許 有一龜 其背有文曰 百濟圓月輪 新羅如新月 問之巫者 云 圓月輪者 滿也 滿則虧 如新月者 未滿也 未滿則漸盈 王怒殺之 或曰圓月輪盛也 如新月者 微也 意者國家盛 而新羅寖微乎 王喜."

신라 태종무열왕(654-661) 때의 이 기사는 거북점을 즐겨 치던 殷周시대의 분위기와 크게 다름이 없어 보인다. 거북점을 치는 이야기는 조선 태종(1401-1418) 때 세자 李禔를 폐하고 忠寧을 왕세자로 삼을 때에도 군신간에 자연스럽게 제기된 해결책의 하나였고,[52] 국가의 중대사에 있어서는 최근까지도 비록 점치는 방법은 달라도 은밀히 기대보는 해결책의 하나로 기능해온 것이다.

이 같은 복서에 대한 언급은 이규경의 『五洲衍文長箋散稿』에도 『禮記』를 인용하여 아래와 같이 언급하고 있다. 특히 그는 시초점과 거북점의 차이를 들고 점치는 자세를 이야기한 바 있다.

> 예기에 시초점을 먼저 하고 거북점을 뒤에 한다고 하였고, 홍범에 거북점도 길하고 시초점도 길하다는 말이 있으니, 이것을 보면 시초점과 거북점은 실로 둘 다 병용했던 것이다. 다만, 옛날 사람들이 큰 일을 거북점으로 결정했기 때문에, 큰 일은 거북점으로 하고 작은 일은 시초점으로 한다고 말하였고, 좌전에 이것에 의하여 시초점은 짧고, 거북점은 길다고 말하였으니, 이 두 가지를 한꺼번에 점쳤을 때에는 거북점을 따르는 것으로 주장을 삼았던 것이다. 역에는 시초점과 거북점에 대해, 모두 그 훌륭한 덕을 칭찬하여 본래에는 높고 낮음이 없었는데, 시초점이 짧고 거북점이 길다는 것은 대개 시속의 전설로부터 시작하여 시초점과 거북점을 드디어 경중으로 구분해 놓은 것이다. 다만 거북점은 象만을 주장하고, 시초점은 數만을 주장하니, 상이란 오행을 연구하는 것이요, 수란 두 체를 보는 것이다. 점을 올바로 쳐서 올바로 아는 것은 역시 점치는 사람의 정신이 있느냐 없느냐는 데에 달려 있는 것이다.[53]

---

52) 『太宗實錄』 卷35, 太宗 18年 6月 3日 壬午條.

53) 李圭景, 『分類五洲衍文長箋散稿』, 經典類 易經 蓍草辨證說, "禮先筮而後卜 洪範亦有龜從筮從之說 筮龜固幷用矣 但古人 大事決于卜 故曰大事卜少事筮 而左傳因謂之筮短龜長 則二者幷占 以從龜爲長耳 易以蓍龜

위의 인용문을 보면 거북점과 시초점이 각 시대를 대표하는 주요한 점복 수단일 뿐만 아니라, 그 소용되는 대상의 규모와 방법이 언급되어 있다. 또한, 거북점이 은나라에서 성행하던 점복임에도 불구하고 주나라의 시초점보다 중요하게 여겼다는 것은 그만큼 거북점이 갖는 길흉에 대한 신비한 조짐의 해석에 있지 않았나 하고 추측하는 것이다. 특히 거북점이 음양오행에 의해 풀이되었다는 사실은 동양의 사상적 전통을 확인시켜 주는 것이다. 거북점이 시초점에 비해 우월하다는 논의는 『춘추좌씨전』에도 언급되어 있다.54)

필자는 <귀복가>에서 가장 이해하기 어려웠던 부분이 일방적인 명령과 위협적인 呪詞였다. 분명 무엇인가 인간의 요구를 주문하는 것 같으면서도, 요구하는 입장이 너무 일방적이라는 점에 의혹이 갔던 것이다. 더구나 배경설화는 신화적인 이야기를 다루고 있다는 점에서 뭔가 잘못 해석하고 있다는 생각이 들었던 것이다.

상식적으로 생각해도 우리가 남에게 무엇을 간절히 요구할 때는 일방적인 위협이나, 주문을 할 수 없으며, 만일 그렇게 할 수 있다면 그것은 상대가 나보다 미약한 존재일 경우에 가능하다. 이 경우에는 굳이 요구하는 형식도 필요 없는 것이다. 이 같은 점에 착안하여 필자는 <귀복가>를 살피면서 무언가를 요구하는

幷稱其德 本無高下 而著短龜長 蓋有俗傳 而著龜遂分輕重 但龜主于象 著主于數 象則窮于五行 數則觀于二體 其所推極 亦係于人之精神.”

54)『春秋左氏傳』僖公 4年 傳에, “初晉獻公 欲以驪姬爲夫人 卜之不吉 筮之吉 公曰 從筮 卜人曰 筮短龜長 不如從長.”(처음에 진헌공이 여희로서 부인을 삼으려 하여 거북점을 치니 불길했고, 시초점을 치니 길조가 나왔다. 헌공이 시초점을 따르겠다고 하니, 복인이 말하기를, “시초점은 잘 안 맞고, 거북점은 잘 맞으니 맞는 것을 따름만 같지 못합니다.” 라고 했다) 이라 했다. 또한, 細註에는 “物生而後有象 象而後有滋 滋而後有數 龜象筮數 故象長數短.” 이라 했다.

인간의 방식과 이에 응하는 神格의 대응방식에 대해 생각해 본 것이다. 그러던 중 『史記』의 「龜策列傳」을 보면서 <귀복가>가 神君을 맞이하기 위한 성스러운 자리에서 거북점으로 길흉을 점치던 노래(龜卜歌)라는 점에 착안하여 여러 문헌을 찾아보게 된 것이다. 물론 이 노래가 <귀복가>라는 것은 이미 김승찬에 의해 다음과 같이 언급된 바 있다.

> 이런 점들로 미루어 보면 <구지가>는 귀복을 행하면서 불려진 龜卜歌가 아닌가 한다. 「東文選」 卷之二의 王者之興必卜筮決天下賦에 "거북점은 일을 결정하고, 시초점은 의심을 물음이라. 그러므로 왕자가 홍하려 할 때는 천명을 점에 물어 보아 결정함이니, 그 터전을 창립할 제 시초·거북의 卦를 참고하여 上帝의 뜻을 신비롭게 받아들여 그 성패의 시기를 알아봄이라" 한 것을 보면, 분명 가락 부족연맹장을 추대하기 위한 제의가 베풀어졌고, 그 제의는 九干에 의해 진행되면서 六卵 중 수로 즉, 우두머리·으뜸을 결정하기 위한 稽疑행사가 있었을 것으로 추정된다.[55]

라고 하면서 이러한 논거에 입각하여 <龜卜歌>를 아래와 같이 풀이한 바 있다.

> 거북아 거북아
> (우리의) 우두머리를 내어 놓아라
> 만약 내어 놓지 않으면,
> 굽고 굽겠다.

김승찬은 위와 같이 해석하고 나서 "그런데 위와 같이 풀이하

55) 金承璨, 「구지가」, 『한국상고문학론』, 새문사, 1987, p.29.

면, 제4구의 '燔灼而喫也'에 있어서 '喫也'가 문제로 남게 된다. 종래 '燔灼'에 염두를 두고 金烈圭는 희생제의라고 하였고, 李揆東은 淸淨儀式이라 하였는데, 필자의 견해로는 수로왕 탄강시의 原歌에는 없던 것이 후대로 내려오면서 귀복이 널리 행해지지 않고, 또 거북을 식용하는 어물로만 여기게 된 것에서 '喫也'가 첨언된 것이라 보고 싶다.(pp.30-31)"라고 하여 신격을 구워 먹는 행위를 이같이 설명하고 있다.

필자의 이 논문은 김승찬에 의해 시사된 바가 크다. 무엇보다 김승찬의 연구방법론이 우리와 중국의 문헌을 중심으로 유가사상적인 측면에 많은 관심을 가지고 이루어지고 있기 때문이다. 그런데, 필자가 아쉬워 한 것은 그가 <귀복가>로 보고 있으면서도 거북을 신격으로 다루지 않은 점(노래 해석에서)과 거북점의 절차나 그 필요성 등에 대해서는 언급이 거의 없다는 점이다.

점복을 하는 이유는 무엇보다 국가의 중대사에 있어 선택의 여지가 없거나, 결단이 요구되는 상황에서 행하는 최후의 선택의 의미가 강하다. 결과적으로는 50%의 확률이지만 일의 성패는 왕권에 신성한 권위를 더할 수 있다는 것과 수행하는 일에 대한 천명의 신탁을 얻을 수 있다는 점이 중시된 것이다. 즉, 국가의 정책을 하늘의 뜻에 의해 수행한다는 신성성이 이면에 내재하는 특수한 상황으로 인식되는 것이다. 다음과 같은 언급은 점복 행위에 대한 고대인들의 생각의 일단을 보여주고 있다.

> 성인의 뜻을 기술은 하되, 창작을 하지 않는 것이 바로 군자의 의로운 일입니다. 지금 점을 하는 사람들은 천지에서 본을 받고, 사계절의 변화에서 형상을 빌려오고, 또한 인의의 도리에 순종하여 龜策을 분별하여 괘명을 정합니다. 그리고 성반을 돌리고, 棊를 단정히 하여 괘를 정합니다. 그런 연후에 천지간의 이해를 말하고, 일의 성

패에 대하여 말합니다. 옛적에 선왕이 국가의 대사를 결정할 때에는 반드시 귀책과 일월로서 점을 친 다음에야 감히 하늘을 대신하여 정사를 시행하였으며, 때와 날짜를 잘 정하고 난 뒤에라야 새로운 집에 들어갔으며, 자식을 낳을 때에도 반드시 먼저 길흉을 점치고 난 다음에 감히 수태를 하여 임신을 하였던 것입니다. … 게다가 저 점을 치는 사람들은 주위를 깨끗하게 소제하고서 자리를 깔고 앉을 뿐만 아니라 冠帶를 단정하게 쓰고 나서야 비로소 점치는 일을 말하니, 이것은 바로 예를 가지고 있는 것입니다.56)

점복은 결코 미신이나 비과학적인 것이 아니라, 당대의 최종적인 해결책이었음을 보여주는 언급이다. <귀복가>의 배경설화는 군주(대왕)를 맞이하는 의식과 절차를 기록하고 있다. 고대사회에서 결단을 필요로 하는 중대사는 누구도 그 결과를 예단하기 어려웠을 것이다. 더구나, 군왕의 입장에서는 백성들을 잘 이끌어야 할 의무가 있고, 또 초월적인 능력이 있다고 믿었던 것이 일반적인 생각이었다. 왜냐하면, 군왕은 하늘이 낸 사람이라고 인식했기 때문이었다. 아래와 같은 언급은 임금이 '盡人事待天命'의 자세로 국가의 중대사를 결정함에 있어 신의 뜻에 의지하는 태도를 잘 보여주고 있다.

제왕들은 많은 의혹이 나는 일을 결정할 때, 점복을 참고로 하였으며, 시초와 거북을 가지고 길흉을 판단하였으니, 이는 바꿀 수가 없는 나라를 다스리는 법도인 것이다. 만・이・저・강의 오랑캐들도 비록 임금과 신하라는 질서가 없기는 하지만, 그들도 점복을 통하여 의

56) 『史記』 卷127, 日者列傳 第67, "述而不作 君子義也 今夫卜者 必法天地象四時 順於仁義 分策定卦 旋式正棊 然後言天地之利害 事之成敗 昔先王之定國家 必先龜策日月 而後乃敢代 正時日 乃後入家 産子必先占吉凶 後乃有之 … 且夫卜筮者 掃除設坐 正其冠帶 然後乃言事 此有禮也."

혹나는 일을 결정하고 있다. 그들은 혹은 금석을 가지고, 혹은 초목을 가지고 점복을 행하여 나라마다 풍속이 동일하지 않다. 그러나, 모두 전쟁과 정벌, 공격을 함에 있어서 어떻게 군대를 진격시키면 승리를 구할 수 있는지에 대하여 제각기 자신들이 믿고 있는 신의 효험을 믿어서 닥쳐올 일을 알 수 있었다.[57]

고대 국가에서 나라를 유지하는 가장 중요한 일은 제사와 전쟁이었다.[58] 이 두 가지는 개인과 국가의 생존을 결정짓는 중대사였다. 고대 국가에서 지배자의 權威를 드러내는 일은 祭天儀禮였다. 지배자의 정당성은 하늘에서 얻고, 그러한 과정을 통해 권위를 확보해 나가는 것은 고대사회의 특징이었다. 따라서 고대국가에서 군주와 제사는 불가분의 관계를 가진다.[59] 우리의 고대사에도 중국과의 사대관계가 공고해지기 전에는 삼국이 천신과 시조신, 그리고 지신에 대한 제사를 함께 지내면서 정복국가단계로 발전하는 양상을 보여 주고 있다. 즉, 수장사회 단계에서의 제천의례와 초기국가 단계의 시조묘 제사, 그리고 지신에 대한 제사를 국왕이 장악하면서 정복국가 단계로 발전하는 양상을 보여주었던 것이다.[60] 『중국유학사』에는 점을 치게 된 실제적인 이유와 은나라 때의 거북점을 다음과 같이 설명하고 있다.

상고(上古)시대의 사상가들은 추상적인 철리에만 의거하여 문제를

57) 『史記 』卷128, 龜策列傳 第68, "王者 決定諸疑 參以卜筮 斷以蓍龜 不易之道也 蠻夷氐羌 雖無君臣之序 亦有決疑之卜 或以金石 或以草木 國不同俗 然皆可以戰伐攻擊 推兵求勝 各信其神 以知來事."
58) 『春秋左氏傳』成公 13年 3月 傳, "是故 君子勤禮 小人盡力 勤禮莫如致敬 盡力莫如敦篤 敬在養神 篤在守業 國之大事 在祀與戎 祀有執膰 戎有受脤 神之大節也 今成子惰 棄其命矣 其不反乎."
59) 최광식, 『고대 한국의 국가와 제사』, 한길사, 1994, pp.332-333.
60) 上揭書, pp.333-334.

사고한 것이 아니다. 그들은 생존을 위하여 사람의 노쇠와 병사(病死), 사냥에서의 성패, 농사에서의 풍년과 흉년 및 여러가지 재화의 원인을 애써 탐구했다. 그들은 과학적 추상과 논리적 추리가 부족한 사유방식에 의하여 수천 차례의 반복 가운데 일부 신물(神物)이 나타내는 징조에 근거하여 길흉을 판단할 수 있다고 인정했다. 그리하여 은(殷)나라 때에는 점복술(占卜術)이 나왔다. 은나라 사람들은 거북을 영수(靈獸)로 여겼으며, 거북의 등껍데기에 난 무늬는 "만물의 신묘한 속성에 정통하고 만물의 정상(情狀)을 분류 구분할 수 있다." - <<주역>><계사 하(繫辭下)> - 고 인정하였다. 거북의 등껍데기를 불에 태워 갈라진 금을 관찰하는 방법으로 길흉을 알아내는 것을 귀복(龜卜,거북점)이라고 했다.[61]

거북은 多産과 長壽의 동물이다. 長壽와 多産, 이 두 가지는 동양에서 가장 중시한 덕목이자 누구나 바라는 이상적인 삶의 모습이다. 왜 거북으로 점을 치게 되었을까? 거북은 동양에서는 四靈 가운데 하나로 귀하게 여겨왔지만, 필자는 그 이유를 세 가지로 본다. 첫째, 거북은 장수하는 동물이라는 점이다. 흔히 천년을 산다는 거북은 바로 그 자체가 역사의 산 증인인 셈이다. 인간의 백년 남짓한 유한한 인생에 비하면 거북은 몇 개의 왕조를 거쳐 사는 셈이다. 이 점에서 거북은 과거와 현재와 미래를 내다 볼 수 있다고 믿은 신령스런 존재인 것이다. 특히, 천년을 산다는 거북이 능히 인간과 더불어 말을 한다는 것은 거북의 신령스러움을 강조한 말이 아닌가 한다.[62]

---

61) 趙吉惠 外 三人著, 김동휘 역, 『중국유학사 1』, 신원문화사, 1997, p.25.
62) 李圭景, 『五洲衍文長箋散稿』卷37, 龜辨證說 附玳瑁, "說苑 龜千歲 能與人語 客中閒集龜 千年解人語 万畢石朱方傳曰 有神龜 在江南嘉林 龜千歲 小如錢游於蓮葉之上 與人言 龜壽三千六百歲 抱朴子 靈龜五色 色如玉 背陰面陽 上隆 象天下平法地 轉運應四時 蛇頭龍頭左睛 象日 右睛

둘째는 거북의 등에 나타난 균열이 바로 온갖 풍상을 겪은 세상만사의 이력을 보여준다고 믿은 것이다. 마치 손금으로 길흉을 판단하듯이 거북의 등에 나타난 균열은 오래되고, 균열이 무수한 것일수록 영험스럽게 여겼으리라 생각된다. 실제 거북점에서는 120가지의 큰 조짐과 1,200가지의 구체적인 변화가 있다고 하는 것으로도 짐작이 간다.[63] 즉, 거북의 등의 균열은 인간, 사회, 우주의 축소판으로 인식한 것이다.

셋째로, 이 두 가지의 거북의 상징성을 뒷받침하는 가장 중요한 점은 거북의 형상에 있다. 거북은 등에 타원형의 하늘을 짊어지고 있으며, 네 발로 땅에 기어다니는 모습을 형상하고 있다는 점이다. 이는 고대로부터 天地의 모습을 '天圓地方'이라고 인식해 왔다는 점에서, 거북은 바로 이 우주를 축소한 상징적인 존재인 것이다. 마치 사대부가 하늘을 상징하는 둥근 갓을 써서 하늘의 뜻(천명)을 잊지 않으며, 땅을 상징하는 네모진 신발을 신고 천명을 지상에 구현해야 하는 존재임을 상징적으로 드러내고 있는 것과 상통한다.

천자가 국가의 중대사를 결정함에 있어 거북점을 치는 행위 못지않게 신령스런 거북(神龜)을 소유하는 것 또한 중요했다. 거북은 천자가 지녀야 하는 천하의 보물로 인식한 것이다. 신령스런 거북의 존재는 곧 신라의 萬波息笛이나 황룡사구층탑과 같은 국가의 수호신과 같은 의미를 지녔던 것이다. 동시에 靈龜는 왕의 가장 훌륭한 참모이기도 했다. 아래의 예문은 이 같은 사정을 잘 보여주고 있다.

象月 知吉凶存亡之變 又曰 龜千歲 能與人言."

63)『周禮』, 春官宗伯 第三, 大卜, "掌三兆之法 一曰玉兆 二曰瓦兆 三曰原兆 其經兆之體 皆百有二十 其頌皆千有二百."

> 위평이 대답하였다. '거북이라고 하는 것은 천하의 보물입니다. 이와 같은 거북을 남보다 앞서서 얻는 사람은 천자가 될 것이요, 또한, 이 거북으로 열 번 점치면 열 번 맞고, 열 번 전쟁을 하면 열 번 승리하게 만들 것입니다. 이 거북은 깊은 연못에서 태어나 황토에서 성장한 것으로, 하늘의 도를 알고 있을 뿐만 아니라, 상고시대의 사적에 대하여 밝게 알고 있습니다. 이 거북은 3천 년을 물 속에서 노닐면서, 자신의 구역을 벗어나지 않았습니다. 이 거북은 안정되고 공평하고 조용하며 바르게 산 것으로, 움직일 때도 힘을 사용하지 않습니다. 그 수명은 천지와 함께 병행하여 얼마나 더 살지 아무도 알지 못합니다. 이 거북은 다른 만물과 함께 변화하며 사철마다 그 색깔을 바꿉니다. 평상시에는 스스로의 몸을 감추어 숨어서 아무 것도 먹지 않은 채 삽니다. 봄에는 푸른색을 띠고, 여름에는 노란색, 가을에는 흰색, 겨울에는 검은색을 띠고 있습니다. 이 거북은 음양의 이치에 대하여 밝을 뿐만 아니라, 법치와 덕치에 대해서도 잘 살피고 있으며, 또한 이해를 예견할 수 있고 화와 복을 잘 살피고 있습니다. 그가 하는 점사는 반드시 맞고, 그의 점사에 따라 전쟁을 할 경우, 모두 승리할 것입니다. 이 거북을 대왕께서 보물로 간직하고 계신다면 제후들이 모두 대왕께 복종하게 될 것입니다. 대왕께서는 이 거북을 놓아 보내지 마시고, 그것으로써 사직을 편안하게 하십시오.[64)]

위의 기록을 통해 중국에서 국가를 수호하는 상징적인 보물로 거북을 중시하였음을 알 수 있다. 또한 鼎도 국가의 정통성을 상징하는 기물로 중시되었다. 고대국가에서 여덟 가지 중요한 일이라는 八命은 정현의 주에 의하면 다음과 같다.

---

64) 『史記』 卷128, 龜策列傳, "衛平對曰 龜者 是天下之寶也 先得此龜者爲天子 且十言十當 十戰十勝 生於深淵 長於黃土 知天之道 明於上古 游三千歲 不出其域 安平靜正 動不用力 壽蔽天地 莫知其極 與物變化 四時變色 居而自匿 伏而不食 春蒼夏黃 秋白冬黑 明於陰陽 審於刑德 先知利害 察於禍福 以言而當 以戰而勝 王能寶之 諸侯盡服 王勿遣也 以安社稷."

나라에 큰 일이 있으면, 시초점이나 거북점을 쳐서 해결할 것이 여덟 가지가 있다. 그 점치고자 하는 말을 지어서 장차 거북에게 명하여 점을 치는 것이다. 정사농이 이르기를, 征은 죄 있는 자를 정벌한다는 말이고, 象은 재이의 변화와 구름 등의 사물이 마치 붉은 새의 무리들과 그 모습이 서로 비슷한 바가 있는 것을 이르니, 주역에 이르기를, '하늘이 모습을 드리우면 길흉을 볼 수 있다'고 했고, 춘추전에 이르기를, '하늘의 일은 언제나 형상으로 보여준다는 것은 모두 이것이다'라고 했다. 與는 사람을 주는 것이고, 謀는 모의를 이르는 것이며, 果는 일의 성패여부를 말하며, 至는 이르는가의 여부를 말하며, 雨는 비가 내리는가의 여부를 말하며, 瘳는 병이 낫는가의 여부를 말하는 것이다. 현은 생각하기를, 정은 또한 천자가 순수를 행하는 것을 이름이고, 상은 만들어 세우는 바를 이르니, 주역에 이르기를, '그릇을 만드는 자는 그 모양을 숭상한다.'고 했다. 여는 일을 같이 도모함을 이르는 것이고, 과는 용기있게 결단함을 이르니, 마치 오나라가 초나라를 정벌할 때에 초나라의 사마자어가 전쟁의 길흉을 점치면서 거북에게 명령해 말하기를, '나는 너의 족속과 함께 죽을 것이며, 초나라 군대가 뒤를 이을 것이니, 이렇게 하면 오히려 크게 이기는 길함이 있겠는가.'라는 것이 이것이다.65)

八命 모두 중요한 일임에는 틀림없다. 그러나 군왕을 맞이하는 일만큼 중요한 것은 없으며, 동시에 하늘과 땅에 제사를 지내는 봉선의식만큼 중요한 것은 없는 것이다. 「가락국기」에는 이 두

---

65) 『周禮』 鄭注, 卷24 宗伯禮官之職, 大卜(四部備要本,臺灣 中華書局): "國之大事 待蓍龜而決者有八 定作其辭 於將卜以命龜也 鄭司農云 征 謂征伐人也 象 謂災變雲物 如衆赤鳥之屬 有所象似 易曰 天垂象 見吉凶 春秋傳曰 天事恒象皆是也 與 謂予人物也 謀 謂謀議也 果 謂事成與不也 至 謂至不也 雨 謂雨不也 瘳 謂疾瘳不也 玄謂征亦云行巡守也 象謂有所造立也 易曰 以制器者尙其象 與 謂所與共事也 果 謂以勇決爲之 若吳伐楚 楚司馬子魚卜戰 令龜曰 鮒也以其屬死之 楚師繼之 尙大克之 吉是也."

가지가 한데 어우러져 있는 것이다.

『周禮』에 보면 고대에는 거북점과 시초점을 치기 위해서 大卜과 卜師·龜人·占人·筮人·司巫 등이 있었는데 이들은 은나라와 주나라 때 史·儒와 함께 최초의 지식계층이자 문화를 장악한 사람들이었다.[66] 『주례』의 태복에 대한 설명을 보면 아래와 같이 거북점과 시초점, 해몽법에 대해 소개되어 있다.

> 태복: … 거북점의 세 가지 조짐의 법을 관장했는데, 첫째는 옥조요, 둘째는 와조며, 셋째는 원조이다. 그 기본적인 조짐의 대체적인 모습은 모두 120가지가 있으며, 그 占辭로는 모두 1,200가지가 있다. 삼역의 법을 관장하는데, 첫째는 연산이요, 둘째는 귀장이며, 셋째는 주역이니, 그 기본적인 괘에는 모두 8괘가 있으며, 그 부수적인 괘에는 64괘가 있다. 세 가지 꿈의 해몽법을 관장하는데, 첫째는 치몽이며, 둘째는 기몽이며, 셋째는 함척이니, 그 운용하는 원칙은 10가지이며, 그 구체적인 변화는 90가지이다. 나라의 일로써 거북의 등을 구워서 해결하는 여덟 가지 중대사가 있으니, 첫째는 정벌이요, 둘째는 재이의 변화이며, 셋째는 사람과 함께 일을 도모하는 것이며, 넷째는 대사를 꾀하는 것이며, 다섯째는 용기 있는 결단을 말하며, 여섯째는 이르는가의 여부를 말하며, 일곱째는 비가 내리는가의 여부를 말하며, 여덟째는 병이 완쾌되는가의 여부를 말하는 것이다. 이 여덟 가지 중대사로서 거북점과 역점, 해몽법으로 점을 쳐서, 국가의 길흉을 살피며, 정치의 잘못을 구하는 것이다. 나라에 큰 의문이 있거나, 임금을 세우거나, 크게 침략을 당해 군대를 동원하여 정벌할 때에 점을 치되, 불로 지질 거북 껍질의 높은 부분을 종백에게 보여주는 것이다. 큰 제사에는 거북에게 점치는 일을 아뢰어 그 조짐을 보는 것이고, 무릇 소소한 일에도 점을 친다. 나라를 크게 옮길 때나, 큰 전쟁이 있을 때에 거북점을 치며, 무릇 여제를 지낼 때도 거북을 음식을

66) 趙吉惠 外 三人著, 김동휘 역, 『중국유학사 1』, 신원문화사, 1997, p.60.

만드는 곳에 진열하며, 장례시에도 거북에게 명해서 점을 친다.[67]

위의 기록에 보면 옛 사람들이 시초점이나 거북점을 치는 것 외에도 꿈의 해몽법 또한 중요한 예시적 기능을 수행하고 있었음을 알 수 있다. 옛 사람들은 점을 치는 이유로 중대한 일을 專斷하지 않기 위한 방편이라고 언급하는 경우를 많이 볼 수 있는데, 이는 백성들과 더불어 결과에 대해 함께 책임지는 공동운명체라는 점을 강조하기 위한 것으로 보인다. 이에 대한 기록이 『백호통의』에 아래와 같이 나온다.

천자로부터 사에 이르기까지 모두 시초점과 거북점을 치는 것은 의심나는 것을 결단해야 할 중대한 일을 또한 스스로 전단하지 않는다는 것이다. 상서에 이르기를, '너에게 커다란 의심이 있거든, 경과 사에게 의논하고, 서인에게 의논하며, 시초점과 거북점에 의논하여 천하의 길흉을 결정하라' 하였으니, 천하의 부지런한 일을 이루는 것에는 시초점이나 거북점과 같이 훌륭한 것은 없다. … 먼저 경과 사에게 의논하라는 것은 무엇 때문인가? 먼저 인사를 다한 후에 생각하여도 얻지 못하고, 궁구하여도 알 수 없는 연후에 시초점이나 거북점을 쳐서 묻기 때문이다. 성인은 홀로 먼저 조짐을 본다고 하는데, 반드시 시초점이나 거북점을 쳐서 묻는다는 것은 무슨 까닭인가? 본다는 것은 스스로 전단하는 것이 아니다. 혹자는 말하기를, 정밀하고

67)『周禮』, 春官宗伯 第三, 大卜, "掌三兆之法 一曰玉兆 二曰瓦兆 三曰原兆 其經兆之體 皆百有二十 其頌皆千有二百 掌三易之法 一曰連山 二曰歸藏 三曰周易 其經卦皆八 其別皆六十有四 掌三夢之法 一曰致夢 二曰觭夢 三曰咸陟 其經運十 其別九十 以邦事作龜之八命 一曰征 二曰象 三曰與 四曰謀 五曰果 六曰至 七曰雨 八曰瘳 以八命者贊三兆 三易 三夢之占 以觀國家之吉凶 以詔救政 凡國大貞 卜立君 卜大封 則視高作龜 大祭祀 則視高命龜 凡小事 涖卜 國大遷 大師 則貞龜 凡旅 陳龜 凡喪事命龜."

은미하여 단서가 없는 것은 성인도 미치지 못하는 바이니, 성인 또한 의심하는 것이다. 상서에 이르기를, '너에게 의심이 있거든'이라고 한 것은 무왕을 가리키는 것이다.[68]

거북점을 치는 일차적인 이유는 중대사를 결정함에 있어 신중한 판단을 하는 데에 있다. 일의 성패는 왕의 신성한 권위에 상처를 줄 수 있기 때문이다. 반면에 이 같은 행위는 하늘의 뜻에 부합한다는 명분 아래 강력한 추진력을 얻게 되어 절대적인 권위를 지니면서 수행된다는 의미를 지닌다. 봉건시대의 모든 공은 제왕에게 돌아가고 신하는 몸을 바쳐 힘써 수행하되, 이면의 그림자로 작용한다는 논리에서 보면 일이 실패했을 때의 책임은 점복사가 지기 마련이었다. 다음과 같은 논의는 이 같은 의미를 확인시켜 주는 것이다.

이러므로 춘추에 임금에게는 악을 이르지 않고, 신하에게는 선을 이름하지 않아서, 선은 모두 임금에게 돌리고, 악은 모두 신하에게 돌리니, 신하의 의리는 땅에 비견한다. 그러므로 신하된 사람은 땅이 하늘을 섬기는 것을 보고, 자식된 사람은 땅이 불을 섬기는 것을 보아서 그대로 행한다. 토가 중앙에 위치하고, 또 한 해의 72일의 왕이 되어서, 화를 도와서 천지만물을 조화하고 기르지만, 그러나 그 공을 일컫지 않는 것은 모두 화에 공을 합하여 화의 덕이 성할 적에 감히 토가 아버지의 공과 나누지 않는 것이니, 아름다운 효의 지극한 것이다. 이러므로 효자의 행실과 충신의 의리는 모두 땅의 도를 본받는

68) 『白虎通義』 卷七 蓍龜, "天子下至士 皆有蓍龜者 重事決疑 亦不自專 尙書曰 汝則有大疑 謀及卿士 謀及庶人 謀及卜筮 定天下之吉凶 成天下亹亹者 莫善乎蓍龜 … 所以先謀及卿士 何 先盡人事 念而不能得 思而不能知 然後問于蓍龜 聖人獨見先睹 必問蓍龜 何 示不自專也 或曰 精微無端緒 非聖人所及 聖人亦疑之 尙書曰 女則有疑 謂武王也."

것이다.[69]

위의 언급은 철저히 음양의 도를 바탕으로 하고 있다. 天道와 地道, 임금과 신하, 남자와 여자의 도리를 음양의 원리에 적용하고 있는 것이다. 고전시가 연구는 이 같은 陰陽의 원리와 三才의 원리, 그리고 五行의 원리 속에서 그 단서를 찾는 것이 당연한 순리라고 본다. 그 이유는 시가작품의 생성 배경이 바로 그 같은 원리를 생활의 규범으로 적용시켜 온 사회의 소산이기 때문이다. 막연히 현대인의 상식이나 서구적인 방법론만으로는 그 은미하고 신비한 동양사상의 본질에 접근하기 어렵기 때문이다.

고대에 거북점을 쳐서 임하는 중대사에는 전쟁이 가장 많은 점복의 대상이 되었다. 전쟁은 그 자체가 국가의 흥망과 직결될 뿐 아니라, 조상을 중심으로 종족을 유지하는 가장 중요한 일이었다. 이 같은 전쟁을 수행하는 일차적인 준비는 강력한 군사력을 유지하는 것이 우선이지만, 고대 국가에서의 전쟁관은 물리적인 힘의 우위보다는 정의나 명분에 입각한 도덕적인 힘이나, 조상을 받드는 자세 여부가 승패를 좌우하는 요인으로 인식하고 있었다는 점도 특이한 점이라고 할 수 있다. 아래의 예문도 이 같은 상황을 잘 보여주는 대목이다.

원왕은 이러한 이야기를 듣고서 크게 기뻐하여 희색이 만면하였다.

---

69) 董仲舒, 『春秋繁露』 陽尊陰卑 第四十三, "是故 春秋 君不名惡 臣不名善 善 皆歸於君 惡 皆歸於臣 臣之義 比於地 故爲人臣者 視地之事天也 爲人子者 視土之事火也 雖居中央 亦歲七十二日之王 傅於火以調和養長 然而弗名者 皆并功於火 火得以盛 不敢與父分功 美孝之至也 是故 孝子之行 忠臣之義 皆法於地也."

그리하여 원왕은 하늘을 향해 사례를 하여, 재배를 하고서 그 보물을 받았다. 그런 다음 목욕재계를 하고서 날을 택하니, 갑을 날이 가장 좋다고 했다. 이에 흰 꿩과 검은 양을 잡아서 그 피를 거북에게 부었다. 그런 다음, 계단의 중앙에 거북을 놓고, 칼로 껍질을 벗기었는데, 몸체는 상처를 입히지 않았다. 그리고 난 후, 술을 부어 제사를 올리고 거북의 배에 붙은 껍질만을 취하여 가시나무 가지를 불에 태워 점을 쳤다. 한편, 상처가 난 부분은 반드시 치료를 하였다. 이치에 따라 조치하여 자연의 법도에 맞게 하고 무늬가 알맞게 이루어지도록 장식을 하였다. 다시 공인으로 하여금 점을 쳐보게 하니, 점괘로 나온 말이 모두 합당한 것이었다. 송나라에서 이 귀중한 보물을 간직하게 되자, 그 소식이 다른 나라에까지 퍼졌다. 이에 소를 잡아서 그 가죽을 취하여 정나라에서 나는 오동나무를 덮어 북을 만들었다. 그리고 초목을 성질에 따라 다 분별하여 무기를 만들었다. 그 뒤 전쟁을 하면 반드시 승리를 거두고, 공격을 하면 반드시 목표를 취할 수 있었으니, 원왕을 능가했었던 왕은 없었다. 원왕의 시절에 위평이 송나라의 재상으로 있었는데, 그때 송나라가 가장 번성하던 때였으니, 이는 거북의 힘이었다고 하겠다.70)

위의 거북점은 신의 도움을 빌기 위해 매개물인 거북을 통해 점을 치는 행위로 나타나고 있다. 중요한 것은 점을 의뢰하거나 치는 사람의 바른 자세에 길흉 여부가 달려 있다는 점이다. 거북점과 시초점을 치는 원리도 철저하게 음양의 원리에 입각해 이루어지고 있는 것은 아래의 예문에서도 확인할 수 있다.

---

70) 『史記』 卷128, 龜策列傳, “元王大悅而喜 於是元王向日而謝 再拜而受 擇日齋戒 甲乙最良 乃刑白雉 及與驪羊 以血灌龜 於壇中央 以刀剝之 身全不傷 脯酒禮之 橫其腹腸 荊支卜之 必制其創 理達於理 文相錯迎 使工占之 所言盡當 邦福重寶 聞于傍鄉 殺牛取革 被鄭之桐 草木畢分 化爲甲兵 戰勝攻取 莫如元王 元王之時 衛平相宋 宋國最彊 龜之力也.”

> 거북을 가시나무로 불을 지지는 것은 무엇 때문인가? 예기 잡기에 이르기를, '거북은 음의 노성한 것이고, 시초는 양의 노성한 것이다. 용은 물이 아니면 살지를 않고, 거북은 불이 아니면 조짐을 나타내지 않는다.'라고 했으니, 양으로서 음을 움직이는 것이다. 반드시 가시나무로 하는 것은 구음을 얻기 위해서이다. 예 삼정기에 이르기를, '가시나무로 거북의 등을 지진다.'라고 했으니, 불로써 거북 껍질을 움직이게 하고, 물로써는 움직일 수 없는 것이다. 시초는 어떻게 하는가? 후하고 부는 것이다.[71]

위와 같은 음양의 원리를 바탕으로 시초점과 거북점을 치는 것이다. 卜筮의 명칭과 의미에 대해서도 다음과 같이 풀이하고 있다. 즉, "마른 풀과 딱딱한 뼈는 많아서 한두 가지가 아니다. 그런데도 유독 시초와 거북을 사용하는 것은 무엇 때문인가? 이 두 사물은 천지간에 장수하고 신중하게 생각하는 사물이기 때문에 묻는 것이다. 귀의 뜻은 오래다이고, 시의 뜻은 나이가 많다는 뜻이니, 둘 다 지속과 장수의 뜻이다. 거북점을 복이라고 하고 시초점을 서라고 하는 것은 어째서인가? 거북점의 '卜'은 나아간다는 뜻이며, 불로 지져서 조짐을 드러낸다는 뜻이고, 시초점의 '筮'는 믿는다는 뜻이며, 괘로서 보여준다."[72]는 논리는 철저히 인간의 오랜 경험적 사고와 음양의 이치를 결합시킨 체계이다.

거북점을 치기 위해서는 희생제의에 사용할 거북을 준비하고(보통은 가을에 잡아 가두고, 잘 다듬어 봄에 사용함) 날짜를 택

---

71) 『白虎通義』 卷七 蓍龜, "龜以荊火灼之 何 禮雜記曰 龜 陰之老也 蓍陽之老也 龍非水不處 龜非火不兆 以陽動陰也 必以荊者 取其究音也 禮三正記曰 灼龜以荊 以火動龜 不以水動 蓍何以爲 嘔則是也."

72) 上揭書, "乾草枯骨衆多非一 獨以蓍龜 何 此天地之間 壽考之物 故問之也 龜之爲言 久也 蓍之爲言 耆也 久長意也 龜曰卜 蓍曰筮 何 卜赴也 爆見兆也 筮也者 信也 見其卦也."

일하며, 제왕과 제관이 목욕재계하며 몸가짐을 단정히 한다. 그런 후에 제단에 거북을 올려놓고 껍데기를 몸체로부터 성처 없이 분리한 다음 불로 지져서 균열을 보아 길흉을 점치는 절차를 진행하는 것이다.[73] 특히, 불로 지져서 점을 치기 전에 제관이 그 날의 점치는 목적을 아뢰고, 거북에게 吉兆를 드러내 보여 달라는 祝願을 한다.

제단에 犧牲으로 모셔진 거북은 이미 거북 그 자체로서의 의미가 아니라 神格으로서 신성시되며, 호칭 또한 '玉靈夫子' 등과 같은 극존칭을 부여하여 호칭한다. 아래와 같은 절차는 거북점의 진행과정을 자세히 보여주고 있다.

> 짐복을 금하는 날은 자일·해일·술일로서, 이날에는 점을 치거나 거북을 죽여서는 안 된다. 한낮일 때 일식이 있거나, 또는 저물 무렵에는 거북의 지혜가 없을 때이므로, 점을 쳐서는 안 된다. 경신일에는 거북을 죽이거나 구멍을 뚫어도 좋다. 또 매월 초하루에 거북을 깨끗하게 닦는다. 거북을 닦을 때는 우선 맑은 물로 깨끗하게 씻은 다음, 계란을 가지고 문지른다. 그런 다음에 거북을 들어 올려 점을 치는데, 이와 같은 과정을 규칙으로 삼는다. 이미 점을 쳤는데, 그 점이 적중하지 않았을 경우에는 다시 계란으로 거북을 마찰하여 상서롭지 못한 것을 제거한다. 그리고 점을 치는 사람이 동향을 하고 서서 가시나무 가지나 단단한 나무를 이용하여 거북을 지진다. 그리고 흙으로 만든 계란을 가지고, 거북을 세 번 가리키고, 거북을 손에 들고서 계란으로 세 번 그 주위를 돌린다. 그리고 다음과 같이 축원한

73) 『史記』 卷128 龜策列傳, "元王大悅而喜 於是元王向日而謝 再拜而受 擇日齋戒 甲乙最良 乃刑白雉 及與驪羊 以血灌龜 於壇中央 以刀剝之 身全不傷 脯酒禮之 橫其腹腸 荊支卜之 必制其創 理達於理 文相錯迎 使工占之 所言盡當 邦福重寶 聞于傍鄉 殺牛取革 被鄭之桐 草木畢分 化爲甲兵 戰勝攻取 莫如元王 元王之時 衛平相宋 宋國最彊 龜之力也."

> 다. "오늘은 길일로서 삼가 쌀과 계란을 누런 비단에 싸고, 거북을 태우는 가시나무로서 신령스런 거북의 영험을 해치는 상서롭지 못한 기운을 제거합니다." 이와 같이 하면 신령스런 거북은 반드시 믿음과 성의로써 응답하여 만사의 진실을 알려줄 것이요, 그에게 나타난 형상을 통하여 모든 것을 점칠 수 있을 것이다. 그러나 만일 점이 믿음성도 없고 성의도 없다면 거북을 태워서 그 재를 날려 보내어 그 뒤에 점칠 거북의 효험을 기대한다. 그 점을 칠 때에는 반드시 북향을 하며, 거북의 껍질은 반드시 한자 두 치의 크기가 되도록 한다.[74)]

위와 같은 거북점의 절차를 통하여 인간은 소원하는 바를 신격에게 아뢰고 그 행위의 정당성과 진실성을 하늘의 뜻으로서 보장받고자 하는 것이다. 이러한 신탁을 구하는 과정에서 하필 인간보다 미물인 거북을 신령스럽게 여기는 이유는 무엇인가? 그 이유는 상황에 따라 변하고, 자신에게 유리하게 모든 것을 판단하려는 인간의 사악한 욕망을 다스리는 방편으로 동물의 순수한 정에 의탁하는 것이다.

즉, 四靈의 하나인 거북은 정성을 들여 순하게 길들였기에, 사람의 정을 잃지 않고 꿰뚫어 보는 것이며, 또한 거북은 장수하는 동물이기에 능히 앞 일(미래사)을 아는 것이니, 사람이 결단할 바가 있으면 그 일의 가부를 물어 아는 것이다. 그러므로 거북은 인간의 마음속의 바른 정을 잃지 않고 있는 존재라고 믿었던 것이다.[75)]

---

74)『史記』卷128 龜策列傳, "卜禁日 子亥戌不可以卜 及殺龜 日中如食已卜 暮昏龜之徼也 不可以卜 庚辛可以殺 及以鑽之 常以月旦祓龜 先以清水澡之 以卵祓之 乃持龜而遂之 若當以爲祖 人若已卜不中 皆祓之以卵東向立 灼以荊若剛木 土卵指之者三 持龜以卵周環之 祝曰 '今日吉 謹以粱卵焍黃 祓去玉靈之不祥' 玉靈必信以誠 知萬事之情 辯兆皆可占 不信不誠 則燒玉靈 揚其灰 以徵後龜 其卜必北向 龜甲必尺二寸."

특히, 밑줄 친 인용문은 吉兆를 이끌어내기 위해, 즉, 거북점을 치는 목적에 부합되도록 하기 위해 거북을 위협하는 모습인데, 필자는 이 부분이 바로 <귀복가>의 "燔灼而喫也"에 해당한다고 본다. 필자가 <귀복가>라고 생각하게 된 것은 노래의 배경이 군왕을 맞이하는 신성한 장소에서 베풀어진 봉선의식이라는 점과, 이 같은 중대사에 반드시 길흉을 점치는 귀복점이 행해졌을 것이라는 점, 그리고 '머리를 나타내어라' 는 주문은 바로 吉兆를 보여 달라는 간절한 표현이라는 점 때문이었다. 이런 생각을 하던 중에 「龜策列傳」을 읽다가 아래의 대목에서 '首其現也'의 의미가 바로 길조를 드러내 보여 달라는 願望의 표현으로 본 것이다.

> 점을 침에 있어서는 우선 거북의 구멍을 뚫고서 태운다. 구멍이 뚫렸으면 다시 거북의 머리 부분을 구멍을 뚫고 태운다. 이와 같이 하기를 세 번 반복한다. 또 구멍을 뚫은 중앙부분을 태우는 것을 正身이라 부르고, 머리 부분을 태우는 것을 正足이라고 한다. 이와 같은 일을 세 번 반복한다. 그리고 난 뒤에 거북을 가지고 세 번 아궁이를 돌리고서 다음과 같이 축원한다. "옥령부자에게 신령함을 빌리나이다! 부자께서는 신령하시니, 부자의 심장을 가시나무로 태워서, 그대로 하여금 미래의 일을 남보다 먼저 볼 수 있게 하려 합니다. 그대는 위로는 하늘을 날아다니고, 아래로는 깊은 못 속에서 헤엄치니, 허다한 신령의 점도 그대의 진실함을 능가하지 못합니다. 오늘은 좋은 날로서 한 번의 좋은 점을 치고자 합니다. 저는 이와 같은 점을 치고자 하니, 점괘를 잘 얻으면 기뻐할 것이요, 잘 얻지 못하면 후회할 것입니다. 점괘가 잘 얻어지면 저를 향하여 몸을 길고 크게 하여 주고, 머리와 발을 거두어 들여서 위에 붙여 주기를 바랍니다. 그리고 점괘가 잘 얻어지지 아니하면, 저를 향하여 몸을 꺾고 안과 밖이 서로 응

75)『禮記集說大全』卷之九 禮運 第九, "何謂四靈 麟鳳龜龍 謂之四靈 … 龜以爲畜 故人情 不失龜能前知 人有所決以知可否 故不失其情之正也."

<u>하지 아니하며, 머리와 발이 사라져 보이지 않게 하여 주십시오</u>'.76)

필자가 위의 인용문에서 주목하는 것은 우선, '玉靈夫子'라고 호칭하는 부분이다. 희생으로 바쳐진 거북은 이미 신격의 의미를 지니기에 그에 대한 극존칭의 예를 보여주고 있다. 두 번째는 점괘가 좋으면 머리와 몸을 크게 뻗어서 호응을 나타내라고 하는 것이다. 모든 동식물에게 있어 두려움과 공포는 움츠리는 것으로 표현된다. 주위 환경에 낯설거나, 두려움을 느끼면 바로 움츠리는 것이다. 거북의 경우 두려움이나 공포에 대한 반응은 목을 움츠리는 것이다. 반면에 주위환경에 친숙하거나 두려움이 없을 때는 목을 길게 빼면서 정상적인 활동을 하는 것이다. 위의 거북의 길조와 흉조에 대한 반응 또한 이 같은 상황과 일치함을 보여주고 있다. 어찌 보면 거북의 이 같은 반응은 본능적인 것일 뿐이며, 이에 대한 해석은 인간의 몫이라고 볼 수 있는 것이다. 다만, 거북을 이미 신격으로 인식한 경우에는 거북의 반응 하나하나가 신탁에 의한 것으로 인식하는 것에 차이가 있을 뿐이다. 위 인용문에서 밑줄 친 부분이야말로 거북점을 치면서 신격인 거북에게 길흉을 드러내 보여달라는 간절한 축원인 것이다.

이 같은 관점에서 <귀복가>를 새롭게 풀이하면 다음과 같다.

龜何龜何　　거북(신령)이시어, 거북(신령)이시어
首其現也　　머리(길조)를 드러내어 주십시오

---

76) 『史記』 卷128, 龜策列傳, "卜先以造 灼鑽 鑽中已 又灼龜首 各三 又復灼所鑽中曰正身 灼首曰正足 各三 卽以造三周龜 祝曰 '假之玉靈夫子 夫子玉靈 荊灼而心 令而先知 而上行於天 下行於淵 諸靈數策 莫如汝信 今日良日 行一良貞 其<某>欲卜某 卽得而喜 不得而悔 卽得 發鄉我身長大手足收人皆上偶 不得 發鄉我身挫折 中外不相應 手足滅去."

若不現也　만약 드러내지 않으신다면(길조를 보여주지 않으신다면)
燔灼而喫也　불에 구워서 먹을 것입니다(태워져서 재로 날리는 고통을 당할 것입니다)

위와 같은 해석을 하는 근거를 필자는 앞에서 이미 언급한 바 있다. 전하는 문헌에 의하면 거북점의 형태는 둘로 추정할 수가 있다. 그 하나는 거북을 산 채로 점을 치는 경우(거북의 반응)와 거북의 껍질만을 벗겨 그 껍데기(龜甲)를 불로 지지면서 균열을 살피는 경우가 그것이다. 이 두 가지 경우가 문헌에 따라 전해지고 있음을 확인할 수 있다.

'燔灼而喫也'(구워서 먹겠다)는 점복시 흉조를 드러낸 거북에 대한 위협이다. 즉, 불에 태워 재로 만들어 날려버리겠다는 위협인 것이다. '喫也'(먹겠다)라는 말은 거북을 태워 재를 만들겠다는 위혁적인 주사이지 실제로 먹겠다는 의미는 아니다. 물론 희생으로 바쳐진 거북을 점을 친 후에 먹을 수도 있다. 거북은 자라류와 같은 효능을 지녔다고 믿었기 때문이다. 아래의 예문은 거북이 점을 치는 신령한 존재로서 뿐만이 아니라, 원기를 회복하고 노화를 방지해주는 음식으로도 애용해 왔음을 보여준다.

> 나는 양자강 이남에 이르러서 점복을 행하는 것을 구경하고 그 곳의 나이 많은 어른들에게 질문을 하였다. 그들은 거북이 천년을 살아야 연꽃 잎 위에서 놀고, 시초는 백 개의 줄기가 하나의 뿌리에서 나온다고 하였다. 또 그것들이 사는 곳에서는 호랑이와 이리같은 맹수가 살지 않으며, 독성을 가진 풀이 나지 않는다고 하였다. 양자강 주변에 사는 사람들은 항상 거북에게 음식을 주며 키우는데, 그들은 거북이 사람을 위하여 기운을 불러일으키게 하여 쇠약함과 늙음을 방지하여 준다고 믿고 있었다. 이러한 것이 어찌 사실이 아닐 수 있겠는가?[77]

짐작컨대, 점복의 대상인 신령한 거북과 원기를 회복하기 위한 식용 거북의 양면성은 공존해오던 관습이 아니었나 생각한다. 왕실과 같은 통치집단의 입장에서는 대사에 사용하는 신격으로 활용한 것이고, 민간에서는 식용으로 활용한 것이라고 본다.

위와 같은 거북의 길흉에 대한 반응은 靈龜로 점칠 때에도 언급되고 있음을 볼 수 있다.

> 영귀로서 점을 칠 때에는 다음과 같이 축원을 한다. "영귀에게 신령함을 빌리고자 합니다. 시초로 점을 치면 비록 오서오령의 신령함이라 하더라도 신령스런 거북의 영험만은 능가할 수 없을 것입니다. 그대는 사람의 죽음을 알 수 있으며, 사람의 삶도 알 수 있습니다. 저는 선량하고 올바른 사람으로서 어떤 물건을 얻으려 합니다. 제가 그 물건을 얻을 수 있다면 머리를 나타내고 다리를 펴서 안팎이 상응하도록 하여 주시고, 제가 그 물건을 얻을 수 없다면 머리를 들고 발을 움츠리어 안팎이 모두 저절로 아래로 처지게 하여 주십시오. 이와 같이 하면 점을 칠 수 있을 것입니다."[78]

필자는 <귀복가>를 길조를 얻기 위한 적극적인 呪詞로 본다. 거북을 깨끗하게 씻고 계란으로 잘 문질러서 상서롭지 못한 것을 제거한 후, 일차 祝을 아뢰면서 점복을 한다. 이에 대한 반응이 길조(머리와 두 다리를 쭉 뻗어 호응하는 것)로 나왔을 경우에는 천명의 뜻이라고 간주하고 그치는 것이다. 그러나 그 같은 반응이 나오지 않고 머리를 계속 움츠리며 두려운 반응을 보이

---

77) 『史記』, 龜策列傳, "余至江南 觀其行事 問其長老 云 龜千歲乃遊蓮葉之上 蓍百莖共一根 又其所生 獸無虎狼 草無毒螫 江傍家人常畜龜飮食之 以爲能導引致氣 有益於助衰養老 豈不信哉."

78) 『史記』 卷128, 龜策列傳, "靈龜卜 祝曰 假之靈龜 五筮五靈 不如神龜之靈 知人死 知人生 某身良貞 某欲求某物 卽得也 頭見足發 內外相應 卽不得也 頭仰足肣 內外自隨 可得占."

면 이 경우에는 흉조를 길조로 돌리기 위한 적극적인 주사를 행하는 것이다.

거북의 등껍질로 점을 치는 경우에는 거북은 陰(水)이기 때문에 陽(火)으로서 음을 움직여 길조로 조짐을 변화시키고자 하는 것이다. 이때에는 가시나무[79]와 같은 단단한 나무를 불에 달구어 거북의 등을 지져서 그 균열의 상태를 살펴(임금은 그 형상을 살피며, 대부는 그 색깔을 살피며, 사는 넓게 퍼진 조짐을 살핀다) 길흉을 판단하는 것이다.[80]

5. 結 論

필자는 앞에서 고대인들이 국가의 중대사를 결정하는 과정에서 占卜과 解夢을 중요한 수단으로 사용해 왔음을 언급한 바 있다. 이 논문에서는 거북점에 촛점을 맞추고, 「가락국기」의 신화적 배경과 <龜卜歌>로서의 성격을 구명해 보았다. 앞에서의 논의를 요약하여 결론으로 대신하고자 한다.

필자는 「가락국기」의 수로왕 탄생 배경담을 군주를 맞이하여 封禪儀式을 거행하면서 불려진 <龜卜歌>로 보았다. 天神과 地神에게 제사를 드리고, 천명에 의한 신성 왕권의 탄생에 초점을 맞춘 의례가 봉선의식이며, 이의 구체적인 서술이 「가락국기」의 신화적 배경이다.

봉선의식이 강조되는 이유는 천명에 의한 신성 왕권의 탄생에

79) 가시나무는 관목으로 殷(商)나라를 대표하고, 가래나무는 교목으로 주나라를 대표한다고 한다. 劉文英 著, 『꿈의 철학』, 동문선, 1993, p.37.
80) 『白虎通義』 卷七 蓍龜, "周官曰 凡國之大事 先筮而後卜 凡卜筮 君視體 大夫視色 士視墨 凡卜事 視高 揚火以作龜 凡取龜用秋時 攻龜用春時."

있으며, 그 권위로 백성을 다스리고 이웃나라를 정복하는 당위성을 확보할 수 있기 때문이다. 이는 자연스럽게 국가의 형태가 점차 대규모화 하면서 정복국가로서의 성격을 보여주고 있다. 동시에 고대국가 성립의 특성인 제사와 전쟁수행이라는 중대사를 수행하는 단계로 진입하는 것을 의미한다. 「가락국기」가 갖는 또 하나의 의미는 중국과 사대관계가 엄격하게 맺어지기 전에 우리나라의 자주적인 면모를 살필 수 있다는 점에서 중요한 기록이라고 본다.

<귀복가>는 추장이 다스리던 미개한 집단의 통치형태가 문화적, 혹은 문물제도의 정비 과정에서 군왕을 맞이하는 신성한 의식에서 길흉을 점치던 儀式歌였다. 이때의 '首'는 군왕이나, 남성성기의 상징, 혹은 머리를 의미하는 것이 아니라, 점복과정에서 길조를 나타내는 거북의 머리를 의미하는 것이었다. 이는 결과적으로 길조의 경우는 군왕의 탄생을 의미하는 것이지만 노래의 일차적인 의미는 길흉에 대한 거북의 반응이다.

이 같은 관점에서 고대가요의 경우는 비유나 상징이라는 개념이 개입할 소지가 없다고 본다. 그 이유는 현실적인 필요나 혹은 바라는 바의 소망을 간절하게 표현하기 때문에 짧은 형태의 시가 속에는 언어의 일차적인 의미, 즉 화자의 명백한 의미만이 수용될 뿐이기 때문이다. '燔灼而喫也'는 일차의 점복이 길조를 얻지 못했을 경우, 음양의 원리에 입각해 불에 달군 가시나무 등으로 거북의 등을 지져서 길조를 얻기 위한 적극적인 呪詞로 보았다. 따라서 구워 먹겠다든지, 다시 지지겠다는 의미는 길조를 얻기 위한 위협적인 주사인 것이다. 점을 친다는 것은 길일을 가리고, 그 점치는 목적을 아뢰어서 천명에 의한 승인만을 남긴 절차이기 때문에 통과의례적인 성격을 지닌다. 점치는 가운데 예상외

로 불길한 징조가 연이어 나타나는 경우는 흉조로 간주하여 점복을 중지하는 경우도 있으나, 대부분은 적극적인 주사의 방법으로 목적을 달성하는 것이다.

필자는 위와 같은 관점에 입각해 그간 여러 가지 명칭으로 불려온 속칭 <구지가>는 그 생성배경과 관련하여 일단 <龜卜歌>로 부르는 것이 옳다고 본다. 국가의 중대사가 있을 때에 신령스런 거북에게 그 최종 결정을 점지해 주기를 바라면서 부른 儀式의 노래였기에 이는 고유명사라기보다는 보통명사로서의 성격이 짙은 것이다.

고대인의 점복행위는 결단을 내려야 하는 중대사에 대해 당대까지의 경험과 정성을 다해 임했던 궁극적인 해결책으로 기능한 것이었다. 다만, 군왕의 신성성을 확보하기 위해 천명에 부합한다는 권위를 그 위에 얹은 것에 불과한 것이다. 고대 제왕의 복색 가운데 黼黻에 새겨진 도끼문양이나, 장수에게 출정 전에 하사했던 鈇鉞의 도끼문양은 결단을 내려야 하는 제왕과 장수의 권위와 고뇌가 양면의 날로 기능하고 있음을 상징적으로 보여주는 이치와 같은 것이다.

Ⅲ. 黃鳥歌 新解釋

1. 問題 提起

<黃鳥歌>는 우리의 고대가요 가운데 가장 세련된 서정가요(서사시)로 전해지고 있다.[1] <公無渡河歌>에서의 남편을 향한 아내의 단순 소박한 절규나, <龜卜歌>(龜旨歌)가 드러내고 있는 占卜(거북점)이나 祭儀的인 상관성(迎神君歌)과는 그 성격이 다르다. 특히 유리왕의 失戀과 관련된 배경설화의 낭만적인 모습만큼이나, 서정시 혹은 서사시적인 특징으로 인해 그동안 다양한 시각으로 연구되어 온 작품이기도 하다. 그간의 <황조가> 연구는 유리왕의 작자 여부,[2] 서사시의 여부[3]를 비롯해서 중국 『시경』시

1) <황조가> 에 대한 연구사 검토는 李庚秀(「황조가의 해석」, 『한국문학사의 쟁점』: 집문당, 1986), 金學成(「황조가의 작품성격」, 『한국고전시가작품론』 1: 집문당, 1992), 田寬秀(「제의적 측면에서 본 황조가의 성격」, 『한국고전시가사』: 집문당, 1997) 등이 있다.

2) 유리왕을 작자라고 보는 견해는 梁柱東(『증정 고가연구』), 李家源(『한국한문학사』), 文璇奎(『한국한문학사』), 柳鍾國(『고시가양식론』)등이고, 鄭炳昱은 작자불명의 고대가요가 한역되어 유리왕설화에 삽입된 것

의 영향설[4]까지 다양하게 연구되어 왔고, 제의와 관련해서 다루어지기도 하였고,[5] <황조가>의 미의식을 규명하기도 하였다.[6]

(『한국시가문학사』상)으로, 任東權은 민요에서 한역된 것(『한국민요사』)으로 보았고, 金承璨은 유리왕시대의 한 부족장에 의해 창작되어 후대에 채록된 것(「황조가의 신연구」)으로, 高晶玉은 후인의 위작이라고 보았다(『조선민요연구』). 金昌龍은 시경시의 영향 아래 유리왕의 상실과 고독이라는 이미지를 보여주는 한역된 노래로 보았다(『우리 옛문학론』). 또한, 鄭武龍은 고구려 초기의 한문화와의 빈번한 접촉의 영향으로 유리왕이 한자로 직접 창작한 것으로 보았다(「황조가 연구」1, 『강용권박사송수기념논총』: 1986 / 「황조가연구 2」, 『국어국문학』 7: 동아대, 1986). 이외에 본래는 우리의 고유한 노래였으나, 후대에 와서 한역된 것으로 보는 절충적 견해는 趙潤濟(『한국문학사』), 李明善(『조선문학사』), 權相老(『조선문학사』), 李秉岐(『국문학전사』), 孫洛範(『국문학개론』), 張德順(『국문학통론』), 李鐘出(『한국고시가연구』), 權寧徹(「황조가 신연구」: 『국문학연구』 1) 등의 논고가 있다.

3) <황조가>를 서사시로 보는 대표적인 입장으로 李家源과 李明善의 견해가 있다. 이명선은 화희와 치희로 대표되는 종족간의 대립으로 보고, 종족간의 相爭을 和解시키려다가 실패한 酋長의 嘆聲으로 보았고(『조선문학사』, 범우사, 1990, p.33), 李家源은 유리왕이 성격이 豪華롭고 隣國과의 평화를 도모하였으며, 한문화에 도취하여 漢女를 우대하였더라도 결국에는 고유문화를 保守하여 한족을 배격하는 鶻川人의 총의에 따르지 않을 수 없었다고 말한 바 있다(『한국한문학사』, p.21). 한편, 현승환은 <황조가>를 서사무가 중에 삽입된 삽입가요로 보고, 유리왕은 어떤 실존인물이 신격화되어 신화속의 주인공으로 남아 있다고 보았다(「황조가 배경설화의 문화배경적 의미」, 『인하어문연구』 4, 인하대 인하어문연구회, 1999, p.420).

4) 金昌龍, 『우리 옛문학론』, 새문사, 1991, p.181. 김창룡은 이 논문에서 <황조가>가 구사하고 있는 수사적 원류를 『시경』과 관련하여 면밀히 검토한 결과, 16자 가운데 '相依'의 造語만이 <황조가> 고유의 어휘라고 주장한 바 있다.

5) 祭儀와 관련한 연구로는 鄭炳昱이 계절적 제례의식에서 배우자를 선정하는 기회에 불려진 사랑의 노래로서 거절당한 남자의 애절한 求愛曲(「한국시가문학사」상, 『한국문화사대계』 5, 고려대, 1967, p.775)이라는 견해와, 제의에서 구애의 대상을 찾으면서 불리워진 것(金承璨, 『한

뿐만 아니라 배경설화의 어구와 관련하여 연모의 대상이 죽은 왕비인 송씨로 보거나, 혹은 막연한 연모의 대상이라고 추정하기도 하였다.7)

고구려의 건국초기는 북방 이민족과의 끊임없는 투쟁과 갈등 속에서 국가의 문물제도를 정비하면서 정복국가로서의 면모를 갖추어 가던 시기였다. 고구려는 尙武精神을 바탕으로 漢族과의 투쟁을 통해 성장하였으며, 생산품의 부족을 전쟁을 통해 보충하기도 하였다. A.D. 1세기 초에 王號를 칭할 정도로 발전한 고구려는 遼河 유역, 또는 大同江 유역, 아니면 松花江 유역이나 동해안의 평야 지역 등 사방으로 진출하려고 하였는데, 이 지역은 모두 당시 중국의 직속령이거나, 그 영향 밑에 있었으므로 고구려와 한족과의 투생은 필연적인 일이었다.8) 이 같은 시기에는 연애

국상고문학론』, 새문사, 1987)이라는 견해, 그리고 燔祭에서 呪歌로 사용된 노래(閔肯基, 「원시가요연구(2)」, 『사림어문연구』 8, 창원대, 1991)라는 견해가 있다. 허남춘은 왕비 송씨의 죽음을 모의적인 죽음으로, 두 계비를 동시에 맞는 문맥은 설화적인 문맥으로 보았다. 동시에 유리왕을 신화적 주인공으로 보았으며, 화희 치희설화는 계절제의를 상징하고, <황조가>는 성적 의례를 포괄하는 짝짓기의 노래라고 보았다(「황조가 신고찰」, 『한국시가연구』 5, 한국시가학회, 1999, pp.31-32).

6) 金學成, 『한국고전시가의 연구』, 원광대출판국, 1980. 김학성은 유리왕이 짝을 잃은 고독한 처지인 '현실적인 것'과 꾀꼴새처럼 정답게 살아야 하는 부부관계의 '이상적인 것' 사이의 갈등에서 이상적인 것에의 추구가 좌절된 '비극미'가 표현된 작품, 즉 신화적 숭고의 붕괴가 근본적인 동인이었음을 주장한 바 있다.

7) 張鴻在는 연모의 대상을 죽은 왕비 송씨로 보았고(「황조가의 연모대상」, 『국어국문학연구논문집』, 청구대학, 1963), 李鐘出은 연모대상을 치희로 보았으며(『한국고시가 연구』, 태학사, 1989, p.62), 權寧徹은 연모의 대상이 구체적인 여인이 아니라 다만 漠然한 한 사람, 즉 配匹감이 될만한 理想的 女人型을 憧憬했을 따름이라고 말한 바 있다(「황조가 신연구」, 「국문학연구』 1, 효성여대, 1968, p.110).

8) 李基白, 『한국사신론:개정판』, 일조각, 1976, p.37.

와 같은 낭만적인 설화보다는 국가를 강성하게 유지하는 전쟁영웅담이 널리 유포되고 장려되던 시기였다. 따라서 연애와 같은 남녀의 연정은 그 자체의 보편적이고 낭만적인 성격과는 달리, 祭祀와 戰爭이라는 절박한 국가 중대사에 가려 전면에 드러나지 못하던 시기였다. 대신, 忠·孝·烈이라는 집단적이고 효용론적인 가치관이 시대의 전면에 나타나는 것이 특징이었다. 다시 말해 그 같은 아름다운 사랑의 이야기가 없었다는 것이 아니라, 역사의 이면에 자리할 수밖에 없었다는 것이고, 개인보다는 집단의 정서가 중시되던 시기였다는 말이다. 이 같은 남녀간의 애정이 변형된 형태로 나타난 것이 혼인동맹과 같은 정략적인 결혼이었다고 보인다.

고대 정복국가의 중요한 일은 戰爭 수행과 祭祀 봉행이었다. 제사는 조상을 정점으로 민족의 공동운명체적 유대감을 고취시키는 행위로 나타난 것이다. 따라서 고대국가에서 중요시한 것은 왕의 권능과 통치능력에 대한 신뢰였다. 따라서 모든 기록물은 이 같은 기준에 맞추어 역사를 기술해 나가고 비판했던 것이다.

고대시가의 배경에 자리한 기록자의 태도는 철저히 '忠孝烈'의 덕목을 구현하는 입장을 견지하고 있음을 확인할 수 있다. 「三國史記」의 기록태도는 이 같은 관점을 잘 보여주고 있는 역사서이다. 好童王子와 樂浪公主, 金庾信과 天官女, 嘉實과 薛氏女 등의 남녀의 아름다운 사랑의 이야기가 결국 忠孝烈의 덕목으로 옭아매어진 채 희미하게나마 기록에 전하고 있다. 不傳歌謠의 상당부분이 이 같은 기준에 의해 그나마 배경설화가 남아 있음을 우리는 기록을 통해 확인할 수 있는 것이다.

필자는 <황조가>가 국가의 기틀을 다지는 과정에서 이민족과의 갈등을 드러낸, 유리왕의 통치능력에 대한 비판적인 배경설화로 보고 <황조가>를 유리왕 자신의 自嘆歌로 새롭게 조명하고자 한다.

2. 琉璃王의 治者的 面貌

유리왕은 부왕인 동명왕과 함께 신화적인 인물의 마지막 잔영을 보여준 왕으로 인식되어 왔다. 따라서 유리왕도 신화적인 인물로 인식하여 그의 노래가 후대 사람들에 의해 영웅설화에 삽입되어진 것으로 보는 견해가 제기되었다. 그러나 시조신화(건국신화)와는 달리 그 이후를 잇는 왕의 경우에는 신화적인 요소보다는 통치능력에 대한 검증을 여러 형태의 설화를 통해 전하는 것이 일반적인 현상이다. 유리왕의 설화 역시 정복국가 시대의 왕이 갖추어야 할 넉복(예를 들면, 활쏘기와 같은 상무적인 측면과, 조상에 대한 제사와 통치능력 등)을 확인하는 유형의 설화에서 크게 벗어나지 않는다.

다시 말해, 유리왕은 부왕(天帝子의 아들이며 河伯의 외손)처럼 신이한 행적을 통해 創業을 하는 건국의 영웅이 아니고, 守成의 단계로 이어지면서 인간사의 여러가지 현실 문제를 다스려가는 고구려 2대 임금인 것이다. 유리왕은 아버지인 동명왕이 40세로 승하하자 제2대 임금으로 왕위에 오른다. 「三國史記」에는 유리왕의 왕위 계승과정을 다음과 같이 서술하고 있다.

> 유리명왕이 즉위하니, 휘는 유리 혹은 유류라 하며 주몽의 원자요, 어머니는 예씨다. 처음 주몽이 부여에 있을 때에 예씨의 딸을 취하여 아이를 뱄는데 주몽이 떠나온 후에 낳게 되었다. 이가 곧 유리이니, 유리는 어릴 때 밭두둑에 나아가 새를 쏘다가 잘못하여 물긷는 여자의 물동이를 깨뜨리니, 그 여자가 꾸짖어 말하기를, “이 아이는 아비가 없는 까닭에 이같이 완악하다”라고 하였다. 유리가 부끄러워 돌아

와 어머니에게 묻기를, "저의 아버지는 누구며 지금 어디 계십니까?"라고 하였다. 그 어머니가 말하기를, "너의 아버지는 보통 사람이 아니어서 나라에서 용납되지 못하고 남쪽 땅으로 도망하여 나라를 세우고 왕이 되셨다. 떠날 때 나에게 이르기를, "그대가 사내를 낳거든 그 아이에게 이르되, 내가 유물을 칠릉석 위 소나무 아래에 감추어 두었으니, 능히 이것을 찾는 자가 나의 아들이다."라고 하셨다. 유리가 듣고 곧 산골짜기에 가서 그것을 찾다가 찾지 못하고 지쳐서 돌아왔다. 하루는 그가 마루위에 있을 때, 무슨 소리가 주초 틈바귀에서 나는 것 같았다. 가서 살펴보니, 초석이 일곱모로 되었는지라 곧 기둥 밑을 찾아보니, 부러진 칼 한 조각이 나왔다. 드디어 그것을 가지고 옥지・구추・도조 등 세 사람과 함께 졸본에 가서 부왕을 뵙고 부러진 칼을 바쳤다. 왕은 가지고 있던 단검을 꺼내어 맞추어 보니, 완연한 칼 한 자루가 되었다. 왕이 기뻐하여 유리를 세워 태자로 삼으니, 이에 이르러 왕위를 계승하였다.[9)]

동명왕이 말한 바의 '七稜石上松下'[10)]라는 수수께끼는 흔히 고대의 서사문학에서 볼 수 있는 바의 성인식을 치를 때의 지혜의

---

9)『三國史記』卷13, 高句麗本紀 第1, "瑠璃明王立 諱類利 或云孺留 朱蒙元子 母禮氏 初 朱蒙在扶餘 娶禮氏女有娠 朱蒙歸後乃生 是爲類利 幼年出遊陌上 彈雀誤破汲水婦人瓦器 婦人罵曰 此兒無父 故頑如此 類利慙歸問母氏 我父何人 今在何處 母曰 汝父非常人也 不見容於國 逃歸南地開國稱王 歸時謂予曰 汝若生男子 則言我有遺物 藏在七稜石上松下 若能得此者 乃吾子也 類利聞之 乃往山谷索之 不得 倦而還 一旦在堂上 聞柱礎間若有聲 就而見之 礎石有七稜 乃搜於柱下 得斷劍一段 遂持之與屋智句鄒都祖等三人 行至卒本 見父王 以斷劍奉之 王出己所有斷劍 合之 連爲一劒 王悅之 立爲太子 至是繼位."

10) 이 七稜石에 대한 이야기는「澹村樂府」卷1(李福休: 1729-1800)에는 "… 母曰 汝父非常人 今方南奔開國 方行語我曰 有遺物藏在七嶺七谷石上松下 得此者 乃吾兒也." 라 하여, 지혜를 테스트하는 전형적인 수수께끼의 모습으로 제시되어 있는데, 이 표현이 보다 원래의 모습에 가깝다고 본다.

테스트와 흡사한 것이다. 이는 마치 고대의 스핑크스의 수수께끼와도 같은 것으로 군왕으로서의 지혜를 확인하는 능력검증 절차인 것이다. 유리왕은 이 같은 일차적인 단계를 극복하고 핍박을 받는 지역에서 벗어나 유능한 부하 세 명을 데리고 졸본으로 가서 부왕을 뵙고 태자의 지위를 얻는다. 부러진 단검을 맞추는 행위는 혈통을 확인하는 방편으로 서술된 상징적인 이야기이다. 「東明王篇」에서 깨진 물동이를 다시 흙덩이 탄환으로 쏘아 구멍을 메웠다는[11] 등의 신이한 이야기는 『三國史記』에서는 보이지 않는다. 김부식의 이 같은 태도는 아마도 이 같은 황탄한 이야기는 유리왕의 본래 모습과는 다른 것으로 인식하였기 때문이 아닌가 한다.

유리왕의 왕위계승에서 주목되는 점은 그가 아비 없이 청소년기를 지냈다는 점이다. 그가 태자로 책봉된 것은 동명왕 19년 4월이었다. 유리가 어머니와 함께 부여에서 도망해 와서 동명왕의 자식임을 확인받았기 때문이다. 근 20년간을 그는 아비를 모른 채, 더구나 이웃나라의 왕으로 지내는 아비를 모른 채 과부의 자식이라는 핍박과 서러움을 안고 지내오다가 어느 날 화려하게 태자로 변신한 것이다. 어머니의 부러진 칼 이야기를 듣고 난 후, 유리는 아마도 흥분되어 단검을 찾는데 온 힘을 기울였을 것이다. 유리왕의 갑작스런 태자로의 변신은 이후 그에게 많은 어려움을 안겨주는 결정적인 요소로 작용한다.

기록에 나타난 바 대로라면 동명왕이나 유리왕은 똑같은 패턴의 일생을 반복하는 것으로 나타난다. 해모수가 유화와의 관계 후 떠나자, 유화가 주몽을 낳고 금와왕의 보호아래 있었던 것, 주몽이 금와왕의 일곱 아들들에게 질시를 받자 어머니의 권유로 세 명의 부하를 데리고 그곳을 떠나 고구려를 세우는 과정, 주몽

11) 李奎報, 『東明王篇』, " … 類利大慙 以泥丸彈之 塞盆孔如故".

이 예씨를 취해 임신시켜 놓고 떠나자 예씨가 유리왕을 낳고, 유리가 아비 없이 20년을 살다가 어느 날 자신의 정체를 알고 어머니와 함께 3명의 부하를 데리고 나타나 자식임을 확인받고 태자로 책봉되는 과정 등, 두 부자의 생애는 매우 유사한 데가 있다.

부자의 생애가 유사하면서도 결정적으로 다른 하나는 주몽의 경우는 천제자와 하백의 결합으로 이어지는 신이한 탄생을 배경으로 하고 있다면, 유리왕의 경우는 친자식을 확인하기 위해 부러진 칼을 잇는 상징적인 행위를 통하여 수용하는 것이 다를 뿐이다. 동명왕과 유리왕의 친자 확인 절차는 훨씬 합리적이라고 할 수 있다. 20여 년 전의 희미한 추억속의 일을 이어준 것은 언어에 의한 신성한 약속과 이를 증명하는 부러진 칼이었다.

주몽이 예씨를 떠나 고구려를 세운 것이 22세이고, 세상을 떠난 것이 40세이며, 유리와 예씨가 함께 와서 태자로 책봉된 것이 주몽이 죽기 5개월 전이니, 유리의 태자 책봉은 장자로서의 위치를 감안한 것으로 보인다. 특이한 것은 주몽이 예씨를 떠나 고구려를 세우고 산 20여 년 동안, 왕비에 대한 책봉이나 자식에 대한 공식적인 기록이 없다는 점이다. 『三國史記』에는 이에 대해 본문 혹은 細註로서 두 세 여인이 있음을 보여주고 있다.12)

12) 『三國史記』 백제본기에는 주몽이 고구려를 건국하는 과정에서, 혹자의 말을 인용하여 '그가 졸본부여에 이르니, 마침 왕이 자식이 없이 세 딸만 있어서 주몽의 비상함을 보고 둘째딸로 사위를 삼았고, 왕이 죽자 주몽이 왕위를 이었으며 그 사이에서 장자인 沸流와 둘째아들인 溫祚를 낳았는데 유리가 오자 이들이 유리에게 용납되지 못할까 두려워 南行하여 백제를 건국하였다는 설화와, 卒本人 延陀勃의 딸인 召西奴가 북부여왕 解扶婁의 庶孫인 優台와 결혼하여 장자인 沸流와 차자인 溫祚를 낳았고, 우태가 죽자 주몽이 다시 소서노를 취하여 妃로 삼았는데, 그녀가 주몽의 建國에 내조의 공이 많아 주몽의 총애가 두터웠고, 비류와 온조 등을 친아들처럼 대우하였다는 이야기가 전한다.

유리왕의 재위 기간은 37년이었다. 그의 치적에 대한 『三國史記』의 기록은 다소 비판적인 듯이 보인다. 특히, 그의 가정적인 일, 예컨대, 부인과 자식을 잘 다스리지 못한 것에 대한 비판은 가장 치명적인 것으로 제시되고 있다. 이 때문에 유리왕도 부분적으로 아버지 동명왕에 못지않은 신화적 영웅의 잔재를 지니고 있다는 평가를 받기도 했지만, 기록에 나타난 그의 면모는 왕으로서의 통치능력에 문제가 있음을 증거하고 있다.

필자는 유리왕의 두 계비와의 불화, 그리고 자식들과의 갈등과 외교적인 대처를 통해 그의 인간적인 면모를 살피고자 한다. 유리왕은 태자로서의 책봉기간이 불과 5개월 정도였고, 그것도 아버지를 모른 채 유년기를 보낸 입장이었기에 어머니의 교육은 있었으나, 태자로서의 군주의 자세를 배우는 데는 소홀한 듯하다. 이 같은 경력이 유리왕에게는 원만한 가정을 이끄는 데는 치명적인 결함을 보여주고 있다. 첫 번째 왕비인 송씨와의 결혼생활이 불과 1년여의 짧은 생활이었으며, 계비 두 명과의 불화는 말할 것도 없고, 태자와의 갈등과 연이은 자식의 죽음 등은[13] 그의 성격이 원만하지 못했음을 드러내고 있다. 특히, 『三國史記』는 史論을 통해 이 같은 유리왕과 자식들간의 갈등을 다음과 같이 兩非論的인 입장에서 비판하고 있다.

> 논하여 말하기를, "효자가 어버이를 섬김에는 마땅히 그 좌우를 떠나지 않고 효도를 지극히 하여야 하는 것이 마치 옛날 문왕이 세자

---

13) 유리왕은 태자 都切이 죽자 解明을 태자로 삼았고, 외교적인 문제로 인한 갈등으로 해명을 자결케 했으며, 如津은 물에 빠져 익사하는 등 자식과의 관계가 불운했다. 다만, 3대 大武神王이 과감한 치적으로 인해 왕위에 오른 것과, 4대 閔中王이 대무신왕의 아우로서 왕위에 오른 것을 제외하고는 긴 재위 기간에 비해 부자간의 갈등이 많았음을 보여주고 있다.

> 가 되었을 때와 같이 해야 한다. 해명은 옛 수도에 있으면서 용맹을 좋아함으로써 이름이 드러났으니 죄를 얻음은 당연하다. 또 들으니 춘추전에 이르기를, "자식을 사랑함에는 옳은 방도로서 가르치고 나쁜 길에 들지 않게 한다."라고 하였다. 지금 왕은 처음부터 가르친 일이 없다가 악한 일을 이룸에 미치자, 심히 미워하여 그를 죽이고 말았을 뿐이니, 아비는 아비노릇을 하지 못하고 자식은 자식 노릇을 못하였다고 말할 수 있다.14)

해명이 부왕의 명을 거역할 수 없어 자결한 후, 史論의 형식으로 기록된 위의 언급은 겉으로는 兩非論적인 입장을 견지하고 있으나, 기실은 유리왕에 대한 비판이라고 볼 수 있다. 더구나 解明의 행위는 당시의 고구려 상황으로 보아서는 당연히 칭찬받아 마땅한 일(黃龍國이 고구려를 가벼이 보지 못하도록 활을 꺾어 보낸 일, 즉 힘을 과시하여 상대의 기를 꺾은 일) 임에도 불구하고 도리어 그를 자결하도록 강요한 것은 유리왕이 지나치게 주변을 의식하는 권위주의적인 측면이 있지 않나 생각된다. 이 부분은 李瀷의 『星湖僿說』에도 의문을 제기하면서 다음과 같이 언급하고 있다.

> 고구려 태자 해명은 하사한 칼에 죽었는데, 사신은 오로지 해명의 죄로만 공격하고 그의 죄가 왕으로 말미암아 이루어진 것은 알지 못하였다. 이보다 앞서 왕이 국내성으로 도읍을 옮길 때 해명은 옮기기를 반대했는데, 이것이 첫째 죄였다. 만약 그렇다면 유리왕 22년에 도읍을 옮겼고 이듬해에 이르러 태자로 세운 것은 무슨 이유였을까?

14) 『三國史記』 高句麗本紀 琉璃王 28年 春三月條, "論曰 孝子之事親也當不離左右以致孝 若文王之爲世子 解明在於別都 以好勇聞 其於得罪也宜矣 又聞之 傳曰 愛子敎之以義方 弗納於邪 今王始未嘗敎之 及其惡成疾之已甚 殺之而後已 可謂父不父 子不子矣."

황룡국의 왕이 좋은 활을 선물로 보내왔는데, 해명은 그 활을 잡아당기다 꺾어 버린 탓으로 이웃 나라와 원한을 맺게 된 것이 둘째 죄였다. 대저 용맹을 좋아하고 덕을 힘쓰지 않는 것을 비록 의리가 아닌 짓이라고 하나, 이 때를 당해서 동명왕으로부터 왕업을 일으키는 데에 누군들 용맹을 좋아하지 않았겠는가? 나중에 부여가 와서 무휼을 꾸짖음에 왕명을 어기고 말로써 꺾어 버렸으되, 허물하지 않은 것은 무슨 이유였을까? 왕은 황룡국으로 하여금 죽이도록 했으나, 황룡국에서는 초청하여 보고 다만 해치지 않을 뿐만 아니라 도리어 예우를 하였으니, 그의 사람됨을 또한 짐작할 수 있다. 이런 자로서 만물이 아직 미개한 그때에 공업을 도모했다면 비류와 온조처럼 했어도 옳지 않음이 없었을 것인데 그는, "아버지께서 나를 불효라 하니, 아버지의 명령을 도피할 수 없다." 하고 마침내 창에 부딪쳐 죽었으니, 이보다 앞에 있어서도 그는 아비의 명령을 거스르지 않은 아들이었다는 것을 알 수 있다. 왕은 이미 송씨를 받아들여 왕비로 삼았었다. 이듬해에 송씨가 죽었으나, 송씨는 이미 무휼이라는 아들이 있었다. 이 무휼이라는 이름은 바로 趙氏(趙襄子: 名 無恤)의 집에 탈적한 자였으니, 해명은 伯魯(趙簡子의 맏아들)처럼 된 지가 이미 오래 되었던 것이다. 이 때에는 무휼의 나이 26세였는데, 해명은 과연 죄를 얻게 되었다. 6년이 넘어서 무휼은 태자로 되었고, 왕자 여진은 물에 빠져 죽었으니, 이는 또 무슨 까닭이었을까? 무릇 제왕의 집안은 애증이 점점 노출되면 엿보는 자가 사방에서 이르게 되고, 세력과 지위가 서로 비슷하면 날카로운 칼을 남모르게 더하게 되니, 해명의 죽음은 애매할 뿐이었다.15)

---

15) 李瀷, 『星湖僿說』卷22, 經史門, 解明, "高句麗太子解明賜劒死 使臣專攻解明之罪 不知罪由王成也 先是 王遷都國內城 而解明不肯徙 一罪也 若然琉璃王二十二年遷都 至明年立爲太子 何耶 黃龍國王 遺之强弓 解明挽以折之 結怨國隣 二罪也 夫好勇不懋德 雖曰非義 當是時 自東明樹基 孰非好勇而得者 後扶餘之來 讓無恤違王命 以言折之 不以咎 何哉 王使黃龍國殺之 黃龍國邀而見之 不惟不加害 反爲之禮 則爲人亦可見 以此 圖功開業于蒙荒之際 若沸流溫祚之爲 無所不可 而乃曰 父以我爲不

위의 지적은 유리왕의 우유부단한 통치스타일에 대한 비판과 제왕 집안의 내부 문제가 다스려지지 않을 때 이를 엿보는 자가 사방에서 이른다는 경계이다. 결국 후계를 둘러 싼 암투가 유리왕의 昏暗과 관련이 있음을 지적한 것이라고 본다.

유리왕이 선왕의 舊臣인 陜父의 忠諫을 물리치고 그의 벼슬을 파하자 그가 南韓으로 달아난 사건에서도 이 같은 분위기를 짐작할 수 있다.16) 顧命之臣에 대한 이 같은 유리왕의 태도에 대하여 안정복은 『東史綱目』에서 다음과 같이 비판을 가하고 있다.

> 살피건대, 고구려가 개국한 지 이에 이르러 겨우 40여년이고, 또 천도한 지도 얼마 되지 않았으므로, 마땅히 바르게 닦아서 정교를 밝히고, 농사에 힘쓰고 백성을 휴양시켜 새 터전을 견고히 했어야 할 것인데, 도리어 들판에서 짐승을 쫓느라고 5일이나 돌아오지 않았으니, 그 잘못이 많다고 하겠다. 협보가 간한 것은 깊고도 간절하다고 하겠는데, 간언을 거절하고 따르지 않았으며, 어진 신하를 폄시하고 박대하여 선왕의 훈구지신을 스스로 보존하지 못하게 한 것은 무슨 까닭인가? 왕의 평생을 상고해 보건대, 실덕한 것이 매우 많다. 두 부인이 불화했으니, 이는 부부의 도가 무너진 것이요, 협보가 출분하였으니, 이는 군신의 의가 이지러진 것이요, 해명을 칼에 엎드려 죽게 했으니, 이는 부자의 은이 끊어진 것이다. 그런데도 시호를 명왕이라고 한 것은 무슨 덕으로서 한 것일까? 예로부터 소위 밝은 임금

孝 父命不可逃 遂觸槍而死 前此 亦非悖逆不子可知 王旣納松氏爲妃 明年松氏沒 松氏有子名以無恤 無恤卽趙家奪嫡者之名 解明之爲伯魯也 久矣 至是無恤年二十六 而解明果得罪 越六年無恤立爲太子 而王子如津溺水死 此又何也 凡帝王之家 愛憎稍露 窺覘四至 勢位相逼 鋒刃密加 解明之死 曖昧而已矣."

16) 『三國史記』高句麗本紀 琉璃王 22년 十二月條, "王田于質山陰 五日不返 大輔陜父諫曰 王親移都邑 民不安堵 宜孜孜焉 刑政之是恤 而不念此馳騁田獵 若不改過自新 臣恐政荒民散 先王之業墜地 王聞之震怒 罷陜父職 俾司官園 陜父憤去之南韓."

들도 이 삼륜을 온전히 한 자가 적거늘, 어찌 유독 저 오랑캐의 소군을 탓할 것인가?[17]

위의 비판은 三倫(夫婦·父子·君臣간의 윤리)이 유리왕에 의해 무너졌다는 지적이다. 뿐 아니라, 이 같은 임금에게 어떻게 '明王'이라는 시호를 내리게 되었는지 의심하고 있다. 혹독한 비판이 아닐 수 없다. 태자 도절이 부여와의 볼모교환을 두려워하여 가지 않으려다가 죽은 것이나, 해명이 위나암성으로의 遷都를 반대하고 부왕의 명령을 따르지 않은 것 등이 부자간 갈등의 화근으로 보인다. 대무신왕이 尙武的인 태도와 용맹으로 왕위에 오른 것을 감안하면 이 같은 사정은 쉽게 짐작할 수 있다.

결국 유리왕은 '修身齊家治國平天下'라는 제왕의 덕목 중에서 수신과 제가를 하지 못한 채 아버지의 후광으로 왕위에 올랐지만 근본이 없는 제왕의 자질 때문에 비판당하고 있다. 유리왕에게서는 주변국과의 마찰을 될 수 있으면 피하고 우호적인 정책을 펴서 공존을 꾀하는 소극적인 면을 볼 수 있다. 유리왕 당시의 사정이 정복국가시대라는 점을 감안한다면 이는 매우 이례적인 것으로 아마도 경험 없이 창졸간에 주어진 임금의 자리에 연연했거나, 신하들과 갈등을 빚은 때문이 아닌가 한다.

유리왕은 정복국가 초기의 군주답지 않게 守勢的인 입장을 견지했다. 그 대표적인 예가 유리왕 22년 10월에 국내성으로 遷都한 일이다. 주변국과의 마찰을 피하고 백성의 안전을 도모한다는

17)『東史綱目』第一上, 癸亥年(高句麗 琉璃王 22年 11月), "按高句麗開國至此終四十餘年 又遷都屬耳 正宜修明政敎 務農休民 鞏固新基之業 而乃反逐獸原野 五日不返 其失多矣 陜父之諫 可謂深切 而愎諫不從 貶薄賢臣 使先王勳舊 不能自存 何哉 考王平生 失德甚多 二姬不和而夫婦道壞 陜父出奔而君臣義虧 解明伏劍而父子恩絶 諡號明王 遵何德哉 自昔所謂明王 於此三倫 所全者少 奚獨責於夷裔之小君乎."

명분이지만 당시의 상황이 전쟁으로 지새는 정복국가시기였음을 감안한다면 이는 공세적이고 적극적인 입장이 아니라, 일종의 도피적인 측면이 매우 강한 천도였다. 유리왕은 즉위 후 漢族·鮮卑族·扶餘·黃龍國 등 주변국과의 끊임없는 갈등과 수모를 받아왔다. 그때마다 유리왕은 "建國이 日淺하고 民兵은 殘弱하니, 형편상 치욕을 참고 굴복하여 後日의 成果를 도모한다."[18]는 명분이었지만 태자로서의 교육이 전무했던 유리왕에게는 부왕의 나라를 지킨다는 것이 쉽지 않았던 것으로 보인다. 다음과 같은 유리왕의 천도의 명분에서 이 같은 분위기를 엿볼 수 있다.

> 21년 3월 : 희생 돼지가 달아나니, 왕은 희생을 맡은 설지로 좇도록 명하여 국내 위나암에 이르러 잡았다. 국내의 인가에 가두어 기르게 하고 돌아와 왕을 뵙고 말하기를, "신이 돼지를 좇아 국내 위나암에 이르니, 그 곳의 산수가 깊고 험하며 땅은 오곡에 알맞고 또한 고라니와 사슴과 물고기와 자라의 생산이 많음을 보았나이다. 왕께서 만일 거기로 국도를 옮기신다면 단지 백성의 이익이 무궁할 뿐 아니라 또한 병란의 근심을 면할 수도 있습니다."라고 하였다.[19]

객관성을 기한다는 역사기술에도 고대국가의 기술태도는 다분히 당시의 배경사상을 깔고 있다는 점에서는 공통적이다. 天命사상이나, 災異의 현상과 해석태도, 王權이 옮겨가는 과정의 신이한 기록, 祭祀를 중심으로 한 정통성의 주장, 태평성대의 상서로운

---

18) 『三國史記』 卷13, 高句麗本紀 琉璃王 28年 8月條, "王自謂 立國日淺 民孱兵弱 勢合忍恥屈服 以圖後效."

19) 『三國史記』 卷13, 高句麗本紀 琉璃王 21年 春三月條, "郊豕逸 王命掌牲薛支逐之 至國內尉那巖得之 拘於國內人家養之 返見王曰 臣逐豕至國內尉那巖 見其山水深險 地宜五穀 又多麋鹿魚鼈之産 王若移都 則不唯民利之無窮 又可免兵革之患也."

현상의 출현 등이 바로 그것이다. 위의 기록에 보면 천도의 계기가 된 것이 郊豕의 도망이었는데, 이것을 오히려 새로운 도읍의 터를 잡는 신이한 과정으로 기록하고 있다. 이에 앞서 19년 8월에 똑같은 현상이 일어났을 때 託利와 斯卑가 뒤를 쫓다가 돼지의 脚筋을 끊은 사건이 일어나자 유리왕은 제천할 희생을 상했다는 이유로 두 사람을 구덩이에 넣어 죽인 것을 감안한다면 이는 天命을 빙자한 천도의 명분에 불과한 것이다. 특히, 그 천도의 명분 중에 병란을 피할 수 있다는 대목은 바로 유리왕의 현실적인 근심을 덜어준 것으로 보인다.

유리왕 재위시의 기록을 보면 그는 철저히 가족과 근신들에게는 권위주의적이며 가혹한 반면, 이웃나라와의 관계에 있어서는 수세적이고 굴욕적이었다. 이것은 아마도 그가 오랫동안 홀어머니 밑에서 지내온 유복자와 같은 신세였다는 점과 어느날 갑자기 왕이 되었다는 행운이 가져다 준 권력에의 집착 때문이 아닌가 생각한다. 부왕 밑에서의 태자 수업과정 없이 자유롭게 살아왔던 그에게는 주변과의 화해와 조화가 가장 어려웠던 문제였다고 생각한다. 『三國史記』는 분명 유리왕대를 기록하면서도 해명과 무휼태자의 상무적이고 당당한 자세를 은연중 치켜세우는 태도를 보이는 것은 유리왕의 성장과정에 대한 비판적인 자세를 견지하고 있기 때문이라고 생각한다.

고대국가에서 禮를 앞세우는 정치를 강조하는 경우는 국가의 문물제도를 정비해가는 과정을 보여주는 것으로 해석할 수 있다. 유리왕도 이 같은 언급을 통해 국가를 지켜나가려는 자세를 보여주고 있다. 고대국가에서 왕의 위치는 예악을 통해 문물제도를 확립해 나가면서 확고해지는 것이다. 『禮記』 예운편에는 禮와 군주의 자세에 대해 다음과 같이 언급하고 있다.

이러므로, 예라는 것은 군주가 가지고 있는 큰 자루이다. 예는 혐의쩍은 일을 분별해 주고, 은밀한 것을 밝혀주는 것이며, 귀신을 접대하는 것도 예이고, 제도를 고증하는 것도 예이며, 인과 의를 분별하는 것도 예인 것이다. 그러므로 예는 정사를 다스리게 하고, 군주를 편안하게 하는 바가 되는 것이다. 그러므로 정사가 바르지 못하면 임금의 자리가 위태하고, 임금의 자리가 위태하면 대신들이 배반하고 소신들이 도적질을 하게 되며, 형벌이 가파르고 풍속이 피폐하게 되면 법이 일정함이 없게 되고, 법이 일정함이 없게 되면 예의 차등이 없게 되고, 예에 차등이 없게 되면 士계급의 사람들이 직분에 맞는 일을 일삼지 않으며, 형벌이 가파르고 풍속이 피폐하게 되면 백성들이 의지할 곳이 없게 되는 것이니, 이를 일러 병든 나라라고 하는 것이다. 그러므로 정사라고 하는 것은 군주가 자신의 몸을 편안하게 숨기는 바의 것이다. 이런 까닭에 무릇 정사는 반드시 하늘에 근본하며 하늘을 본받아 명령을 내리는 것이니, 社제사를 인해서 명령을 내리는 것을 땅을 본받아서 하는 것이라고 말하고, 조묘에 제사를 지내는 것을 인해서 명령을 내리는 것을 仁義라고 이르는 것이고, 산천의 제사를 인해서 명령을 내리는 것을 興作이라 하고, 五祀에 관계해서 내리는 명령을 制度라고 하는 것이니, 이는 모두 성인들이 자신들의 편안함을 굳게 하는 것이다.[20]

유리왕과 같은 정복국가시대 초기 임금의 경우는 神異하고 英雄的인 면모에서 점차 구체적이고 현실적인 제도의 확립으로 나아가는 과정에 위치한다. 위 인용문의 경우에도 예를 바탕으로

---

20)『禮記』, 卷9 禮運篇, "是故 禮者 君之大柄也 所以別嫌明微 儐鬼神 考制度 別仁義 所以治政安君也 故 政不正 則君位危 君位危 則大臣倍 小臣竊 刑肅而俗敝 則法無常 法無常 而禮無列 禮無列 則士不事也 刑肅而俗敝 則民弗歸也 是謂疵國 故 政者 君之所以藏身也 是故 夫政 必本於天 殽以降命 命降于社 之謂殽地 降于祖廟 之謂仁義 降於山川 之謂興作 降於五祀 之謂制度 此 聖人所以藏身之固也."

한 군주의 바른 자세와 나라를 통치하는 제도가 기술되어 있다. 예와 형벌제도, 풍속과 바른 정치를 확립하기 위하여 하늘과 땅에 근본하는 제사를 통해 백성들의 단결과 조상숭배 의식을 도모하고 있다. 또 하나, 유리왕의 경우 <황조가>를 짓게 된 직접적인 배경의 하나가 사냥이었다. 사냥은 본래 군주의 오락이자, 군사훈련이었으며, 동시에 천지에 제사지낼 희생제물을 직접 장만하는 의식이었다. 이 같은 본래의 목적이 퇴색되어 오락에 치중하거나 사냥을 빙자하여 淫色에 빠지게 되면 정사를 멀리하는 폐단을 낳을 뿐만 아니라 망국의 길로 치닫는 계기가 되는 것이다. 『禮記』 王制篇에는 사냥제도에 대해 다음과 같은 의미를 밝혀주고 있다.

> 천자나 제후가 정벌이나 상흉 등의 일이 없으면 해마다 세 가지 일을 위해서 사냥한다. 즉, 첫째는 마른 고기를 만들어 종묘의 제사에 쓰기 위함이고, 둘째는 빈객을 접대하기 위함이며, 셋째는 임금의 포주를 채우기 위한 것이다. 아무 일이 없는 데에도 사냥하지 않는 것을 불경이라 하고, 사냥하는 데에 예로써 하지 않는 것을 하늘이 낸 생물을 학대한다고 한다. 사냥할 때에 천자는 사면을 둘러싸서 모두 잡지 않으며, 제후는 짐승의 떼를 덮치지 않는 것이다. 천자가 몰던 짐승을 포획하고 나면 큰 깃발을 내려 사냥이 끝났음을 알리고, 제후가 몰던 짐승을 포획하고 나면 작은 깃발을 내려 사냥이 끝났음을 알리며, 대부가 몰던 짐승을 포획하고 나면 좌거를 멈춘다. 좌거를 멈추고 나면 백성들이 사냥한다.[21)]

---

21) 『禮記』 卷5, 王制篇, "天子諸侯無事 則歲三田 一爲乾豆 二爲賓88客 三爲充君之庖 無事而不田 曰不敬 田不以禮 曰暴天物 天子不合圍 諸侯不掩羣 天子殺 則下大綏 諸侯殺 則下小綏 大夫殺 則止佐車 佐車止 則百姓田獵."

위의 사냥제도에 대한 언급은 고대국가의 기록에는 흔히 빠지지 않고 등장하는 것이다. 특히, 망국의 군주들의 생활상을 드러내는 기사에는 어김없이 등장하는 고정 메뉴이기도 하다. 『貞觀政要』에도 군주의 사냥의 폐해에 대해 다음과 같이 언급하고 있다.

> 또한 사냥하는 예절이나 마차를 달려 활을 쏠 경우, 바른 예의로써 절제하지 않으면 반드시 스스로 사냥에 탐닉하여 정신이 혼란스럽게 될 것입니다. 신체가 매우 피곤할 뿐만 아니라 성격도 방탕해질 것입니다. 무릇 높은 산과 깊은 계곡에 대한 두려움을 모르는 것은 생명을 경시하는 죄인의 무리이며, 매와 개를 쫓는 것을 오락으로 삼는 것은 어린아이들의 행위입니다.[22)]

유리왕은 어려서부터 활쏘기를 좋아했고 또 부왕을 닮아 활쏘기의 명수였다. 그가 어렸을 때 물을 담아 가는 아낙네의 물동이를 깨뜨려서 욕을 먹은 후, 다시 활을 쏘아 진흙으로 메웠다는 이야기는 유명하다.[23)] 유리왕의 재위기간에는 5번의 사냥 기록이 있다(2년 9월・3년 10월(7일간)・21년 4월・22년 12월(5일간)・24년 9월 등). 부왕의 舊臣이었던 陜父는 유리왕이 위나암성으로 천도한 직후 두 달도 안 되어 質山 북쪽에서 사냥하면서 5일간 돌아오지 않자, 改過自新할 것을 간하다가 쫓겨나 남한으로 도망치는 일이 있었다.[24)] 이 같은 상황을 감안해 보면 유리왕은

---

22)『貞觀政要』卷4, 論規諫太子, "復有蒐狩之禮 馳射之場 不節之以正義 必自致於禽荒 匪外形之疲極 亦中心而發狂 夫高深不懼 胥靡之徒 韝緤爲娛 小豎之事."

23)『東國通鑑』卷1, 壬寅年(西紀前 19年: 琉璃王 元年), "類利有奇節 喜彈丸 嘗出遊彈雀 誤中汲婦盆 婦罵曰 此兒無父 其頑如此 類利慙 復以泥丸彈塞之."

결국 두 계비를 다스리지 못하여 그 자신이 쟁총의 대상이 되었고, 자식들과의 갈등으로 태자의 책봉과정에서 권력투쟁의 양상을 보였으며, 신하들과의 갈등으로 인해 왕실 내부의 권력다툼에서 갈등하는 고독한 임금으로 기록된 것이 아닌가 한다.

3. 背景說話와 黃鳥歌 檢討

유리왕은 19년간 왕노릇한 부왕에 이어 고구려 제2대 임금으로서 37년간의 왕노릇을 한다. 유년기를 아비를 모르고 어머니 밑에서 과부의 자식으로 성장한 그가 태자로 책봉된 것은 동명왕이 죽기 5개월 전이었다. 태자로서 준비 없이 군왕의 지위에 오른 유리왕에게 닥친 첫 번째 시련은 納妃문제였다. 유리왕은 부왕이 돌아가자 2년 7월에 다물후 송양의 딸을 비로 맞아들인다. 부왕의 생존시에 간택한 것이 아니기 때문에 부득이 喪中에 납비한 격이 되었는데, 이에 대하여 후대의 權近은 "살펴보건대, 옛날 노나라 문공은 삼년 뒤에 장가갔으되, 춘추에 오히려 그가 상사를 끝내지 않고 혼사를 도모한 것을 비평하였는데, 더구나 기년 안에 비를 맞아들일 수 있겠는가? 유리의 죄는 폄절을 기다리지 않아도 자명한 것이다."[25]라고 하여 이를 잘못된 것으로 비판하고 있다. 부왕이 죽은 지 약 10개월만의 일이었다.[26] 송씨

---

24) 『三國史記』 高句麗本紀 琉璃王 22年 十二月條.

25) 『東國通鑑』 卷1, 癸卯年(西紀前 18年: 琉璃王 2年), "權近曰 按昔魯文公 娶在三年之外 春秋猶譏其喪未畢而圖婚 況在期年之內而納妃乎 類利之罪 不待貶絕而自明矣."

26) 『東國通鑑』 卷1, 甲子年, "權近曰 按三國古史 皆以先王薨年爲嗣王元

와의 결혼(2년 7월)은 불과 1년 3개월 정도의 짧은 기간으로 끝났고, 불행히도 송씨가 일찍 죽음(3년 10월)으로 인해 또 다른 불행을 맞이한다.

필자는 <황조가>에 대해 관심을 가지면서 한 가지 흥미로운 사실을 알게 되었다. 안정복과 같은 역사학자들은 이미 유리왕을 실패한 군주로 간주하고 있었고, 星湖나 李福休, 姜浚欽같은 유학자들도 악부시를 통해 유리왕의 <황조가>의 성격을 이미 일정하게 규정하고 있었다는 점이다. 반면에, 후대의 연구자들은 오히려 <황조가>를 낭만적으로 바라보거나, 失戀의 노래로 보거나, 연모의 대상에 대한 연구나, 혹은 」서사시나 서정시의 장르 규정에 매달리고 있었던 것이다.

고대가요는 당대의 제도나 관습, 사회상, 세계관 등을 이해하지 않고는 실상에 접근하기가 어려운 것인데도 이 같은 노력을 게을리하거나, 혹은 유학자들의 생각을 낡고 봉건적인 사고방식이라고 인식하는 것 등이 고대가요의 실상에 접근하는데 장애물이 되고 있었던 것이다.

성호와 이복휴, 강준흠의 <황조가>에 대한 악부시는 이 같은 실상을 파악하는데 도움을 주고 있다. 먼저 李瀷의 악부 <황조가>를 보기로 하자.

築宮復築宮	궁궐 쌓고 또 쌓으니
鶻川雙嶙峋	골천의 두 대궐 우뚝하구나
一國有二妃	한 나라에 두 왕비 있으니

年 高麗臣金富軾撰三國史 因而不革 然其論曰 人君卽位踰年稱元 此先王不刊之典也 以先君終年卽位 而稱元非是矣 今斷以君薨 明年爲嗣王元年 庶不失春秋 一年不兩君之義也."라고 하여 고대의 기록에는 前王의 薨年과 新王의 元年을 같은 해로 기록했음.

寵均妬亦均	은총이 균일하니 질투 또한 고르다네
邦風重土産	나라풍속이 본토의 산물 중히 여겨
冷視域外身	외지 출신을 냉대했다네
禾姬一怒雉姬走	화희 한 번 성냄에 치희가 달아나
一鞭徑渡淸浿濱	말 타고 곧바로 패수를 건너갔네
悠悠去不返	아득히 가 돌아오지 않으니
王獨歸來影無隣	왕이 홀로 돌아옴에 따르는 그림자도 없네
枝頭忽聞晛睆鳴	나무 끝에 홀연히 맑고 고운 소리 들리니
雄飛從雌意自親	숫놈 날자 암놈 따르니 뜻이 절로 친하네
聲聲入耳感在心	소리마다 귀에 새겨 마음에 느낀 바가 있으니
鳥猶如此况於人	새들도 저렇거늘 하물며 사람이랴
黃鳥兮黃鳥	꾀꼬리야 꾀꼬리야
有知應相嗔	알았으면 응당 서로 꾸짖이야 하거늘
夫昧竝嫡嫌	지아비는 두 아내 두는 혐의에 어두웠고
妻失三從倫	아내는 삼종의 윤리 저버렸네
奈何箕聖墟	어찌하여 기자 성인의 옛 땅에
遺敎都喪淪	남긴 가르침 모두 없어졌는가
君不見鴨綠室中無媒從	그대는 못 보았는가? 압록강 집 가운데서 중매 없이 따르던 것을
天荒未開猶荊榛	천지가 거칠고 미개하여 가시덤불과 같았다오[27]

위의 악부시 <황조가>는 실학자의 입장에서 유리왕의 잘못을 날카롭게 지적하고 있다. 일국에 두 왕비 있음을 비난하면서 은근히 이민족에 대한 저항심을 드러내고 있다. '꾀꼬리도 저렇게 암수가 다정히 노니는데 하물며 사람임에랴' 하는 표현에서는 강하게 두 계비의 처신을 꾸짖고 있다. 뿐 아니라 유리왕의 어리석음과 화희의 치희에 대한 혐의를 비난하면서 아내의 삼종지도를

27) 李瀷, 「海東樂府」, 『星湖先生全集』 卷7.

저버린 치희를 은근히 비난하고 있다. 한편으론, 비록 이민족의 딸이지만 치희를 너그럽게 감싸지 못하는 화희를 겨냥하고 있는 것이다. 그러나 이 모든 것의 근본 원인은 중매 없이 야합했던 주몽과 유화의 이야기에서 비롯함을 언급하면서 그 아들인 유리왕 역시 원죄에서 자유롭지 못하다는 것을 말하고 있다. 金榮淑도 15구부터 끝까지는 유리왕의 治家의 失策과 雉姬의 三從之道의 상실을 심하게 꾸짖었으며, 고구려 왕실의 無道함과 美風良俗이 무너짐을 탄식하고 있다고 지적한 바 있다. 다시 말해 <황조가>를 한 인간의 失戀에서 나타난 슬픔과 고독의 悲慨한 정서로 받아들이는 것이 아니라, 유교적인 사상과 인식에 입각해 비판한 것이다.[28)]

이복휴의 <황조가>는 좀더 세밀하게 노래하고 있다. 특히 이복휴는 악부시를 지으면서 과거 역사적인 사실에 대해 나름대로 평가를 하는 방식을 통하여 독특한 안목을 드러내고 있다.

恰恰春林樹	봄 수풀 나뭇가지에서 우는 소리
有鳥鳴黃鸝	꾀꼬리 소리라네
何事春風不容得	무슨 일로 봄바람을 이기지 못해
夜來飛去打別枝	밤에 와 날아가서 다른 가지 흔드는가
涼谷瑤宮鎖二花	양곡의 궁궐안에 두 왕비 숨겨두고
萬機如夢春遲遲	국사가 흐릿하니 봄날이 더디 가네
臨春結綺相對起	봄을 맞은 비단 궁궐 서로 우뚝 마주하니
粉脂流紅漲御池	연지분 붉게 흘러 궁궐의 연못 넘치게 하네
蝶非鬪花花自鬪	나비는 가만 있고 꽃끼리 서로 다투니
狼藉香風不禁吹	향기로운 바람 어지럽게 그치지를 않는구나
箕山獵騎夜不歸	기산에 사냥가서 밤마다 돌아오지 않으니

28) 金榮淑, 『韓國詠史樂府研究』,경산대학교출판부, 1998, pp.321-323.

只恨人無祈招詩	다만 한스런 것은 부르기를 비는 시 지을 사람이 없는 것이네
街頭楊柳擺亂飛	길가의 버드나무 어지러이 나부끼네

<韓愈有二侍女 曰絳桃 曰柳枝 愈奉使入王庭湊軍 解牛元翼之圍 其間二更歲矣 柳枝已去 愈歸家作詩云 別來楊柳街頭樹 擺亂春風不禁飛 惟有小桃園裏在 留花不結待郎歸>(한퇴지에게는 두 명의 첩이 있었는데, 한 여자는 강도요, 또 한 여자는 유지였다. 한유가 왕명을 받들고 왕정주의 군에 사신을 가서 우원익의 포위를 풀었는데, 그 사이에 두 해가 바뀌었다. 유지가 이미 가버리자, 한유가 돌아오는 도중에 시를 지어 이르기를, '이별한 이래로 버드나무는 길가의 나무여서, 봄바람에 어지러이 흩날려 날고 있네, 오직 동산 속에 작은 복숭아나무가 있어, 꽃을 머물러 두고 피지 않은 채 낭군 돌아오기를 기다리네.')

隔江招招恨在誰	강 건너 부르는 소리 누구의 한일런고
歸對鶻川月	돌아와 골천의 달을 대하니
下簾低羞眉	발 내리고 부끄러워 고개를 숙이네
相彼鳥兮不失儷	저 새는 짝을 잃지 않았는데
念我之獨誰與隨	나의 홀로 됨을 생각하니 누구와 더불어 따를꼬
旣是雌棄雄	이미 암컷이 수컷을 버렸거늘
何爲雄戀雌	어찌하여 수컷은 암컷을 그리는고
但恨不能知所止	다만 한스러운 것은 그칠 곳을 모르며
東飛西飛苦低垂	동서로 다니면서 낮게 드리우는 고생일세[29]

29) 李福休, 「澹村樂府」 卷1<복사본>: 이 복사본은 여강출판사에서 영인한 이복휴, 「해동악부집성2」 와는 약간 다른 면이 있다. 군데 군데 가필하거나 삭제한 흔적이 있고, 특히 영인본에는 원본에 부전지를 붙인 곳이 더러 있는데, 이 부분의 영인이 안 된 곳이 더러 보인다.

이복휴의 <황조가> 역시 이익과 마찬가지로 유가사상에 입각해 유리왕의 음탕한 면을 부각시키고 있다. 유리왕과 두 계비를 나비와 꽃에 비유하면서 동서 이궁을 오가면서 국사를 팽개친 채 淫奔하는 유리왕을 비판적인 시각으로 바라보고 있다. 韓退之의 두 애첩인 강도와 유지를 중간에 예화로 들면서 기다리지 못하고 떠나간 유지를 치희에 빗대어 비난하고 있다. '이미 암컷(치희)이 수컷을 버렸거늘 어찌하여 수컷은 암컷을 그리는고'라는 표현을 통해서 유리왕의 나약함을 비판하고 있다. 이 모든 것이 유리왕이 동서로 오가면서 벌이던 애정행각의 결과라는 점을 강조하고 있다. 이복휴의 악부시는 1)역사적인 사실의 서술, 2)악부시, 3)자신의 평가의 순으로 기록하는 방식을 취하고 있다. 자신의 관점에서 역사적인 사실을 재해석하여 노래로 부르기도 하면서 다시 이를 褒貶하는 독특한 자세를 견지하고 있어 흥미롭다. 이같이 조선시대 작가들이 영사악부를 창작하게 된 동기가 과거 역사에 대한 褒貶性과도 관련이 있다는 지적은 수긍이 가는 대목이다.[30] 이 같은 관점은 노래를 통해 性情의 醇化와 社會敎化를 의도했던 전통적인 詩歌觀과도 맥락을 같이하는 것이다. 위 악부시도 끝부분에 이복휴의 평가가 다음과 같이 제시되어 있다.

<<살피건대, 이 당시는 요동의 서쪽이 한나라에 속했으니, 한녀는 혹 요동인을 가리키는 말이 아닌가? >> 인군이 나라 다스림을 바르게 하기 위해서는 마땅히 관저와 작소편을 근본으로 삼아야 한다. 그러나 유리왕은 관어의 재앙을 생각하지 않고 풍건의 경계를 즐겨 범했으니, 달밤에 궁궐을 오가는 음분에 미쳐서는 망령되이 상중의 행을 지었도다. 연연하여 그치지 못하는 것은 마치 이후주가 궁아를 그리워하여 눈물을 뿌리는 것과 흡사하니, 이 또한 웃음거리가 아니겠

30) 金榮淑, 『韓國詠史樂府硏究』, 경산대학교출판부, 1998, p.323.

는가?[31]

이 작품에 대한 해석에서 이복휴는 한녀(치희)를 요동인으로 비정하고 있다. 이어서 人君의 바른 정치의 요체를 들어 유리왕을 비판하고 있다. 이 짤막한 史論과 같은 褒貶의 글에서 이복휴는 다섯 가지의 故事(①關雎鵲巢, ②貫魚之灾, ③風愆之戒, ④桑中之行, ⑤李後主揮淚戀宮娥)를 인용하고 있는데 그 모두가 군왕이 경계삼아야 할 것이다. 이 같은 고사 인용은 실상 유리왕의 잘못을 조목조목 비판하고 있는 것으로서 <황조가>에 대한 해석을 전통적인 유가의 입장에서 바라보는 관점을 취하고 있다. 인용된 고사를 하나하나 살피면서 <황조가>에 대한 유가의 입장을 살피고자 한다.

① **關雎鵲巢** : 관저와 작소는『詩經』國風 가운데 周南과 召南의 편명이다. 관저장은 특히 후부인의 어진 덕을 말한 것으로 집안은 물론 국가의 홍망이 이에서 비롯한다는 논의이다.『시경집전』周南 關雎章에 대한 해설에서 한나라 광형이 말하기를, "배필의 즈음은 생민의 시초요 만복의 근원이니, 혼인의 예가 바루어진 뒤에야 품물<만물>이 이루어져 천명이 온전해진다. 공자께서 시를 논할 적에 관저를 시초로 삼으셨으니, 태상<군주>은 백성의 부모이므로 후부인의 행실이 천지에 비견할 만하지 못하면 신령의 전통을 받들어 만물의 마땅함을 다스릴 수가 없음을 말

31) 李福休,「담촌악부」(복사본). << >>은 영인본에는 누락된 부분이거나 표기가 약간씩 다른 부분임. <<按此時遼東西屬漢 漢女或指遼東人而言歟>> 人君 正國之治 當以關雎鵲巢爲本 而瑠璃不思貫魚之灾<:災> 甘犯風愆之戒 及其月宮之奔 妄作桑中之行 戀戀不已 殆如<:似>李後主揮淚戀<<宮>>娥 不亦笑哉.

한 것이다. 상고시대 이래로 삼대의 흥하고 폐함이 이에 말미암지 않은 적이 없었다."[32]라고 언급하고 있다. 또한, 작소편은 제후가 문왕의 교화를 입어 나라를 잘 다스리듯이 여자들 또한 후비의 교화를 받아 집안을 잘 다스리는 것을 찬미한 것이다. 『詩經集傳』 召南 鵲巢장에는, "남국의 제후가 문왕의 교화를 입어 마음을 바루고 몸을 닦아서 그 집안을 가지런히 하니, 그 여자들 또한 후비의 교화를 입어서 전정하고 순일한 덕이 있었다. 그러므로, 제후에게 시집감에 그 가인들이 찬미하기를, '까치가 둥지를 두면 비둘기가 와서 거한다. 이 때문에 지자<새아씨>가 시집옴에 수레 백량으로 맞이한다.'라고 한 것이다. 이 시의 뜻은 주남에 관저가 있는 것과 같다."[33]라고 했다. 요컨대, 관저장은 부부간에 서로 화락하면서도 공경함이 저구새의 정이 두터우면서도 분별이 있는 것과 같음을 말한 것이다. 작소 또한 제후가 문왕의 교화를 입어 집안을 다스리고, 여자 또한 후비의 교화를 입어 專靜하고 純一한 덕이 있음을 말한 것이다.

② **貫魚之灾** : 관어지재는 『周易』 上經 山地剝에, "六五 貫魚以宮人寵 无不利."(육오는 고기를 꿰어서 궁인의 총애로써 하면 이롭지 않음이 없으리라<정자>)라고 한 데서 비롯한다. 程子의 傳에는 "깎는 것이 인군의 자리에 미쳤으니, 깎는 것이 극에 달

32) 『詩經集傳』 周南 關雎章, "匡衡曰 妃(配)匹之際 生民之始 萬福之原 婚姻之禮正然後 品物遂而天命全 孔子論詩 以關雎爲始 言太上者 民之父母 后夫人之行 不侔乎天地 則無以奉神靈之之統 而理萬物之宜 自上世以來 三代興廢 未有不由此者也."

33) 『詩經集傳』 召南 鵲巢章, "南國諸侯被文王之化 能正心修身 以齊其家 其女子亦被后妃之化 而有專靜純一之德 故嫁於諸侯 而其家人美之曰 維鵲有巢 則鳩來居之 是以 之子于歸 而百兩迎之也 此詩之意 猶周南之有關雎也."

했다. 흉한 것을 알만 하므로 다시 깎는다는 말을 하지 않고 별도로 뜻을 설정해서 소인이 착한 데로 옮기는 문을 열어 놓은 것이다. 육오는 뭇 음의 주인이고, 고기는 음한 물건이기 때문에 상으로써 삼은 것이니, 육오가 뭇 음들에게 순서지키게 하기를 고기를 꿰는 것 같이 해서 도리어 위에 있는 양<上九>에게 궁인과 같이 총애받게 하면 이롭지 않음이 없다. 궁인은 궁중의 사람으로 처첩과 궁녀이니 음을 말한 것이고, 또한 총애를 얻는다는 뜻을 취해서 말한 것이다. 한 양이 위에 있음에 뭇 음이 순종하는 도리가 있기 때문에 이런 뜻을 밝힌 것이다."34)라고 했으니, 요컨대, 관어지재는 女官의 次序를 바로잡는 것으로서 임금이 처첩들의 질서를 바로잡지 못하는 것을 경계한 것이다.

③ **風愆之戒** : 풍건지계는 『書經』 商書 伊訓篇에 나오는 것으로 太甲<탕임금의 손자>이 왕위에 오르자 伊尹이 젊은 임금에게 한 교훈이다. 三風十愆을 말한 것으로서, "관청의 형벌을 제정하시고 벼슬자리에 있는 사람들에게 경고하여 말씀하셨습니다. '감히 언제나 궁전에서 춤을 추고 방에서 취하여 노래하는 이가 있다면 이것은 巫風이라 부르는 것이요, 감히 재물과 여색을 추구하고 언제나 놀이와 사냥을 하는 이가 있다면 이것은 淫風이라 부르는 것이요, 감히 성인의 말씀을 모욕하고 충성되고 곧음을 거스르며 늙은이와 덕 있는 이를 멀리하고 미련하고 유치한 사

34) 『周易』 上經 山地剝의 程子 傳. 번역은 金碩鎭(『周易傳義大全譯解』, 대유학당, 1996)을 참조함. "<傳> 剝及君位 剝之極也 其凶 可知 故 更不言剝而別設義 以開小人遷善之門 五 群陰之主也 魚 陰物 故 以爲象 五能使群陰 順序 如貫魚然 反獲寵愛於在上之陽 如宮人則无所不利也 宮人 宮中之人 妻妾侍使也 以陰言 且取獲寵愛之義 以一陽在上 衆陰 有順從之道 故 發此義."

람들과 벗하는 이가 있다면 이것은 亂風이라 부르는 것입니다. 이 세 가지 바람과 열 가지 허물은 벼슬을 하는 이들이 몸에 한 가지만 지니고 있어도 그 집안이 반드시 망할 것이며, 나라의 임금이 이 중의 한 가지만 몸에 지니고 있어도 그 나라는 반드시 망할 것이니, 신하들에게 이것을 바로잡아 주는 이가 없다면, 그 형벌은 묵형이 될 것이요, 그리고 이 모든 말씀을 공부하는 선비들에게 교훈으로 삼게 하셨습니다."[35]라는 것으로, 임금과 신하의 몸가짐에 대한 경계인 것이다.

④ **桑中之行** : 상중지행은『詩經』패풍에 나오는 것으로 淫奔을 풍자한 시이다. 毛序에 이르기를, "상중은 음분을 풍자한 시이다. 위나라의 공실<왕실>이 음란하여 남녀가 서로 좇아 다녀 세족으로서 지위에 있는 자들까지도 서로 처첩을 도둑질하여 아득하고 먼 곳에서 만나기로 약속하니, 정치가 산란하고 백성들이 유리하여 그칠 수 없었다."[36]라고 하였는데, 요컨대, 정치와 교화의 근본이 성정의 순화와 순일한 정숙함에서 비롯됨을 말한 것이다.

⑤ **李後主揮淚戀〈〈宮〉〉娥(李煜의 고사)** : 李煜은 南唐(937-975)의 후주였다. 남당은 3대 39년의 기간 동안 존재했던 나라였다. 후에 송나라에 정벌되었는데, 그 마지막 임금이 이욱이었다. 이욱은 자가 重光이고, 景의 여섯째 아들이었다. 위로 5형제 가 모두

---

35)『書經』商書 伊訓篇, "制官刑 儆于有位曰 敢有恒舞于宮 酣歌于室 時謂巫風 敢有殉于貨色 恒于遊畋 時謂淫風 敢有侮聖言 逆忠直 遠耆德 比頑童 時謂亂風 惟茲三風十愆 卿士有一于身 家必喪 邦君有一于身 國必亡 臣下不匡 其刑墨 具訓于蒙士."

36)『詩經集傳』鄘風 桑中, 毛序, "桑中 刺奔也 衛之公室淫亂 男女相奔 至于世族在位 相竊妻妾 期於幽遠 政散民流而不可止."

일찍 죽는 바람에 태자가 된 인물이다. 그는 위인됨이 仁孝하였고, 문장을 잘 지었으며, 서화에 뛰어났던 인물이었다. 그는 재위 9년의 남당의 마지막 임금으로서 천하통일의 대세에 희생된 마지막 임금이었다.[37] 「芝峰類說」에는 이 비운의 주인공 李煜의 <落花詩>를 소개하면서, "이욱의 낙화시에 말하기를, '꾀꼬리가 미쳐서 날뛰는 것도 응당 한계가 있을 것이고, 나비가 춤추는 것도 이미 오래지는 못하리'라고 하였다. 얼마 안 되어서 나라가 망하였다고 한다."[38]라고 하여 그의 시가 詩讖을 가져 온 것이라고 말하고 있는데, 우연인지는 몰라도 자신의 운명을 예감한 듯한 시이다.

姜浚欽(1768-1833?)의 악부시 <황조가> 도 이익이나 이복휴의 시각과 별로 다르지 않다. 강준흠은 「槿域書畵徵」 권5에 "자는 백원이요, 호는 삼명, 본관은 진주, 영조 44년 무자생(1768년)임. 정조 18년 갑인(1794년)에 문과하고 벼슬은 승지에 이름. 글씨를 잘 써서 금석에 글씨를 많이 썼다."[39]라고 기록되어 있는 인물이다. 그의 악부시 <황조가>는 아래와 같다.

黃鳥捿兮 羽相磨　　황조가 깃들이니 날개 서로 비벼대고
黃鳥啼兮 聲相和　　황조가 울어대니 소리가 서로 조화롭네
風漂搖兮 失舊柯　　바람불어 흔드니 옛 보금자리 잃어
各東西兮 將奈何　　동서로 흩어지니 장차 어찌할거나
藏金堂兮 上椒閣　　궁전에 거하면서 후비 궁전에 올라가
施羽帳兮 鋪錦席　　날개 펴서 휘장 삼고 비단자리 깔았다네

---

37) 『新五代史』 卷62, 「南唐世家」 第2.

38) 李睟光, 『芝峰類說』 卷14, 文章部 七, 詩讖, "李煜落花詩云 鶯狂應有限 蝶舞已無多 未幾亡國."

39) 「槿域書畵徵」 卷5, "字百源 號三溟 晋州人 英祖四十四年戊子生 正祖十八年甲寅文科 官承旨 善書 多書金石(簪纓譜)."

胡不留兮 使余戚　어찌 머물지 못해 나를 슬프게 하는가
珥明珠兮 珮華玉　밝은 구슬 귀에 걸고 화옥을 옆에 차서
載淸酤兮 炙肥肉　좋은 술과 구운 고기 싣고 왔는데
胡不歸兮 使余毒　어찌 돌아가지 않아서 나를 괴롭게 하는가
舟于川兮 馬于路　강에는 배를 띄우고 길에는 말을 달려
欲往從兮 不余顧　쫓아가고 싶지만 나를 돌아보지 않는구려
朝余愁兮 暮余思　아침에도 근심하고 저녁에도 쓸쓸하니
苦莫苦兮 將告誰　괴롭기가 이보다 더 괴로울 수가 없으니 장차 누구에게 말할꼬 40)

위의 강준흠의 <황조가>에도 예외 없이 두 계비사이에 방황하는 유리왕의 나약한 모습이 투영되어 있다. 제왕의 권위와 위엄이 여지없이 추락하고 모든 것이 뜻대로 되지 않는 현실을 자탄하고 있는 것이다. 다만 그 배경을 화려하게 장식하고, 갈등의 초점을 연애로 분식하고 있다는 점이 다를 뿐이다.

필자는 위에서 이익이나, 이복휴, 그리고 강준흠의 악부시 <황조가>를 중심으로 유리왕과 <황조가>에 대한 이해의 단면을 살펴 보았다. 필자는 이들 유학자들의 고대사의 인식 및 제왕에 대한 평가를 중심으로 유리왕과 <황조가>에 대한 해석을 시도하고자 한다. 유리왕의 <황조가>와 배경설화는 『三國史記』 고구려본기에 다음과 같이 전한다.

3년 가을 7월에 골천에 이궁을 지었다. 겨울 10월에 왕비 송씨가 죽으매, 왕이 다시 두 여자를 취하여 계실을 삼았다. 한 사람은 화희이니 골천 사람의 딸이고, 한 사람은 치희이니 한나라 사람의 딸이었다. 두 여자가 총애를 다투어 서로 화목하지 못하므로, 왕이 양곡에

40) 姜浚欽, 『三溟集』, 탐구당, 1994.

> 동서 두 궁을 지어 각각 머물게 하였다. 그 뒤에 왕이 기산으로 사냥을 나가서 7일 동안 돌아오지 않았다. 두 여자가 다투다가 화희가 치희를 꾸짖어 말하기를, '네가 한인의 천한 계집으로서 어찌 무례함이 이토록 심한가.' 라고 하니, 치희가 부끄럽고 원망하여 도망쳐 돌아갔다. 왕이 이를 듣고 말을 채찍질하여 쫓아갔으나, 치희가 화가 나서 돌아오지 않았다. 왕이 언젠가 나무 아래에서 쉬다가 꾀꼬리가 날아 모이는 것을 보고 이에 느낀 바가 있어 노래하기를, '훨훨 나는 꾀꼬리도 암수가 서로 의지하는데, 나의 혼자됨을 생각하니 그 함께 돌아갈 사람이 누구인가.'라고 하였다.41)

위 배경설화에서 <황조가>의 내용을 분석하기 위해 풀어야 할 의문은 다음 네 가지이다. 첫째로, 두 여자를 동시에 계실로 맞이한 이유(그것도 민족간의 갈등의 소지가 있는 이민속<한족>의 딸을 취한 점)과, 둘째로, 화희가 치희를 꾸짖은 내용(특히, 無禮를 꾸짖은 것)과, 셋째로, 치희가 유리왕의 '策馬追之'에도 불구하고 화가 나서 돌아오지 않았다는 것과 본문 서술상의 괴리 여부, 넷째로, 유리왕의 노래인 <황조가>의 내용에 대한 재해석이라고 본다.

필자는 이 같은 네 가지의 쟁점에 초점을 맞추고 하나하나 논증을 하고자 한다. 이 같은 논의를 전개하기 위해서 필자는 두 가지의 기본 전제를 하고자 한다. 첫째는 『三國史記』의 기록에 대한 신뢰이다. 고대사의 기록이 영성하기 이를 데 없는 것이 현

---

41) 「三國史記」 卷13, 高句麗本紀 第1 瑠璃明王條. "三年秋七月 作離宮於鶻川 冬十月 王妃松氏薨 王更娶二女繼室 一曰禾姬 鶻川人之女也 一曰雉姬 漢人之女也 二女爭寵 不相和 王於涼谷造東西二宮 各置之 後 王田於箕山 七日不返 二女爭鬪 禾姬罵雉姬曰 汝漢家婢妾 何無禮之甚乎 雉姬慙恨亡歸 王聞之 策馬追之 雉姬怒不還 王嘗息樹下 見黃鳥飛集 乃感而歌曰 '翩翩黃鳥 雌雄相依 念我之獨 誰其與歸."

실이지만 우리의 역사를 우리 손으로 기록한 것이 가장 신빙성이 있다는 것을 전제로 한다. 고대사에 관한 중국측의 기록은 참고할 것이 있기는 하지만 정확성이나 해석에서 신뢰도가 떨어진다는 점은 부인할 수 없다. 둘째로, 고대가요의 기록은 대부분 현실적인 필요에서 이루어진다는 점이다. 단순하고 현실적이며 절실한 표현을 지나치게 신화적으로, 또는 현학적으로 접근하는 것이 오히려 당대의 실상을 왜곡하는 결과를 가져온다고 믿는 것이다.

1) 王更娶二女繼室의 意味

유리왕의 이야기에는 모계사회의 흔적과 가부장제의 확립이라는 두 가지 관점이 혼재하고 있다. 유리왕은 송씨가 죽자, 두 여자(禾姬와 雉姬)를 동시에 繼妃로 맞이했다는 것은 일단은 매우 부자연스럽다. 더구나 두 여자를 동시에 계비로 맞이하는 이유가 명시되어 있지 않다. 현실적으로는 여러 명의 계비들 중에서 자식을 낳아 後嗣문제를 해결하기 위해 이 같은 결정을 했을 수도 있고, 치희(漢女)의 경우는 혼인동맹에 의한 정략일 수도 있고,[42] 또는 媵妾의 경우라고 볼 수도 있는 것이다. 잉첩제도에 관해서는 『白虎通義』」에 다음과 같이 기록되어 있다.

> 왕도기에 말하기를, "천자와 제후가 한 번에 아홉 여자에게 장가를 든다."라고 하였고, 춘추공양전에 말하기를, "제후가 한 나라에 장가

---

42) 李基白, 『韓國史新論: 개정판』, 일조각, 1976, p.35. 중국과 부여와의 관계는 밀접하였는데, 그 이유는 부여가 북쪽의 鮮卑와 동쪽 고구려와의 중간에 위치했으므로, 중국은 부여와 聯盟함으로써 그들을 견제할 수 있었기 때문이며, 실제로 後漢 末 公孫氏가 遼東에 웅거하여 동방의 王者로 임했을 때에는 부여와 혼인동맹을 맺기도 하였다.

들면 두 나라가 잉을 보내어 질<질녀>과 제<여동생>를 따르게 하니, 질이라고 이르는 것은 누구인가? 오빠의 딸이다. 제는 누구인가? 이는 여동생이다."라고 했다. 어떤 이는 말하기를, "천자가 12명에게 장가드는 것은 하늘에 12달이 있어서 만물이 반드시 나는 것을 법으로 삼은 것이다."라고 했다. 반드시 한번 장가드는 것은 무엇 때문인가? 음일한 것을 막기 위함이니, 그것은 여자의 덕을 버리고 색만 좋아하는 것을 막기 위해서 하는 것이다. 그러므로 한번 장가들 뿐이니, 임금은 두 번 장가드는 의리가 없는 것이다. 조카와 여동생을 갖추어 따르는 것은 그들이 반드시 서로 질투하지 못하게 함을 위해서이니, 한 사람이 아들을 두었을 적에 세 사람이 함께 해서 마치 자기가 낳은 것과 같이 하는 것이다.[43]

위와 같은 잉첩제도는 '나라를 중히 여기고 잇는 후사를 넓히려고'(重國廣繼嗣) 하는 것이 근본 이유이다. 유리왕의 아들은 都切・解明・無恤(3대 대무신왕)・如津・解色朱(4대 민중왕)・再思 등 6인이다. 일찍 죽은 송씨가 대무신왕과 민중왕의 어머니라고 하는 기록에 대해 신빙하지 못하겠다는 견해도 있으나, 고대의 잉첩제도에 의해 이어지는 핏줄(자매거나, 오빠의 딸이거나 같은 성씨임)임을 감안한다면 큰 문제가 되지 않는 것으로 볼 수 있다. 기록에 의하면 고구려에서 두 명의 처를 둔 왕은 28왕 가운데 대개 7명의 왕이 있었다.[44] 김원중은 잉첩제에 대해 다음과

43) 班固, 『白虎通義』 卷10 嫁娶, "王度記曰 天子諸侯一娶九女 春秋公羊傳曰 諸侯娶一國 則二國往媵之 以姪娣從 謂之姪者 何 兄之子也 娣者何 女弟也 或曰 天子娶十二女 法天有十二月 萬物必生也 必一娶 何 防淫泆也 爲其棄德嗜色 故一娶而已 人君 無再娶之義也 備姪娣從者 爲其必不相嫉妬也 一人有子 三人共之 若己生之也."

44) 崔在錫, 『한국고대사회사연구』, 일지사, 1987, p.189. 최재석은 기록을 토대로 2대 유리왕, 3대 대무신왕, 10대 산상왕, 11대 동천왕, 12대 중천왕, 25대 평원왕, 28대 보장왕이 두 처를 취한 경우이며, 27대 영류

같이 언급했다.

> 잉첩제는 원시사회의 족외혼이 대우혼으로 발전하는 과도기 형식이다. "옛날 딸을 시집보낼 때는 반드시 조카딸이 따라 갔는데, 이것을 잉(媵)이라 한다<古者嫁女必以侄娣從 謂之媵: 儀禮, 婚禮注: 필자>." 라고 했듯이, 잉첩제란 한 여자가 출가할 때 같은 성을 가진 여자 동생과 노비가 함께 시집가는 것을 말한다. 가령 맏딸과 결혼하는 남자는 그 여자의 일정한 나이가 찬 자매 또한 아내로 맞이할 권리가 있었다. 잉첩은 정실부인은 아니지만 지위는 첩에 비해서는 높았으니, 정부인과 첩의 중간층이었다.[45]

이 같은 잉첩제도는 왕비 송씨가 유리왕과 1년 3개월간 살다 죽고 난 후에도 잉첩제도에 의해 송씨의 자매나 조카딸에 의해 송씨의 혈통이 이어진 것으로 간주할 수 있다. 필자는 유리왕이 주변 강국들과의 갈등 속에서 고구려를 유지하기 위한 방편에서 漢人의 딸인 雉姬를 정략적인 차원에서 받아들인 것으로 본다. 낙랑왕 崔理의 딸인 낙랑공주와 好童왕자와의 관계도 혼인동맹을 통해 국가를 보존하려 한 흔적이 농후하기 때문이다.[46] 한편 호동의 죽음과 관련하여 호동의 모계(부여 갈사왕의 손녀, 조모는 송양의 딸임)가 또 다른 부여계이고, 결국 호동이 자살하는 이면에는 왕위 계승을 둘러싼 집단 내의 알력으로 보는 견해는[47] 유리왕이 정치적 입지강화를 위해 처가(비류국 송양의 딸)

왕도 두 처를 취했을 가능성이 높다고 하였다.

45) 김원중, 『중국의 풍속』, 을유문화사, 1997, p.142.

46) 『三國史記』 卷14 高句麗本紀 大武神王 15年 3月條의 낙랑을 멸한 기사 다음에 細註로 "或云 欲滅樂浪遂請婚 娶其女 爲子妻 後使歸本國 壞其兵物."이라고 하여 기록자도 의심하고 있다.

47) 李志映, 「삼국사기 소재 고구려초기 왕권설화 연구」, 『구비문학연구』 2,

의 도움을 상당히 받았을 가능성을 시사해 주고 있다.

잉첩제도는 고대 중국에서 요임금의 두 딸인 娥皇과 女英을 순임금에게 시집보낸 것을 그 기원으로 보기도 한다.[48] 또한 우리나라의 경우는 뚜렷하지 않지만 신라 48대 景文大王의 경우에 왕비인 寧花夫人의 동생을 次妃로 맞이했음을 보아서 잉첩제도의 잔존(모계는 같은 성씨임)을 살필 수 있다고 본다.[49]

남녀간의 결혼이란 매우 신성한 것이며, 특히 왕실의 결혼은 만 백성의 어버이로서 모범을 보이는 것이기에 더욱 신중하고 신성시되는 것이다. 고대의 결혼이란 당사자들 마음대로 하는 것이 아니라 부모의 허락과 조상들의 사당에 고함으로써 이루어지고, 또한 중매를 통해 六禮를 갖추어서 맞이하는 것이다. 그 이면에는 배우자를 신댁함으로써 淫泆을 방지하려는 윤리의식을 동반하고 있다. 「白虎通義」에는 남녀간의 嫁娶에 대하여 다음과 같은 언급을 하고 있다.

> 남자는 자기 마음대로 장가들지 못하고 여자도 자기 마음대로 시집가지 못하여 반드시 부모의 허락을 경유하고, 모름지기 중매를 필요로 하는 것은 무엇 때문인가? 수치를 멀리하고 음란함을 예방하여서이니, 시경<제풍 남산장>에 이르기를, "아내에게 장가들기를 어찌해야 하는가? 반드시 부모에게 알려야 한다."라고 하였고, 또 말하기를, "아내에게 장가들기를 어찌해야 하는가? 중매쟁이가 아니면 되지 않는다."라고 했다.[50]

한국구비문학회, 1995, p.104.

48) 김원중, 『중국의 풍속』, 을유문화사, 1997, p.142.

49) 『三國史記』 卷11 新羅本紀 景文大王 3年 11月條, "納寧花夫人弟爲次妃. 異日 王問興輪寺僧曰 師前所謂三益者 何也 對曰 當時王及王妃 喜其如意寵愛浸深 一也 因此得繼大位 二也 卒得娶嚮所求季女 三也 王大笑."

50) 班固, 『白虎通義』 卷10 嫁娶, "男不自專娶 女不自專嫁 必由父母 須媒

장가들고 시집가는 것은 人倫之大事이자 二姓之合으로 동양에서는 家門의 결합으로 여겼으며, 부모의 허락아래 조상들의 인정을 받아 중매를 통해 이루어졌지 사사로이 이루어진 것이 아니었다. <황조가>의 배경설화에 나타난 東西 二宮을 조성한 이야기는 겉으로는 두 왕비사이의 첨예한 갈등을 완화하는 이야기로 보이지만 실은 유리왕의 음란함을 우회적으로 표현한 것으로 보아야 한다. 왜냐하면 유리왕은 군주로서의 권위를 상실했을 뿐만 아니라 두 계비사이의 갈등을 빙자하여 개인의 음탕한 욕망을 채우기 위해 동서의 궁궐을 수시로 드나들었던 군주이기 때문이다. 결코 두 여자사이의 쟁총에 휘말린 가련한 처지의 임금이 아닌 것이다.

왕과 왕비는 만백성의 어버이로서 外治와 內治를 다스리는 상징적인 존재이기 때문에 본기의 기록 가운데 이 같은 이야기가 전해진다는 사실 자체가 우회적인 비판의 성격을 드러내는 것이다. 따라서 <황조가>는 영웅설화에 우연히 삽입된 노래가 아닌 것이다. 다만, 그 표현 방식은 유리왕을 정면으로 겨냥하지 않은 채 주변인물을 들어 우회적으로 비판한 것이 다를 뿐이다. 이 같은 기록태도를 잘못 이해하면 유리왕의 낭만적인 失戀의 이야기로 오해할 수 있는 소지가 충분히 있는 것이다.

2) 禾姬罵雉姬無禮의 意味

이 배경설화의 또 다른 의문은 화희가 치희를 꾸짖은 내용이다. 상식적이라면 두 계비가 유리왕을 상대로 벌이는 爭寵에서

妁 何 遠恥防淫泆也 詩 云 娶妻如之 何 必告父母 又曰 娶妻如之 何 匪媒不得."

그들이 내세울 수 있는 것은 자신의 미모나, 상대방에 대한 험담, 아니면 유리왕의 환심을 사기 위한 행동이 되어야 할 것이다. 그런데 그 욕은 “네가 한인의 천한 계집으로서 어찌 무례함이 이토록 심한가?”(汝漢家婢妾 何無禮之甚乎)였다. 그런데, 치희가 이를 듣고 노해서 도망갔다는 것은 이 욕이 치희에게는 치명적인 그 무엇이었다고 보지 않을 수 없다. 이 꾸짖음에서 주목할 두 가지는 신분에 대한 지적(漢家婢妾)과 禮가 없다는 모욕이다. 겉으로 봐서는 욕같지 않은 이 내용이 치희에게 깊은 상처를 주었다면 이것은 건드려서는 안되는 개인이나 종족의 약점이라고 보아야 한다.

이 꾸짖음 속에는 화희의 치희에 대한 우월감이 은연중 내포되어 있다. 다시 말해 애초부터 정상적인 상황이라면 결혼의 상대로서는 나와는 맞설 수 없다는 우월감이 자리하고 있는 것이다. ‘漢家婢妾’이라는 표현은 치희의 신분을 암시해주는 용어라고 본다. 이민족인 漢族이기는 하지만 신분은 그리 높지 않은 듯하다. 한족으로서 주변적인 종족이거나, 정상적인 혼인의 상대가 아닌 정략적으로 이루어진 상대임을 보여주는 것으로 보인다.

『삼국사기』 유리왕의 재위연간에는 漢에 대한 기사가 31년조에 보인다. 漢의 王莽이 흉노를 정벌하기 위해 고구려 군사를 징발하려 했으나, 모두 塞外로 도망하여 漢의 郡縣을 侵寇하였다는 기사이다. 또 이 사건을 다스리기 위해 엄우에게 명하여 고구려 장수 연비를 목 베었으며, 왕망이 고구려 임금을 ‘下句麗侯’라 개칭하여 멸시하였다는 기사가 그것이다.[51] 유리왕의 말년에 이 같은 기사가 기록된 것으로 보아 한나라와의 관계는 여전히 고구려 입장에서는 어려웠던 상대였음이 확인된다.

---

51) 『三國史記』 卷13 高句麗本紀 琉璃王 31年條.

일찍이 權寧徹도 유리왕의 妻福에 대하여 정략결혼의 희생자라고 지적한 바 있다. 첫번째의 송씨도 그랬고, 화희와 치희의 경우도 그랬다는 것이다. 다시 말해 相妬 相爭하는 두 계비를 가차없이 죽이질 못하고 오히려 동서 이궁을 지어 각각 거주케 한 것은 二妃가 저마다 등지고 있는 친가부족의 세력 때문이었다고 언급한 것이다.[52] 한편, 김학성은 화희와 치희의 대립 갈등은 고구려의 토착세력과 이민족인 漢郡縣의 세력충돌을 의미한다고 보았다. 한군현을 격퇴하려는 토착세력과 그것이 빌미가 되어 한 나라의 침략을 받을까 두려워 한군현에 화해와 회유책을 쓰려는 나약한 유리왕의 모습이 寓意的인 형태로 설화화된 것이라고 한 것이다.[53]

또한 '무례하다'는 표현은 집단이나 종족의 생활방식을 지적한 용어로서 그들 종족이 무력은 강하지만 문물제도를 갖춘 문화종족은 아니라는 점을 은연중 비판한 것이다. 따라서 이 같은 화희의 꾸짖음 속에는 민족차별적인 내용을 이면에 깔고 있어서 이민족에 대한 저항의식이 저변에 깔려있는 것으로 보인다. 만일 그렇다면 유리왕은 애초부터 이 두 계비를 다스리기에는 역부족이었을지 모른다. 그 이유는 각기 자기 종족을 대변하는 입장에서 전개되는 주도권 다툼의 성격을 띠기 때문이다.

반면에 화희의 치희에 대한 꾸짖음은 유리왕의 입장을 대변하는 의미를 지니기도 한다. 무력을 바탕으로 강력한 세력을 등에 업은 치희의 존재는 유리왕의 입장에서는 함부로 다룰 수 없는 존재였다. 따라서 화희의 입에서 나온 이 꾸짖음은 중간에서 확고한 태도를 취하지 못하는 유리왕의 줏대없음을 비판하는 양면

52) 權寧徹, 「황조가 신연구」, 『국문학연구』 1, 효성여대, 1968, pp.106-107.
53) 金學成, 『한국고시가의 거시적 탐구』, 집문당, 1997, p.31.

성을 지니고 있다.

3) 策馬追之와 雉姬怒不還의 意味

치희가 유리왕의 '策馬追之'에도 불구하고 화가 나서 돌아오지 않았다는 것은 분명 있을 수 없는 일이다. 본문에는 다만 유리왕이 '말을 채찍질하여 뒤쫓았다.'라고 기록되어 있을 뿐 그 이후 두 사람이 만나는 이야기는 없다.54) 그러나 '雉姬怒不還'의 의미로 보아서 어떤 형태로든 만난 것은 사실인 듯하다. 신하를 시켜 뒤쫓은 것도 아니고 직접 쫓았으며, 그 결과 참담하게 혼자 돌아온다는 것은 유리왕에게는 큰 상처가 아닐 수 없다.

군주의 허락 없이 친정으로 돌아간다는 것, 그것도 두 계비간의 다툼의 결과로 인한 것이라면 이는 보통 문제가 아니다. 왕권의 신성함이 여지없이 무너진 것이다. 치희가 이같이 행동할 수 있는 것은 바로 그녀의 친정의 배경이 아니고서는 이루어질 수 없는 것이다. 본시 애정으로 이루어진 것이 아닌데다가 친정의 약점을 들먹이며 대드는 화희에게 그녀가 할 수 있는 최대의 시위는 친정을 배경으로 자신의 위상을 확인시켜 주는 것이다. 이같은 상황을 중국측의 기록에서는 유리왕이 달려와 <涼谷歌>(<황조가>)를 부르자 치희가 기뻐하여 같이 돌아갔다고 하면서 다음과 같이 기록하고 있다.

> 처음에 유리왕이 한나라 여자에게 장가를 들었는데, 아름다워서 비를 삼았다. 그 후에 서로 사이가 좋지 못해서 이로 인해 동서에 궁을

---

54) 李福休의 「해동악부」에는 "王策馬追之 不及 息於樹下"로 되어 있어, 만나지 못한 것으로 기록하고 있다. 『해동악부집성』 2, 여강출판사.

> 짓고 살게 했다. 어느날 왕이 사냥을 나가자 왕후가 사람을 시켜서 비난하니, 비가 노하여 궁인을 이끌고 몰래 도망가 한나라로 돌아갔다. 왕이 이를 알고 스스로 뒤쫓아 양곡에 이르렀으나, 비가 돌아가기를 원치 않자 왕이 이로 인해 노래를 지으니, 비가 기뻐하여 곧 돌아왔다.55)

위의 기록은 치희에 초점을 맞추어 기술하고 있다. 계비가 아닌 후비의 성격을 띠고 있고, 왕후가 치희의 미모에 샘을 내어 비방하는 것으로 되어 있다. 더구나 유리왕이 노래를 불러 달래어 데려오는 것으로 되어 있으니, 아전인수격인 中華的인 발상의 기록이다. 노래의 제목이 <涼谷歌>(양곡:동서 이궁을 지은 곳)로 되어 있으며, 왕이 이미 도망간 치희를 쫓아 양곡에 이르렀다는 표현도 앞뒤가 안 맞는 것이다.

이 같은 사건은 통상적으로 신하를 시켜 뒤쫓을 수 있는 것임에도 불구하고, 유리왕이 황급히 말을 몰아 뒤쫓아 갔다는 것은 치희의 비중이 그만큼 크다는 의미도 있지만, 계비 하나 때문에 허둥대는 왕을 모습을 통해 신성한 왕권을 스스로 저버린 유리왕을 우회적으로 비판한 史官의 묘사일 수도 있다.

그런데, 이 부분에서 기록자(사관)는 애매한 모습을 취하고 있음을 확인할 수 있다. 뒤쫓아 간 것만 묘사했지, 정작 만나서 설득하거나, 경솔한 행동을 꾸짖거나, 처가의 부모에게 따지거나 하는 절차가 생략된 채, 허망하게 돌아오는 유리왕의 모습을 먼발치서 외롭게 조명하듯이 묘사하고 있는 것이다. 이처럼 고독한

---

55) 朴現圭, 『中國明末淸初人 朝鮮詩選集 硏究』, 태학사, 1998, p.2. 藍芳威, 「朝鮮詩選」,재인용. : “涼谷歌(高句麗 琉璃王):… 翩翩黃鳥 雌雄相依 念我之獨 誰與其歸:… 初琉璃王娶于漢女 而美立爲妃 其后 不相能也 因東西其宮居之 他日 王出獵 后使人誹 妃怒率宮人潛走歸漢 王知而自追之及涼谷 妃不肯還 王因作歌 妃悅乃還.”

失戀의 주인공의 모습으로 그리고 있는 이유는 무엇일까? 분명 이 부분은 유리왕이 군주로서 위엄을 되찾을 수 있는 절호의 기회임에도 불구하고 그를 비운의 주인공으로 묘사하고 있는 것은 무엇 때문인가? 필자는 이 부분을 유리왕에 대한 사관의 비판적인 묘사라고 생각한다. 통상적으로 사관의 기록태도는 直筆하는 것이 원칙이지만 군왕에 대한 비판은 우회적이고 완곡하게 묘사하는 것이 보편적이다.

기술상 괴리가 있는 듯이 묘사를 한 것은 유리왕의 체통에 관계되는 것(치희를 데리고 오지 못한 것)이기에 우회적이며 낭만적으로 묘사한 것이다. 왕비를 다시 데려오지 못하는 군주는 이제 더 이상 군주가 아닌 것이다. 그리고 노래를 지어 자신을 달래는 모습으로 기록한 것이다. 그러나 정작 유리왕의 불행은 이미 동서에 두 궁을 지어 각각 따로 살게 할 때부터 시작되고 있었다. 이 같은 왕실 주변의 상황은 이미 유리왕의 영향권을 벗어나고 있음을 보여주는 것이기 때문이다. 동시에 유리왕의 입장에서는 갈등을 해소한다는 명분 아래 마음껏 淫奔을 행할 수 있는 계기를 만들어 준 것이기도 하다. 따라서 이 부분은 사관의 기록임에도 불구하고 마치 안타까운 失戀의 이야기처럼 기술되어 있다. 그러나, 사관은 두 계비의 싸움 직전에 유리왕이 기산으로 사냥 나가 7일 동안이나 돌아오지 않은 일을 기록함으로써 이 같은 일이 필연적인 것임을 은연중 암시하고 있는 것이다.

4) 王嘗息樹下의 意味

일찍이 權寧徹은 <황조가>의 기록에 나타난 몇몇 용어에 관심을 가지고 의견을 피력한 바 있다. 그는 본문 중의 '嘗'자의 의미를 '일찍이'의 뜻으로 보아 유리명왕 3년 이전 사실의 것을 「三國史記」의 기록자가 참고로 이를 기록한 것으로 보았다. 따라서 <황조가>의 제작 연대는 유리왕 원년(B.C. 19년)에서 동 2년(B.C. 18년) 사이에 되었을 것이고, 더 축약이 가능하다면 B.C. 19년 9월(유리왕 즉위년월)부터 翌 B.C. 18년 7월(송씨를 왕비로 맞이한 연월)이전의 작으로 추정한 바 있다. 또한 '歸'자의 의미 역시 <嫁: 얼다>의 뜻으로 해석하여 "쌍쌍이 맞잡고 얼(結婚)하겠는가?"라고 보았다.56) 이런 점에서 '嘗'자를 '曾'자와 같은 것으로 보고 전후 인과관계에 의한 맥락이 아니라는 견해, 다시 말해 치희와 화희와의 관련에서 이루어진 것이 아니라는 견해는 일면 타당하다고 본다.57)

필자 또한 이 '嘗'자에 관심을 갖고 있다. 결론부터 말한다면 통상적으로 이해하듯이 '일찍이'의 뜻으로 보아 무방하다는 것이다. 왜냐하면, <황조가>는 유리왕이 즉위한 이후, 국정을 수행하는 과정에서 통치자로서의 능력의 한계를 절감할 때마다 '自嘆歌'로 부른 노래이며, 특히, 두 계비를 맞이하면서부터, 그리고 두 계비가 쟁총하면서부터는 더욱 절실하게 이어진 유리왕의 歎息의 노래로 보기 때문이다.

유리왕은 계비들간의 암투에 골머리를 앓았던 인물이다. 따라서 유리왕의 뇌리에는 이 같은 상황을 벗어나고자 하는 열망이 잠재의식으로 남아 있었다고 본다. 따라서 이 노래는 유리왕의 뇌리에서 항상 탄식처럼 되뇌이던 하소연이었다. 평소에 두 계비간의 갈등을 보면서 탄식하던 것이 <황조가>의 배경이었다. 그러던 것이 두 계비간의 갈등이 표면화된 이후 그는 황조의 다정

56) 權寧徹, 「황조가 신연구」, 『국문학연구』 1, 효성여대, 1968, pp.95-111.
57) 金琫永, 「황조가의 새로운 이해」, 『국어국문학』 3, 조선대, 1981. 윤영옥, 『한국의 고시가』, 문창사, 1995, p.38, 재인용.

함에 빗대어서 자신의 처지를 읊조린 것이 <황조가>이다.

만백성의 어버이가 되어 다정하게 조화를 이루어 천하를 다스려 나가야 할 계비들이 미물인 황조의 다정함에도 미치지 못하는 안타까운 현실을 탄식처럼 노래한 것이 <황조가>인 셈이다. 따라서 <황조가>는 치희가 친정으로 도망가는 사건 이전에도 둘 사이가 갈등을 빚을 때는 언제나 탄식처럼 되뇌이던 노래였다. 그 같은 유리왕의 심정이 결정적으로 표면화된 것이 치희의 환국이었고, 황조는 두 여인의 어리석은 투쟁을 깨우치게 하기 위해 등장시킨 소재에 불과한 것이다. 결국 <황조가>는 계비를 다스리지 못한 유리왕의 탄식요이며, 이는 결국 자신의 통치능력의 한계를 드러낸 노래이기도 하다.

이 같은 유리왕의 총체적인 난맥상(계비들과의 불화, 자식들과의 갈등, 신하들과의 갈등)을 사관은 유리왕의 <황조가>에 빗대어서 후대의 왕들에게 경계를 삼게 하기 위해 기록한 것이다. 이 <황조가>에는 유리왕의 고독한 처지가 배경으로 작용하고 있음을 부인할 수 없다. 이는 유리왕에게서 두드러지게 암시되는 바 상실과 고독이라는 이미지가 노래의 배경으로 자리한다는 견해와 궤를 같이 한다.58)

이 같은 견해를 바탕으로 필자는 <황조가>를 다음과 같이 해석한다.

翩翩黃鳥　　훨훨나는 저 꾀꼬리
雌雄相依　　암수 서로 다정한데
念我之獨　　외로울사 이 내몸은
誰其與歸　　뉘와 더불어 함께 할꼬

58) 金昌龍, 「黃鳥歌의 底邊」, p.195, 『우리 옛문학론』, 1991, 새문사.

<황조가>는 겉으로는 유리왕이 외롭고 고독한 존재로 부각되어 있지만, 이면에는 유리왕 자신의 통치능력의 한계를 자탄의 형식으로 드러낸 양면성의 노래이다. 특히, 마지막 구의 '誰其與歸'는 일차적으로는 화희와 치희에 얽힌 유리왕의 갈등에 초점을 맞춘 것이지만, 이 같은 독백은 유리왕에게 자탄의 의미로 항상 따라다니던 화두였었다. 주변에 그를 따르던 사람들이 별로 없었던 외로운 군주인 유리왕에게 있어서 이 같은 탄식은 좀더 폭을 넓히면 '아무도 돌아보지 않는 혼자인 나에게 누가 歸附하겠는가?' 하는 백성들을 향한 군주의 탄식과 호소인 것이다. 사관이 이 노래를 유리왕의 사실에 부가하여 기록한 것은 노래를 통해 그의 군왕으로서의 자세를 비판하고 후대의 왕들에게 귀감을 삼게 하기 위한 것이다.

4. 結 論

필자는 평소 <황조가>에 대해 '매우 세련된 고대가요'라는 인상을 가지고 있었다. 암수 꾀꼬리가 사이좋게 노니는 것에 비유하여 감정이입을 시도한 노래였기에 고대가요치고는 너무도 세련된 노래라는 생각을 한 것이다. 뿐 아니라 작자 또한 군주였고, 내용 또한 失戀을 소재로 하고 있다는 점에서 매우 낭만적인 노래라고 인식하였다. 따라서 이는 후인의 위작이거나, 작품해석의 오류일 가능성이 높다고 본 것이다. 우연한 기회에 필자가 <공무도하가>를 재해석하고, 이어서 <龜卜歌>(<龜旨歌>)를 발표하면서 고대가요에 접근하는 방법에 대하여 생각해 보았다. 결론은 고대가요는 대부분 현실적인 필요에 의해 이루어진다는 점이다. 뿐 아니라 당대의 관습이나 가치관에 따라 선택적으로 기록되면서 효용론적인 의미를 띄고 있다는 점이다. 따라서 당대의 제도나 관습, 가치관, 사회상에 대한 검토가 선행되지 않고는 작품의 실상에 올바로 접근하기가 어렵다. 특히 경계해야 할 것은 오늘날의 관점에서 당대를 바라보려는 안이한 생각이다.

李瀷이나 李福休, 그리고 姜浚欽과 같은 유학자들의 악부시에서 이미 <황조가>에 대한 해석은 어느 정도 정곡을 찌른 감이 있다. 옛 선현들의 사고방식이 봉건적이라든가, 낡은 사고의 틀이라는 인식아래 그들의 엄정하고 정확한 과거사에 대한 비판적 해석을 외면한다는 것은 또 하나의 방법론을 봉쇄하는 것에 다름 아니다. 단지, 우리의 능력이 미치지 못하거나, 옛 전적을 두루 섭렵할 수 없는 여러 가지 한계 때문이라면 모르거니와 우리에 앞서 당대의 최고수준의 학문을 구가했던 사람들의 학문적 수준과 안목을 우리는 일정부분 원용해야 한다고 생각한다.

<황조가> 는 일차적으로는 유리왕이 두 계비를 다스리지 못한 데서 연유한 자탄가(탄식요)였다. 두 계비는 국가를 유지하기 위해 정략적으로 맞아들였기에 그 갈등은 더욱 클 수밖에 없었다. 동시에 이 자탄가는 유리왕의 통치능력을 비판하는 풍자적인 노래이자, 유리왕의 淫奔을 비판하는 양면성을 지니고 있다. 庶人의 가요라면 이 노래는 안타까운 失戀의 아픔을 노래한 멋진 작품이 될 수 있으나, 문제는 작자가 최고 통치자인 군주라는 점이다. 그간 이 노래에 대한 연구에서 정작 간과되어온 것이 바로 이 부분이다. 군주의 위치나, 지녀야 할 태도, 군주가 차지하는 고대국가에서의 위상 등을 감안할 때, 이 노래는 더 이상 낭만적이라거나 실연의 아픔을 노래한 군주의 노래일 수 없다. 더구나, 군주

에게 실연은 있을 수 없는 일이다. 꾀꼬리는 분명 계비들간의 불화를 효과적으로 드러내기 위한 적절한 소재이지만 비유의 차원은 인간과 미물이라는 상대적인 위치에 있다. 암수처럼 다정하게 지내고자 하는 것은 유리왕의 이상이지만 실제로 유리왕은 갈등을 해소한다는 명분아래 동서 이궁을 지어놓고 오히려 淫奔을 마음껏 행하는 이율배반적인 임금이었다. 사관은 이 같은 유리왕에게 겉으로는 인간적인 연민의 정을 보내는 듯 하지만 실상은 유리왕을 三倫을 다스리지 못한 왕이라는 점을 <황조가>와 배경설화를 통해 비판하고 있는 것이다.

따라서 <황조가>는 본래 유리왕이 자신의 고독과 주변과의 갈등을 탄식한 자탄의 노래였다. 동시에 작자인 유리왕은 통치능력의 한계를 드러낸 임금이며, 이 같은 점에서 비판받은 군주였으나, 후대에 오면서 이 같은 비판적인 시각이 변질되어 두 계비 사이를 오가는 낭만적인 실연의 주인공으로 재해석되면서 그 본래의 위상과 역할이 뒤바뀌어 전해지고 있는 것이다.

Ⅳ. 龜卜歌와 獻花歌·海歌의 傳承構造

1. 問題 提起

『三國遺事』 권2 紀異篇의 수로부인조에는 신라의 절세미인인 水路夫人과 <獻花歌> 에 대한 신이한 이야기가 전해지고 있다. <獻花歌> 는 기존의 향가 가운데 특이한 記述構造와 神秘한 背景說話를 가지고 있어서 일찍부터 주목받아 온 작품이다. <헌화가> 연구에 있어 기존 논의의 쟁점은 ① 記述문맥의 모호성(老翁의 정체와 同一人의 여부, 두 사건의 상관관계 등), ② 꽃(벼랑 끝 躑躅花)의 의미, ③ 牸牛와 바위의 의미, ④ 水路와 순정공의 정체, ⑤ 晝饍의 의미, ⑥ <海歌>와 <龜卜歌>와의 관계, ⑦ 노래의 성격(애정시와 서정시, 숭고한 희생의 시, 巫歌 등의 성격 구명 등), ⑧ 修辭法(도치법, 가정법내의 직설법) 등이다.

이 가운데 純貞公 일행이 매번 深山大澤을 지날 때마다 벌였던 '晝饍'의 의미에 대해서는 그간 金光淳의 연구성과가 보고되어 있어 <헌화가> 연구에 진전을 보여주기도 했다.[1)]

한편, <헌화가>의 성격에 대해서는 그간 다음과 같은 몇 가지의 유형으로 구분되어 연구된 바 있다. 즉, 1) 인간의 욕망과 관련된 세속적 노래(金東旭, 尹榮玉, 朴魯埻, 成鎬周, 이은봉 등), 2) 토착 呪術·종교적 祭儀와 관련된 무속적 노래(허영순, 안영희, 趙東一, 예창해, 강은해, 呂基鉉, 김문태 등), 3) 불교적 수행과 관련된 禪僧의 노래(金鍾雨, 金雲學, 金光淳, 崔喆 등), 4)超自然的 神이나 신격화된 인물의 노래(金善祺, 李相寶, 洪在烋 등)[2] 등이 그것이다. 또한, 신화적 인물이 인간(여성)에게 바치는 求愛의 노래[3]로 본 견해도 있다.

필자는 위와 같은 기존의 연구경향을 참고하면서, <헌화가>의 배경설화에 나타난 꽃의 의미와 純貞公의 역할, 牸牛와 바위의 의미, 그리고 通過祭儀的인 山川祭祀의 성격을 중심으로 <헌화가>를 새로운 관점에서 조명하고자 한다. 특히, 다음과 같은 몇 가지 관점에 유의하면서 논지를 전개하고자 한다.

즉, ① 수로와 남편(순정공)과의 관계, ② 수로가 海龍에게 납

---

1) 金光淳, 「헌화가」, 『향가문학론』(김승찬 편저), 새문사, 1989, pp.265-278. 김광순은 이 논문에서 배경설화에 나타난 '晝饍'이란 용례를 『삼국유사』, 『삼국사기』, 『고려사』, 『열하일기』, 『조선왕조실록』 등을 참고한 결과, '임금의 식사'나, 또는 '祭禮儀式 때 神에게 바치는 祭物'이란 뜻으로 쓰인 것을 밝힌 바 있다. 따라서 한 구역을 지날 때마다 그 지방 혹은 동리의 수호신에게 그들 일행의 안녕을 기원하는 의식으로 추정하고, 아울러 <獻花歌>는 속세를 초월한 禪僧이 절세미인인 水路에게 사랑을 고백한 노래로 결론지었다.

2) <헌화가> 에 대한 연구사는 그간 2편 정도가 보고되어 있다.
成基玉, 「<獻花歌>와 신라인의 미의식」, 『한국고전시가작품론』 1, 집문당, 1992.
朴魯埻, 「獻花歌」, 『향가문학연구』(華鏡古典文學硏究會 編), 일지사, 1993.

3) 성기옥, 「<헌화가>와 신라인의 미의식」, 『한국고전시가작품론』 1, 집문당, 1992, p.69.

치되었을 때 여론에의 호소와 <海歌>에 나타난 윤리적인 책망 및 해룡의 정체, ③ 수로의 龍宮事 陳述의 의미, ④ 수로에 대한 서술자 개입의 의미(제3자의 확신에 찬 문맥), ⑤ 老翁과 老人의 同一人 혹은 異人 여부, ⑥ <귀복가>와 <해가>의 전승구조, ⑦ 여인(부인)의 남자(남편)에 대한 잠재적 性愛의 노래라는 측면을 중심으로 살피고자 한다. 특히, 수로부인의 설화 중 '노옹'이나 '해룡' 등 등장인물은 수로의 마음속에 내재한 이상적인 인물(神, 男便)을 의미하며, 姿容絶代한 수로의 상대자(남편)로서의 순정공의 모습은 고지식하고 형식적일 뿐(윤리적), 이면의 진실은 그녀의 술회에 토로된 바 있음을 주목하고자 한다.

한편 <海歌>는 그 가사의 내용이 <龜卜歌>와 매우 흡사하다는 점에서 일찍부터 <귀복가>의 잔영으로 취급되어 왔다. 필자는 이 두 설화가 단 2일만의 차이만 있을 뿐, 시가의 내용처럼 오랜 시간적인 차이가 나는 작품이 아니라는 점에 착안하여 두 노래의 전승구조 및 상관성을 살피고자 한다.

2. 山川祭祀의 意味

산악숭배는 본디 원시민족에게 널리 보편화된 민간신앙이었다. 즉, 自然崇拜의 한 형태로서 우리민족에게도 그 연원이 매우 오랜 고유 신앙이었다. 山川에 대한 畏敬心에서 비롯한 산악숭배의 동기와 기원에 대해서는 현재 대략 두 가지 관점이 제기되어 있다. 첫 번째는 산악의 莊嚴性과 峻險性, 그리고 幽玄性을 신성화하거나, 猛獸등에 대한 공포로부터 自部族을 수호하려는 심리에서 기원을 찾는 心理說과, 두 번째는 산악을 부족간의 境界로서 중시하고 생활 자료를 제공해주는 터전으로서 숭배하는 經濟說이 있다.[4] 그러나 심리설이나 경제설은 독자적인 기원론이라기보다는 상호보완적이며, 우리의 경우는 심리설에 가깝다고 할 수 있다. 특히 고대로 올라갈수록 심리설에 가까우며, 후대로 내려올수록 경제설에 기우는 현상을 확인할 수 있다.[5]

고대의 제사 가운데 초기의 형태로는 五祀가 있었다. 五祀의 대상은 '門·戶·井·竈·中霤'를 이른다. 「白虎通義」에 보면 五祀에 대해 다음과 같은 기록이 있다.

> 오사에 제사하되, 한 해에 한 번 두루 다 지내는 것은 무엇 때문인가? 오행을 따라서이다. 때문에 봄에는 호에 제사를 지내니, 호라는 것은 사람이 드나드는 곳이고, 봄에 만물이 처음으로 그 문을 저촉해서 나오는 것이다. 여름에는 부엌신에 제사를 지내니, 부엌은 불의 주인이니, 사람들이 불로 인해서 자신을 봉양하는 것이고, 여름은 불이 왕성할 때이니, 만물을 성장시켜 기르는 것이다. 가을에는 문에 제사를 지내니, 문은 닫고 감추어서 스스로를 굳게 하는 것이니, 가을도 또한 만물이 다 성숙하는 때이니, 안으로 갖추어 스스로 지키는 것이다. 겨울에는 우물에 제사하는 것이니, 우물이라는 것은 물이 땅가운데에 생겨서 저장되는 것이고, 겨울 또한 수기가 왕성한 때이니, 만물이 엎드려서 저장되는 때이다. 6월에 중류에 제사를 지내니, 중류라는 것은 땅을 상징하여 중앙에 위치하고, 6월은 또한 토기가 왕성한 때이다.[6]

---

4) 洪淳昶, 「新羅 三山·五岳에 대하여」, 『新羅民俗의 新硏究』(신라문화제학술발표회논문집제4집), 신라문화선양회, 1983, p.54.

5) 金榮洙, 「三山五嶽과 名山大川 崇拜의 淵源 硏究」, 『人文科學』 31집, 성균관대 인문과학연구소, 2001, p.380.

6) 班固, 『白虎通義』 卷二, 五祀, "祭五祀 所以歲一徧 何 順五行也 故春卽祭戶 戶者 人所出入 亦春 萬物始觸戶而出也 夏祭竈 竈者 火之主 人所

위의 인용문에 보면 옛 사람들이 중히 여기던 제사의 대상은 인간생활과 지극히 밀접한 공간이었음을 알 수 있다. 즉, '門·戶·井·竈·中霤'를 대상으로 했는데, 그 이론적 배경은 음양오행론이 주류를 이루고 있다. 『禮記』 曲禮 下篇에서는 아래의 인용문과 같이 '井' 대신에 '行'(길신)에게 제사한 것을 알 수 있다.

> 천자는 천지와 사방과 산천과 오사에 제사를 지내고, 해마다 골고루 하며, 제후는 방사를 지내고 산천을 제사하며 오사를 지내되 해마다 골고루 한다. 대부는 오사를 지내되 해마다 두루 하고, 사는 그 조상을 제사한다.
>
> <여씨가 말하기를, "이 장은 제사의 법을 두루 논한 것인데, 동지에는 하늘을 제사지내고 하지에는 땅을 제사지내며, 네 계절에는 각각 그 방향을 제사지내어 기운을 맞이하는 것이다. 또 각각 그 지방의 산천에 망제를 지내는 것이다. 오사는 봄에는 지게문에 제사지내고, 여름에는 부엌에 제사지내며, 6월에는 중류에 제사지내고, 가을에는 대문에 제사지내며, 겨울에는 길신에 제사지내니 이것을 해마다 골고루 한다는 것을 이른다.>[7]

위에서도 확인할 수 있듯이 고대의 제사대상은 인간의 일상생활에 가장 밀접한 곳에 존재하고 있는 神임을 알 수 있다. 이 가운데 특히 관심을 끄는 것은 길신(行)에 대한 제사이다. 고대인들에게 있어서 길은 인간의 삶이 영위되는 현장이자, 인생항로

以自養也 夏亦火王 長養萬物 秋祭門 門以閉藏自固也 秋亦萬物成熟 內備自守也 冬祭井 井者 水之生藏在地中 冬亦水王 萬物伏藏 六月 祭中霤 中霤者 象土在中央也 六月 亦土王也."

7) 『禮記』 卷二, 曲禮 下, "天子祭天地 祭四方 祭山川 祭五祀 歲徧 諸侯方祀 祭山川 祭五祀 歲徧 大夫祭五祀 歲徧 士祭其先." <呂氏曰 此章 泛論祭祀之法 冬日至祭天 夏日至祭地 四時各祭其方以迎氣 又各望祭其方之山川 五祀 則春祭戶 夏祭竈 季夏祭中霤 秋祭門 冬祭行 此所謂歲徧>.

그 자체의 의미를 지녔던 것이다. 먼 길을 가거나, 생업을 영위하기 위해서 인간들은 새 길이든 기존의 길이든 길을 통해서 삶을 영위했던 만큼 길신(行)에 대한 제사는 인간의 생존과 무사귀환을 바라는 마음에서 비롯된 것이라고 생각된다.

특히 험한 산길이나, 물길의 경우는 교통수단이 발달되지 않았던 시절에는 그곳에 존재한다고 믿었던 신들에 대한 제사는 삶의 일부로서 엄숙히 치러졌을 것으로 보인다. 아래에 인용한 『春秋繁露』의 산천에 대한 외경심에서도 그 같은 마음의 일단을 엿볼 수 있다. 곧, 산의 형상과 효용가치를 논하되, '仁人志士'에 비유하고 있는 것이다.

> 산은 가파르고 험준하고 울퉁불퉁하고 높아서 오랜 세월이 지나도 무너지지 않으니, 마치 어진 자와 뜻있는 선비와 같다. 공자께서 말씀하시기를, '산천은 천신과 지기가 세워서 그 산천에 있는 좋은 물건들이 많이 있고, 그릇 따위를 공급하며, 곧은 것과 구부러진 것이 쓰임에 적합해서, 큰 나무는 궁실의 대와 사 따위를 만들 수 있고, 작은 것은 배나 수레 뗏목 따위를 만들 수 있다. 큰 나무는 쓰임에 적합하지 않은 것이 없고, 작은 것은 쓰임에 입격하지 않은 것이 없으며, 도끼로서 일을 하면 '작' 이라 하고, 낫을 가지고 일을 하면 '애' 라고 하며, 사람이 토지 위에 서서 살게 하고, 금수들은 산에 들어가 숨으며, 죽은 사람의 시체가 산에 들어가니, <산은> 그 공이 많은데도 공을 말하지 않는다. 이러므로, 군자에 취하여 비유하는 것이다. 또 흙을 쌓아서 산이 이루어졌으나, 다른 땅이나 사물을 손상시킴이 없고, 그 높음을 이루었으나 다른 사물에 해로움이 없고, 그 웅장함을 이루었으나 다른 사물을 무너뜨림이 없다. 그 위는 작고 그 밑은 크며, 오랫동안 길이 편안하게 안주해 있어서 뒷 세상에 거취함이 있지 않고, 엄연히 혼자 있는 것은 산의 덕인 것이니, 시경에 '저 높은 남산이여, 돌이 삐죽삐죽 서 있구나. 공적이 혁혁한 사윤이여, 백성들

이 모두 너를 내려다본다'고 했으니, 이를 이른 것이다.[8)]

위의 인용문을 보면 산을 '德이 있는 君子'(有德者)에 비유하고 있다. 산의 효용을 말하면서 동시에 산의 덕을 가리켜, '산은 그 공이 많은 데도 공을 말하지 않는다. 이러므로, 군자에 취하여 비유하는 것이다.'라고 하여 君臣관계의 의미로 전이시키고 있다. 산에 대한 외경심의 차원을 넘어 종교적인 신앙으로까지 승화되고 있는 모습이다.

물에 대한 고대인들의 인식 또한 산과 별로 다르지 않다. 『韓詩外傳』에 기록된 아래의 인용문을 보면 물에 대한 효용으로부터 시작하여 水德으로 나아가고 있고, 이어 水神에 대한 신앙의 경지로 승화하는 것을 볼 수 있다.

묻는 자가 말하기를, '무릇 지혜있는 자가 어찌해서 물을 좋아하는 것입니까? 대답하기를, '무릇 물이라는 것은 지세를 따라 아래로 흘러가서 조그마한 틈도 빠뜨리지 않으니, 이는 바로 지혜있는 사람과 같고, 흘러서 아래로 내려가니 이것은 예가 있는 사람의 행동과 같고, 깊은 골짜기를 밟으려 하면서도 의심하지 않으니 이것은 용맹있는 사람과 같고, 막혀서 물이 맑아지니 이것은 천명을 아는 자와 같고, 험한 길을 지나고 먼 길을 이르러 가도 끝내 훼손되지 않음을 이루니 이것은 덕이 있는 자와 같고, 천지가 물의 덕으로 인해 이루어지고, 모든 사물이 물의 덕으로 인해 성장하고, 국가가 물의 덕으로

---

8) 董仲舒, 『春秋繁露』, 山川頌 第七十三, "山則巃嵸㠏 崔摧嵬㠑巍 久不崩陁 似夫仁人志士 孔子曰 山川神祇立 寶藏殖 器用資 曲直合 大者 可以爲宮室臺榭 小者 可以爲舟輿浮濈 大者 無不中 小者 無不入 持斧則斫 折鎌則艾 生人立 禽獸伏 死人入 多其功而不言 是以君子取譬也 且積土成山 無損也 成其高 無害也 成其大 無虧也 小其上 泰其下 久長安 後世無有去就 儼然獨處 惟山之意 詩云 節彼南山 惟石巖巖 赫赫師尹 民具爾瞻 此之謂也."

인해 평안하고, 만사가 물의 덕으로 인해 화평해지고, 낱낱의 사물들이 물의 덕으로 인해 바루어지니, 이것이 바로 지혜있는 자들이 물을 좋아하는 까닭이다. 시경에 이르기를, '즐거운 반수의 물가에서 잠깐 순채나물을 캐노라, 노나라 임금께서 이르셔서 저 반수에서 술을 마신다.'라고 했으니, 이것은 물을 좋아하는 것을 이른 것이다.[9)]

위의 논의를 요약하면 결국 물이 가지고 있는 德, 곧 水德을 인간의 행동에 비유하여 설명하고 있다. 즉, 물의 五德을 설명하는 가운데, 물이 흐르되 빈틈없음<智>과, 아래로 흘러 자신을 낮춤<禮>과, 골짜기를 의심 없이 흐르는 것<勇>과, 自淨능력이 있어 天命을 아는 자<知命>와 같고, 먼 길을 흘러도 훼손되지 않는 것이 德이 있는 자<有德者>와 같다는 것이다. 고대 국가에서 王은 곧 有德者여야 한다는 것은 왕의 자격에 관한 제일 조건이었다. 이 같은 비유는 물의 속성을 면밀히 관찰하여 얻은 결론이며, 이 같은 수덕을 인간의 이상적인 모습으로 규정하면서 형성된 관념이다.

산천에 대한 외경심에서 비롯한 산천제사는 근본에 보답하고 처음으로 되돌아간다는 '報本反始'의 원리에 따라 다음과 같이 거행해 왔던 것이다.『禮記』月令篇에 보면 물의 근원에 제사를 지내는 이유가 설명되어 있다.

> 유사에게 명하여 백성들을 위해서 산천의 모든 근원에 빌어 제사를 지내게 하며, 주재하는 신에게 큰 기우제를 지내되, 이런 성대한 음악을 사용하는 것이다.

---

9) 韓嬰,『韓詩外傳』卷3, "問者曰 夫智者何以樂於水也 曰 夫水者 緣理而行 不遺小間 似有智者 動而之下 似有禮者 蹈深不疑 似有勇者 障防而淸 似知命者 歷險致遠 卒成不毁 似有德者 天地以成 群物以生 國家以寧 萬事以平 品物以正 此智者所以樂於水也 詩曰 思樂泮水 薄采其茆 魯侯戾止 在泮飮酒 樂水之謂也."

<산은 물의 근원이 되니, 장차 비를 빌고자 한 까닭에 먼저 그 본원되는 곳에 제사를 지내는 것이다. 삼왕이 물에 제사를 지낼 적에 반드시 육지의 강에 먼저하고 바다를 나중에 하였으니, 이는 근본을 중히 여김을 보인 것이다. 우라는 것은 그 소리를 탄식스럽게 내서 비를 구하는 제사를 지내는 것이니, 주례에 여무가 무릇 나라의 큰 화재시에 곡소리를 노래처럼 불러서 비를 청한다고 한 것은 또한 그 뜻이다. 제라는 것은 하늘을 주재하는 신이고, 음악을 성대하게 한다는 것은 즉, 도와 비 이하 19개의 악기를 함께 연주하는 것이다.>[10]

제사하되, 그 근원되는 곳과 강, 그리고 바다의 순서로 하는 것은 그 근본을 밝히는 의미가 있기 때문이다. 제사의 근본정신이 '報本反始'라는 것은 이런 점에서 중요한 의미가 있다. 험한 산과 강, 그리고 바다의 요처에 그곳을 지키는 山神이나 海神이 주재하고 있다는 의식은 고대인들에게는 자연스런 외경심의 발로였다고 본다. 자연의 위대한 힘을 경험하고 이에 대한 두려움이 엄습할 때 인간은 스스로의 한계를 돌아보는 절박한 상황을 맞이한다. 그러나 그 궁극적인 목적은 신의 가호를 빌어 무사귀환을 하거나 목숨을 부지하는 것이다.

김광순은 『삼국유사』 수로부인조의 순정공이 강릉태수로 부임하는 도중에 벌인 '晝饍'과 관련하여 그 주변이 바다를 끼고 있고, 石嶂이 천 길이나 높게 둘러싸인 神聖한 장소임을 들어 다음과 같이 언급했는데, 이는 祭祀와 관련하여 시사하는 바가 크다.

당시의 민속으로 보아 이러한 곳에서 그들 일행의 前途에 無事安逸을

10) 『禮記』 卷六 月令篇, "命有司 爲民 祈祀山川百源 大雩帝 用盛樂." <山者 水之源 將欲禱雨 故 先祭其本源 三王祭川 先河後海 示重本也 雩者 吁嗟其聲 以求雨之祭 周禮 女巫凡邦之大災 歌哭而請亦其義也 帝者 天之主宰 盛樂 卽鞀鞞以下十九物 並奏之也>

祈願하는 儀式이 있었을 것이다. 좀더 구체적으로 말하면 한 구역을 지날 때마다 그 지방 혹은 동리의 守護神에게 그들 일행의 安寧을 기원하는 의식이 있었을 것으로 類推된다. 이러한 의식의 결과가 반드시 無事太平을 가져온 것만은 아니었지만(수로부인조 후반부: 필자주), 당시인들은 불행한 결과가 닥치면 精誠이 부족한 탓으로 看做, 더욱 더 열성을 다해 祝禱했던 것이다. 그리고 明山大川을 지날 때는 前路의 안전을 위해서 거리에서 혹은 그 지역의 수호신을 모신 곳에서 간단한 제의가 있었던 것이다.[11)]

위의 기록은 고대인들의 의식세계의 일단을 보여주는 것으로, 그들이 움직일 때마다, 주요하고 신성한 장소에서 어떠한 마음가짐으로 임했는가를 확인시켜 주고 있다. 특히, 먼 길을 떠나는 사람에게 해당 지역의 守護神에게 前途의 無事安寧을 비는 간단한 의식이 있었음은 쉽게 수긍할 수 있는 행위이다. 이 같은 의식은 관리가 왕명에 따라 부임한다는 신성한 사명감과 함께 백성들을 다스리기에 앞서 不淨을 막고 天地神明에게 복을 비는 목민관의 기본 자세이기도 한 것이다.

3.꽃과 海龍의 意味

1) 꽃의 意味

꽃은 그 자체가 아름답기 때문에 美의 상징이다. 동시에 꽃은

11) 金光淳, 「獻花歌 說話에 關한 一考察」, 『韓國詩歌硏究』(白江徐首生博士還甲紀念論叢), 형설출판사, 1981, pp.18-19.

신에게 바쳐지는 예물의 의미를 지니고 있다. 佛家에서 부처님에게 공양하는 중요한 예물이 '香·燈·花·茶·飮食'[12]이라는 것은 우리가 익히 아는 바이다. 또한 꽃은 미의 상징이라는 점에서 흔히 여성에 비유되기도 한다. 심리학적으로는 최후의 목표, 즉 성취하려는 목표물의 상징이기도 하다. 예창해는 꽃 그 자체는 '사모하는 것, 소망하는 것, 초월적인 것의 상징' 이라고 본 바 있는데, 이는 매개물로 본 것이 아니라 독자적인 상징으로 본 것이다.[13] 한편, 김문태는 최진원의 소론에 힘입어 철쭉꽃은 '陽의 精靈'으로서 陰인 水路夫人의 가슴에 꽂혀짐으로 해서 陰과 陽의 교섭이 이루어진 것으로 보고, 이러한 음양의 조화에 의하여 祈雨祭는 완성되었다고 본 바 있다.[14] 즉, 양의 정령이며 가뭄의 극성을 상징하는 것으로 본 것이다.

작품을 분석하기에 앞서 <헌화가>의 배경설화를 살피기로 한다. 문맥상 배경설화를 두 부분으로 나누어 인용한다.

A) 성덕왕대에 순정공이 강릉(지금의 명주)태수로 부임해 가는 도중에 바닷가에 머물며 점심을 먹었다. 곁에는 돌로 된 산이 병풍처럼 바다를 둘렀는데, 높이가 천 길이나 되었다. 그 꼭대기에는 철쭉꽃이 만발해 있었다. 공의 부인인 수로가 이것을 보고 좌우에게 말하기를, "꽃을 꺾어다가 바칠 사람이 누구인가?"라고 하였다. 종자들이 말하기를, "사람의 발자취가 이를 수 있는 곳이 못됩니다."라고 하면서 모두 못하겠다고 사양했다. 곁에 암소를 끌고 가던 노인이 있었는데,

---

12) 『三國遺事』 卷5 感通 第七 月明師兜率歌條의 散花功德이나, 卷二 紀異 第二 경덕왕 충담사 표훈대덕조의 남산삼화령 미륵세존에게 바친 차공양 등은 이를 잘 보여주는 설화이다.

13) 芮昌海, 「獻花歌에 대한 한 試論」, 『한국시가문학연구』(백영정병욱선생환갑기념논총2), 신구문화사, 1983, p.55.

14) 金文泰, 『三國遺事의 詩歌와 敍事文脈 硏究』, 태학사, 1995, p.82.

부인의 말을 듣고는 그 꽃을 꺾고, 또 노래까지 지어 바쳤는데, 그 노인은 어떤 사람인지 알 수 없다.

B) 다시 이틀 길을 갔는데, 또 바닷가에 임한 정자가 있어서, 점심을 먹던 차에 바다 용이 갑자기 부인을 납치해 바다 속으로 들어갔다. 순정공은 땅에 엎어지고 자빠졌으나 뾰족한 수가 없었다. 또 한 노인이 나타나 고하기를, "옛 사람의 말에 '뭇사람의 말은 쇠도 녹인다'고 했는데, 지금 그까짓 바다 속에 있는 미물이 어찌 여러 사람의 입을 두려워하지 않겠습니까? 마땅히 경내의 백성들에게 나아가 노래를 지어 부르고 막대기로 언덕을 두드리면 부인을 볼 수 있을 것입니다."라고 하였다. 순정공이 그 말대로 하였더니, 용이 부인을 받들고 바다로부터 나와 바쳤다. 순정공이 부인더러 바다 속 일을 물었더니, 그녀는 말하기를, "칠보로 꾸민 궁전에 먹는 음식들이 달고도 연하고 향기롭고 또 깨끗하여 인간세상의 음식이 아니더이다."라고 하였다. 부인이 입은 옷에는 이상한 향기가 풍기는데, 이 세상에서는 맡아보지 못한 향내였다. 수로는 자색이 절세의 미인이었으므로 깊은 산이나 큰 물을 지날 적마다 여러 번 귀신이나 신물들에게 붙잡혀 갔다.[15)]

A)의 기록에 나타난 중요한 화소는 철쭉꽃, 암소, 향이다. 그런데, 공교롭게도 이 세 가지는 제사와 긴밀한 관련이 있는 것들이

---

15) 『三國遺事』 卷2, 紀異第二 水路夫人條, "聖德王代 純貞公赴江陵太守 <今溟州> 行次海汀晝饍 傍有石嶂 如屛臨海 高千丈 上有躑躅花盛開 公之夫人水路見之 謂左右曰 折花獻者其誰 從者曰 非人跡所到 皆辭不能 傍有老翁牽牸牛而過者 聞夫人言 折其花 亦作歌詞獻之 其翁不知何許人也 便行二日程 又有臨海亭 晝饍次 海龍忽攬夫人入海 公顚倒躄地 計無所出 又有一老人告曰 故人有言 衆口鑠金 今海中傍生 何不畏衆口乎 宜進界內民 作歌唱之 以杖打岸 則可見夫人矣 公從之 龍奉夫人出海獻之 公問夫人海中事 曰 七寶宮殿 所饍甘滑香潔 非人間煙火 且夫人衣襲異香 非世所聞 水路姿容絶代 每經過深山大澤 屢被神物掠攬."

다. 꽃과 향은 신에게 바치는 물건이요, 암소는 犧牲인 것이다. 결국 수로부인은 남편과 함께 강릉태수로 부임해 가는 도중에 무사히 목적지까지 도달하기 위하여 여정의 무사귀환을 비는 산천제사를 지냈던 것이다. 이 설화에서 순정공은 남편으로서 별 능력이 없는 평범한 존재에 불과했다. 기이편의 성격이라든가, 수로부인조로 명명된 것을 감안한다면 순정공의 역할은 그저 엎어지고 자빠지면서 어쩔 줄 몰라 하는 평범한 위인에 불과한 것이다. 절세미인을 아내로 둔 남편치고는 매우 초라하게 그려져 있는 셈이다.

李齊賢의 <박연폭포> 시에 보면 꽃을 꺾어 술잔을 드리면서 기우제를 지내는 모습을 읊은 아래의 시가 있다.

봄이 오니 산 경치 아름답기도 한데,
골짜기의 새들은 사람을 부르는 듯.
그윽한 곳 찾으니 옛 상상과 맞는데,
좋은 경치 구경하니 새로운 소득이라오.
깊고 깊은 두 줄기 연못,
다가서니 심신이 송연해지네.
용은 깊은 못에 살고 있고,
나르는 물줄기 천 길이나 내려오네.
깊고 맑음은 하늘에서 구름이 쏟아지는 듯,
출렁임은 숲과 돌이 움직이는 듯.
의로운 꾸짖음은 채찍을 달게 받겠고,
깊은 우정은 피리소리 듣는 것 같네.
이 우정 진정에서 나왔으니,
어찌 유명이 다르다 하리.
바위 사이에 핀 꽃 꺾고 꺾어,
이것으로 술잔을 권하노라.

아름다운 혜택 아끼지 말아주오,
우리 백성들 보리농사 짓고 있으니.[16]

위의 시에 보면, 꽃을 꺾어 祈雨祭를 지내던 습속을 볼 수 있다. 보리농사를 짓는 입장에서 물은 농사에 절대적인 존재이고, 비를 오게 하는 것은 용의 역할이다. 그러니 용더러 혜택을 아끼지 말아 달라고 부탁하는 것이다. 위의 시는 다음과 같은 기우제의 영험에 얽힌 이야기를 배경으로 하고 있는데, 神物(龍)을 꾸짖어 비를 오게 한 습속이 자세하게 기록되어 있다.

<박연> … 못 위에 신사가 있는데, 가물 때 비를 빌면 매양 영험이 있다. 고려조의 文宗이 일찍이 이곳에 와서 놀다가 도암 위에 올라갔는데, 문득 풍우가 갑자기 일어나고 돌이 흔들리니, 문종이 놀라고 두려워하였다. 이때 이영간이 호종하였다가 글을 지어 용의 죄목을 들어 책망하며 못에 던지니, 용이 곧 그 등을 드러내므로 매를 때리니, 못물이 다 붉어졌다 한다. 못 위 양쪽 언덕에 석불이 있는데, 동쪽의 것은 달달박박이라 하고, 서쪽의 것은 노힐부득이라 한다.[17]

고려시대 문종의 행차에 풍우의 조화를 일으킨 용의 경망한 행동을 글로 지어 꾸짖었더니, 용이 등을 드러내어 매를 때렸다는 고사인데 이는 아마도 왕의 행차라는 점과 함께 임금의 권위

---

16) 『新增東國輿地勝覽』 卷42, 牛峯縣 朴淵, 李齊賢詩, "時春山氣佳 谷鳥如喚客 幽尋愜宿想 勝賞欣新獲 沈沈古雙湫 欲近悚心魄 神物襲重泉 飛湍下千尺 泓澄瀉雲天 蕩漾動林石 義責甘施鞭 冥期契聞笛 交感由情衷 奚云幽明隔 采采巖中花 持以侑洞酌 嘉澤戒屯膏 吾民藝麰麥."

17) 上揭書, 牛峯縣 朴淵, "淵上有神祠 遇旱禱雨輒應 高麗文宗 嘗遊此 登島巖上 忽風雨暴作石震動 文宗驚怖 時李靈幹扈從 作書數龍之罪 投于淵 龍卽出其脊 乃杖之 淵水爲之盡赤 淵上兩崖有石佛 東曰坦坦朴朴 西曰努肹夫得."

를 드러내기 위한 방편에서 설화화된 것으로 보인다. 또한 위의 기록은 두 용(임금과 못의 용)에 대하여 그 차별성을 부각하고 있어 이채롭다. 임금도 용으로 상징되는 인간신의 존재이지만, 풍운조화를 부리는 용 또한 신격으로 평소에 신앙하는 것은 당연한 이치이다. 그런데, 위의 문맥에서는 문종을 놀라게 한 용의 무엄한 행위를 나무라고 있는 것이다. 그것도 글을 지어 꾸짖고 있다. 이는 못의 용이 본래의 神格에서 점차 변하여 임금용에 대한 신하로서의 의미로 변화하고 있는 것을 반영하는 것이다. 또한 이 이야기 속에는 『삼국유사』에 전하는 남백월의 二聖인 노힐부득과 달달박박의 成道談이 배경이 되고 있어 이채롭다.[18)]

2) 海龍의 意味

海龍은 무엇을 의미하는가? 해룡은 글자 그대로 일차적으로는 바다의 용인 것이다. 그러나 용은 상상의 동물일 뿐 존재하지는 않는다. 이차적으로는 관념화된 나머지 비바람을 몰고 오고 풍운조화를 일으키는 동물로 변화했고, 종내는 비와 구름을 관장하는 신으로 관념하게 된 상상의 동물이다. 따라서 용이란 말 속에는 상상의 동물이라는 의미와 함께 또한 비바람을 관장하는 신격의 의미가 포함되어 있으며, 佛法을 지키는 수호신의 역할도 수행하고 있다. 이는 농본국가나 불교국가, 또는 자연에 순응하며 사는 인간에게 있어서는 절대화된 신격의 의미로 굳어진 신앙대상이었다.

위 설화에서의 神物은 물론 용이었다. 이 용을 가리켜 神物로

18) 『三國遺事』 卷三 塔像 第四 南白月二聖 努肹夫得 怛怛朴朴條.

표기한 것은 이미 용이 상상의 동물이 아니라, 비구름을 몰고 오는 神格으로 인식했음을 보여주는 것이다. 백문보의 시에 나타난 神物 역시 용을 가리킨 것이었는데, 그 내용은 아래와 같다.

위태롭고 높도다,
인달암 물이 북쪽으로 흐르는데,
나는 근원을 찾아 바위 위에 오르려네.
바위 틈 샘물을 마시니 샘물은 급한 여울되었고,
여울물 구렁으로 부어 구름 사이에 떨어지네.
고여서 돌추가 되니 발우 밑이 없는 듯,
발우 가운데 반석이 뿌리가 박혔네.
사람들이 말하기를 신물이 의탁한 곳이라는데,
많이 고여 맑고 깊어 석벽으로 내리 쏟네.
깍아지른 절벽 천 길에 나는 폭포 달렸으니,
은하수가 푸른 하늘에서 오는 것 같구나.
공중에 울려 용의 소리 읊조림 같은데,
구슬을 방아 찧고 옥이 만 길이나 떨어지네.
용이 응당 여의주 안고 그 속에 잠겼으리,
음침한 구렁엔 대낮에도 항상 구름과 연기로세.
일찍이 임금 행차 이곳 지났단 말 들었으며,
박진사 그 사람 숨어살던 곳이라네.
지금 그 이름은 기록에 전하지 않지만,
두 어진 이의 당한 일 신이한 전설이네. … 19)

19) 白文寶, <朴淵瀑布行>, 「淡庵逸集」 卷一, 『韓國文集叢刊』 3冊, p.307, “危乎高哉 因達之巖水北流 窮源我欲登岩頭 罅吸泉泉激湍 湍流湊壑落雲間 匯爲石湫鉢無底 鉢中盤石作根柢 人言神物之所托 宏蓄淸深瀉石壁 壁立斷崖千仞飛流懸 有如銀漢來靑天 隱空似聽水龍吟 珠舂玉碎颼飀兮萬尋 龍應抱寶潛其淵 陰壑白日常雲煙 嘗聞玉輦此經過 朴人定是考槃阿 至今名字傳不記 二賢緩急說神異….”

위의 기록에서도 확인할 수 있듯이 용은 항상 폭포와 같은 큰 연못에 거주하면서 "용이 응당 여의주 안고 그 속에 잠겼으리, 음침한 구렁엔 대낮에도 항상 구름과 연기로세."와 같이 신비롭게 존재하는 것이다. 한편 아래의 權近의 시에도 박연폭포를 읊은 시에 神物을 역시 용으로 표현하고 있음을 알 수 있다.

산은 높고 언덕 골짜기 험한데,
아래 위에 신령스런 못이 깊구나.
나는 눈이 두 사이에 뿌리니,
서늘한 기운이 옷깃을 침노하네.
흐르는 물에 임해 앉아서 휘파람 부니,
이 내 몸 늘 육침한 것 부끄럽네.
번개 땅 속 지맥을 울리는데,
신물은 못 안에 숨어 있다네.… [20]

이혜화는 위의 기록에 보이는 신물을 용이라고 말하면서, 동시에 龍과 龜를 동일물의 이칭으로 보는 것이 순리라고 말한 바 있다.[21] 필자는 수로부인조의 해룡을 佛法의 수호신으로 보며, 피랍상황은 무속과 불교의례가 습합되는 현상을 의미하는 것으로 본다. 이는 곧 무속과 불교가 습합 내지 공존하는 양상을 보여주는 것이다.

---

20) 『新增東國輿地勝覽』 卷42, 牛峯縣 朴淵, "權近詩 山峻崖谷險 上下靈湫深 飛雪瀉兩間 爽氣侵衣襟 臨流坐舒嘯 愧我常陸沈 奔電隱地脉 神物藏潭心 …."
21) 李惠和, 「龍사상의 한국문학적 수용 양상」, 고려대박사논문, 1988, p.89.

4. 作品 分析

1) 獻花歌 解釋

<헌화가>는 <해가>와 성격이 다르다. 필자는 <헌화가>의 명칭을 <노인헌화가>라고 해야 옳다고 생각한다. 그 이유는 이 헌화 행위, 즉 꽃을 꺾어다 바치는 주체가 중요하기 때문이다. 일차적으로는 수로부인의 요청으로 이루어진 것이지만, 노래에 나타난 바와 같이 꽃을 바치는 주체는 노인이기 때문이다. 필자는 노인을 神官으로 보고자 한다. 즉, 그 지역의 제사를 주관하는 인물로 보고자 하는 것이다. 다시 말해, 노인이 꽃을 꺾어다 수로에게 개인적인 용도(환심이나 애정 표현 등)로 바치는 것이 아니라, 산제사를 지내기 위한 제물로서 수로부인의 요청에 의해 이루어진 것이기 때문이다. 여기서 수로부인은 다만 주변의 꽃보다는 산 절벽 정상에 만개한 철쭉꽃을 요구했던 것이다. 이는 곧 신에게 바쳐질 제물의 신성함과 지극한 정성을 의미하는 것이다.

이 철쭉꽃은 또한 수로 자신의 이미지와 동일시된 것으로 '姿容絶代'의 의미를 동시에 함축하고 있는 꽃이며, 동시에 그녀 자신이 산제사의 희생이 되는 것처럼 제사에 바쳐지는 '聖花'의 의미를 지니는 것이다. 필자는 <헌화가>의 내용을 중심으로 몇 가지 의문을 확인하고자 한다. 먼저, 양주동의 해독을 중심으로 살피고자 한다.

딛배 바회 ᄀᆞᆺ희

자ᄇᆞ온손 암쇼 노히시고
나ᄒᆞᆯ 안디 븟ᄒᆞ리샤ᄃᆞᆫ
곶ᄒᆞᆯ 것가 받ᄌᆞᄫᆞ리이다 [22]

위의 <헌화가>에서 쟁점이 될 수 있는 부분은 1-3구이다. 1구인 '딛배 바회 ᄀᆞᆺ히'(자줏빛 바위 끝에)는 이혜화의 지적처럼 祭壇을 의미한다.[23] 자줏빛 자체가 神聖한 色(영웅이나 임금의 탄생을 묘사할 때 흔히 보이는 용어로서, 紫纓<김수로왕>, 紫卵<혁거세왕>, 紫雲<김알지>, 甄萱<紫衣男>)일 뿐만 아니라, 주변의 상황 또한 제사를 주관하는 사당이 있음직한 곳이기도 하다.

제 2구인 '자ᄇᆞ온손 암쇼 노히시고'(잡으온 암소 놓게 하시고)는 희생에 사용될 암소를 제단에 바친다는 의미로 보고자 한다. 이혜화는 노인의 정체를 國巫級인 수로를 돕는 당해 지방의 補助巫로 본 바 있다. 수로에 비해서는 보조무의 입장이지만 그 지방에서는 꽤 유명한 무당(실재 인물인 '龍鳴獄居士'로 비정한 바 있음)으로 본 것이다. 필자는 아래와 같은 기록을 보면서 山祠에서 제사를 거행하던 관습에 대하여 흥미롭게 생각한 적이 있는데, <헌화가>에 등장하는 암소 역시 이 같은 관점에서 제단에 바쳐진 희생으로 보는 것이 온당하다고 본다.

太白山祠 : 산꼭대기에 있는데, 세간에서 천왕당이라 한다. 본도 및 경상도에 이 산 곁 고을 사람이 봄 가을에 제사하는데, 신좌 앞에 소를 매어 두고는 갑자기 뒤도 돌아보지 않고 달아난다. 만약에 돌아볼 것 같으면 불공한 것을 신이 알고 죄준다 한다. 사흘이 지난 다음 부에서 그 소를 거두어 이용하는데, 퇴우라 한다.[24]

---

22) 梁柱東, 『增訂 古歌硏究』, 일조각, 1965, p.195.
23) 李惠和, 「龍사상의 한국문학적 수용 양상」, 고려대박사논문, 1988, p.92.

소를 신좌 앞에 매어두고 뒤도 돌아보지 않고 달아나는 것은 신에게 불공한 죄를 짓지 않기 위함이며, 사흘 후에 부에서 거두어 사용한다는 의미로 보아 신이 다시 인간의 정성에 대하여 베푸는 의미가 있는 것으로 보인다.

제3구의 '나홀 안디 븟ᄒᆞ리샤든'(나를 아니 부끄려하시면)은 노인이 수로부인에게 하는 말이 아니라, 노인(신관)이 신에게 바치는 祝文의 일부로 보아야 한다고 생각한다. 인간이 신에게 바치는 제물에 못지않게 중요시한 것은 정성이었다. 정성스레 준비한 제수에 대하여 신이 흠향할 수 있도록 간절한 축원을 올리는 것은 제문의 보편적인 양식이다.

나이 많은 신관이 자신을 포함하여 바치는 제수에 대하여 신이 미흡하게 생각할까 보아 겸사로서 표현한 것이다. 여기서 부끄러워한다는 표현은 인간의 입장에서 한 말이고, 이는 곧 정성스런 제수를 신이 거절하지 말라는 의미인 것이다. 즉, '나를 부끄럽지 않게 하신다면'이라는 의미로 새겨야 한다는 말이다. 홍재휴도 이 부분에 대한 해석에서 "우리에게 아니 부끄럼 주신다면"이라고 하여, 부끄러움을 받는 이는 從者이고, 부끄러움을 내리는 이가 수로부인이라는 점을 강조한 바 있는데,[25] 필자는 이 같은 상황을 감안하여 부끄러움을 주는 주체를 神格으로 본 것이다.

<헌화가> 연구는 바로 이 3구의 해석에서 거의 대부분 노인이 수로부인에게 구애를 하는 것으로 해석하고 있다. 이를 좀더 확대 해석하여 '신화적 인물이 인간(여성)에게 바치는 구애의 노

---

24)『新增東國輿地勝覽』卷44, 三陟都護府 太白山祠, "… 在山頂 俗稱天王堂 本道及慶尙道傍邑人 春秋祀之 繫牛於神座前 狼狽不顧而走 曰如顧之 神知不恭而罪之 過三日 府收其牛而用之 名之曰退牛."

25) 洪在烋,「獻花歌 新釋」,『韓國詩歌硏究』(白江徐首生博士還甲紀念論叢), 형설출판사, 1981, pp.82-84.

래'[26]라고 보는 것은 당대의 상황을 요즘과 같은 시대로 간과한 결과라고 본다. 고대인들의 기록의식은 평범한 일상의 일은 기록하지 않았고, 윤리에 벗어나는 일의 경우는 교훈적으로 취급했던 것인데, <헌화가>의 경우는 고대국가의 二大 중대사의 하나인 제사 가운데 산천제사에 얽힌 이야기를 기술한 것이다.

2) 海歌와 龜卜歌의 傳承樣相

趙潤濟는 <귀복가>와 <해가>의 내용을 비교하면서 흥미로운 견해를 제시한 적이 있다. 즉, 내용상 <귀복가>의 제1-제2구(龜何龜何 首其現也)는 <해가>의 제1구(龜乎龜乎出水路)에 포함되고, <귀복가>의 제3구(若不現也)는 <해가>의 제3구(汝若悖逆不出獻)에, <귀복가>의 제4구(燔灼而喫也)는 <해가>의 제4구(入網捕掠燔之喫)에 포함된다고 했다. 따라서 '<귀복가>의 1구를 <해가>에서 길게 연장한 셈이 되니, <駕洛國歌>(<龜卜歌>)를 4구로 인증한다면 <해가사>는 당연히 그 배수인 8구라야만 될 것이다'라고 했다. 그 이유로 조선 시가가 가지고 있는 半折性이 4구체가로서는 점점 복잡해 가는 감정을 다 표현하지 못하기 때문에 자연히 그 배수로 변해간 것이라고 한 것이다.[27] 다시 말해 그 핵심내용은 그대로인 채 세월이 흐른 만큼 인간의 감정이 복잡해짐에 따라 표현이 다소 길어졌다고 본 것이다.

<해가>의 경우는 <龜卜歌>(<龜旨歌>)와 유사하나, 그 배경과 원상회복을 이루는 방식에 차이가 있다. 우선 <해가>는 외형적으로는 <귀복가>의 구조를 거의 그대로 답습하여 사용하고 있

---

26) 成基玉, 「헌화가와 신라인의 미의식」, 『한국고전시가작품론1』, 집문당, 1992, p.69.

27) 趙潤濟, 『한국시가의 연구』, 을유문화사, 1984(중판), p.40.

다. 그런데 문제는 제2구에 있다. 전도된 상황에서 원상회복을 바라는 사람들이 취한 방법은 윤리도덕을 앞세운 여론 형성에 있었다. 더군다나, 배경설화에 보면 수로를 납치한 용의 존재를 미물이라 격하하고, 막대기로 언덕을 두드려서 용의 행위를 꾸짖는 형상을 드러내고 있다. 그런데, 용이 수로를 납치한 이유가 그녀의 姿容絶代한 외모에 있었던 것으로 기사자는 돌리고 있다. 이는 분명 A)부분의 신성한 분위기와는 달리, 세속적인 냄새를 물씬 풍기고 있다. 아래에 <해가>를 인용하고, 그 의미를 살피고자 한다.

龜乎龜乎出水路　거북아 거북아 수로를 내 놓아라
掠人婦女罪何極　남의 부인 뺏어간 죄 얼마나 큰가
汝若悖逆不出獻　네가 만약 거역하여 내놓지 않는다면
入網捕掠燔之喫　그물로 잡아 구어 먹으리라

위 <해가>의 가장 큰 특징은 龍과 龜가 뒤바뀐 점에 있다. 기존의 연구에서는 이 현상을 동일물의 이칭으로 보았다. 둘 다 神格으로 본 것이다. 그러나 필자는 견해를 달리한다. 龍이 되어야 하는데 龜로 표현된 것은 이 어려움을 해결하는 방식은 민중들의 기억 속에 영험을 지닌 <귀복가>의 주술에 의지하는 것이었다. 물론 여기서 용은 佛法의 수호신적인 존재를 의미한다. 수로부인을 납치한 장본인이 바로 용이었기 때문에 그 용을 물리치기 위해 신격의 원조인 <귀복가>의 거북을 호칭했던 것이다.

이러한 어려움 속에서 그들(당시인, 혹은 기사자)은 '故人有言衆口鑠金'의 지혜를 가지고 <귀복가>의 원형을 끄집어냈던 것이다. 여기서의 용은 무속을 신봉하던 토착민들에게는 惡龍으로, 불교를 숭상하는 신도들에게는 불교의 護法龍으로 인식된 존재였던 것이다.

<해가>가 <귀복가>와 다른 점은 <귀복가>가 迎神君을 위해 기존에 있어 왔던 행위를 재현하는 것이라면 <해가>는 겉으로는 거북을 호칭하고 있지만, 그 신격에 대한 외경심이나 祈願하는 방식이 절대적으로 의지하지 않고 대등한 입장에서 꾸짖거나 오히려 手下에 두고 있다는 점이 다르다. 따라서 <해가>에 나타난 수로부인의 돌발적인 피랍사건은 용으로 상징되는 집단, 즉, 불교 신도들에게 있어서 용은 수호신으로 기능하지만, 무속을 숭상하는 일반 민중들에게 있어서는 비를 가져다주는 존재에 불과하기 때문에 여론의 힘에 의지해 원상회복을 할 수 있는 대상으로 인식되었던 것이다. 즉, 민중들의 念力에 의해서 정성과 힘을 합치면 소원이 이루어질 수 있다고 관념했던 것이다.

그런데 이 같은 돌발 상황을 타개하는 방식이 흥미롭다. 수로부인의 정체가 무당이고, 평소 신을 자주 접하는 인물인데도, 그녀가 다시 돌아와 진술하는 광경은 전혀 별세계를 경험한 듯이 이야기하고 있는 것에 주목할 필요가 있다. 여기서, 그녀의 진술과 변화된 모습을 다시 한 번 살피고자 한다.

> 공이 부인에게 해중에서 있었던 일을 묻자, 답하기를, "칠보로 꾸민 궁전에 먹는 음식들이 달고도 연하고 향기롭고 또 깨끗하여 인간 세상의 음식이 아니더이다." 하였다. 부인이 입은 옷에는 이상한 향기가 풍기는데, 이 세상에서는 맡아보지 못한 향내였다.[28)]

위의 언급에서 주목되는 것은 칠보궁전과, 음식의 형태와 이상한 향기를 들 수 있다. '칠보궁전'의 경우는 불교용어이다. 경전에

28)『三國遺事』卷2, 紀異第二 水路夫人條, "公問夫人海中事 曰 七寶宮殿所饍甘滑香潔 非人間煙火 且夫人衣襲異香 非世所聞."

따라 그 종류가 다소 차이가 있지만[29] 대체로 인도 지방에서 많이 나는 보석들로 이루어진 것이다. 따라서 칠보궁전의 의미는 불교 사찰이나 법회장소를 의미한다고 본다. 두 번째, 음식에 대하여 언급한 부분은 僧俗의 차이를 지적한 용어라고 본다. “달고, 연하고, 향기롭고, 또 깨끗하다.”는 말은 ‘끓이고, 지지고, 볶는’ 속세 음식의 형태가 아니라, 사찰의 정갈한 山菜중심의 음식을 의미하는 것이거나, 또는 불교사찰의 경건한 예불의 분위기를 묘사한 것으로 보인다. 세 번째, 수로의 옷에서 나는 이상한 향기는 齋를 올릴 때 켜는 향을 의미한다고 본다. 동남아시아, 특히 인도와 같은 곳의 향은 그 냄새가 매우 강하여 옷에 스며드는 냄새가 강렬한 느낌을 준다.

따라서 필자는 수로가 신물(龍)에 의해 납치되어 주변의 불교 법회에 참여한 경험을 주변사람들에게 이야기하는 것으로 보고자 한다. 불교가 이 땅에 들어와 포교를 하는 과정에서 새롭고도 기이한 집단으로 인식되면서 巫佛襲合의 형태를 보여주는 것이 이 배경설화가 아닌가 한다. 특히 결말 부분에서 수로를 내어 놓는 장면은 원상회복을 가져 오면서 巫佛이 공존하는 양상을 보여주고 있다는 점에서 더욱 그러한 추측을 가능케 하는 것이다. 이 경우 神物이 수로를 납치하는 행위는 결국 토속적인 무속신앙과 외래종교(불교)간의 교섭을 상징한 것으로 보는 것이다.

한편, 유종국은 <해가> 를 <귀복가>의 변이형태로 보고, 민요인 <풍뎅이요>·<달팽이요>·<거북놀이>·<까치요> 등의 전승과 관련하여 이들을 ‘구지가 양식’ 으로 규정하고, <해가> 가

29)『中文大辭典』1冊, 七寶:… ①法華經以金銀瑠璃硨磲碼碯眞珠玫瑰爲七寶, ②無量壽經以金銀瑠璃玻璨珊瑚碼碯硨磲爲七寶, ③阿彌陀經大智度論以金銀瑠璃玻璃硨磲赤珠碼碯爲七寶, ④般若經以金銀瑠璃硨磲碼碯琥珀珊瑚爲七寶, ⑤恒水經以金銀瑠璃眞珠硨磲明月珠摩尼珠爲七寶.

<구지가>의 패로디가 아니라 <구지가> 유형 노래의 전승과정에서 생겨난 변이형으로 본 견해도 있다.[30] 유형으로 묶을 수는 있으나, <귀복가>의 생성배경이 세속화과정을 거친 것으로 보는 것이 무리가 없다고 본다.

5. 人物의 性格

1) 純貞公

순정공의 정체에 대하여 일찍이 이혜화는 그의 논문에서 『삼국사기』의 경덕왕조에 나오는 기사인 "景德王立妃伊湌順貞之女也"라는 문구를 인용한 후, 純貞과 順貞이 동일 인물일지도 모르겠다고 추정한 바 있다.[31] 고대 기록에서 인물에 대한 표기가 동음이어인 경우는 흔하게 볼 수 있는 것인데, 만일 이 같은 추론이 신빙성이 있다면 순정공의 위치는 단순한 강릉태수 이상의 의미를 지니는 것이다. 실제 33대 성덕왕(702-737)과 35대 경덕왕(742-765)과의 관계(부자지간)나 시기로 볼 때 그럴 개연성은 충분히 있어 보인다. 더구나 純貞公이라는 명칭에서 보듯 '公'이라는 명칭은 왕족 내지 귀족이었을 가능성을 내포하고 있기 때문이다. 따라서 성덕왕과 순정공은 사돈지간이 되는 셈인데, 그의 위치가 만만치 않음을 알 수 있고, 또한 수로부인의 미모로 보아

---

30) 유종국, 「龜旨歌 類型의 전승에 대한 재론」,『松南李炳基博士停年退任紀念論叢』, 보고사, 1999, pp,219-232.

31) 李惠和, 「龍思想의 한국문학적 수용 양상」, 고려대박사논문, 1988, p.89.

도 그녀의 딸이 경덕왕비가 된 것도 우연한 일은 아닌 듯하다. 결론적으로 이혜화는 그가 단순히 강릉태수로 부임하는 것이 아니라, 부임길에 巡撫책임도 맡아 동해안을 끼고 북상하면서 곳곳에서 祈豊·禱雨의 의식을 행한 것으로 보았다.

필자는 순정공의 위치가 범상치 않다고 보면서도 정작 그 인물됨은 범인에 불과한 것으로 보고자 한다. 특히 부인에게 비쳐진 그는 노인과 노옹에게 선수를 빼앗기고, 위엄마저 상실한 인물로 그려지고 있다는 점이 특이하다.

더군다나 기사자의 '수로는 자색이 절세의 미인이었으므로 깊은 산이나 큰 물을 지날 적마다 여러 번 귀신이나 신물들에게 붙잡혀 갔다.'는 부언은 순정공이 진정한 의미에서 수로의 남편이 아니라는 점을 반증하는 의미도 된다. 즉, 그녀는 신을 상대하는 무녀로서 기능하고 있다는 증거이며, 그러한 의미에서 평범한 부부는 아니라는 것이다.

더욱이 순정공이 수로가 돌아왔을 때 물은 海中事는 그녀의 신비한 대답과는 달리 아내의 몸에 이상(겁탈)이 없었는가라는 세속적이며 애욕적인 뉘앙스를 짙게 풍기는 질문이다. 이는 앞서의 경우로 미루어도 짐작이 가는 것이고, 아내를 잠시 빼앗긴 남편의 입장에서는 매우 현실적인 질문이라고 본다. 그러나 수로 또한 동문서답으로 일관한 것(새로운 세계의 경험)으로 보아 두 사람의 지향이 다르다는 것을 알 수 있다. 이 같은 순정공과 수로의 관계에 대해 샤먼을 지향하는 수로와 그것을 용납할 수 없는 순정공의 대립과 갈등으로 본 경우도 있다.[32)]

32) 예창해, 「헌화가에 대한 한 시론」, 『한국시가문학연구』(백영정병욱선생환갑기념논총2), 신구문화사, 1983, p.57.

2) 牽牸牛老翁

수로부인의 배경설화에 나타나는 노옹(노인)의 정체에 대해서는 그간 여러 가지 견해가 제기되었다. 禪僧[33]이나, 神仙[34], 農神[35], 山神靈[36], 賢明한 老人(The Wise Old Man)[37], 地方村老·頑惡한 頑夫[38], 평범한 노인[39], 該地方 名巫(실재 인물인 河西州 龍鳴獄居士 理曉)[40] 등으로 노옹의 정체를 파악한 것이다.

필자는 앞에서 언급한 것처럼 노옹을 제사를 주관하는 神官으로 보고자 한다. 특히, 산천제사와 祈雨 등 마을과 국가의 안녕을 주관하며 제사를 지내던 神官(혹은 巫堂)으로 본다. 이 같은 견해는 이미 여러 사람에 의해 제기된 것이나, 필자는 해당 지역의 사당을 관리하고 제사를 주관하는 신관이며 그 지역의 정신적인 지도자라고 본다. 따라서 암소를 끌고 우연히 지나가는 노인이 아니라 그 지역의 안녕과 제사를 관장하는 신관으로서 犧牲을

---

33)金鍾雨,『鄕歌文學硏究』, 이우출판사, 1980, pp.30-31.
金光淳,「헌화가 설화에 관한 일고찰」,『한국시가연구』(백강서수생박사 환갑기념논총), 형설출판사, 1981, p.20.
崔喆,『향가의 문학적 해석』, 연세대출판부, 1990, p.194.
34) 金善琪,「곧 받틴 노래(헌화가)」,『현대문학』153호, 현대문학사, 1967년 9월, p.307.
35) 黃在南,「삼국유사 수로부인조 산문기록의 분석」,『어문학보』4집, 강원대 국어교육과, 1979.
36) 李相寶,『韓國古詩歌의 硏究』, 형설출판사, 1975, p.402.
37) 芮昌海,「獻花歌에 대한 한 試論」,『韓國詩歌文學硏究』(백영정병욱선생환갑기념논총Ⅱ), 신구문화사, 1983, p.54.
38) 尹榮玉,『新羅詩歌의 硏究』, 형설출판사, 1980, p.176.
39) 朴魯埻,『新羅歌謠의 硏究』, 열화당, 1982, p.208.
40) 李惠和,「龍사상의 한국문학적 수용양상」, 고려대박사논문, 1988, p.93.

데리고 가는 것이라고 보는 것이다. 김문태는 노인(노옹)의 정체에 대하여, 一然이 居士라는 용어를 사용하고 있다는 점에서 佛僧 내지 불교와 밀접한 관련이 있는 사람을 지칭하는 것으로 보고, 그 지역의 토박이로서 祈雨祭를 주관하는 司祭일 가능성이 크다고 말한 바 있다.[41]

3) 水路夫人

수로부인의 정체에 대해서는 그간 많은 논의가 있어 왔다. 그 중 대표적인 것이 신라 최고의 절세미인이라는 것과 巫女라는 주장이다. 무녀의 경우는 다시 능력이 뛰어난 都巫의 입장에서부터 간질이 잦은 무녀로 보기까지 한다. 무녀로 보는 견해는 그가 자주 深山大澤을 지날 때마다 피랍되었다는 것과 절세미인이라는 점, 그리고, 용궁에 끌려갔다가 돌아와 술회하는 그녀의 말이 마치 무당이 신들린 상태, 즉 엑스터시라는 측면에서 비롯된 견해이다.

수로부인이 해룡에게 납치되어 바다 속으로 들어갔다는 것은 세속적 인간인 수로부인과 초월적 존재인 해룡과의 交媾(接神)의 계기를 뜻하는 것으로 본 견해가 있다.[42] 즉, 수로의 초월적 세계에의 入社儀式으로 보고, <해가>의 경우 복을 불러오고 질서를 회복하기 위해 행해진 白呪術로 본 것이다. 또한 신물에게 납치된 상황을 가리켜 이혜화는 굿이 절정에 이르렀을 때, 수로가 엑스타시(脫魂)에 들어 의식을 잃은 것으로 보았는데,[43] 이는 신

41) 金文泰, 『三國遺事의 詩歌와 敍事文脈 硏究』, 태학사, 1995, pp.83-84.
42) 芮昌海, 「獻花歌에 대한 한 試論」, 『韓國詩歌文學硏究』(백영정병욱선생환갑기념논총Ⅱ), 신구문화사, 1983, p.51.
43) 李惠和, 「龍사상의 한국문학적 수용양상」, 고려대박사논문, 1988, p.90.

탁이 내리는 공수의 상황으로 본 것이다.

한편, 김문태는 그녀의 피랍상황에 대하여, 기우제를 주관했던 사제였으나, 연일 가뭄이 계속되자 군중들에 의해 임해정 부근의 바다에 던져진 것으로 해석한 바 있다.[44] 즉, 목적을 달성하기 위해 사제를 혹독하게 다루는 현상으로 파악한 것이다.

필자는 아래의 「興天寺祈雨疏」를 보면서 임금과 유자들이 부처의 공덕에 힘입어 기우를 간절히 빌고 있음을 살필 수 있다.

> 대자대비로 중생을 건지심은 모든 부처의 본심이요, <백성들이> 불에 타는 듯 함은 이제 과인의 깊은 걱정입니다. 이에 정성을 다하여 <부처님의> 이끌어 주심을 비나이다. 생각하옵건대, 이 조그마한 몸이 큰 계통을 이어 받아서, 아래로는 민정을 보존하기 어려울까 근심되오며, 위로는 천명이 길지 않을까 두려워 하나이다. 더욱이 여러 해 동안 재난을 만났으므로 깊이 반성하던 차에 또 달이 차도록 비가 오지 않으니, 더욱 두려워지나이다. 하물며 농사가 벌써 성숙할 시기이므로 국민들이 큰 흉년이 될까 염려하나이다. 이는 모두 덕이 없는 나의 소치인데, 뭇 백성들이야 무슨 죄가 있겠습니까. 어떻게 할지를 몰라 <부처님께서> 가만히 도와주심을 기다릴 뿐입니다.…지극한 정성은 금석도 뚫는다 하였으니, 부처님의 밝으신 응감이 그림자와 메아리처럼 빨리 이루어지옵소서. 엎드려 원하옵건대, 삼보께서 통찰하여 아시고, 모든 천왕이 은밀히 보호하시어 모든 생물이 의지할 데 없음을 생각하고 소자의 간절하옴을 불쌍히 여기소서. 재화를 돌리어 상서를 내려 길이 주역의 회린을 제거해 주시며, 구름을 만들어 비를 내려 곧 시경에 이른바, 방타함을 이루어 온갖 곡식이 성숙되고 사방에 침략이 없게 하여 주소서.[45]

---

44) 金文泰, 『三國遺事의 詩歌와 敍事文脈 硏究』, 태학사, 1995, p.91.
45) 卞季良, 「興天寺祈雨疏」, 『東文選』 卷113 疏, 『國譯 東文選』 8冊, p.530,

위와 같은 유자의 소를 통해서도 국가에 어려움이 닥쳤을 때는 부처의 공덕을 빌어 간절한 기우를 하고 있음을 상기한다면 무당의 산사에서의 기우가 불교와의 습합의 양상을 보여주는 것도 자연스런 재난극복의 과정이라고 본다.

필자는 앞에서 <해가>의 경우는 <귀복가>와 그 성격이 다르다고 한 바 있다. <해가>의 성격이 철저히 윤리도덕을 앞세워 수로를 구출하는 것으로 볼 때, 필자는 그녀의 피랍상황을 다음과 같이 설명하고자 한다. 즉, 일반 백성들이 아닌 용으로 상징되는 집단(불교신도 들)에 의해 자행된 그녀의 피랍은 겉으로는 그녀의 자용절대한 명성에 의해 야기된 것이지만, 이면에는 수로가 무녀로서의 영험함에 말미암은 것으로 본다. 이는 곧 무속과 불교의 대립양상을 의미하며, 이를 원상회복하는 방법은 민중들과 함께 윤리도덕을 앞세워 용(납치집단,불교도)을 꾸짖고 여론을 형성하면서 이룩한 것이었다. 말하자면 제사나 굿과 같은 신화적인 질서에 의지한 것이 아니라, 현실을 다스리는 정치나, 理性 혹은 輿論에 의지했다는 점이다. 이는, 당시까지는 불교의 세력이 민간에서는 미미하였음을 반증하는 것이다.

그렇다면 그녀의 海中事에 대한 진술은 무엇을 의미하는가? 그것은 수로자신의 異界 체험이며, 동시에 끝없는 호기심과 욕망에 대한 간접진술이다. 그녀의 지향은 세속이 아니라, 靈界나, 새

"大慈大悲濟含識 惟諸佛之本心 如惔如焚靡孑遺 蓋寡人之深懼 是殫悃愊 庸丐提撕 念予眇躬 纘承丕緖 下以憂民情之難保 上以畏天命之無常 加以頻年而隅災 克深修省 乃此彌月而不雨 尤切兢惶 矧農事已臨於利成 故邦人相戒以大恐 是皆否德之所致 其如庶類之何辜 顧罔知於攸爲 而佇憑於陰騭 … 允矣至誠 觸諸金石而直透 昭哉覺應 捷於影響之相須 伏願三寶洞知 諸天密護 念群生之無賴 哀小子之不違 轉禍産祥 永蠲羲經之悔吝 作雲下雨 立致周雅之滂沲 百穀用成 四方無侮."

로운 세계에 대한 동경으로 점철된 삶이었기 때문이다.

6. 結 論

필자는 <獻花歌>와 <海歌>를 배경설화와 함께 다루면서 <귀복가>와의 전승양상에 대해 다음과 같은 결론을 도출하였다.

<헌화가>는 순정공이 강릉태수로 부임해 가는 도중에 前途의 안녕을 기원하기 위해 치러진 산제사에서 불려진 祭文이었다. 꽃은 신에게 바쳐지는 제물이며, 더욱이 산 정상의 꽃은 깨끗하고 성스러운 것으로 수로 자신의 이미지를 치환시킨 정성의 상징인 것이다. 따라서 노인이 개인적인 감정으로 꽃을 꺾어 수로부인에게 바치며 부른 노래가 아닌 것이다. 노인은 神官이며, 수로 또한 무당으로 보았다. 자주빛 바위는 祭壇이며, 암소는 제단에 바칠 犧牲인 것이다. '나를 아니 부끄러워 하시면'이란 표현은 신관이 자신을 포함하여 신에게 바치는 祭需에 대하여 신이 미흡하다 생각할까 보아 겸사로서 표현한 것이다. 여기서 부끄러워한다는 표현은 인간의 입장에서 한 말이고, 이는 곧 정성스런 제수를 신이 거절하지 말라는 의미인 것이다. 즉, '나를 부끄럽지 않게 하신다면'이라는 의미로 새겨야 한다는 말이다.

<해가>는 <귀복가>와 같은 패턴의 노래이면서도 그 배경이나 상황이 다른 작품이다. <해가>가 <귀복가>와 다른 점은 <귀복가>는 迎神君을 위해 사전에 준비된 행위를 재현하는 것이라면 <해가>는 겉으로는 거북과 같은 신격을 호칭하고 있지만, 그 신격에 대한 외경심이나 祈願하는 방식이 절대적으로 의지하지 않

고 대등한 입장에서 꾸짖거나, 오히려 手下에 두고 있는 점이 다르다. 납치한 용(神物)에 대하여 龜로 부른 것은 민중들이 오래된 <귀복가>의 영험에 기대어 호칭한 것이다.

수로의 술회담은 신물(龍)에 의해 납치되어 주변의 불교법회에 참여한 경험을 주변사람들에게 이야기하는 것으로 본다. 불교가 이 땅에 들어와 포교를 하는 과정에서 새롭고도 기이한 집단으로 인식되면서 巫佛襲合의 형태를 보여주는 것이 이 배경설화가 아닌가 한다. 특히 결말 부분에서 수로를 내어 놓는 장면은 원상회복을 가져 오면서도 巫佛이 공존하는 양상을 보여주고 있다는 점에서 더욱 그러한 추측을 가능케 한다. 이 경우 신물이 수로를 납치하는 행위는 결국 토속적인 무속신앙과 불교신앙간의 교섭양상을 상징한 것으로 보는 것이다.

제5부 結　論

結 論

필자는 고대가요를 연구하면서 전제하는 관점이 있다. 그것은 인간의 이야기를 신화로 접근하거나 풀어서는 안 된다는 점이다. 곰이 진화하여 인간이 되었다는 단군이야기는 분명 神話이다. 그것은 논리적으로 인과관계를 설명할 수 없는 불합리하고 초현실적인 이야기이기 때문이다. 즉, 원인과 결과는 있지만 전개과정을 합리적으로 설명할 수 없다는 어려움이 있다. 그러나 인간이 태어나고, 인간의 역사가 이어지는 상황은 신화가 아니라 현실이요, 역사인 것이다. 따라서 인간은 현실적인 필요에 의해 모든 관습이나 제도를 형성해가는 것이다. 고대가요도 그 가운데 하나이다.

삼국의 정립 시기는 개인보다는 집단의 논리가 우선하는 시대였다. 고대 국가에서 가장 중요한 일은 전쟁과 제사였다. 전쟁은 종족과 국가를 보존하기 위한 투쟁이었고, 제사는 종족의 단결을 통해 하늘에 대한 제사권의 확보라는 명분을 지닌다. 이러한 상황에서 사랑이야기와 같은 개인적 정서는 집단의 정서에 매몰되거나 단편적인 이야기로 밀려나고, 그 자리에 국가의 존망과 종족의 보존이라는 문제가 자리하는 상황이 되었다. 즉, 집단 이데올로기인 忠・孝・烈이 통치의 중요한 화두로 자리잡은 것이다. 이의 구체화된 것이 '忠孝烈의 德目'을 강조하고, 태평성대를 기원하는 노래로 나타난 것이다.

이같이 국가와 집단을 우선하면서 모든 것은 이에 봉사하는 형태로 조직되어 갔다. 따라서 남녀간의 애정노래가 없었던 것은 아니나, 그것은 흔적만 남기고 있을 뿐이다. '感動天地鬼神'이라는 말은 이 같은 상황에서도 노래가 살아남을 수 있는 기준으로 작용한 비평용어였다. 천지와 귀신을 감동시킨다는 것은 진실함과 간절함을 전제로 가능한 것이고, 그것을 보증하는 것이 배경설화였던 것이다.

이 같은 忠孝烈의 사상은 평시에는 특정한 조직이나 사회, 국가를 유지하는 방편으로 順機能하지만 충과 효, 효와 열이 충돌하는 경우에는 아랫사람의 희생을 전제로 조직이나 나라를 구하는 逆機能으로 전개되는 경우가 많았다. 그러나 이 같은 귀결은 근원을 제거하지 않고 미봉책으로 끝내는 것이기에 문제가 더 심각해질 수 있다. 즉, 일시적으로는 체제를 유지하는 듯이 보이지만 내부적으로는 모순이 누적되어 일시에 붕괴되는 상황으로 치닫는 경우가 많았던 것이다. 이른바, 恨의 전승으로 이어질 수 있는 단초가 되는 것이다. 반면, 이 같은 상황에서 신하가 임금이나 세속과의 갈등에서 선택할 수 있는 유일한 방편은 '入山不返'이라는 소극적인 저항이었다. 이는 후일 신하가 임금과 세속과의 갈등을 겪을 때 자연에 은거하거나, 은둔하는 전통으로 이어진 것이다.

산은 하늘과 가까이 맞닿아 있는 곳이면서 인간에게 물자를 공급해주는 근원이었다. 고대인들은 국가의 흥망성쇠를 山川의 음양 조화와 밀접한 관련이 있다고 인식했다. 따라서 산천의 형상에 대한 이야기는 곧잘 정치의 득실이나 임금의 잘잘못을 드러내는 간접 비유로 인용되었다. 삼국시대의 山川神은 護國精神의 중심이고, 외적의 침입과 국난에 대비한 陰助의 기능을 지니며, 국가의 위기를 알려주고 경고하는 護國神의 역할을 수행했다. 후일 통일신라가 중국의 三山五嶽 제도를 모방한 것은 신라 중심의 자주적인 천하관을 대외적으로 과시한 것이다.

산천제사의 특징은 제사의 형식을 빌어 통치이념을 구체화한 방편이라는 점이고, 이를 수행하는 과정에서 유교의 명분론을 적용하여 상하의 존비질서를 원용한 것이다. 따라서 산천신은 神格이면서 동시에 封內에 자리한 신하의 성격을 아울러 지니고 있었다.

우리 조상들은 저승을 이승의 연장으로 인식해 왔다. 저승세계는 산 자가 死後의 未知 세계를 이야기한다는 점에 모순과 특징이 있다. 무속은 내면의 정성을 중시하여 나의 희생을 바탕으로 남에게 追福함으로써 나의 念力이 미쳐가기를 기원한다. 유교는 산 자와 죽은 자의 공존을 위해 祖孫간의 영감을 나눌 수 있는 제사의 장을 마련했다. 제사의 '報本追遠'의 원리는 결국 죽은 자의 陰力으로 산자의 복을 비는 구조로 자리잡은 것이다. 불교는 이승과 저승을 순환관계로 파악하고 철저하게 福善禍淫의 논리를 제시해왔다.

저승에 대한 인식은 인간의 죄와 벌, 윤리의식과 성취감이라는 상보적 관념을 보여주고 있다. 사람들은 죽음을 느끼거나 죽음 직전에 갔을 때, 비로소 자신의 삶을 되돌아보는 기회를 갖게 된다. 인간이 저승세계에 대한 두려움을 느끼는 것은 삶을 가치 있고 의미 있게 이끌기 위해 인간의 양심에 기초한 허구화된 공간으로 인식하고 있기 때문이다.

신라 유리왕대 <兜率歌>는 특정 노래의 이름이 아니라 갈래 명칭이고, 악장의 시초이며, 태평성대를 기원하는 노래이다. <도솔가> 제작의 동기가 유리왕의 巡狩(巡幸) 가운데 이루어진 일이고, 자신의 不德을 자책하는 모습은 예악을 통한 정치교화의 모습을 보여준 것이다. 임금의 덕에 감화되어 먼 곳의 사람들까지 歸附하는 이상적인 정치를 지향한 것이다. 월명사의 <도솔가> 역시 국정이 난맥상을 보일 때 고승들에게 治道를 물어 국태민안을 기원했다는 점에서 <도솔가>는 나라를 다스리는 요체를 노래한 전통을 이어 왔다고 본다. 다만, 임금이 치도를 묻는 전통이 시대와 종교에 따라 달라지고 있을 뿐이다.

필자가 주목한 것은 노래의 효용에 대한 고대인들의 인식이다. 진실한 말은 노래가 될 수 있고, 간절한 노래는 천지를 감동시킨다는 믿음이 우리 고대가요의 배경에 자리하고 있다. 그런 점에서 배경설화는 노래(사연)의 진실을 증명하는 보증수표의 역할을 담당한다. 이 같은 전통은 후일 <용비어천가>와 같은 서사시에 노래와 배경설화를 사실에 근거하여 기록하는 태도에서도 확인된다.

<공무도하가>에 대한 필자의 견해는 다음과 같다. 첫째, 배경설화에 나오는 '白首狂夫'는 고지식하나, 고집이 센 평범한 필부로 보았다. 狂夫라는 표현은 미치광이가 아니라, 아내가 남편을 지칭하는 겸사나 범칭이다. 노래가 강한 전승력을 바탕으로 후대에 전해지기 위해서는 그 이면에 애절한 사연과 함께 인륜세교적인 목적 없이는 불가능하다. 남편의 죽음이 아내의 죽음을 이끌어낸 계기적인 죽음은 목숨과도 바꿀만한 부부의 확고한 믿음 없이는 이루어질 수 없고, 그 같은 사연은 통치자의 입장에서는 널리 알리고 교화할 수 있는 훌륭한 소재가 된다. 둘째로, '被髮提壺'의 被髮의 의미는 中華中心的 사고에 기인한 주변의 夷民族이나, 야만족 등 평범한 하층민을 묘사한 것이다. 즉, 의관을 갖춘 治者나, 귀족의 입장에서 강가를 배경으로 살아가는 하층민들

의 행색에 대한 묘사인 것이다. 이런 표현은 오히려 그들의 신분이나, 職種을 짐작할 수 있는 용어가 될 수 있다. 이 같은 하층민들에게는 더더욱 교화가 필요하다는 관점에서 보면 이 같은 추정은 설득력을 지닐 수 있다. 셋째로, '壺'의 용도를 渡江의 보조기구로 보았다. 호리병(표주박, 바가지)은 부력을 이용해서 강을 건너는 도구로 쓰여 온 것이다. 그러나 이는 어디까지나 보조도구에 불과하지, 큰 파도나 험한 강을 건너기에는 역부족이다. 배가 없거나, 배삯이 부담스러운 경우, 하층민이 이 같은 보조도구를 사용하여 도강했으리라는 추정은 가능하다. 요즘도 중국의 일부지방에서는 소나 양의 내장에 공기를 불어넣어 그 위에 타고 도강하는 것을 보면 충분히 이해할 수 있다고 본다. 넷째로, <공무도하가>의 진승경위이다. 순애보적인 안타까운 사연은 분명 아름답고, 인륜세교적인 것임에 틀림없다. 특히, 교화는 통치자들에게 있어 인간이 만물의 영장이 될 수 있는 확고한 다스림의 방편인 것이다. 현장에서의 애절한 사연이 넋두리로 이어지고, 이것이 후에 箜篌로 연주되어 구비전승되다가, 세련되게 琴操로 회자된다는 것은 이 노래가 공적으로 인정을 받은 인륜세교적인 노래라는 것을 의미한다.

<귀복가>(구지가)는 수로왕을 맞이하는 의식에서 封禪儀式을 거행하면서 불려진 노래이다. 천명에 의한 신성 왕권의 탄생에 초점을 맞춘 의례가 봉선의식이며, 이의 구체적인 서술이 「가락국기」의 내용이다. 봉선의식을 강조하는 이유는 천명에 의한 신성 왕권의 탄생에 있으며, 그 권위로 백성을 다스리고 이웃나라를 정복하는 당위성을 확보할 수 있기 때문이다. <귀복가>는 추장들이 다스리던 미개한 통치형태가 문화적, 혹은 문물제도의 정비 과정을 통해 군왕을 맞이하는 신성한 의식에서 길흉을 점치

던 <龜卜歌>였다. 이때의 '首'는 군왕이나, 남성 성기, 혹은 머리를 의미하는 것이 아니라, 거북이 점복을 행하면서 吉凶을 나타내는 반응의 정점을 상징한다. 이는 결과적으로 길조에 의한 군왕의 탄생을 의미하지만 노래의 일차적인 의미는 길흉에 대한 거북의 반응(머리와 네 다리의 굴신 행위)을 의미한다.

'燔灼而喫也'는 점복이 길조를 얻지 못했을 경우, 거북을 불태워 재로 날려 버리겠다는 위혁적인 呪詞이다. 즉, 구워 먹겠다는 표현은 길조를 얻기 위한 적극적인 위협인 것이다. 점복은 길일을 가려, 그 목적을 아뢰어서 천명에 의한 승인만을 남긴 절차이기 때문에 神託의 의미를 지닌다. 점복 결과, 불길한 징조가 연이어 나타나는 경우는 흉조로 간주하여 행동을 중지하는 경우도 있으나, 대부분은 적극적인 주사의 방법으로 목적을 달성한다.

점복행위는 결단을 내려야 하는 중대사에 대해 당대까지의 경험과 정성을 다해 임했던 궁극적인 해결책이었다. 다만, 군왕의 신성성을 확보하기 위해 천명에 부합한다는 권위를 그 위에 얹은 것에 불과한 것이다.

<황조가>는 '매우 세련된 고대가요'라는 인상을 주고 있다. 암수 꾀꼬리가 사이좋게 노니는 것에 비유하여 감정이입을 시도한 노래이기 때문이다. 뿐 아니라 작자 또한 군주였고, 내용 또한 失戀을 소재로 하고 있다는 점에서 매우 낭만적인 노래라고 인식해 왔다. 그러나 당대의 제도나 관습, 가치관, 사회상에 대한 검토가 선행되지 않고는 작품의 실상에 올바로 접근하기가 쉽지 않다. 더욱이 경계해야 할 것은 오늘날의 관점에서 과거를 재단하려는 안이한 자세이다.

<황조가>는 일차적으로는 유리왕이 두 계비를 다스리지 못한 데서 연유한 평소의 자탄가(탄식요)였다. 치희는 국가를 유지하

기 위해 정략적으로 맞아들였기에 그 갈등은 더욱 클 수밖에 없었다. <황조가>는 유리왕의 통치능력을 비판하는 풍자적인 노래이자, 유리왕의 淫奔을 비판하는 성격을 아울러 지니고 있다. 庶人의 가요라면 안타까운 失戀을 노래한 작품이 될 수 있으나, 문제는 작자가 최고 통치자인 군주라는 점이다. 그간 <황조가> 연구에서 간과되어 온 것이 바로 이 부분이다. 군주가 지녀야 할 자세나 위상 등을 감안할 때, 이 노래는 실연을 노래한 낭만적인 가요가 될 수 없는 것이다. 사관은 유리왕에게 겉으로는 인간적인 연민의 정을 보내는 듯하지만 실상은 三倫을 다스리지 못한 왕이라는 점을 <황조가>와 배경설화를 통해 비판하고 있다.

따라서 <황조가>는 본래 유리왕이 자신의 고독과 주변과의 갈등을 자단한 노래였다. 유리왕은 통치능력의 한계를 드러낸 임금이며, 이 같은 점에서 비판받는 군주였으나, 후대에 오면서 이 같은 비판적인 시각이 변질되어 두 계비 사이를 오가는 낭만적인 실연의 주인공으로 해석되면서 그 본래의 위상과 역할이 뒤바뀌어 전해지고 있는 것이다.

<헌화가>는 순정공이 강릉태수로 부임하는 도중에 前途의 안녕을 기원하기 위해 치러진 산천제사에서 불려진 祭文이었다. 꽃은 신에게 바쳐지는 제물이며, 더욱이 산 정상의 꽃은 깨끗하고 성스러운 것으로 수로 자신의 이미지를 치환시킨 정성의 상징이었다. 노인은 神官이며, 수로 또한 무당이다. 자주빛 바위는 祭壇이며, 암소는 犧牲인 것이다. '나를 아니 부끄러워 하시면'이란 표현은 신에게 바치는 祭需에 대하여 신이 미흡하다 생각할까 보아 겸사로서 표현한 것이다. 여기서 부끄러워한다는 표현은 인간의 입장에서 한 말이고, 이는 곧 정성스런 제수를 신이 거절하지 말아달라는 간절한 기원인 것이다. 즉, '나를 부끄럽지 않게 하신

다면'이라는 의미로 새겨야 한다.

<해가>는 <귀복가>와 같은 패턴이면서도 그 배경과 상황이 다른 작품이다. <귀복가>가 迎神君을 위해 사전에 준비된 행위를 반복하는 것이라면 <해가>는 겉으로는 거북과 같은 신격을 호칭하고 있지만, 그 신격에 대한 외경심이나 祈願하는 방식이 절대적으로 의지하지 않고 대등한 입장에서 꾸짖거나, 오히려 手下에 두고 있는 점이 다르다. 龍(神物)을 龜로 부른 것은 어려운 상황을 타개하기 위해 민중들의 기억 속에 각인되어 있는 <귀복가>의 주술적 효험에 의지한 것이다.

수로의 술회담은 신물(龍)에 의해 납치되어 주변의 불교법회에 참여한 경험을 주변사람들에게 이야기하는 것으로 본다. 불교가 이 땅에 들어와 포교를 하는 과정에서 새롭고도 기이한 집단으로 인식되면서 巫佛襲合의 형태를 보여주는 것이 이 배경설화이다. 특히 결말 부분에서 수로를 내어 놓는 장면은 원상회복을 통해 巫佛이 공존하는 양상을 보여주는 것이다. 신물이 수로를 납치한 행위는 결국 토속적인 무속신앙과 불교신앙간의 교섭양상을 상징한 것으로 보는 것이다.

현전하는 고대가요 작품은 매우 적다. 그러나 우리 시가의 始原이라는 점에서 중요한 의미를 지닌다. 고대가요가 구비전승의 형태로 기록되어 있어 그 본래의 모습을 확인하는 것은 어렵지만 배경설화를 통해 그 제작 목적이나 기능, 구연 상황, 노래에 대한 고대인의 의식을 살필 수 있다. 다만 구비전승의 특성상 신비롭게 기술되어 있고, 비논리적이며, 결과 위주의 서술로 되어 있어 해석에 어려움이 있다. 따라서 문헌에 重層으로 기록된 것을 합리적으로 해석할 줄 아는 안목이 요구되는 분야가 바로 고대가요이다. 또한, 고대가요에 대한 해석은 원전 해독은 물론이고, 문사철의 통합론적인 안목이 뒤따라야 하고, 고도의 심미안이 요구되는 분야이기도 하다. 때로는 직관적인 안목도 필요하다는 이야기다. 필자는 고대가요에 대한 연구결과를 위와 같이 요약하면서 미진한 부분은 앞으로의 과제로 삼고자 한다.

Abstract

The research of the Korean ancient songs.

While I'm researching into the ancient songs, I always try to keep my own important point of view. The point is that we should not regard and analyze human stories like myths. It's not a myth but a reality as long as human is constantly born and the history of human keeps going on. Therefore, I believe that the ancients songs should be analyzed in point of view which is based on this consciousness of reality.

During the establishing period of korean [1]three kingdoms (三國), the group was regarded as the priority over the individuals. So it was natural that the [2]Loyalty(忠), [3]Filial duty(孝) and [4]Chastity(烈) which belonged to group ideology

1) The korean three kingdoms are consist of 'GoGuRyeo'(高句麗), 'BaekJe'(百濟) and 'Silla'(新羅), which belong to korean proper history. 'three kingdoms' is also the name of translation of chinese famous novel, but in this passage it has nothing to do with this 'three kingdoms'. we are dealing with just the korean history.

2) from subject to lord.

3) from children to parent.

4) from woman to man.

were important topics for the reign of country. The embodiment of such things were appeared as songs which emphasize on the features like 'Loyalty', 'Filial duty' and 'Chastity' and were praying for the peaceful world. Meanwhile for a subject, there was the only one way - Entering into the mountain and never coming back(入山不返) - to resist passively when he faced on the worldly conflict with his Lord. Later this was led to the tradition of hiding in nature like a hermit when a subject had a conflict with his Lord.

Making the heaven and earth which means the whole world and spirits all impressed(感動天地鬼神) - this was a criticizing term which made songs containing individual contents able to survive under the circumstances of prevailing group ideology. To make the world and spirits impressed was possible under the presupposition of 'cordiality' and 'ardentness'. And to make it guaranteed was background legendary story.

In the period of three kingdoms(三國時代), The god of mountain and stream can be summarized in tress points. It was the center of the spirit of depending country, the function of preparing for foreign enemy and national crisis and the heavenly god to tell and warn the national crisis. Later after all, the reason that unified Silla imitated chinese [5]Three mountains and five hills(三山五嶽) system can be explicated to show off the Silla-centered(統一新羅) independent point of view of world to the outside.

As the customs of shaman regard 'integrity' as important, one prayed for others through the sacrifice of oneself and

5) chinese ritual ceremony system which was usually held on in mountains and hills.

hoped that one's power of will could influence others. In confucianism the ritual place was prepared to share the inspiration between ancestor and descendent for the coexistence of the live and the dead. In buddhism the relationship between this life and the world of the dead was grasped like a circuiting circle and followers thoroughly insisted on the logic of bliss for the good, punishment for the debauched(福善禍淫).

As the human recognize the world of the dead as a hypothetical place based on conscience of the human, why they feel scared about it is for making the life more worthy and meaningful.

In the reign of Silla Yuri king(新羅 儒理王) [6]Dosolga(兜率歌) is not a name of certain song but a name of genre and also the start of movement of music and songs praying for the peaceful world. [7]Wol-Myeongsa's(月明師) [8]Dosolga(兜率歌) was intended to pray for the prosperity and welfare of a nation. So in this point we can conclude that Dosolga(兜率歌) have kept the tradition of singing about the key points of ruling a country.

Kongmudohaga(公無渡河歌) is a song to pray for crossing a river safely using the bottle gourd. This song prays for safe returning of the speaker's husband and also consoles souls of the dead from drowning like a

---

6) a kind of classical native song. transcription is 'Dosolga'(兜率歌).

7) name of a monk who wrote 兜率歌.

8) asking high priests for advice of the way to solve political problem when the nation comes to a crisis, (兜率歌) was made for praying.

requiem.

Kuibokga(龜卜歌) is a song for a ceremony of welcoming 'Suro' king(首露王). During the ceremony [9] Bongseonuisik(封禪儀式) was also performed. The pattern of primitive group ruling system has been changed into civilized one and Kuibokga(龜卜歌) was sung to tell fortune during the ceremony of welcoming a monarch in that changing period.

Hwangjoga(黃鳥歌) is self-lamenting song that stemmed from the regret of Yuri king(琉璃王) who had been unable to treat his two wives well. This is also a satirical song to criticize the lack of ruling ability of Yuri king and the prodigality of the king.

Heonhwaga(獻花歌) is a funeral oration performed during the memorial service in mountain or stream to pray for future peace when [10]Sunjunggong(純貞公) was proceeding to his post [11]Gangneung(江陵) viceroy. The pattern of Haega<海歌> is same with that of Kuibokga (龜卜歌), but it contains ethical morals in itself. It was a incantatory song intended to restore to the original state through the public opinion.

Classical ancient songs which are in existence are few. But it has a very important meaning as those are the start of our poems and songs. But it has some difficulties. During mouth tradition it was registered

---

9) a kind of ceremony to inform to the heaven and earth that one became a king by a mandate from heaven.
10) a name of a subject who belongs to his lord.
11) a name of city.

mysteriously like its own special quality(not definite and not concrete). Of course it is also non-logical and the description is based toward conclusion. Because of these difficulties, it's hard to interpret the meaning of it accurately. Therefore in the field of classical ancient songs, the ability to interpret the documentary literature mingled with sequences and logics reasonably is required.

索　引

ㄴ

ㅁ

ㅂ

ㅇ

ㅈ

ㅊ

ㅎ

기타

金 榮 洙
서울 출생(1952)
培材中・高 졸업
단국대학교 국어국문학과・동 대학원 석사과정 졸업
연세대학교 국어국문학과 박사과정 졸업(문학박사)
인덕공고 교사・단국대학교 동양학연구소 연구원・연구간사・연구실장・
연구교수・한한대사전편찬실장 역임
현재 단국대학교 인문학부 국어국문학전공 교수

저 서
『조선초기시가론연구』(일지사, 1989)
『조선시가연구』(새문사, 2004)
논 문
「공무도하가 신해석」, 「구지가의 신해석」 외 40여 편

판권 소유

古代歌謠研究

2007년 8월 25일 초판 인쇄
2007년 8월 30일 초판 발행
[값 20,000원]

저 자 김 영 수
발 행 단국대학교출판부
등 록 1968.2.27 :No.제03-00095호

경기도 용인시 수지구 죽전동 44-1
(전화 031-8005-2405 팩스 031-8005-2406)

편집 ・성두현 / 표지디자인・이어진

인 쇄 신양사

Published by Dankook University Press
ⓒ 김 영 수, 2007
Printed in Seoul, Korea

ISBN 978-89-7092-380-2 93810

이 연구(저술)는 2004년도 단국대학교 대학연구비의 지원으로 이루어졌습니다.